주역의 이해

周易 上卷

주역의 이해

金 日 坤
金 正 男 編著

한국학술정보㈜

序 文

1.

이 책은 金日坤과 金正男이 의논을 하면서 編著하게 된 것이지만, 상권은 주로 앞 사람이 그리고 하권은 주로 뒤 사람이 작업한 것이다. 처음에 金 鍾吉씨가 十翼을 중심으로 한 권을 엮어서 上中下의 세 권으로 낼 계획을 세웠으나, 안타깝게도 그가 일을 마치지 않고 他界하여, 부득이 周易의 上經과 下經을 해설한 上下卷으로 출간하게 된 것이다.

編著者는 亞山 金炳浩(1919-1984)선생과의 因緣으로 周易을 공부하게 되었다. 亞山선생은 1982년 10월부터 釜山에서 周易 강의를 시작하였고, 이 모임에서 東洋學의 核心이라 할 수 있는 易經의 세계를 배우게 되었기 때문이다.

亞山先生은 혼자서 周易을 파고들어 공부하였다고 한다. 그리고 어느 정도 알게 되자, 더 깊이 배울 수 있는 선생을 찾아 전국의 여러 곳을 찾아 다녔다고 한다. 그러나 정말 스승으로 삼을만한 사람이 없다고 느끼던 중 충청남도 安眠島에서 也山 李達(1889-1958)선생을 만났다고 한다. 也山선생의 높은 智慧와 該博한 知識에 魅了되어, 亞山선생은 스스로 제자가 되었다고 한다. 이 때 6.25 동란을 미리 예측하고 계시던 也山선생을 따라 그곳으로 이주하여 전란을 피하였다고 한다.

그리고 也山선생이 돌아가시고 난 이후, 亞山선생은 1978년부터 대구에서 처음으로 주역강의를 하게 되었다. 그 후 1978년 11월부터 서울에서도 강의를 하게 되었고, 1982년부터는 부산에서 강의를 하게 되었던 것이다.

亞山선생은 1984년부터 부산서의 강의를 일주일에 두 번 금요일 저녁과 토요일 아침에 강의하셨다. 그리고 금요일 저녁에 강의가 끝나면 선생님이 투숙하시던 여관에

몇 사람씩 따라 가서 강의와는 다른 흥미진진한 易과 관련된 이야기를 듣고   늦은
시간에야 헤어져 돌아오곤 하였다.

그러나 강의가 시작된 이후 2년 정도의 시간에 주역강의를 두 번째 하시다가, 亞山
선생은 66세를 일기로 갑작스럽게 돌아가셨다. 갑자기 亞山선생을 잃고 나서 너무나
허전하여 우리는 1988년 8월 27일 東方精神文化학회를 창립하였다.

2.

東方精神文化學會는 會館을 마련하고 周易講義를 시작하였다. 學會에서는 著名한
선생이 있으면, 모시고 와서 주역 이외에도 東洋의 古典으로 알려진 著名한 책을 수
강하기도 하였다. 그러나 원칙적으로 周易講義를 亞山선생으로부터 배운 사람들이 차
례로 담당하였다. 이 周易講義는 學會에서 區分하여 基礎班은 周易의 上經을, 中級
班은·下經을 6개월 단위로 실시하였다. 그리고 研究班도 개설하였다.

金日坤은 이 학회에서 1990년 3월부터 周易 上經을 基礎班(제4기)에서 講義하기
시작하였고, 처음에는 亞山선생의 강의록을 교재로 해서 강의하였다. 그러다가 차츰
周易이 갖는 深奧한 原理를 現代的인 여러 資料를 섭렵하면서 입문적인 해설서로서
의 원고를 집필하기 시작하였다. 이리하여 1994년 8월 제13기부터 이 [周易의 理解]
上卷을 일단 유인물 교재로 출간하여 교재로 사용하였고, 그 후 1998년 제 20기까지
강의를 하였다.

그리고 金正男은 1990년부터 학회에서 瑞海 김종길 선생과 김일곤 선생의 지도로
周易 공부를 하였고, 그러면서 자료를 검토하여 [周易의 理解] 下卷을 1998년부터 매
시간 강의안 형태로 편집하여 2~3년 사용하다 한권을 유인물 교재로 묶어 쓰기 시작
하였다. 그러므로 정식 출판이 아닌 유인물로서의 上下卷의 교재는 그동안 여러 차례
제작되어 사용되어 왔고, 그러면서 誤植이라든가 表現의 未熟 등을 검토하고 고쳐 왔
다.   그러다가 이제 정식 出版을 하게 된 것이다. 여기서 안타깝게 여기는 것은 金鍾
吉 先生의 逝去이다. 그는 오랫동안 周易의 基礎班, 中級班, 그리고 研究班 등을 차

례로 講義하였다. 강의 이외에도 그는 東方精神文化學會의 特講, 旅行, 年例 研究發表會, 觀工夫 등에도 積極的으로 參與하였으나, 갑자기 2007년에 서거한 것이 대단히 안타까운 것이다.

3.

周易은 東洋의 많은 古典 가운데서 核心이다. 儒教의 經典이라는 四書三經에서 首經은 易經 즉 周易인 것이다. 易經이 갖는 思想體系는, 太極과 天人地 三才의 道를 根本으로 하여, 宇宙, 自然, 人間에 관한 모든 現象을 하나의 基本原理인 陰陽과 五行에 의해서 把握한다. 그러므로 東洋思想의 根源은 易經에 있고, 이것을 통하지 않고는 經書를 올바르게 理解할 수가 없을 것이다.

古代에 있어서는 사람들이 天地 自然의 모든 現象에 대해서 神秘롭게 여겼을 것이다. 그리고 둘러 싼 自然이나 環境에 무엇인가 異變이 생기면 두려워하고 불안했을 것이다. 그러므로 조금이라도 未來에 대해서 미리 豫測하려고 애를 썼을 것이다. 世界 어느 地域에 있어서도 未來를 내다보려는 試圖는 많이 이루어져 왔다. 그러나 東洋에서는 가장 뛰어난 叡智이고, 合理的이며, 과학적이기도 한 周易이 생기고 발전해왔다고 생각된다.

처음에 占書로서 출발했던 周易은, 孔子에 의해서 詳考되었고, 또 거기에 十翼이 첨가되므로 써 哲學으로 바뀌었다. 말하자면 종래의 단순한 점서를 초월하여 宇宙 地球 自然을 陰陽이나 剛柔를 통해서 一元的으로 把握하는 偉大한 思想體系를 이루었던 것이다.

易經은 그것이 形成되어 發展하는 過程에서 많은 先人들의 智慧가 부가되었다. 또 時代에 따라 消長을 거듭하다가 엄청나게 많은 사람들에 의해서 읽히고 研究되었다. 지금 歷史的으로 易學에 대한 研究書籍은 대략 6000種類로 推算되고, 실제 책이 存在하는 것은 약 3000種이라 보고 있다. 그러나 이 資料는 中國에 관한 것이고, 우리나라나 日本, 歐美 여러 나라에서도 번역된 周易, 또는 그에 관한 研究書籍이 대단히 많이 나와 있다.

4.

우리나라는 太極旗를 國旗로 삼고 있다. 이것이 制定된 경위가 어떻던, 이 太極旗 는 周易의 陰陽 및 八卦 가운데 四正方의 4卦를 나타내고 있다. 이 國旗는 <25時>라 는 未來小說로 有名한 <게오르규>가 世界에서 가장 아름답다고 논평한 일이 있다.

그 뿐만 아니라 우리나라는 朝鮮朝에서 儒敎를 國是로 삼았기 때문에, 儒敎의 經典 四書三經 가운데 首經인 周易에 대해서 많은 학자들이나 양반들이 공부를 하였다. 그 런데 지금 中國이나 臺灣 日本에서도 易經을 많이 연구하고 있으며, 歐美 여러 나라에 서도, 많은 硏究가 이루어지고 있다. 지금 易經은 단지 하나의 東洋的인 思想基調일 뿐만 아니라, 現代科學에서 나오는 여러 가지 原理를 內包하고 있다. 人文科學 뿐만 아니라 現代科學 특히 物理學, 數學, 生物學 특히 遺傳工學, 醫學 등 많은 分野에서 폭 넓게 硏究되고 있기 때문이다. 그러므로 우리나라도 大學이나 敎育機關에서 易經 을 正式 學科目으로 採擇하기도 하고, 앞으로 더욱 공부하거나 硏究를 해야 할 것으로 여겨진다. 지금 歐美 여러 나라에서는 많은 大學에서 易經을 講義하고 있는 것이다.

이 책의 編著者만 해도 그렇다. 金日坤은 평생 社會科學 그 중에서도 經濟學을 專 攻했던 사람이고, 金正男은 自然科學 특히 物理學이 專攻인 사람이다. 얼핏 보아 완 전히 門外漢이어야 할 사람들이 이 책을 썼다는 것은, 周易의 世界가 어떤 것인가를 말해주는 端緖가 아닐까 생각한다. 그러므로 21世紀에 살면서 새로운 科學의 地平을 열기 위해서도 이 周易에 대한 硏究와 敎習이 더욱 活潑하게 이루어지게 될 것을 編 著者 두 사람은 바라마지 않는다.

2009. 5.

金日坤 · 金正男   識

=<일 러 두 기>=

1. 漢字를 어느 정도 줄이지만 원칙적으로 그냥 사용하기로 하였다. 原文이 漢文으로 되어 있는 古典인 周易 책을 漢字 없이 쓴다는 것은 불가능하기 때문이다. 그러나 本文 중에 있는 漢字 가운데 어려운 것은 알 수 있도록 글자풀이를 하였고, 경우에 따라서는 (   ) 안에 발음을 넣었다.

2. 周易 本文의 懸吐, 즉 우리나라 사람들이 읽기에 편하도록 吐(토)를 달았는데, 이것은 庚辰新刊 內閣板本 [周易諺解]에 의거하여, 이것을 踏襲(답습)하였다.

3. 周易 本文은 토를 달아 먼저 표기하고, 그 아래에서 ◐ 마크에서는 가급적 원래의 文章과 토에 가깝게 풀어서 쓴 것이고, ◎ 마크에서는 좀 더 알기 쉽게 풀어서 썼다. 그리고 그 아래에서 중요한 문장이나 낱말들을 1), 2) 등으로 풀어서 해석하였다. 그리고 관련되는 參考 사항에 대해서는 ○ 마크로 표시하여 해설하였다.

4. 各卦의 序說에서는, ('특히 3. 卦의 變化'에서는) 上卦와 下卦를 慣例대로 上下를 연결하여 세우지 않고, 上卦 옆으로 下卦를 두었다. 이것은 大成卦의 表記가 오늘날 컴퓨터에서는 어려워, 그렇게 하는 것이 便利하기 때문이다.

5. 1), 2) 등으로 해석하는 경우, 編著者가 옳다고 여기는 것을 채택하였지만, 옛날부터 의견이 구구하여 대립되는 것 또는 다른 의견에 대해서는 (   ) 안에서 어느 누구의 說이라는 것을 표시하였는데, 이러한 (   ) 안의 의견에 대해서는, 이 책의 末尾에 실은 '參考文獻'에서 그 출처를 찾을 수 있도록 하였다.

6. 周易에 관한 參考文獻은, 東洋의 古典 가운데 엄청나게 많다. 대략 6,000종류라고 말해지는 이 尨大(방대)한 參考書籍을, 이 책의 編著者들도 다 읽을 수는 물론 없었다. 그러므로 이 책을 집필하면서 가깝게 두고 참고로 하였던 우리나라, 일본, 중국, 영어로 번역된 周易에 관한 현대서적 가운데서, 이 책의 해설에서 (000의 설)이라고 한 것과 관련되는 것, 그리고 우리가 많이 참고로 하였던 중요한 서적만 소개하였다.

차례목록

序 文 / 5

1篇   易 經 總 論

〈1〉 易의 根本思想   20

1. 宇宙와 天   20
   1) 人間과 時間, 空間   20
   2) 太陽의 活動과 人間生活   21
   3) 易經에 있어서의 天   22

2. 地球와 生物   23
   1) 地球의 生成과 生命의 誕生   23
   2) 系統發生의 反復   25
   3) 易經의 科學性   26

차례목록

3. 人生과 選擇 28

   1) 天人合一의 思想 28

   2) 性命의 理致 28

   3) 生의 尊重과 올바른 選擇 30

〈2〉 易經의 生成과 構成　　31

1. 古代人과 豫測 31

   1) 古代人과 두려움 31

   2) 殷나라에 있어서의 卜筮 32

   3) 周나라에서의 易經 33

2. 易經의 成立과 展開 34

   1) 古代人의 象徵 34

   2) 占筮와 그 思想性 35

   3) 戰國時代, 孔子, 漢代의 易 35

차례목록

3. 易經의 構成 36
  1) 오늘날의 易經 構成 36
  2) 十翼의 內容 37
  3) 易經研究의 두 方法과 易의 三義 38

〈3〉 太極의 原理와 卦爻, 體用   40

1. 太極의 原理 40
  1) 萬物 根源의 原理 40
  2) 陰陽相對性의 原理 41
  3) 波動 循環의 原理 42

2. 卦爻가 갖는 意味 44
  1) 六十四卦와 陰爻 陽爻 44
    小成卦와 大成卦 / 陰爻와 陽爻
  2) 爻와 卦의 變化 44
    變易과 交易 / 倒轉卦와 錯綜卦 / 配合卦와 互卦
    本卦와 之卦

차례목록

　3) 九六과 位, 中正의 重要性　　　　　　　　　47
　　各爻의 名稱과 九六 / 位가 갖는 意味 / 中正의 重要性
　4) 正應 相比와 吉凶悔吝　　　　　　　　　　49
　　正應과 不應 / 相比와 承, 乘 / 吉凶悔吝

3. 體와 用의 槪念　　　　　　　　　　　　　50
　1) 體用一源　　　　　　　　　　　　　　　50
　2) 天地人과 天人地　　　　　　　　　　　　51
　3) 黃帝內經의 體用과 東道西器　　　　　　　51

〈4〉 河圖와 先天 八卦　　　　52

1. 河圖와 相生原理　　　　　　　　　　　　52
　1) 河圖의 意味　　　　　　　　　　　　　　52
　2) 數의 根源　　　　　　　　　　　　　　　53
　3) 五行 相生의 原理　　　　　　　　　　　　55

차례목록

2. 伏羲八卦와 次序圖 ································ 56

  1) 三才之道와 伏羲八卦(先天八卦) 56

  2) 伏羲八卦의 次序圖 57

    八卦次序의 形成過程 / 一生二法과 四象 / 八卦의 形成

  3) 八卦의 活用과 六十四卦 58

3. 先天八卦의 方位圖 ································ 59

  1) 先天八卦의 方位와 太極旗 59

  2) 先天八卦와 四季의 循環 61

  3) 六十四卦의 方圖, 圓圖 62

〈5〉 洛書와 後天八卦 64

1. 洛書와 相克의 原理 ································ 64

  1) 洛書의 意味 64

  2) 洛書에서의 數理 65

  3) 五行 相克의 原理 67

차례목록

2. 後天八卦와 그 活用 68

　1) 後天八卦의 配列　　　　　　　　　　68

　2) 後天八卦의 方位와 男性, 女性　　　　70

　3) 洛書의 活用　　　　　　　　　　　70

3. 河圖 先天八卦와 洛書 後天八卦의 比較 72

　1) 河圖와 洛書의 比較　　　　　　　　72

　　　體와 用의 關係와 數理 / 動과 靜 / 相生 相克과 火 金

　2) 先天과 後天의 比較　　　　　　　　74

　3) 皇極經世書　　　　　　　　　　　75

차례목록

2篇   易經 上經

1. 重天乾 80

2. 重地坤 110

3. 水雷屯 129

4. 山水蒙 140

5. 水天需 151

6. 天水訟 163

7. 地水師 175

8. 水地比 185

9. 風天小畜 197

10. 天澤履 208

차례목록

11. 地天泰 219

12. 天地否 232

13. 天火同人 243

14. 火天大有 254

15. 地山謙 264

16. 雷地豫 276

17. 澤雷隨 287

18. 山風蠱 298

19. 地澤臨 309

20. 風地觀 319

차례목록

21. 火雷噬嗑		330
22. 山火賁		341
23. 山地剝		352
24. 地雷復		363
25. 天雷无妄		374
26. 山天大畜		384
27. 山雷頤		394
28. 澤風大過		405
29. 重水坎		417
30. 重火離		429

主要 參考文獻 / 441

1篇　易經總論

〈1〉 易의 根本思想

1. 宇宙와 天

1) 人間과 時間, 空間

人間은 宇宙와 自然 속에서 生을 營爲하고 있다.

易은 우리를 둘러싸고 있는 森羅萬象을 陰陽의 相對性 原理(principle of recip-rocality)로서 把握하는 偉大한 思想體系이다. 易의 思想體系는 바로 宇宙와 自然의 理致를 담고 있는 것이다.

宇宙(cosmos) 속에 銀河가 있고, 그 銀河 속에 太陽系가 있으며, 太陽系 속에 우리가 살고 있는 地球라는 行星이 있다. 그런데 東洋에서 使用해 온 '宇宙'라는 用語는, 오늘날 天文學에서 使用하는 코스모스를 나타내는 同時에, 時間과 空間의 槪念을 內包하고 있다.

宇는 집(우)으로서 空間을 意味한다. 이는 사람을 基準으로 하는 東西南北과 上下라는 "六合"을 나타내는 것이다. 그리고 宙는 집(주)으로서 時間을 意味한다. 이것은 古今往來를 나타내는 것이다.

우리가 日常 使用하고 있는 人間이라는 낱말은, 사람은 혼자서 살 수가 없고 사람들과 더불어 살아야 한다는 것을 意味하고 있다. '人間'은 '空間'과 '時間' 속에서 살아가고 있는 것이다. 즉 人間은 바로 宇宙 속에서 宇宙와 더불어 살아가고 있는 存在인 것이다.

2) 太陽의 活動과 人間生活

地球는 太陽의 둘레를 公轉하면서 自轉하고 있다. 이 때문에 1年 4季節이 생기고, 낮과 밤이 바뀐다. 그리고 太陽에서 오는 에너지로 인하여 人間은, 生命을 유지하고 生活을 영위해 나갈 수가 있다.

太陽의 光線과 熱은, 地球에 輻射함으로써 磁氣, 電離層, 氣候, 大氣의 變化를 가져오고, 動植物 그리고 人間에게 커다란 영향을 준다. 우리 人間은 太陽의 活動, 作用의 영향에서 한 치도 벗어 날 수가 없는 것이다.

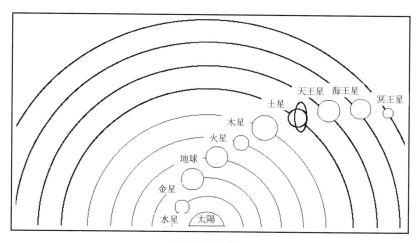

(太陽系의 行星)

太陽은 27日의 週期를 가지면서 自轉하며, 太陽의 黑點은 11年의 週期를 가지고 있다. 이러한 太陽의 活動은 人間의 生活에 커다란 영향을 미치는 것으로 생각된다. 우선 太陽의 黑點 週期는 經濟에 있어서 景氣變動을 가져온다는 學說이 있다. 그리고 太陽은 대체로 80~90年의 活動週期를 가지는데, 이것을 합성하면 600~800年의 週期가 되고, 平均은 720年이 된다. 이 큰 週期가 人類의 文明 隆盛期의 東西洋 간의 교대를 가져온다는 주장도 있다.(岸根 卓郎, 文明論, 東洋經濟新報社, 1990)

이와 같이 우리 人間이, 偉大한 太陽의 활동에 따른 영향 아래 살아가고 있다는 것은 아무도 否定할 수 없다. 易經은 바로 이 太陽의 活動이 우리 人間生活에 미치는 영향을 대단히 重要視하고 있는 것이다.

3) 易經에 있어서의 天

太古의 天地는 거칠고 무서운 것이었다. 人智가 아직 발달하지 않은 原始時代의 사람들에게는 천둥, 번개, 폭풍우, 홍수 등 自然의 큰 변동이 모두 두려운 現象일 수밖에 없었다. 이때 사람들은 하늘의 힘이 얼마나 위대한 것인가를 절실히 느끼지 않을 수 없었을 것이다.

그러므로 古代人들은 이러한 宇宙와 太陽과 달, 自然의 偉大한 힘을 통틀어서 '天'이라 불렀다. 사람이 도저히 거역할 수 없는 엄숙한 하늘의 힘, 作用, 變化를 '天命'이라 하였다. 따라서 東洋의 文化는 宇宙, 太陽의 偉大한 힘, 즉 人間의 能力을 초월하는 어떤 絶對的인 힘을 '天'이라 하고, 이 하늘과 함께, 하늘에 順應하며 사는 것을 가장 올바른 삶으로 삼았다.

따라서 天命, 天運, 天性, 天氣, 天壽, 天子 등 수많은 天이라는 말이 붙은 用語를 使用했다. 복잡하고 미묘한 하늘의 創造와 變化作用에 順應하면서 사는 것이 人間이 지켜야 할 道理라고 생각하였다.

이와 같이 하늘의 偉大한 힘이나 作用을, 人間의 觀點에서 體系化한 思想이 바로 易經이다. 易經의 첫머리에 하늘에 관한 모든 것을 상세히 서술한 重天乾卦가 나오는 것도 바로 이 때문이다. 그리고 하늘에 관한 서술이 나오고 난 다음에는 地球나 땅에 관한 서술인 重地坤의 卦가 이어지는 것이다.

宇宙, 太陽系, 天에 관하여 먼저 서술하고, 다음으로 우리가 살고 있는 地球, 땅에 관한 이야기를 함으로써, 易經은 天과 地에서 出發하는 모든 自然과 人間에 관한 思

想을 體系的으로 展開하고 있는 것이다.

2. 地球와 生物

1) 地球의 生成과 生命의 誕生

우리는 하늘을 머리에 이고 땅을 밟고 살아간다. 人間은 地球 위에서 사는 한 生物이다. 뿐만 아니라, 人間은, 地球 위에서 우리와 함께 살고 있는 植物이나 動物을 식량으로 삼아 生命을 유지하고 있다. 따라서 人間은, 地球의 運行이나 그 屬性의 테두리에서 한 치도 벗어날 수가 없는 것이다.

地球가 公轉하기 때문에, 봄, 여름, 가을, 겨울이라는 四季의 변화가 일어나고, 또한 地球가 自轉하기 때문에 낮과 밤이 바뀐다. 사람은 이 春夏秋冬과 晝夜의 변화에 適應하면서 살아가지 않으면 안 된다. 그러면 地球는 언제 생겼으며, 地球上에 生物은 언제 탄생했고, 우리 人間은 어떻게 生成되었을까. 現代科學의 研究成果에 의하면 다음과 같다.

대체로 지금부터 약 46억 년 전, 銀河系 속에 太陽系가 생겼다고 한다. 이 당시 原始의 太陽 둘레에는 소용돌이치는 가스와 먼지가 격렬하게 운동하는 가운데, 무수한 작은 行星이 생겼다. 이 微行星들은, 주변의 다른 微行星과 충돌, 그것을 자기 몸에 붙임으로써 成長을 거듭하여, 原始行星을 형성하였다. 이 原始行星은, 微行星과의 충돌로 高溫이 되어 그 표면은 이글이글 끓는 상태였다. 이른바 마그마 오션의 세계인 것이다.

마그마 오션에서 증발한 가스는, 微行星의 충돌에서 발생한 가스와 더불어 地球의 原始大氣를 만들었다. 이 原始大氣는, 二酸化炭素와 水蒸氣를 주성분으로 하되, 아르곤. 질소 등도 포함하고 있었다. 그러나 酸素는 아직 地球大氣의 주성분이 아니었다.

그러다가 차츰 시간이 흐름에 따라, 地表와 그것을 둘러싼 大氣의 溫度가 내려갔다. 차가워진 水蒸氣는, 높은 하늘에 대량의 구름을 만들었고, 地球에는 엄청난 큰비가 내렸다.

오랫동안 천둥 번개가 치는 暴風雨가 계속된 끝에, 地球上에는 바다가 생기고 강이나 호수가 나타났다. 비는, 하늘에서 떨어지면서 大氣 속의 가스를 가져와, 바다의 성분이 바뀌고, 오늘날과 같은 소금기가 있는 바다가 되었다.

많은 化合物을 포함하고 있는 바다는, 달의 引力으로 潮水와 干滿을 일으켰다. 썰물 때 물이 빠진 바닷가 진흙에는 微細한 化合物이 남았고, 이것은 강렬한 太陽光線을 받는다. 그러다가 밀물이 되면 거기에 다시 바닷물이 덮여 온다. 이러한 과정이, 까마득하게 오랜 세월 동안 계속된 끝에 前細胞라 할 수 있는 것이 생겼다. 이 前細胞는, 膜을 가지게 되고, 그 膜 안에서 分子를 성장시키고, 分子가 차츰 복잡해져서 드디어 같은 것이 2개로 분열할 수 있는 細胞가 생겼다. 細胞는 2개씩으로 분열할 수 있기 때문에, 비교적 단시간 안에 크게 증식해 나갔다. 이것이 최초의 生命 탄생인 것이다.

방금 생겨난 細胞는, 주변의 原子나 分子를 먹이로 삼아 살아갔는데, 그 가운데서 突然變異로 인하여 다른 살아 있는 細胞를 먹이로 삼는 細胞가 나타났다. 에너지 섭취 효율이 뛰어난 이들은 오늘날의 細菌細胞의 선조들이다. 그러다가 다시 이 細菌細胞와는 다른 細胞가 나타났다.

이 새로운 細胞는, 자기 몸속의 '葉綠素'라는 分子를 이용해서, 햇빛과 물과 二酸化炭素로부터 자기가 먹는 蛋白質을 만들 수가 있었다. 이것이 곧 光合成인 것이다. 그런데 이들 綠色細胞는 光合成에 의해서 酸素를 방출하였다. 오늘날 우리 人間이

生命을 유지하기 위해서 없어서는 안 되는 酸素가, 그 당시 바다 속에 있던 細胞들에게는 처음으로 마주치는 毒가스 같은 것이었다. 따라서 새로 나타난 綠色細胞가 만들어 내는 酸素로 인하여 헤아릴 수 없이 많은 細胞들이 사라졌다.

이리하여 地球의 大氣에 커다란 變化가 생기게 되었다. 綠色細胞들이 만들어 내는 酸素는 거품이 되어 空氣 속으로 올라갔고, 이들은 太陽의 강렬한 紫外線을 받아 오존(O3)을 만들었다. 현재 지상에서 10~50킬로미터 상공에 있는 '오존층'은 그 당시에 형성되어, 오늘날에도 태양으로부터 오는 강렬한 紫外線을 막아 주고 있는 것이다.

酸素가 크게 증가하더라도 살아남은 것은, (1) 물속 뻘 밑에서 성장 번식하는 細菌細胞, (2) 酸素를 막아 주는 膜을 가진 細胞, (3) 酸素를 오히려 받아 들여 이용할 수 있는 細胞라는 세 가지였다. 이 세 번째 종류는 酸素를 흡수하고 綠色細胞가 필요로 하는 二酸化炭素를 배출하였다. 즉 이들이 植物과 動物의 선조인 것이다.

DNA가 細胞의 核 속에 자리잡고 있는 眞核細胞가 출현한 것은 20억 년 전이다. 이들은 오랜 세월을 거쳐 多細胞生物을 탄생시켰다. 이것이 발전하여 지금으로부터 6억 년 전에 여러 가지 모양과 색깔을 가진 植物이나 動物이 출현하였다. 그리고 消化管이 있는 것, 筋肉, 軟骨을 갖춘 것이 나타나고, 4억 년 전에는 최초의 魚類가 탄생하였다.

그 후 地殼의 변동, 기후의 변화가 일어나는 가운데, 바다로부터 차츰 陸上으로 올라오는 植物, 動物이 생기고, 3억 4000만 년 전에 바다와 육지를 서식지로 하는 兩棲類가 발생하였다. 이때 암컷과 수컷 즉 生物에 있어서의 陰과 陽으로의 分化가 생겼다.

2) 系統發生의 反復

모든 生物의 個體發生은 오늘날에 있어서도 系統發生을 反復한다. 地球 위의 生

物은, 魚類 → 兩棲類 → 爬蟲類(파충류) → 젖먹이류라는 過程으로 進化해 왔다. 그런데 이 進化의 과정은 새로 어떤 生命體가 발생할 때 그대로 反復되는 것이다.

계란이 부화할 때, 4일에서 5일째의 24시간은, 古生代 끝의 1억 년의 進化過程과 같다. 사람의 경우도 마찬가지로서, 胎兒가 受胎 後에 30일이 지나서 1주일은 脊椎動物의 進化나 바다로부터의 上陸過程과 같다.

이 1주일은, 進化의 1억 년에 해당하며, 수태 후 32일에는 상어, 36일에 파충류, 38일에 젖먹이 類, 40일에 인류로 되며, 70일에 오늘날과 같은 人間의 아기가 된다고 한다. 胎兒는 어머니 배 속에서 羊水를 흡수하는데, 이 羊水의 성분은 바닷물의 성분과 거의 같고, 그 환경은 바다 속과 같은 것이다.

"오늘날 地球上에 生息하는 모든 生物은, 그 出生의 遠近을 불문하고, 原初의 生命球를 媒介로 하여 宇宙와 배꼽 줄로 연결되어 있다."(三木 成夫 著, 胎兒의 世界, 中央公論社, 1983, 東京, 152면) 말하자면 이 最新科學의 研究成果는 바로 人體가 小宇宙라는 易經이나 東洋思想의 基調를 그대로 證明하고 있는 것이다.

3) 易經의 科學性

易經은 陰陽과 五行을 가지고 宇宙, 自然, 人生을 모두 파악하고, 그 循環과 波動, 끊임없는 變動을 설명하는 위대한 思想體系이다.

地球가 生成되고 生物이 여기서 살게 된 과정을, 易에서는 火 → 土 → 金 → 水 → 木으로 설명하고 있다. 최초에 太陽으로부터 분리되어 나온 地球는 火 즉 불덩어리였다. 이 불덩어리 地球가 식어서 土 즉 커다란 땅덩어리가 되었다. 땅덩어리 속에는 金 즉 온갖 土石과 金屬이 있었다.

그런데 金生水 즉 金에서 물이 생겼다는 것은 무슨 말인가. 이것은 韓國放送公社에서 과거에 방영했고, 비디오로 제작 시판하고 있는 '地球大紀行'에서 보면 잘 알 수가 있다. 거기서 보면 우주로부터 지구로 떨어진 隕石을, 일본의 東京大學에서 섭씨 800도로 가열하였다. 그러자 시험관에 김이 서리고 이윽고 隕石으로부터 물이 똑똑 떨어졌다. 즉 地球上의 물은, 隕石이 가져 왔다는 것이 증명된 것이다. (韓國放送公社, 〈地球大紀行〉, 제1편 기적의 행성 지구, 참조)

다시 말하면 뜨거운 불덩어리가 地球의 외계로부터 隕石이 날아 와 부딪쳐 녹았고, 거기서 물이 나와 수증기가 되었으며, 이것은 구름을 형성하여 비를 내리게 하여, 地球가 차츰 식으면서 바다가 만들어졌던 것이다. 그리고 물이 있음으로써, 木 즉 식물이나 동물이 생겼던 것이다.

生物은 細胞波를 가지고 있으며 腦波가 있다는 것, 植物이 成長할 때 수직 방향의 螺旋(나선)을 보이고, 生命現象에는 分節性과 双極性이 있다는 것 등도, 易經의 太極에서의 波動循環이나 陰陽相對性의 原理와 같다. 그리고 生物에 대한 宇宙, 自然의 4대 영향은, (1) 太陽年(春夏秋冬의 4季), (2) 太陽日(밤과 낮), (3) 太陰의 朔望月, (4) 太陰日(潮水의 干滿)이라고 現代科學이 말하고 있는 것도, 바로 生物이 太陽이나 달의 영향 아래 地球 위에서 살아가고 있는 生命體라는 것을 가리키고 있는 것이다.

그리고 易經은 우리의 日常生活과 직접 관련되는 1年 4季節의 變化, 즉 봄(春), 여름(夏), 가을(秋), 겨울(冬)이 循環하는 것과, 하루가 밤과 낮이 바뀌면서 돌아가는 變化를 이른바 天干과 地支로써 파악하여 人間生活에서 有用하게 活用하도록 하고 있다. 이와 같이 易經은, 우리가 生을 영위하고 있는 地球의 誕生으로부터 生物의 創造, 그 進化의 過程을 올바르게 파악하고, 人間의 生命體로서의 발전 그리고 그 生存의 모든 環境條件이나 生活에 影響을 주는 變化를 科學的으로 說明해 주는 것이다.

3. 人生과 選擇

1) 天人合一의 思想

人生은 주어진 自然的, 社會的 環境條件에 한편으로 올바르게 適應하면서, 다른 한편으로는 끊임없이 自己가 살아가는 方向을 選擇하고 生을 創造해 가는 過程이다. 易經은 우리에게 이 두 가지 人生에 있어서 가장 重要한 '適應'과 '選擇'에 관한 根本原理와 知慧를 가르쳐 준다.

먼저 人生의 올바른 適應에 관해서 보자. 사람이 어느 나라에 태어나고, 어떤 父母를 만나느냐 하는 것은, 이미 自己와 關係없이 定해진다. 그리고 사람은 天地自然의 運行, 4季節의 變化와 낮과 밤이 바뀌는 것을 거역할 수 없고, 거기에 잘 適應하면서 살아가야 한다. '易'은 이러한 偉大하고 神秘스러운, 天地. 自然에 대하여 敬虔(경건)한 感情을 갖게 하고 거역할 수 없는 偉大한 天地, 自然의 힘을 敬虔하게 諦觀(체관)하면서 거기에 順應할 것을 가르치고 있는 것이다.

天地, 自然의 運行을 가만히 觀察하여, 그 속에서 法則을 發見하고, 거기에 올바르게 適應하는 것이 人生의 道理인 것이다. 말하자면 自然의 法則을 거역하지 않고, 언제나 人間이 스스로 反省하는 것이 人生의 올바른 態度인 것이다.

이러한 天地, 自然의 運行이나 힘을 '易'에서는 한마디로 '天'이라 한다. 따라서 이 하늘의 道理에 맞추어 人間이 살아가는 것 즉 '天人合一의 思想'이 곧 易의 根本精神인 것이다. 따라서 東洋에서는 옛날부터 順天하고 順理하는 자는 生하고, 逆天하고 逆理하는 자는 亡한다고 했던 것이다.

2) 性命의 理致

易에서는 性命의 理致를 강조하고 있다. '性'이라고 하는 것은, 生 + 心으로 이루어진 글자로서 살아가는 마음이라 할 수 있는데, 易에서는 하늘의 造化, 道의 成長

을 가리킨다. 사람은 1차적으로 感覺에 의하여 생활해 나가고 있으나, 그 윗자리에 意識이 있다. 이 意識을 갖게 하는 것은 精神이며, 精神의 윗자리에는 心靈이 있다. 人間은 心靈의 세계, 어떤 알지 못하는 하늘의 造化에 의해서 이 세상에 주어진 生命體인 것이다. 그리고 하늘의 造化에 따라 人間에게는 精神이 있고, 意識이 있으며, 感覺을 지녀 살아가고 있는 것이다.

易에서는 한 번 陰이 되고 한 번 陽이 되는 것을 일컬어 道라 하고, 이 陰陽의 道를 올바르게 이어가는 것을 善이라 하며, 陰陽의 道를 이루는 것을 性이라 하였다. (繫辭傳 上5章) 여기서 陰陽의 道를 이룬다는 것은 무엇을 말하는가?

하늘인 天의 造化를 말하는 것으로, 사람이 男性이 아니면 女性으로 태어나는 것은 하늘의 造化인 것이다. 그뿐만 아니고 사람마다 지니고 있는 天性, 性品, 性質, 性向 등도 하늘의 造化에 의해서 주어진 것이다.

한편 '命'이라는 것은, 天地의 造化에 의해서 주어지는 絶對的인 作用을 말한다. 사람의 思考나 能力을 초월하는 어떤 힘이나 작용으로서, 人爲的이 아닌 것을 가리킨다. 그러므로 '性命'이라는 것은, 우리 人間에게 하늘의 造化에 의해서 주어지고, 하늘이 우리에게 가리키고 시키는 어떤 힘이나 작용이라 할 수 있다. 따라서 人間은 이 性命의 理致를 올바르게 알고 거기에 順應해야 한다. 말하자면 사람은 天命을 거역하지 말고 天命에 따라야 한다는 것이다.

그러나 人間이, 性命의 理致를 알고 天命에 따른다고 할지라도, 盲目的으로 他律的으로 따른다는 것을 의미하지는 않는다. 끊임없이 움직이고 순환하는 것을 '運'이라 하는데, 運命은 決定論的인 宿命이 아닌 것이다. 그러므로 運命을 알고 運命에 순응하며, 그 運命을 스스로 변화시키고, 크게 바꾸어 나가는 것이 人間의 道理인 것이다.

聖人이 易을 만든 것은, 장차 이것으로써 順性命의 理致를 깨우치게 하려는 것이다.(說卦傳 2章) 人間은 萬物의 靈長으로서 제각기 하늘이 준 性品이나 素質, 能力을 갖추고 있다. 따라서 그 性品에 맞추어 자기의 素質이나 能力을 開發해 나가야 한다. 바로 이것이 人間의 使命이며, 命을 알고 命을 세우는 일인 것이다.

3) 生의 尊重과 올바른 選擇

易은 生의 動學이며, 어디까지나 生의 哲學이다. 天地自然 속에 있는 모든 生을 尊重하며 그 生을 育成하는 것을 가장 重要視한다. 따라서 天地의 大德을 生이라 하고(繫辭傳 下1章), 生을 일컬어 易이라 하였다.(繫辭傳 上5章)

그런데 生을 尊重한다는 것은, 生의 價値나 意味를 重要視한다는 것으로, 天地自然의 운행에 適應하면서도, 자기 人生을 올바르게 '選擇'해야만 이루어진다. 따라서 易經은 우리에게 어떻게 올바른 選擇을 할 수 있는가를 가르쳐 준다. 말하자면, 自然의 理法에 올바르게 適應하면서도, 人生을 올바르게 살아가기 위한 選擇의 知慧를 우리에게 가르쳐 주는 것이다.

事實 우리 人間의 삶은, 끊임없는 選擇의 連續이라 할 수 있다. 어디서 살고, 어느 유치원 초등학교 中學校 高等學校에 다니며, 어떤 親舊를 사귀고, 大學은 어느 大學 어느 學科를 選擇하며, 職業은 무엇을 選擇하며 어떤 職場에서 일할 것인가. 그리고 어떤 異性을 사귀고 나아가 結婚을 하느냐 등 무수한 選擇을 해 나가고 있는 것이다. 그런데 重要한 것은, 이러한 選擇의 하나하나가 人生을 바꾸고 運命을 變化시킨다는 事實이다.

그러므로 個人에게 있어서나, 事業體에 있어서나, 나아가 한나라의 政治에 있어서도 選擇은 언제나 重要한 意味를 갖는 것이다. 易經에서는 이러한 選擇의 時間이나 空間을 '幾'라는 말로써 나타내고 있다. 이 幾는 곧 機와 같은 것으로 契機, 機會, 機略 등의 用語에서 나타난다. 個人이나 會社나 國家나 모두 幾에 의해서 그 死活, 盛衰가 決定된다고 해도 過言이 아니다.

幾라는 것은, 어떤 움직임의 微微한 것(動之微)으로, 吉한 것을 미리 내다보는 것 (吉之先見者也)을 말한다.(繫辭傳 下5章) 그런데 이 幾를 안다는 것은 마음이나 精神 이 純粹하고 맑아야만 可能하다. 그리고 天地自然의 理致를 알아야만 올바른 選擇이 可能한 것이다.

易經에 나와 있는 8卦 64卦 384爻는, 모두가 이러한 幾를 포착하고 그 變化 妙用 을 알 수 있게 하는 研究의 機會를 제공하고 있는 것이다. 말하자면 易經에 있는 모 든 卦나 爻, 그리고 卦辭, 爻辭, 象傳, 大象, 小象, 文言傳 등은 우리가 살아감에 있 어서 올바른 選擇을 할 수 있게 하는 '契機'가 되는 것이다.

〈2〉 易經의 生成과 構成

1. 古代人과 豫測

1) 古代人과 두려움

古代에 살고 있던 사람들에게 있어서는, 自己를 둘러싸고 있는 모든 自然 現象이 이상하고 알 수 없는 것으로 여겨졌을 것이다. 천둥, 번개, 태풍, 홍수, 산불 등이 모 두 不可思議하고, 어느 것 하나 두렵지 않는 것이 없었을 것이다. 그러한 自然 災害 가 일어날 때마다 수많은 사람이 목숨을 잃었고, 언제나 自己生命에도 위협을 느꼈 을 것이기 때문이다.

그러므로 洋의 東西를 막론하고 옛날 사람들은 모든 自然에 存在하는 특이한 것, 즉 큰 나무, 바위, 동굴, 샘, 호수, 바다, 산이나 골짜기 등에 무엇인가 超越的인 힘이 있는 것으로 믿었다. 이것이 이른바 애니미즘(animism)으로써 自然物에 靈魂이 깃들어 있다는 原始 信仰이며 精靈崇拜인 것이다. 古木이나 큰 바위에 향을 피우고 절을 한다든가 井華水를 떠놓고 子息을 위해서 致誠을 드리는 일은 오늘날에도 우리나라에 남아 있다. 말하자면 그러한 超越的인 것에 기도함으로써 災難을 피하고 福을 얻으려 하였던 것이다.

한편 古代人들이 가장 두려워하면서 崇拜한 것은 祖上의 魂靈이었다. 따라서 돌아가신 祖上의 魂靈을 산 사람처럼 제사 모시고, 災難이나 禍根을 피하고 福을 빌며 나아가 未來에 일어날 일을 豫測하려고 하였다. 이와 같은 祖上의 魂靈이 갖는 힘을 믿는 原始宗敎가 곧 샤머니즘(shamanism)이다. 이것은 특히 아시아 여러 地域에 퍼져 있으며, 우리나라에서도 盛行하여 巫堂, 巫俗이 오늘날에도 남아 있다.

옛날 사람들은 鬼神을 믿고 그 힘에 의지하려고 하였다. 鬼는 힘을 가진 것으로 여겨지는 어떤 奇怪한 것이고, 神은 감각으로 포착할 수 없는 超越的인 힘을 의미하였다. 이러한 鬼神의 超越的인 힘에 의지하여 未來를 豫測하고 災難을 피하며 福을 비는 일에는 차츰 專門的인 職業人이 생겼다. 이것이 巫堂이나 占卜家인 것이다. 이런 일은 모두가 두려운 自然과 未來를 미리 알고 좋지 않은 것을 피하고 吉한 것을 얻으려는 古代人의 바람에서 나온 것이었다.

2) 殷나라에 있어서의 卜筮

中國에서는 紀元 前 10世紀경 이전에 거의 支配權을 確立한 것으로 알려진 殷王朝(?~1027 BC)로부터 有史時代가 始作된 것으로 보고 있다. 그 앞에 夏나라가 있었다고 하나 이것은 傳說時代로 보고 있는 것이다. 그런데 이 殷王朝는 山東半島의 東夷族 가운데 一部가 河南平野로 나아가 商邑(安陽)에 都邑을 建設한 것으로 알려지고 있다.

그러나 殷이라는 國號나 王朝 이름은, 이 나라 사람들이 남긴 甲骨文에서 전혀 나타나지 않는다. 2次大戰이 끝난 以後에 많은 殷墟가 새로 發見되고 상당히 많은 甲骨文이 나왔으나 殷이라는 이름이 나오지 않았다. 따라서 殷이라는 것은 祭名이고 그 후의 王朝 周나라에서 불렀던 호칭인 것으로 보고 있다. 아마도 當時 聯邦制 國家에서 그 首都 이름인 商을 가지고 聯邦을 代表한 것이 아닌가 보고 있다. 그러므로 오늘날에는 商이라는 이름을 주로 使用한다.

商(殷)에서는 政治와 軍事 등 모든 重要한 일을 問卜하여 決定하였다. 따라서 卜官을 重用하였다. 當時의 占卜은 거북 등이나 動物의 뼈를 불에 구워 거기서 생기는 균열의 모습을 가지고 判斷하는 것이었다. 그러나 이것은 매우 까다로운 것이었다. 금(龜裂)이 나가는 모양, 색깔, 大小, 明暗 등 모두 1200가지에 이르렀다고 한다. 그러므로 그 후 周나라에 와서는 이를 簡素化하여 筮竹을 利用하는 占卜이 생긴 것으로 보는 것이다.

3) 周나라에서의 易經

周王朝(1027~771 BC)는 257년간 계속된 나라로서, 이때 周易 즉 易經이 成立되었다. 周나라는 古公亶 → 王季 → 文王 → 武王 → 成王 → 康王으로 王統이 이어졌다. 王季는 殷王 武丁에 의하여 謀殺되었다고 하며, 文王은 殷의 紂王에 의하여 羑里(유리)에 감금되었다고 한다. 文王은 잡혀 있는 동안 隱忍自重하며 꾸준히 周의 國力을 50년간 培養하였다고 한다.

武王(1134~1126 BC)은 暴君으로 알려진 殷의 紂王을 民心이 그로부터 離脫하고 百姓이 虐政에서 벗어나기를 소망함에 따라 征伐하여 周王朝를 確固하게 成立시켰다. 그리고 武王이 서거한 후에는 어린 成王(1115~1079 BC)이 卽位하였는데 이 成王을 叔父 周公(旦)이 잘 補佐하여 王業을 탄탄하게 하였다. 그 후 康王時代에 와서 周王朝는 크게 번영하였다.

이 周나라 時代에 易經이 成立되었기 때문에 흔히 周易이라 부르고 있다. 이 周易 以前에도

連山易 歸藏易 등이 있었다고 하나 오늘에 전해지지 않았다. 그리고 오늘에 전해진 周易 즉 易經에는 文王, 武王, 周公에 관한 歷史的 故事가 여러 곳에 나타나고 있다.

2. 易經의 成立과 展開

1) 古代人의 象徵

周나라 때에 易經이 成立된 것은, 古代로부터 내려 온 未來에 대한 豫測 즉 占卜을 당시에도 숭상하고, 政治 軍事上의 필요에 의해서 이것을 많이 活用했기 때문이라 할 수 있다.

흔히 易經을 完成시킨 四大聖人이라 하여, 伏羲, 文王, 周公, 孔子를 꼽는다. 伏羲는 傳說上의 人物로 알려져 있는데 그가 八卦를 처음으로 創製했다고 한다. 文王은 卦辭를 지었고, 周公은 爻辭를 지었으며, 孔子가 여기에 十翼을 달았다고 한다. 이 가운데 두 사람이 周나라 王朝의 사람이기 때문에 伏羲의 八卦를 이어받아 周나라 초기에 周易의 體系가 거의 形成되었다고 할 수 있다.

陰을 ▬▬이라는 부호로, 陽을 ▬▬이라는 부호로 하여 伏羲가 八卦를 創製했는데

1	2	3	4	5	6	7	8
☰	☱	☲	☳	☴	☵	☶	☷
乾	兌	離	震	巽	坎	艮	坤
天	澤	火	雷	風	水	山	地

여기서 볼 수 있는 하늘, 못, 불, 우레, 바람, 물, 산, 땅은 古代人들이 살아 나가면서 그 體驗을 통하여 가장 偉大한 힘을 가진 것으로 믿었던 것의 象徵이라 할 수 있다. 말하자면 周나라 사람들은 이 여덟 가지 요소의 變化를 통하여 未來에 관한

豫測을 하려 했던 것이다.

2) 占筮와 그 思想性

八卦에 의하여 未來에 관한 여러 가지 豫測을 하려는 경우에 그 判斷의 基準이 되는 要素가 적기 때문에 應用上의 限界를 느꼈을 것이라는 것은 쉽게 짐작을 할 수 있다. 이리하여 八卦를 두 개씩 上下로 組合하여 64卦 384爻를 活用하게 된 것은 西周의 初期로 推定되고 있다.

64卦를 가지고 그 卦爻의 變化를 통하여 周나라 사람들은 宇宙 自然 國家 人生 등 모든 것의 未來를 豫測하려 하였다. 數百年 동안 問卜하고 占筮를 행한 끝에 그 成果가 檢討되고, 信憑性(신빙성)이 있는 것을 集大成한 가운데 周易의 體制가 整備되고 易經 原典이 오늘날과 같은 것으로 形成된 것은 西周의 末期나 春秋時代의 初期라 보고 있다.

易經이 이와 같이 오랜 세월 동안 그 體制를 整備하여 體系를 完成시키는 가운데 거기에는 獨自的인 思想性이 담겨지고, 哲學的인 깊이가 생겼다. 그리고 이것이 知識人에게 普及되어 차츰 權威를 지니게 되었다고 할 수 있는 것이다.

3) 戰國時代 孔子, 漢代의 易

陰陽 八卦로써 活用되어 오던 周易에 五行 思想이 들어가게 된 것은 戰國時代이다. 戰國時代(771~221 BC)에 水·木·火·土·金이라는 五行의 思想이 도입되면서 그전까지 주로 剛柔를 가지고 모든 것을 논하던 것이 바뀌어 陰陽五行에 의하여 論議와 判斷을 하기에 이르렀다.

그 후 孔子(552~479 BC)께서 나와 人倫을 重要視하고 家族 集團主義에 의한 새로운 國家 社會의 秩序를 定立하는 儒教의 思想 體系를 세상에 가르치게 되었다.

孔子는 흔히 '韋編三絶'이라 하여 당시 竹簡으로 된 책을 엮은 가죽 끈이 세 번이나 떨어질 정도로 周易을 열심히 硏究한 것으로 알려져 있다.

陰陽五行의 思想은 活用의 범위가 넓어져 多方面에 걸친 應用의 길이 열렸다. 그러다가 戰國時代 末期가 되고 秦나라가 탄생하였다. 秦(221~206 BC)의 始皇帝는 天下를 統一한다든가 萬里長城을 쌓는다는 偉業을 남겼으나, 焚書坑儒를 한 것으로 有名하다. 始皇帝는 儒敎나 儒學者를 탄압하고 思想에 관한 書籍들을 거두어 모두 불에 태웠으나, 이때 易書는 占卜의 書라 하여 禍를 면하였다.

漢代(前漢: 202 BC~7 AD, 後漢: 25~220 AD)에 이르러 易經에 관한 硏究는 크게 進展되었다. 널리 漢易이라 불리는 이 時代의 易은 주로 象數에 치중하였고 占筮에 관심이 높았다. 그런데 일반적으로 孔子가 서술한 것으로 알려지고 있는 「十翼」은 現代에 와서 자세한 考證과 硏究를 한 結果 이 漢時代에 生成되고 綜合되어 오늘의 易經이 이루어진 것으로 밝혀졌다.

3. 易經의 構成

1) 오늘날의 易經 構成

오늘날 널리 읽히고 있는 易經은, 다음과 같은 構成을 가지고 있다.

먼저 易經은 「上經 (30卦)」「下經 (34卦)」과 위에서 본 「十翼」으로 構成되어 있다. 上經은 주로 宇宙 自然에 관한 原理를 설명하며, 乾(天), 坤(地)에서 出發하여 坎(水), 離(火)에서 끝난다. 下經은 주로 人事 즉 사람과 관련되는 原理를 설명하여 咸(少年과 小女가 사귀고 婚姻하는 것을 象徵), 恒(男女가 結婚하여 오래도록 함께 사는 일을 象徵)으로부터 出發하여 旣濟(모든 일의 끝마무리) 未濟(끝난 후에 다시 시작)에서 끝을 맺고 있다.

그리고 各卦의 構成 順序는 다음과 같이 되어 있다.

〈1〉　乾　　卦: (1) 卦辭 (2) 爻辭 (3) 象辭 (4) 大象　　　　(5) 文言
〈2〉　坤　　卦: (1) 卦辭 (2) 象辭 (3) 大象 (4) 爻辭, 小象 (5) 文言
〈3〉　其他의 卦: (1) 卦辭 (2) 象辭 (3) 大象 (4) 爻辭, 小象

이러한 易經의 構成은 宋代에 와서 이른바 新儒學을 定立한 朱子 程子 등이 편찬한 體系이다. 朱子(朱熹, 晦庵), 程子(程伊川 程明道 형제)는 過去부터 전해져 온 儒敎의 모든 經典을 새로운 視覺에서 再檢討하고, 體系나 編制를 새로 하며, 註釋을 달아서 整理하고 集大成하였다.

朱子는 당시에 널리 보급되고 있던 佛敎의 敎理나 經典을 檢討하고, 그 思辨 哲學의 基調나 論理를 儒敎의 解釋에 援用하면서도, 오히려 이러한 論理를 가지고 써 佛敎의 滅倫性을 아주 날카롭게 批判하였다. 그러므로 程子 朱子에 의해서 새롭게 集大成되고 體系化된 宋代의 儒敎를 '新儒敎'라 하고, 그 이전의 孔子, 孟子 등의 儒敎는 '古典儒敎'라 부르고 있다.

易經에 관한 現在의 體系도 이러한 朱子 程子의 새로운 整理와 集大成의 努力에 의해서 定立된 것이다. 그 이전에 있어서는 卦辭나 爻辭만 먼저 나오고 象辭나 大象 등은 따로 編制되는 등 易經의 體系가 각기 다르게 되어 있었다.

2) 十翼의 內容

易經은 卦辭와 爻辭가 옛날부터 전해져 내려 온 것이고, 거기에 十翼이 더하여져서 오늘날의 體系를 갖추게 되었다. 흔히 이 十翼은 孔子가 지은 것으로 말해지고 있으나, 이는 假托이라 보고 있다. 그리고 十翼에는 모두 '傳'이라는 말이 붙어 있는데 이것은 본문의 뜻을 풀이하거나 解說한다는 意味이다. 十翼은 열 가지 날개를 달아 易經의 뜻을 보다 잘 알게 하는 것으로 다음과 같다.

〈十 翼〉

1.   繫辭傳   上   2.   繫辭傳   下
3.   象 傳   上   4.   象 傳   下
5.   象 傳   上   6.   象 傳   下
7.   文言傳
8.   序卦傳
9.   說卦傳
10.   雜卦傳

「象傳」은, 斷定한다는 뜻을 가지고 있으며 대체로 그 卦의 總說的인 內容을 담고 있다. 「象傳」은 各卦가 보여 주는 形象이 갖는 意味를 보여 주고 있다. 그리고 이 象傳과 象傳은 가장 오래된 글로서 韻文을 많이 포함하고 있다.

「繫辭」는 易學概論에 해당하며 文言傳의 序論과 같은 性格을 지니고 있다. 그러나 錯簡이나 脫落이 상당히 많은 것으로 評價되고 있다. 「文言傳」은 옛날에는 全部의 卦에 있었는데 大部分이 없어지고 지금은 乾 坤 卦에만 남아 있다고 한다.

「說卦傳」은 各卦에 대한 별도의 解說을 한 것으로, 總論的인 解說이 이루어지고 있다. 「大象」은 各卦에 대한 解說이나 各論的인 性格을 띄고 있으며 '大學'과 共通되는 文章을 포함하고 있다. 「序卦傳」「雜卦傳」은 占筮家의 易에 관한 解說로 보고 있으며 多少 後期의 作品인 것으로 알려지고 있다.

3) 易經 研究의 두 方法과 易의 三義

易經을 研究하는 데 있어서는 크게 두 가지 接近 方法이 있다. 하나는 學問 또는 實踐에 관한 根本的인 理致를 研究하는 것으로 이를 "義理研究"라고 한다. 이 義理學派는 주로 朱子, 程子를 중심으로 하여 宋代 및 明代의 學者들이 追求하였다. 다

른 하나는 占筮 또는 靈的인 것을 硏究하는 것으로 이를 "象數硏究"라고 한다. 이것
은 주로 漢代에 많은 사람들이 追求하였다.

한편 一般的으로 經書를 공부함에 있어서는 '窮理'와 '盡性'의 두 方法이 있다고
한다. '窮理'는 理致를 窮究 즉 理論이나 論理에 의하여 學問的으로 經典을 硏究하
는 것을 말한다. '盡性'은 性과 命을 주로 精神的인 修養을 통하여 깨닫는 것을 일
컫는다. 前者는 理論的 追求이고 後者는 마음의 純粹함을 통하여 覺性의 境地에 이
르는 것이라 할 수 있다.

〈易의 三義〉: 易에는 三義 즉 세 가지의 뜻이 있다고 한다. 이것은 後漢의 學者 鄭 玄
(127~200) 이래의 通說이다.

(1) 變易: 이 세상의 모든 現象은 끊임없이 변한다. 易經은 變化에 관한 經書(The
Book of Changes)이다. 따라서 變化하는 原理나 根本을 뜻한다.

(2) 不易: 모든 것이 變化해 가고 있으나 그 가운데서 변하지 않는 것도 있다. 그것
은 人間의 能力을 넘어서는 宇宙 自然의 原理이다. 즉 낮과 밤이 바뀌는 것, 春
夏秋冬의 四季節이 있다는 것 등이다. 이와 같이 바뀌지 않는 것의 理致를 易은
가르쳐 준다.

(3) 簡易: 變化하는 것과 變하지 않는 것의 理致를 易은 쉽고 간편하게 알 수 있게
한다. 이것은 繫辭傳 上1章에서 "乾以易知, 坤以簡能"이라는 말의 易簡에서 온
말이다.

〈3〉 太極의 原理와 卦爻, 體用

1. 太極의 原理

1) 萬物 根源의 原理

易經은 太極으로부터 출발한다. 太極은 이 세상 모든 것의 根源이다. 그러므로 萬物이 여기서부터 創生되어 進化 發展하고 또한 萬物은 여기로 歸結한다.「太」라는 글은 크다는 뜻과 처음이며 비롯한다는 뜻을 지니고 있다.「極」이라는 글은 끝이며 덩어리라는 뜻이다. 따라서 生命體를 비롯한 萬物의 根源이나 본바탕이 곧 太極인 것이다.

크게는 宇宙 創生의 根源이 太極이다. 1948년에 가모프에 의해서 주장된「빅뱅 理論」은 이 방대한 宇宙가 아주 작은 하나의 素粒子로부터 大爆發하여 이루어졌다고 한다. 素粒子가 하나의 불덩어리가 되고 이윽고 超高溫의 正과 負의 '이온'이 자유롭게 이동하는 光彩 나는 '프라즈마'로 가득찬 宇宙가 되고 여기서 天體가 形成되어 지금도 宇宙는 膨脹해가고 있다. 이러한 宇宙 創生의 根源을 우리는 太極이라 할 수가 있는 것이다.

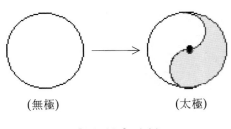

(無極)   (太極)

⊙ 無極과 太極

地球上에서 처음으로 生命이 誕生한 根源도 太極이다. 最初에 細胞가 생기고 이것이 두 개씩으로 分裂함으로써 生命體가 形成되었다. 이 細胞 分裂의 根源이 太極인 것이다.

動物의 경우 受胎된 상태가 곧 太極이며, 여기서 細胞가 分裂하여 새 生命이 태어나게 된다. 植物의 경우는 하나의 씨앗이 바로 太極이며, 이 씨앗이 땅속에서 자라 地上으로 올라 올 때는 두 개의 잎이 나오고 여기서 각기 정해진 遺傳子에 따라 特定한 나무나 풀이 자라게 되는 것이다.

그런데 이 太極 이전에는 무엇이 있었는가. 宋나라의 周廉溪(1017~1073)는 无極이 곧 太極이라 주장하였다. 이 无極은 無始無終의 狀況이라 하는데 無에서 有가 생겼다는 것은 사실이라 할지라도, 이 无極에서 有始有終이라 말해지는 太極이 왜 생겼는가. 太極이 처음으로 생겨난 것은 宇宙의 意志 혹은 超越者나 神의 뜻이라 할 수밖에 없을 것이다. 그러므로 易經은 이러한 絶對的이고 超越的인 어떤 힘이나 意志를 '天'이라 하고 그것은 順應해야 하며 拒逆할 수 없는 것으로 받아들이고 있는 것이다.

2) 陰陽 相對性의 原理

太極은 陰과 陽의 相對性 原理를 지니고 있다. 이 세상의 모든 現象에는 陰과 陽이 相對 또는 相待하는 기운이 있고, 萬物은 陰陽이 相對, 相待하는 가운데 變化 發展한다. 生命體에는 암컷과 수컷이 있어 이것이 서로 相對하며 補完하는 가운데 分裂하고 成熟하며 그 子孫이 發展한다.

사람도 男子가 있고 女子가 있어 서로 짝을 만나 婚姻함으로써 家庭을 이루고 子孫을 繁榮시키게 된다. 宇宙도 相對性 原理에 의해서 이루어지고, 낮이 있으면 밤이 있고, 홀수가 있으면 짝수가 있고, 東洋이 있으니 西洋도 있는 것이다. 生體에는 陰이라 할 수 있는 알칼리와, 陽이라 할 수 있는 酸이 있는데 한쪽은 다른 쪽의 基가 된다.

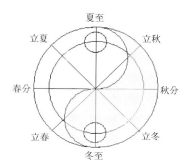

(太極·陰陽과 四季節)

中國의 來知德은 太極圖를 해석하여 "對待者數 主宰者理 流行者氣"라 하였다. 여

기서 그는 陰陽이 相對, 相待하는 것에는 數가 있다 하였고, 理와 氣를 太極에서 나오는 것으로 말하였다. 이 理와 氣의 문제는 우리나라 朝鮮朝 時代에 500年 동안 理氣 論爭을 일으킨 課題였다.

陰이 있고 陽이 있으며 플러스가 있고 마이너스가 있다는 것은 이 두 가지가 서로 相對하고 補完하며 和合함으로써 새로운 創造와 發展이 있음을 뜻한다. 만약 陰과 陽이 調和를 이루지 않는다면 그것은 不和가 되어 좋지 못한 일을 가져온다. 그러므로 易에서는 陰陽의 和合이나 中和를 重要視하는 것이다.

3) 波動 循環의 原理

太極은 萬物의 根源이고 陰陽 相對性의 原理를 지니고 있으면서, 또한 波動 循環의 原理를 가지고 있다. 지금 그림에서 볼 수 있는 것처럼 太極圖의 陰과 陽이 서로 맞물리고 있는 모습에는 波動을 그리는 曲線이 들어 있는 것이다. 이 曲線은 陰과 陽이 바뀌어 가는 모습이며, 또한 波動 循環 週期 등을 나타내고 있다. 이 세상의 모든 自然現象은 光線 소리 電子 할 것 없이 波動으로 表現된다.

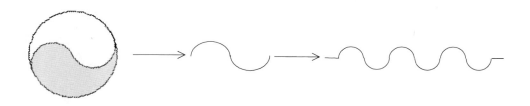

(太極의 波動과 循環)

사람은 숨을 쉬지 않으면 살아 갈 수가 없다. 이 사람의 呼吸도 바로 循環이며 波動인 것이다. 그리고 現代 醫學에서 인정하고 있는 人間生體의 循環 現象인 '바이오리듬'(Bio-rhythm)도 있다. 이는 사람은 그 誕生日을 基準으로 하여 (1) 身體

(physical)는 23日, (2) 感情(sensitivity)은 28日, (3) 知性(intellectual)은 33日이라는 週期를 가지고 있다는 生物的 週期 現象이다. 그리고 바이오리듬에서는 波動을 그리는 各 曲線의 變曲点을 要注意日 또는 危險日이라 말하고 있다. 그런데 이것은 易經에서 大成卦의 下卦에서 上卦로 바뀌는 三爻 또는 四爻에 危險하다 注意하라는 등의 警戒辭가 많이 나온다는 사실과 유사하여 흥미롭다.

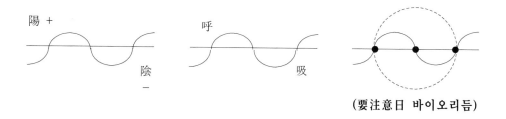

(要注意日 바이오리듬)

우리 人間은 春夏秋冬 四季節의 循環, 一年 열두 달의 바뀜, 一週日이나 낮과 밤의 反復이라는 週期 속에서 그에 適應하면서 살아가고 있다. 그뿐만 아니라 人間의 一生 자체도 出生, 幼兒期, 少年期, 靑年期, 壯年期, 老年期, 死亡이라는 週期를 가지고 있다. 그리고 한 個人의 一生은 一直線으로 가는 것이 아니라 많은 波動이나 浮沈이 반드시 따르는 것이다. 따라서 波動 循環 週期 등은 人間 生活과 떨어질 수 없는 重大한 영향을 미치는 現象이라 할 수 있는 것이다.

國家나 民族에도 榮枯 盛衰의 循環 波動이 있다. 歷史를 보면 어떠한 强大國도 永遠히 繁榮한 일이 없다는 事實을 쉽사리 알 수가 있다. 그러므로 太極은 모든 自然現象, 人間의 生體 現象과 一生, 民族이나 國家의 歷史에 있어서도 波動 循環 週期가 있다는 原理를 보여 주고 있는 것이다. 太極은 萬事 萬物의 根源이자 歸納하는 바이기 때문에 이미 그 속에 이러한 偉大한 原理를 內包하고 있는 것이다.

2. 卦爻가 갖는 意味

1) 六十四卦와 陰爻 陽爻

① 小成卦와 大成卦

易經은 陰爻－－와 陽爻－－어느 것이든 세 효가 모여 한 卦를 이룬다. 이처럼 세 효로 된 것이 乾 兌 離 震 巽 坎 艮 坤이라는 八卦이고 이것을 小成卦라 한다. 그리고 이 八卦를 두 개씩 모아 組合하게 되면 여섯 개의 爻로써 이루어진 卦가 都合 六十四卦가 된다. 이 六十四卦를 大成卦라 한다. 八卦나 六十四卦의 배열이나 그것의 發生 根據, 意味 등은 뒤에서 다루게 되므로 우선 두고, 여기서는 大成卦인 六十四卦를 앞으로 보아 나갈 때 必要한 豫備 知識으로서 各卦에서 共通되는 基礎 槪念을 이야기하기로 한다.

② 陰爻와 陽爻

우선 陰爻와 陽爻는 무엇을 象徵하고 있는가를 살펴보자. 지금 표에서 볼 수 있는 것처럼 太極의 陰陽 相對性 原理에 따라 相對되거나 相待하는 것을 각기 象徵하고 있다. 이 표에서 열거한 것 이외에도 陰爻와 陽爻가 象徵하고 나타내는 것은 얼마든지 있을 수 있다는 것을 잊어서는 안 된다.

陽 (剛)	天 日 晝 男 表 進 盈 强 動 開 呼 + 連　續
陰 (柔)	地 月 夜 女 裏 退 虛 弱 靜 閉 吸 － 不連續

2) 爻와 卦의 變化

① 變易과 交易

易經의 64卦는 모두 陽爻로서 構成되어 있는 重天乾 卦와 全部가 陰爻로 이루어져 있는

重地坤卦가 基本이다. 이 純陽의 乾卦와 純陰의 坤卦 가운데서 한 爻로부터 여섯 爻에 이르는 어떤 變化가 일어나면 나머지 62卦가 되기 때문이다. 그리고 어떤 卦에서 어느 爻가 변하여 다른 卦로 변하는 現象을 '變易'이라 하고, 어떤 卦와 다른 卦가 서로 어느 爻를 맞바꾸면 새로운 두 卦가 되는 現象을 '交易'이라 한다.

② 倒轉卦와 錯綜卦

어떤 大成卦를 뒤집어 제일 아래에 있는 爻가 맨 위로 가고, 위에 있던 爻가 제일 아래로 가게 하여 이루어진 卦를 倒轉卦라 부른다. 그리고 어떤 大成卦의 上卦를 下卦로 보내고 下卦는 上卦로 가게 하여 이루어지는 卦를 錯綜卦라 부른다. 이것은 한 卦가 지니고 있는 意味를 보다 종합적으로 알아보고 검토하기 위하여 이루어진다.

◎ 倒轉卦(아래위가 뒤집힌 것.)

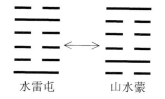

水雷屯　　　山水蒙

不倒轉卦　8卦 ⎤
倒轉卦　　28卦 ⎦ 36卦　3+6 = 9 老陽數
乾之策數다.

◎ 不倒轉卦

아무리 뒤집어도 같은 卦가 되는 것이다.
64卦 全體 가운데 不倒轉卦는 8卦뿐이다.
上經 – 乾, 坤, 頤, 大過, 坎, 離
下經 – 中孚, 小過

◎ 錯綜卦(上下를 바꾼 것.)

下卦가 上卦로 되고 上卦가 下卦로 간 것.

水雷屯　　　雷水解

③ 配合卦와 互卦

어떤 大成卦의 陽爻는 陰爻로, 陰爻는 陽爻로 여섯 爻 모두를 바꾸어 이루어지는 卦를 配合卦 또는 全變卦라 한다. 그리고 어느 大成卦의 제일 아래의 爻와 맨 위의 爻를 除外하고 나머지 네 개의 爻를 가지고 밑에서부터 세 개 爻를 下卦(內卦)로 삼고, 위로부터 세 개 爻를 上卦(外卦)로 삼아 이루어지는 卦를 '互卦'라고 한다. 이것도 또한 한 卦의 意味를 보다 자세히 살피기 위해서 이루어진다.

◎ 配合卦

陽爻가 陰爻가 되고 陰爻가 陽爻가 되는 것.(全爻가 變한 것.)

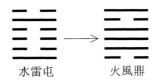

水雷屯　　　　火風鼎

◎ 互卦

初爻와 上爻를 去頭截尾하고 中間四爻를 가지고 作卦하여 解釋하는 方法을 말한다.
上, 初는 極과 極이니 重要하지 않다. 모든 일은 中間爻에서 事件이 일어난다.

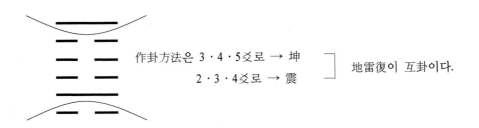

作卦方法은 3·4·5爻로 → 坤
　　　　　　　2·3·4爻로 → 震　　　地雷復이 互卦이다.

④ 本卦와 之卦

어떤 일을 當하여 올바른 判斷을 하기가 어려울 때, 사람들은 筮竹을 이용하여 占

을 친다. 이때 처음 나온 大成卦를 本卦라 하고 그 本卦에서 變하는 爻가 있어서 달라져 이루어지는 大成卦를 之卦라 한다.

3) 九六과 位, 中正의 重要性

① 各爻의 名稱과 九六

易經의 64卦는 小成卦를 두 개씩 組合한 것이기 때문에, 각기 陰이든 陽이든 여섯 개의 爻로써 構成되어 있다. 이 爻는 맨 아래로부터 헤아리는데 陽爻가 제일 아래에 오면 初九라 한다. 그리고 위로 올라가면서 九二, 九三, 九四, 九五라 하고 제일 위는 上九라 한다. 또한 陰爻의 경우는 아래로부터 初六, 六二, 六三, 六四, 六五, 上六이라 부른다. 여기서 九와 六이라는 숫자는 1·2·3·4·5라는 數를 易에서 先天數라 하고 이 가운데 奇數(陽數)인 1·3·5를 合치면 9가 되고, 偶數(陰數)인 2·4를 合하면 六이 되기 때문이다.

◎ 先天數　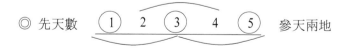　參天兩地

　　　1+3+5 ＝ 9 陽數의 合計 陽爻는 九
　　　2+4 　＝ 6 陰數의 合計 陰爻는 六

◎ 初: 初九, 初六이라고 한 것은 宇宙森羅萬象의 始初의 뜻이 있고 또한 限定하지 않기 위

하여 初라고 하였다.

上: 上九, 上六이라고 한 것은 萬有의 理致가 하나에서 차차 쌓아 가지만 限定을 지우지 않기 위하여 上으로 하였다. 萬有는 變化無常하여 限定할 수 없기 때문이다.

② 位가 갖는 意味

各卦의 여섯 개 爻는 단순히 나열되어 있는 것이 아니고 밑에서부터 위로 漸進的으로 變化하고 發展해 나가는 것이다. 따라서 各爻는 살아서 움직이는 것이며 동시에 밑에서부터 社會 組織의 位라든가 段階를 나타내는 것이다. 지금 六爻의 各位가 갖는 職位, 地位 등을 例示해 보면 아래 표와 같다.

位	卦	家 族	國 家(1)	國 家(2)	會 社	연 령
上位	▬▬	祖父	國師	고문	會長	60
五位	▬▬	戶主(父)	君主	大統領(總理)	社長	50
四位	▬▬	兄	宰相	長官	重役	40
三位	▬▬	弟	卿大夫	局長	部長	30
二位	▬▬	主婦(母)	王妃	主任, 課長	主任,課長	20
初位	▬▬	孫子	庶民	末端	平社員	10

③ 中正의 重要性

易經에서는 中과 正을 대단히 重要視한다. 中이라는 것은 밑에서 두 번째의 爻와 다섯 번째의 爻를 말한다. 이는 下卦의 가운데인 二爻와 上卦의 가운데인 五爻를 말한다. 한편 여섯 개의 爻는 밑에서부터 1·3·5의 奇數(陽數)의 자리에 陽爻가 오면 이를 正이라 하고, 陰爻가 오면 不正이라 한다. 또한 2·4·6의 偶數(陰數)의 자리에 陰爻가 오면 正, 陽爻가 오면 不正이라 한다. 따라서 陽의 자리에 陽爻, 陰의 자리에 陰爻가 오는 것이 좋고 그렇지 않을 때는 좋지 않는 것으로 본다. 그런데 밑에서부터 二爻 자리에 陰爻 즉 六二가 오면 이것을 '柔順中正'이라 하고, 다섯 번째 자리에 陽爻 즉 九五가 오면 이를 '剛健中正'이라 한다. 이 둘은 각기 中庸의 德을 갖추고 있으면서 올바른 位에 있기 때문에 가장 바람직하고 吉한 것으로 본다. 그리고 易에서는 不正보다는 正을, 正보다는 中을, 中보다는 中正을 尊重한다.

4) 正應 相比와 吉凶悔吝

① 正應과 不應

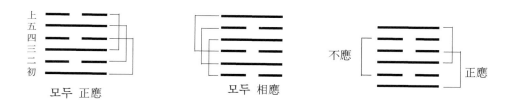

上
五
四
三
二
初

모두 正應　　　　모두 相應　　　不應　　　正應

어떤 卦의 六爻에는 應 比 承 乘이라는 관계를 볼 수 있다. 먼저 應이라는 것은 初爻와 四爻, 二爻와 五爻, 三爻와 六爻가 서로 對應하고 있음을 말하는데, 이때 짝이 陰爻와 陽爻로 되어 있으면 應이라 하고, 짝이 陽爻끼리 또는 陰爻끼리로 되어 있으면 不應, 敵應이라 한다.

應은 陰과 陽이 서로 돕는 關係이기 때문에 바람직하고, 不應은 서로가 反撥하는 關係가 된다. 그리고(各其 正의 位에 있는 陰爻와 陽爻가 짝을 이루면 이를 正應이라 하고 不正의 位에 있는 陰陽의 짝일 때는 相應이라 부르기도 한다.) 正應 가운데서도 下卦의 六二와 上卦의 九五가 짝을 이루는 것은 柔順中正과 剛健中正의 和合이기 때문에 가장 바람직한 것으로 본다.

② 相比와 承, 乘

相比라고 하는 것은 서로 이웃하는 두 爻가 陰陽으로 되어 있는 것을 말하고 比라는 것은 親하다는 뜻이다. 따라서 이웃하는 두 爻가 모두 陽 또는 陰일 때는 相比의 關係가 成立되지 않는다. 應이나 比가 다 같이 서로 돕는 것이지만 相比보다 相應, 正應이 훨씬 강한 관계이다. 그리고 이웃하는 두 爻의 關係에서 陰爻가 陽爻 아래 있으면 이것을 '承'이라 하고, 반대로 陰爻가 陽爻 위에 있을 때는 '乘'이라 한다.

③ 吉 凶 悔 吝

易經의 卦辭, 爻辭에는 吉凶悔吝 등의 표현이 많이 나온다.

吉이라는 것은 幸運, 幸福, 善, 得이 있는 狀況을 말하고, 凶이라는 것은 災難이나 禍를 만나고 惡, 失이 있는 狀況을 말한다. 이는 어떤 일의 價値判斷에 관한 말씀인데 吉은 卦辭에 23, 爻辭에 121곳에 나오고, 凶은 卦辭에 5, 爻辭에 52곳에 보인다. 悔는 마음속에서 뉘우치고 恨이 되는 것을 말한다. 吝은 인색함을 나타내며 움직임에 곤궁함이 있음을 뜻한다.

그런데 悔와 吝은 吉과 凶의 中間에 있으며, 悔는 凶보다는 吉쪽으로 향하는 뜻이 있고, 吝은 吉보다는 凶 쪽으로 향하는 뜻이 있다.

3. 體와 用의 槪念

1) 體用一源

易經에는 體와 用이라는 槪念이 있다. 이 세상의 모든 現象에는 基本이 되는 틀이 있는데 이것을 體로 보고, 그 基本의 活用이 이루어 지는 것을 用이라 한다. 이 두 가지는 같으면서도 다른 것으로 易經에서는 槪念 짓고 있는 것이다. 이 體와 用에 대해서 宋의 程伊川은 易經의 序文인 「易傳序」에서 "體用一源, 顯微无間"이라 하였다. 體와 用이라는 것은 하나의 源泉이나 나타남이 微微하여 틈새가 없다고 말하고 있는 것이다.

太極이 體라 하면 陰陽은 用이 된다. 우리 몸이 體라고 하면 마음은 用이 된다. 後述하게 될 河圖가 體라면 洛書는 用이 된다. 그리고 河圖의 數인 10은 體가 되고 洛書의 數 9는 用이 된다. 즉 數에서 1로부터 10까지는 基本的인 것이지만 실제에 있어서는 1에서 9까지가 주로 活用되는 것이다. 이와 같이 體와 用은 서로 떨어질 수 없으면서 나누어 생각할 수도 있는 關係라 할 수 있다.

2) 天地人과 天人地

易經에서는 天地人을 三才라 한다. "三才"라는 것은, 宇宙 속에 地球가 있고, 地球 위에서 사람이 살아가고 있기 때문에, 이 세상에서 가장 중요한 세 가지 요소, 바탕을 뜻한다. 小成卦의 세 爻를 위에서부터 天地人으로 배정하면 體가 되고, 天人地로 배정할 때는 用이 된다. 한편 大成卦의 여섯 爻를 위로부터 두 개씩 갈라 天地人으로 보면 體가 된다. 그러나 여섯 爻를 天人地로 나누면 用이 된다.

이와 같이 '天地人'을 體라 하는 것은, 하늘이 먼저 생기고 다음으로 땅이 생기고 그 후에 사람이 생겼기 때문이다. 그러나 現實에 있어 사람은 하늘을 머리에 이고 땅을 밟고 살아간다. 따라서 여섯 개 爻를 위로부터 두 개씩 나누어 天人地라 볼 때는 用이 되는 것이다.

3) 黃帝內經의 體用과 東道西器

東洋醫學의 最高 經典이라 하는 『黃帝內經』에서는 男子는 少陽의 數인 7을 體로 하고 8을 用으로 하며, 女子는 少陰의 數인 8을 體로 하고 7을 用으로 한다고 서술하고 있다. 따라서 男子는 8과 2를 곱하여 16세부터, 女子는 7에 2를 곱하여 14세부터 각기 '天癸'가 열린다고 하여 그 男性 女性으로서의 기능을 갖게 된다고 敍述하고 있다.

西洋은 16世紀부터 이른바 近代化를 展開하였다. 近代化라는 것은 經濟的인 資本主義, 政治的인 民主主義를 成立시키고, 科學과 技術을 發達시켜 現代文明을 建設한 歷史的 過程을 말한다. 그런데 먼저 近代化를 成就한 西洋은 그 經濟力과 軍事力을 가지고 東洋에 侵略해 왔다. 이때 中國에서는 '中體西用'이라는 구호를 내세워 近代化를 推進하려 하였다. 말하자면 中國의 傳統 文化를 體로 삼고 西洋의 近代文明을 用으로 삼으려 했던 것이다.

한편 우리나라에서는 당시에 '東道西器'라는 말을 내세웠다. 이것은 우리나라 즉 東國 海東의 道를 根本으로 삼고, 西洋의 文明을 器로 하여 近代化를 추진하려 했던 것이다. 그리고 이 用語는 "形而上者 謂之道, 形而下者 謂之器"라는 글에서 援用한 것이다.(繫辭傳 上12章) 그런데 日本에서는 '和魂洋才'라는 말을 그때 使用하였다.

〈4〉 河圖와 先天 八卦

1. 河圖와 相生原理

1) 河圖의 意味

河圖는 易經의 起源이며 出發点이다. 이것은 지금으로부터 약 5,000년 전에 中國의 河水(지금의 黃河)에 한 龍馬가 나타났는데 그 등에 무엇인가를 象徵하는 그림이 있었다고 하는 傳說에서 由來한다. 그 當時에는 伏羲(복희) 씨가 天下를 다스리고 있었다 하며, 龍馬는 머리는 龍인데 몸은 말인 動物이고, 그 龍馬의 등에서 伏羲 씨가 발견하고 하늘이 내린 理致를 찾았다는 그림이 河圖인 것이다.

龍馬의 등에서 발견되었다는 무늬와 그림에는 陽과 陰을 나타내는 희고 검은 点 55개가 배열되어 있었다. 이것을 보고 伏羲 씨가 거기서 陰陽, 數, 五行, 方位 등의 意味를 이끌어 냈다고 한다. 그러나 傳說의 眞僞와는 관계없이 이 河圖가 갖는 여러 가지 意味는 易經의 가장 중요한 思想的 基調이며 東方思想의 核心이라 할 수 있다. 아마도 오랜 歲月에 걸쳐서 훌륭한 聖人, 뛰어난 先人들이 깨닫고 생각한 思想들이 體系化되어 오늘의 河圖를 이룬 것이 아닌가 여겨진다.

☯ 河圖의 說明

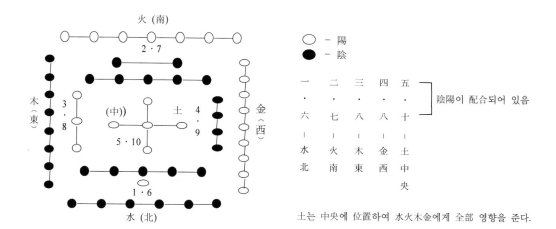

土는 中央에 位置하여 水火木金에게 全部 영향을 준다.

河圖에는 첫째로 陰陽의 思想이 있다. 이 세상의 모든 現象에는 陰과 陽의 相對性 또는 相待性의 原理가 있고, 이로써 萬有의 理致나 造化를 파악하려는 것이 易의 思想이다. 둘째로 數에 대한 思想이 있다. 1에서 10까지의 基數와 序數 그리고 易學的인 活用의 根源이 있는 것이다. 셋째로 五行에 있어서의 相生思想이 있다. 水・木・火・土・金이라는 五行의 相生하는 原理를 보여 주는 것이다. 넷째로 方位에 과한 思想이 있다. 東西南北 四方의 槪念을 河圖가 보여 주고 있는 것이다.

2) 數의 根源

河圖에는 1・2・3・4・5・6・7・8・9・10이라는 열 개의 數字가 있다. 이 열 개의 數字는 基數이면서 序數로서 數의 根源이라 할 수 있다. 이 10까지의 數를 易에서는 둘로 나누어 1에서 5까지를 生數, 先天數라 하고, 6에서 10까지를 成數, 後天數라 한다. 1・2・3・4・5를 生數라고 한 것은 이 다섯 개의 數가 보다 基本的인 數이고, 여기서부터 6에서 10까지의 數가 生기기 때문이다. 즉 1・2・3・4・5에다 5

를 보태면 각기 6·7·8·9·10이라는 數가 成立되는 것이다. 따라서 6에서 10까지
의 數는 成數라 하는 것이다.

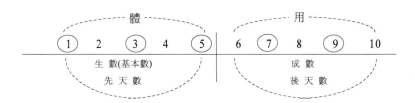

1·2·3·4·5를 先天數라 하고 6·7·8·9·10을 後天數라 하는 것은, 1에서 5까지의
生數가 먼저 나오고 그 후에 6에서 10까지의 成數가 나타나기 때문이다. 그리고 1에서 10
까지의 數를 易에서는 河圖數라 하고, 1에서 10까지의 數를 合計하면 55가 된다. 당연한 것
이지만 河圖數에서 1·3·5·7·9는 奇數(홀수)이고, 2·4·6·8·10은 偶數(짝수)이다. 그
런데 易에서는 成數 後天數보다는 生數 先天數를 重要視한다. 따라서 生數의 1·3·5의 合
計 9를 陽爻, 2·4의 合計 6을 陰爻를 나타내는 代名詞로 삼는다는 것은 이미 앞에서 말하
였다. 그런데 先天은 陽數에서 시작하여 陽數에서 끝나므로 陽이 盛하여 社會的으로도 男
性이 主導하는 秩序가 成立되고, 後天에 있어서는 陽數 7·9보다 陰數 6·8·10이 많고 陰
에서 시작하여 陰으로 끝나기 때문에 陰이 盛하여 女性의 社會的 進出이 두드러지게 된다
고 한다.

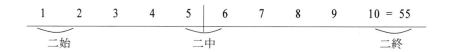

한편 易에서는 홀수(奇數, 陽數)를 天數라 하고, 짝수(偶數, 陰數)는 地數라고 한
다. 그러므로 生數의 1·3·5를 參天, 2·4를 兩地라 하여 先天數를 "參天兩地"라
부른다. 그리고 1에서 10까지의 河圖數 가운데서 1과 2를 二始, 5와 6을 二中, 9와
10을 二終이라 한다.

3) 五行 相生의 原理

河圖에다 五行을 配定하여 1·6은 水, 3·8은 木, 2·7은 火, 4·9는 金, 5·10은 土로 하였다. 이러한 五行은 아래와 같은 相生의 관계를 나타내고 있다.

水生木   木生火   火生土   土生金   金生水

地球上의 모든 生命體는 물이 있기 때문에 發生하였고 또한 살아갈 수 있다. 그러므로 1이 水로 되는 것이다. 앞에서 본 바와 같이 물은 宇宙로부터 地球에 왔다. 따라서 1이 水라는 것은 처음으로 생긴 물이라 할 수 있고, 6은 물의 變化 즉 비 河川 우물 얼음 등 우리가 現實的으로 利用하는 물이라고도 한다.

水生木은 물에서 나무나 풀이 생기고 물이 나무를 살린다는 뜻인데, 여기서 木은 모든 生命體를 象徵한다고 볼 수가 있다. 木生火는 나무에서 불이 생긴다는 것인데, 이는 나무에 불이 붙는다는 것뿐 아니라, 石炭이나 石油도 모두 먼 옛날에 나무가 땅속에 매몰되어 造成되었음을 나타내고 있다. 火生土는 불에서 흙이 생긴다는 것으로, 나무가 불타고 나면 재가 곧 흙이 된다는 뜻뿐 아니라, 地球 지체가 불덩어리였던 것이 식어서 形成되었음을 의미한다. 土生金은 흙 속에서 돌이나 金屬이 나온다는 것으로, 역시 地球라는 커다란 土가 金屬을 産出하는 것을 意味한다고 볼 수 있다. 金生水는 金屬이 冷却되면 거기에 물이 서린다는 現象으로 설명되기도 하지만, 그보다는 앞서 본 것처럼 地球上의 물은 宇宙로부터의 隕石이 가져 왔다는 것이 說得力이 있다.

2. 伏羲八卦와 次序圖

1) 三才之道와 伏羲八卦(先天八卦)

伏羲 씨는 河圖를 보고 거기서 본받아 처음으로 陰 ▬▬, 陽 ▬▬이라는 符號를 생각해 내고, 天地人이라는 三才之道에 의하여 八卦를 그렸다고 한다. 이 陽이나 陰의 符號를 天地人이라는 가장 重要한 세 가지 요소를 본받아 세 개씩 組合하여, 伏羲 씨가 처음으로 八卦를 그렸다고 한다. 이것을 伏羲八卦, 또는 先天八卦라고 한다. 이는 後述하는 文王八卦, 後天八卦와 對比되는 개념이다.

1線에서 乾~震까지는 陽, 巽~坤까지는 陰으로 되어 있다.
2線에서 乾兌는 陽, 離震은 陰, 巽坎은 陽, 艮坤은 陰이다.
3線에서 乾離巽艮은 陽, 兌震坎坤은 陰이다.

이 伏羲八卦는 天地自然의 理致를 窮究하여 取象한 것으로 永久不變의 法則이라 말해진다. 우선 順序에서 1에서 4까지 오다가 5에서 8까지는 方向이 바뀌어진다. 이것은 바로 太極의 原理를 나타내고 있다. 예컨대 人間生活에 가장 커다란 영향을 미치는 春夏秋冬 四季節의 循環과 낮과 밤이 바뀌고 도는 일 자체가 陰의 氣運과 陽의 氣運이 서로 맞물려 바뀌고 도는 現象인 것이다.

伏羲八卦(先天八卦)

2) 伏羲八卦의 次序圖

① 八卦次序의 形成過程

伏羲 씨가 創製했다는 先天 八卦는 어떻게 이루어진 것
인가. 이 伏羲 八卦가 이루어진 과정을 說明하는 그림이
次序圖이다. 太極으로부터 陰과 陽이라는 '兩儀'가 생기고,
여기서 '四象'이 나오며, 다시 '八卦'가 형성되었다. 그 과
정은 그림에서 볼 수 있는 것처럼 아래로부터 차례로 陰
과 陽이 規則的으로 變化하면서 더해져서 이루어진다.

八	七	六	五	四	三	二	一
地	山	水	風	雷	火	澤	天
坤	艮	坎	巽	震	離	兌	乾
坤三絶	艮上連	坎中連	巽下絶	震下連	離虛中	兌上絶	乾三連

伏羲八卦(先天八卦)

② 一生二法과 四象

太極에서 陰陽이 나오는 것을 "一生二法"이라 한다. 이 陰陽은 表裏와 같아서 그
자체가 太極을 지니고 있다. 그리고 陰陽에서 四象이 나오는 것을 "二生四法"이라
한다. 陽之陽은 太陽(老陽), 陰之陰은 太陰(老陰)이고, 少陽과 少陰은 각기 陰陽이 配
合되어 있다. 이 二生四法에도 太極과 一生二法이 들어 있다고 볼 수 있다.

6	7	8	9	← 數
				← 用
				← 體
太陰	少陽	少陰	太陽	
體	體	體	體	
陰	陰	陽	陽	
用	用	用	用	
陰	陽	陰	陽	

四象을 사람에게 適用하여 體質을 분류하고 그 體質에 따른 疾病의 診斷이나 治
療에 活用하는 것이 "四象醫學"이다. 이 四象醫學은 우리나라의 李濟馬先生이 創始
한 것으로 韓醫學의 자랑스러운 유산이며, 오늘날 그 새로운 研究와 診療體系 開發
이 活潑하게 進展되고 있다.

③ 八卦의 形成

四象으로부터 다시 한 段階 올라가면 八卦가 形成된다. 이것을 "四生八法"이라 한다. 이와 같이 太極으로부터 一生二法, 二生四法, 四生八法으로 나아가는 것은 二進法이며 또한 倍加法이라 부르기도 한다. 그러나 이와는 반대로 八에서 四, 四에서 二, 二에서 一로 歸納해가는 것을 "歸一法"이라 하는데, 이것은 儒敎에서의 觀工夫, 敬工夫라든가 佛敎에서의 禪工夫와 같이 精神을 統一하는 경우에 중요한 方法論이 된다.

◉ 伏羲八卦 次序圖

8	7	6	5	4	3	2	1
☷	☶	☵	☴	☳	☲	☱	☰
地	山	水	風	雷	火	澤	天
坤	艮	坎	巽	震	離	兌	乾
太 陰	少 陽			少 陰		太 陽	
陰				陽			
太 極							

無 極(周子)

合數 = 36
卦象 36數 (陽 = 1 / 陰 = 2)
形象
八卦(四生八法)
四象(二生四法)) 三才法
兩儀(陰陽)(一生二法)
1 = 0 有 = 無

3) 八卦의 活用과 六十四卦

順 序	1	2	3	4	5	6	7	8
八 卦	☰	☱	☲	☳	☴	☵	☶	☷
卦 名	乾	兌	離	震	巽	坎	艮	坤
卦 德	健	說	麗	動	入	陷	止	順
家 族	父	少女	中女	長男	長女	中男	少男	母
身 體	首	口	目	足	股	耳	手	腹
動 物	馬	羊	雉	龍	鷄	豚	狗	牛

八卦는 易經의 基本要素로서 여러 가지로 活用된다. 대표적인 것 몇 가지를 들어 보면 위의 도표와 같다. 이상에서 본 八卦는 小成卦이고 이것을 다시 두 개씩 組合하면 大成卦인 六十四卦가 이루어진다. 二進法 또는 倍加法은 太極에서 始發하여 계속 進展해 갈 수가 있다.

오늘날 컴퓨터의 半導體가 發展해나가고 있는 것을 보면 이러한 狀況을 잘 알 수가 있다. 이제 伏羲八卦를 연장한 64卦의 次序圖를 보면 다음 그림과 같다.

(伏羲64卦 次序圖)

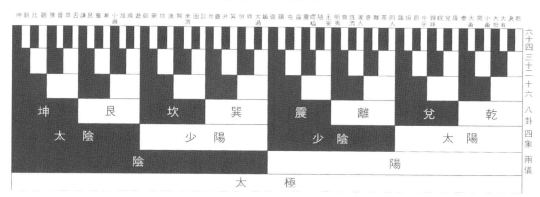

3. 先天八卦의 方位圖

1) 先天八卦의 方位와 太極旗

伏羲八卦 즉 先天八卦는 天地自然의 運行을 그대로 나타내는 것이므로 東西南北의 方位를 표시하고 있는데 이것을 "方位圖"라 한다. 이 方位圖는 동시에 春夏秋冬의 四季節이 循環하는 現象을 표시하기도 한다.

(先天八卦 方位圖)

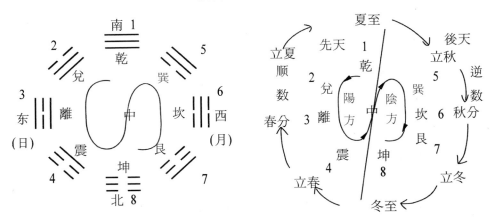

첫째로 1 乾天은 8 坤地와 마주 보고 있으면서 南과 北을 각기 나타낸다. 둘째로 3 離火는 6 坎水와 마주 보는데 이것은 東과 西를 각각 표시한다. 이 東西南北은 易에서 "四正方"이라 한다. 셋째로 2 兌澤과 7 艮山은 각기 東南方과 西北方을, 4 震雷와 5 巽風은 각각 東北方과 西南方을 표시하여 '四間方'을 이루고 있다.

우리나라의 太極旗는 한가운데에 太極이 있고, 그 太極에는 陰陽이 相對하고 있다. 그리고 四方에 乾과 坤이 마주 보고, 坎과 離가 또한 서로 맞보고 있다. 이것은 곧 先天八卦 가운데서 四正方인 乾坤坎離의 卦만 표시하고 四間方에 해당하는 兌艮 震巽의 卦는 省略한 것이다. 우리의 太極旗는 宇宙 自然의 가장 根本的인 理致를 나타내고 있다. 太極의 萬物根源의 原理, 陰陽相對性의 原理, 波動循環의 原理가 들어 있고, 乾坤으로 天地를 坎離로 水火의 造化 및 日月의 作用을 나타내고 있는 것이다.

"25時"의 作家 게오르그는 우리나라 太極旗를 世界에서 가장 아름다운 國旗라 하여 크게 찬양한 바 있다. 오늘날 西歐社會에서는 東洋思想에 관심이 높아지고 그 가운데서도 易經(周易)에 관한 研究가 대단히 活潑하게 이루어지고 있다. 美國의 많은 大學에서는 易經의 講座를 개설하고 수많은 學生들이 受講하고 있다고 한다. 우리나라는 太極旗를 國旗로 내걸고 있는 나라이기 때문에 앞으로 보다 活潑하게 硏究를 進展시켜 이 學問을 主導해 나가지 않으면 안 될 것이다.

世界 各國의 國旗를 보면 東洋의 여러 나라에서는 陽을 많이 쓰고, 西洋諸國의 경우는 陰을 많이 使用하는 傾向을 볼 수 있다. 韓國의 太極旗는 陰陽을 모두 使用하고 있으나 日本의 日章旗, 中華民國의 白日靑天旗 등이 東洋에 있는 반면 西洋에서는 美國의 별, 터키의 달 등 주로 별과 달을 많이 使用하고 있는 것이다.

2) 先天八卦와 四季의 循環

先天八卦는 方位를 나타내는 동시에 일년 四季節의 循環을 나타낸다. 乾은 夏至를 坤은 冬至, 그리고 離는 春分, 坎은 秋分이 된다. 陰이라 할 수 있는 밤의 길이가 가장 긴 것이 冬至인데, 이때부터 해가 길어져 立春인 震, 立夏 兌를 거쳐, 陽인 낮의 길이가 제일 긴 夏至로 온다. 그리고는 다시 밤이 길어져 立秋 巽, 立冬 艮을 거쳐 다시 冬至로 오는 循環이 反復되는 것이다.

先天八卦는 각기 마주 보고 있는 卦가 陰陽의 爻를 서로 달리하고 있다. 乾卦는 세 爻 모두가 陽인데, 마주 보는 坤卦는 모두가 陰爻인 것이다. 離卦는 1·3 爻가 陽, 두 번째 爻가 陰인데, 상대하는 坎卦는 1·3 爻가 陰, 두 번째 爻가 陽으로 되어 있는 것이다. 나머지 서로 마주하는 卦들도 마찬가지의 상태로 되어 있는 것이다.

이와 같은 先天八卦의 配列은 天地自然의 理致를 그대로 나타내고 있다. (1) 乾과 坤의 配列은 하늘 天이 위에 있고 땅 地는 맨 아래에 있다. 이것을 "天地定位"라 한다. (2) 艮과 兌의 相對함은 "山澤通氣"라 한다. (3) 震과 巽이 마주하고 있음은 "雷風相薄"이라 한다. (4) 離와 坎의 관계는 "水火 不相射(불상석)"이라 부른다(說卦傳 第3章). 특히 離卦는 日[해]을 坎卦는 月[달]을 象徵하며, 동시에 물과 불을 의미한다. 이 물과 불은 서로 떨어질 수 없는 관계를 지니면서 무궁한 造化를 보여 우리 人間生活에 있어 대단히 重要한 意味를 갖는다.

3) 六十四卦의 方圖, 圓圖

先天八卦는 이것을 두 개씩 組合하여 六十四卦가 되었을 때에도 東西南北의 方位
와 春夏秋冬의 四季 循環을 보여 준다. 이 六十四卦를 동그랗게 展開한 것을 "圓圖"
라 하고, 네모꼴로 展開한 것은 "方圖"라 한다. 六十四卦의 圓圖나 方圖에 있어서도
基本 原理는 八卦의 경우와 다를 바가 없다. 즉 太極의 陰陽이 서로 맞물려 돌아가
는 理致에 따르는 것이다.

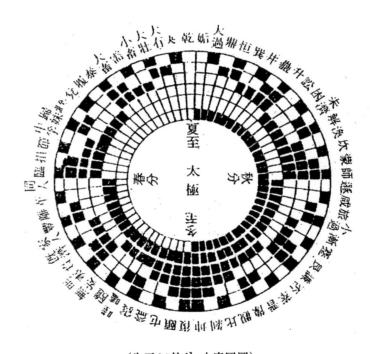

(先天64卦의 次序圓圖)

六十四卦의 方位에 있어서의 特徵은 다음과 같다.
첫째로 陰陽의 昇降에 規律性이 있다. 즉 一陽이 復卦에서 시작하여 점차 成長,
上昇하여 乾卦에서 끝난다. 그리고 一陰은 姤卦에서 시작하여 陰이 역시 차츰 자라

서(陽은 줄어들고 下降) 坤卦에서 끝난다.

둘째로 각기 陰陽의 爻가 반대로 되어 있는 卦가 짝을 이루고 있다. 六十四卦는 각기 32개의 卦로 되어 있는 두 개의 무리로 나눌 수 있고, 이 두 개의 무리는 서로 陰陽에 있어서 짝을 이루고 있는 것이다. 例示하면 乾과 坤, 復과 姤, 頤와 大過, 同人과 師 등은 각기 陰爻와 陽爻가 相反되어 짝을 이루고 있는 것이다.

圓圖는 하늘의 運行을 象徵한다. 乾天이 높은 데 있고 坤地는 낮은 데 있으며 坎水와 離火는 左右의 門戶를 이루고 있다. 따라서 乾坤은 經을 이루고 坎離는 緯라 할 수 있다. 이와 같은 圓圖의 配列은, 太陽의 둘레를 地球가 公轉하면서 自轉함으로써 일어나는 일을 나타내는 것으로 太陽의 出沒, 一年 四季의 氣候 變化, 하루의 밤과 낮이 바뀌는 일 등을 보여 주는 것이다. 그리고 方位에 있어서는 八卦의 경우와 마찬가지로 乾卦는 南을, 坤卦는 北을 나타내고, 離卦는 東, 坎卦는 西를 각기 나타내고 있다. 이것을 五行의 地支로 보면 乾은 午, 坤은 子, 離는 卯, 坎은 酉가 된다.

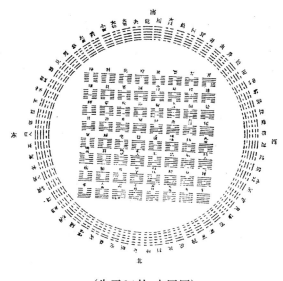

(先天64卦 方圓圖)

方圖는 땅에 관한 일을 象徵하고 있다. 方位에 있어서 乾은 西北에서 시작되고, 坤은 東南에 자리하고 있다. 따라서 陽은 北쪽에 있고, 陰은 南쪽에 위치하고 있는 것이다. 이 方圖에 있어서는 乾, 兌, 離, 震, 巽, 坎, 艮, 坤의 大成卦가 西北으로부터 東南으로 이어져 나아가고 있어 經을 이루고 있다. 한편 乾坤이 相交하여 이루어지는 否와 泰, 兌와 艮의 相交인 損과 咸, 離와 坎의 相交인 既濟 未濟, 震과 巽의 相交인 益 恒 등은 東北으로부터 西南으로 配列되어 緯를 이루고 있다.

〈5〉 洛書와 後天八卦

1. 洛書와 相克의 原理

1) 洛書의 意味

洛書는 易經에 있어서 河圖와 더불어 가장 根源的인 基礎라 할 수 있다. 이것은 약 4000년 전에 夏나라의 禹王이 洛水(黃河의 支流)에 나타난 神龜(신성스러운 거북)의 등에서 重要한 象徵으로 보이는 무늬를 발견했다는 傳說에서 由來된다. 당시 舜 임금님의 命을 받아 禹 씨가 氾濫(범람)하는 홍수의 被害를 막기 위하여 9년 동안 治山 治水를 하던 중 이러한 거북을 발견했다고 한다. 堯(요), 舜의 시대는 理想的인 聖人 政治가 이루어졌다고 하며, 禹 씨는 후에 舜 임금의 王統을 이어받았다. 이 禹王이 하늘이 내린 洛書의 理致를 깨달아 後世에 전했다는 것이다.

☯ 洛書

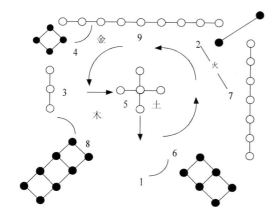

洛書에는 陰陽을 나타내는 45개의 点이 배열되어 있었는데, 여기서 陰陽, 數, 五行, 方位 등의 意味를 찾았다고 한다. 그러나 河圖의 경우와 마찬가지로 洛書에 관한 여러 가지 重要한 思想的 基調도 오랜 歲月이 흐르는 가운데 많은 先人들이 깨우친 바가 集積되고 體系化되어 이루어진 것으로 여겨진다.

河圖의 思想을 이어받으면서, 洛書에 있어서는 첫째로 陰陽 相對性의 原理 또는 相待性의 原理는 그대로 들어 있다. 둘째로 數理의 思想에 있어서는 1에서 9까지만 있어 河圖의 1~10 數와 다르며, 특히 그 數의 配列에 있어서 魔方陣(마방진)이 되어 活用性이 높다. 셋째로 五行에 있어서는 相克의 原理를 가져, 河圖의 相生原理와 다르다. 넷째로 東西南北의 方位, 春夏秋冬의 四季의 循環을 보여 준다.

2) 洛書에서의 數理

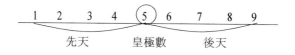

洛書에 있어서는 數가 단순히 1에서 9까지 들어 있는 것이 아니라, 그 配列이 특이하다. 한가운데에 5가 들어 있고 둘레의 여덟 곳에 나머지 數가 흩어져 있다. 그런데 1·3·7·9는 四正方에 있고, 2·4·6·8은 四間方에 있으며, 5가 가운데 자리한다. 5가 나머지 數를 統率하는 모습이므로 5를 皇極數라고 한다. 그뿐만 아니라 洛書의 數 配列은 5를 포함하여 縱橫 斜線 어느 것을 合計하여도 모두 15가 된다.

1·5·9, 2·5·8, 2·7·6, 3·5·7, 4·3·8, 4·5·6 等의 合計는 모두가 15인 것이다.

河圖에서 본 生數 1·2·3·4·5의 合計도 15이고, 四象의 數인 老陽 9, 老陰 6, 少陽 7, 少陰 8을 合計해도 15가 된다. 그러므로 洛書에서의 각 數列의 合計가 모두 15로 되는 것을 易에서는 "九宮數"라 하여 대단히 重要하게 여겼던 것이다.(數學에서는 이러한 數의 배열을 方陣, 魔方陣이라 하고 이 洛書의 경우 말고도 많이 있

4	9	2
3	5	7
8	1	6

(洛書의 數理)

다) 그리고 洛書의 數에서 5를 基準으로 하여 1·2·3·4를 先天數, 6·7·8·9를 後天數라 한다.

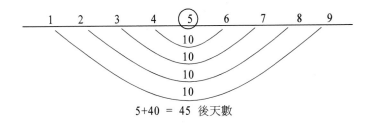

5+40 = 45 後天數

洛書의 5를 基準으로 할 때 1과 9, 2와 8, 3과 7, 4와 6의 合計가 모두 10이 된다. 따라서 洛書의 數理 속에 河圖의 數 10이 들어 있다고 말한다. 그리고 洛書의 1에서 9까지의 數를 모두 合計하면 45가 된다. 河圖의 數 1에서 10까지의 合計는 55였다. 여기서 先天數 55와 後天數 45를 合計하면 100이 된다. 두 數를 合한 이 100을 다시 둘로 나누면 50이 된다. 이 50을 易에서는 大衍數(대연수)라 하고, 重要視한다. 大衍數는 河圖數 55보다는 5가 적고, 洛書數 45보다는 5가 많다. 따라서 先天의 數와 後天의 數를 고르게 하는 數라 할 수 있는 것이다.

3) 五行 相克의 原理

五行을 洛書에서는 相克의 관계로 배정되고 있다. 1·6은 水, 2·7은 火, 4·9는 金, 3·8은 木, 5는 土로 하였는데, 이것은 차례로 서로 克하는 것이다.

◐ 洛書의 相克原理

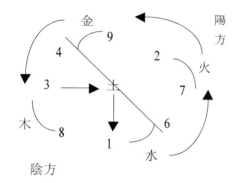

陽方   水克火 火克金 金克木 木克土 土克水

이 世上의 모든 現象을 五行으로 파악하는 경우, 相生의 原理만 있는 것이 아니라 同時에 相克의 原理도 作用하고 있음을 부인할 수 없다.

여기서 克한다는 것은 반드시 나쁜 意味로 解釋해서는 안 된다. 發生이나 生育, 成長에 있어서는 相生의 原理가 重要한 作用을 하지만, 人間 生活에 필요한 活用은 相克의 原理에 의한 作用이 많은 것이다. 水克火는 물로써 불을 끈다는 것인데, 地球가 바다에 의하여 식었기 때문에 人間을 비롯한 生命體가 생겨 날 수 있었다. 따라서 물이 불을 제압한다는 뜻이 있다. 물과 불은 서로 떨어질 수 없는 關係를 지니는데, 例를 들면 모든 飮食에는 반드시 水分이 함유되어 있고 이 飮食을 불에 익혀서 우리가 먹고 있는 理致와 같다.

火克金은 불로써 金屬을 제압하는 것인데, 人間은 靑銅器 時代, 鐵器 時代 등을 거쳐 오면서 불을 가지고 金屬을 다루어 生活 用具, 武器, 機械, 器具, 裝飾品 등을 만들어 왔다. 金克木은 金屬으로써 나무를 제압하는 것으로, 오랜 人類의 歷史에서 木材의 利用은 모두 이 原理에 의한 것이다. 木克土는 나무로써 흙을 제압하는 것인데, 산에 나무를 심어야 沙汰(사태)가 일어나지 않는 것과 같다. 土克水는 흙이 물을 다스리는 것으로, 강물이나 바닷물은 제방을 쌓아서 제어하는 것과 같다.

2. 後天八卦와 그 活用

1) 後天八卦의 配列

洛書의 數理와 五行의 配列에 따라 八卦를 그린 것을 "文王八卦" 또는 "後天八卦"라 한다. 洛書를 발견하고 거기서 깊은 理致를 깨달은 사람은 禹王이지만, 洛書를 본받아서 伏羲八卦와는 다른 새로운 八卦를 創案한 사람은 周나라 때의 文王이기 때문에 이것을 文王八卦라 한다. 그리고 伏羲八卦를 先天八卦라 부르고 文王八卦는 後天八卦라고 하는 것은, 伏羲八卦가 體가 되고 基本이라 한다면, 文王八卦는 用이 되고 應用이나 活用이 널리 이루어지기 때문이다.

● 後天八卦(文王八卦)

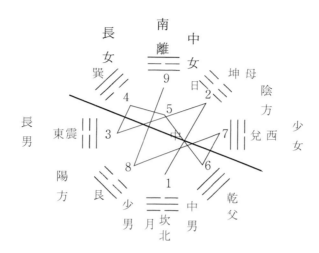

　　先天八卦는 陰陽이 變化하고 消長하는 天道의 基本 原理를 나타내고 있다. 이것은 太極으로부터 陰陽, 四象, 八卦로 萬有가 生成, 發展해 가는 原理이고 體가 되는 것이다. 그런데 後天八卦는 萬有의 움직임이 일어나는 가운데 陰陽이 서로 作用하고 造化를 이루며 五行이 生克하여 化成하는 原理이고 用이 되는 것이다. 先天八卦가 先天的인 天道의 運行이나 自然의 造化라 한다면, 後天八卦는 後天的인 人間과 그 生活에 관한 理致나 秩序라 할 수 있다.

　　後天八卦는 先天八卦에 있어서의 八卦가 갖는 卦名이나 卦爻의 形象은 그대로이면서 그것의 順序와 配列이 달라져 있다. 1 坎, 2 坤, 3 震, 4 巽, (5 中), 6 乾, 7 兌, 8 艮, 9 離라는 순서로 配列되어 있는데 5 中은 順序는 있으나 卦는 없다. 따라서 이러한 配列의 順序는 三角形을 이루게 된다. 先天八卦는 太極을 內包하면서도 八卦의 配列 順序가 全體的으로 圓形을 이루는데, 後天八卦는 세모꼴이 겹쳐 있는 形象이 되는 것이다.

2) 後天八卦의 方位와 男性, 女性

後天八卦의 方位는 1 坎이 北方을, 9 離가 南方을 나타내고 있다. 그리고 3 震이 東方, 7 兌가 西方으로 配定되어 있다. 艮, 巽, 坤, 乾은 각기 間方에 자리잡고 있다. 이것을 五行으로 보면 北 坎이 水이고, 南 離는 火로서 각각 하나씩이지만, 나머지 卦는 두 개씩 配定되어 있다. 乾 金과 兌 金, 震 木과 巽 木, 坤 土와 艮 土는 각기 두 개씩인데 앞의 것이 陽이고 뒤의 것이 陰으로 되어 있다.

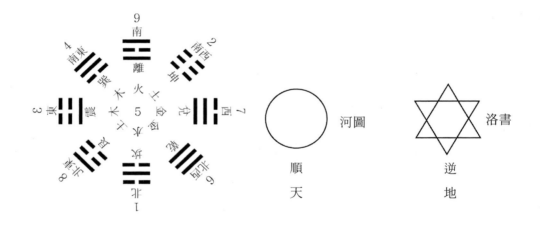

人間에 관한 일을 위주로 하는 것이 後天八卦이기 때문에 이 後天八卦에서는 陽 方과 陰方이 뚜렷하게 兩分되어 있다. 즉 乾 父, 震 長男, 坎 中男, 艮 少男은 모두 아래쪽 陽方에 위치하고 있으며, 坤 母, 巽 長女, 離 中女, 兌 少女는 모두 위쪽 陰 方에 자리하고 있는 것이다.

3) 洛書의 活用

洛書의 數 配列은 現代 科學에서 널리 利用되고 있는 重要한 自然 原理이다. 우 선 洛書나 後天八卦에 있어서의 魔方陣으로서의 數字의 配列 順序는 合同의 三角形

을 둘씩 가지고 있다. 이것은 가장 오래된 論理的인 方陣으로서 電子回路網이나 神經의 回路에 해당한다.

● 洛書

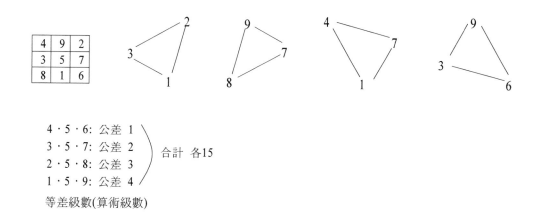

4	9	2
3	5	7
8	1	6

4 · 5 · 6: 公差 1
3 · 5 · 7: 公差 2   合計 各15
2 · 5 · 8: 公差 3
1 · 5 · 9: 公差 4

等差級數(算術級數)

● 洛書

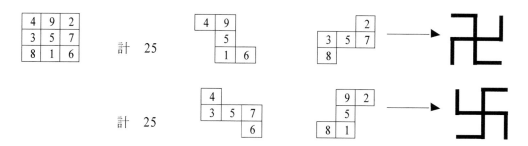

4	9	2
3	5	7
8	1	6

計 25

計 25

그리고 그림에서 볼 수 있는 바와 같이 洛書의 數字에서 5개씩을 連結해 보면 2 · 7 · 5 · 3 · 8의 合計는 25가 되고, 4 · 9 · 5 · 1 · 6의 合計도 25이다. 또한 2 · 9 · 5 · 1 · 8의 合計와 4 · 3 · 5 · 7 · 6의 合計도 25가 된다. 이 原理는 美學的(symmetry)인 밸런

스(Balance)를 지니는 것으로 現代의 物理, 化學, 工業 등 여러 分野에서 널리 應用되고 있다. 飛行機, 蒸氣船, 汽車의 엔진의 플로페라에서 應用되고, 扇風機의 날개에서도 이 原理가 適用되고 있는 것이다.

3. 河圖 先天八卦와 洛書 後天八卦의 比較

1) 河圖와 洛書의 比較

河圖와 洛書는 둘 다 易의 根本原理이며, 동시에 宇宙 自然 森羅萬象의 根源的 理致라 할 수 있다. 그러나 河圖와 洛書는 두 가지 原理이면서 서로가 補完關係를 가져 한쪽이 없어서는 안 되는 하나의 體系라 할 수 있다. 이제 여기서 河圖와 洛書를 比較하면서 그 活用上의 特徵을 살펴본다면 다음과 같다.

① 體와 用의 關係와 數理

河圖는 體가 되고 洛書는 用이 된다. 體와 用은 一元이며 一源이다. 顯微无間이기 때문에 河圖와 洛書는 서로 떨어질 수 없고 하나이면서 다르게 活用된다. 河圖의 數 1에서 10까지를 合計하면 55가 되나, 이 55를 각기 다른 數字로 보아 合計하면 10이 된다. 따라서 河圖의 基數, 序數의 마지막 數 10과 같아진다. 한편 洛書의 數 1에서 9까지를 合計하면 45가 된다. 이 4와 5를 合計하면 9가 된다. 역시 洛書에서의 基數, 序數의 마지막 數인 9와 같아진다.

$$\underline{河圖 \ 1 \cdot 2 \cdot 3 \cdot 4 \cdot 5 \cdot 6 \cdot 7 \cdot 8 \cdot 9 \cdot 10} = 55 \rightarrow 5+5 = 10 \ 體$$

$$\underline{洛書 \ 1 \cdot 2 \cdot 3 \cdot 4 \cdot 5 \cdot 6 \cdot 7 \cdot 8 \cdot 9} \ \ = 45 \rightarrow 4+5 = \ \ 9 \ 用$$

計 100(55+45)

河圖의 數를 合計한 55와 洛書의 數를 合計한 45를 다시 合計하면 100이 된다. 이 100을 總百數라 하고 先天과 後天, 體와 用, 河圖數와 洛書數를 合計한 것이기 때문에 重要視한다. 그리고 이 總百數 100은 河圖數와 洛書數가 다 들어 있는 것이기 때문에 이것을 다시 2로써 나누어 나온 答 50을 大衍(대연)의 數라 한다. 말하자면 大衍의 數 50은 河圖와 洛書의 意味가 담겨진 活用의 數라 할 수 있는 것이다. 그러므로 蓍草를 가지고 어떤 일을 占치거나, 筮竹을 가지고 揲蓍(설시)하는 경우에는 이 大衍의 數 50으로써 즉 蓍草나 筮竹 50개를 가지고 活用하는 것이다.

② 動과 靜

河圖는 靜의 狀態이고, 洛書는 動의 狀態를 나타낸다. 河圖는 太初이고 體이기 때문에 고요한 靜을 爲主로 하지만, 萬有를 生成하는 生生之意를 지니고 있어 그 數字의 配列에서 陰陽의 數를 함께 가지고 있다. 한편 洛書는 進展이고 用이기 때문에 활발한 動을 爲主로 하여, 그 數字의 配列에서 中央과 東西南北에 모두 陽의 數만을 지니고 있다.

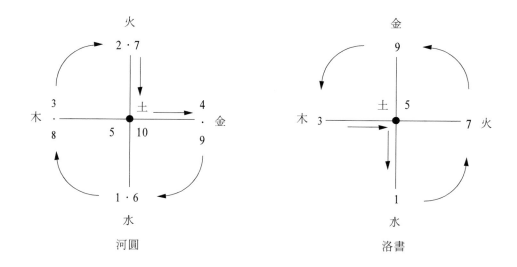

河圓   洛書

③ 相生 相克과 火 金

五行의 運用에 있어서 河圖는 相生의 原理를, 洛書는 相克의 原理를 보여 주고 있다. 河圖에 있어서는 1·6 水 → 3·8 木 → 2·7 火 → 5·10 土 → 4·9 金 으로 相生의 順序가 이어지는데, 洛書에 있어서는 1·6 水 → 2·7 火 → 4·9 金 → 3·8 木 → 5 土로 相克의 順序가 이어진다. 그런데 그림에서 河圖의 2·7 火와 4·9 金의 位置가 서로 바뀌어 洛書에 位置하고 있는 것이다. 왜 다른 것은 바뀌지 않고 火와 金의 位置만 서로 바뀌고 있는가. 이것은 人類의 生活에서 火와 金이 重要한 役割을 하기 때문이다.

發生의 原理로 보면 불덩어리 天體였던 것이 식어서 地球가 되고 地球의 땅덩어리 속에서 金屬이 나오기 때문에 火生土, 土生金이 된다. 그러나 人間의 文明은 불을 다루어 飮食을 調理하고 煖房을 취하며, 불로써 金屬을 다루어 生活의 器具를 만들었기 때문에 이루어졌다. 특히 火克金으로 武器를 만들어 征服의 歷史가 展開된 것이 人類의 발자취이기 때문에 火와 金은 중요한 意味를 갖는다.

2) 先天과 後天의 比較

河圖를 본뜬 伏羲八卦를 先天八卦라 하고, 洛書를 읽어 만든 文王八卦를 後天八卦라 한다. 伏羲 씨가 創製했다는 八卦는 天地自然의 理法에 어긋나지 않고, 文王이 그린 八卦도 또한 하늘에 順應하고 그때에 따르는 것이기 때문에 앞의 것을 "先天八卦"라 하고 뒤의 것을 "後天八卦"라 한다. (先天而天不違, 後天而奉天時, 乾卦 文言傳)

先天八卦의 數가 進展되는 順序는, 太極 즉 안에 陰陽을 가르는 波動線은 있을지라도, 圓形으로 되어 있고, 後天八卦의 數는 그 順序가 三角形으로 展開된다. 그리고 先天八卦의 數는 順으로 움직여 나가고, 後天八卦의 數는 逆으로 角을 지으면서 왔다 갔다 한다.

易에서는 "天圓地方"의 說이 있다. 이것은 하늘은 둥글고 땅은 네모가 진다는 것으로, 사람이 하늘을 우러러 보면 분명히 하늘은 둥글고, 太陽 地球 등의 天體는 모두 둥글며, 땅은 우리 人間이 논밭으로 이용할 때 네모꼴로 다루게 되는 것과 같은 理致이다. 無限한 宇宙 空間이나 우리가 파악할 수 있는 하늘은 둥글고, 地球上에서 人間이 利用하는 땅은 그 測量을 할 때 三角法을 利用하므로 先天의 理致는 圓이고 後天의 理致는 角이라 할 수 있는 것이다.

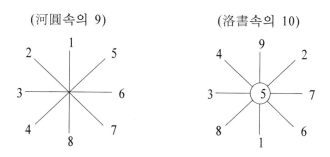

(河圓속의 9)　　　　　(洛書속의 10)

河圖와 洛書는 體用의 관계를 지니고 있기 때문에 서로가 떨어질 수 없는 하나의 體系이다. 따라서 河圖를 본뜬 先天八卦의 數理 속에는 洛書에서 온 後天八卦의 數 9가 들어 있고, 洛書 後天八卦 속에는 河圖 數 10이 들어 있다. 그림에서 볼 수 있는 것처럼 先天八卦의 1에서 8까지의 數가 配列된 것에서 각기 마주 보고 있는 數끼리를 合計하면 9가 된다. 한편 後天八卦의 數理는 1에서 9까지이나 실제로 卦는 여덟 개뿐이므로 가운데 數 5를 除外하고 서로 마주 보고 있는 數끼리를 合計하면 河圖 數 10이 되는 것이다.

3) 皇極經世書

中國 宋代의 大學者 邵康節은 易經의 研究 發展에 크게 기여하였다. 그는 宋 第4代 仁宗(1040年代) 때의 사람으로, 名은 雍(옹), 字는 堯夫이고, 號가 康節인데 이는

諡號(시호)이며, 사람들은 그를 安樂先生이라 불렀다. 邵康節은 巨視的인 學說인 「皇極經世書」 40권과 微視的인 學說인 「梅花易數」라는 著書를 남겼다. 後者는 易經의 占書로서의 活用에 관한 것이지만, 前者는 宇宙, 地球, 自然, 人事 등의 모든 事象을 循環과 波動의 原理에 의해서 파악한 偉大한 業績이라 評價된다.

邵康節은 地球의 사이클 波動을 "一元消長數"라 하고, 이 一元度數는 129,600年이라 하였다. 이 一元은 12會이고, 1會는 10,800年, 一會는 30運으로, 一運은 360年, 一運은 12世이고, 一世는 30年으로 하였다. 말하자면 30과 12進法을 번갈아 適用하고 있는 것이다.

$$
\begin{array}{llll}
\text{一元度數} & 129{,}600年 & \text{一元} = 12會 & 10{,}800 \times 12 = \quad 129{,}600年 \\
\text{一會} & 10{,}800年 & \text{一會} = 30運 & 360 \times 30 = \quad 10{,}800年 \\
\text{一運} & 360年 & \text{一運} = 12會世 & 30 \times 12 = \quad 360年 \\
\text{一世} & 30年 & &
\end{array}
$$

그런데 皇極經世의 一元度數 129,600年은 우리 人間의 하루 동안의 呼吸과 脈搏數의 合計와 같다.

	1分間	1時間	1日間
呼吸 →	18回 →	$18 \times 60 = 1{,}080$ →	$1{,}080 \times 24 = 25{,}920$回
脈搏 →	72回 →	$72 \times 60 = 4{,}320$ →	$4{,}320 \times 24 = 103{,}680$回 合計 129,600回

一元度數는 十二支를 利用하여 一年이나 一晝夜의 循環과 마찬가지로 子時로부터 출발하여 午時를 거쳐 亥時 子時로 되돌아온다. 이때의 한 時는 10,800年씩인데 그의 學說에 따르면 子時에 天開하고 丑時에 地闢(지벽)하며 寅時에 人生한다고 한다. 말하자면 10,800年이 두 번 지나고 세 번째에 사람이 생긴 것으로 된다.

　그리고 卯 辰 時에 文明이 胎動하고 巳時에 文明이 發生하고 歷史가 시작되며, 午時에 物質文明이 發達하고 歷史時代에 들어가며, 未 申 酉를 거쳐 戌時가 되면 文明이 衰退하여 亥時에서 끝나고 다시 새로운 사이클이 시작된다는 理論이다.

　皇極經世의 說에 따르면 오늘의 人類는 73元度數 속에 살고 있으며, 一元度數 129,600年을 先天과 後天으로 나누면 각기 64,800年씩이 된다. 그런데 現在의 人類는 文明의 단계가 午時에 와 있어 日午中天으로 크게 發達되어 있고, 也山先生의 說에 의하면 지난 戊子年(1948)부터 後天 64,800年이 始作되었다고 한다.

2篇 易經 上經

1. 重 天 乾

```
━━━━━━━━━    不正
健 ━━━━━━━━━    正  (中) 乾 天
   ━━━━━━━━━    不正
   ━━ ━━         正
   ━━━━━━━━━    不正 (中) 乾 天
健 ━━━━━━━━━    正
```

乾은 모든 爻가 剛健하여 萬物을 生育, 化成하고 分化 發展케 하는 法則을 담고 있으며 人間으로 말하면 男子의 人生法則을 보여 준다.

重 – 거듭 중, 天이 거듭되었다.

天 – 形而下學的이며 形象的인 것.

乾 – 形而上學的이며 性情的인 것.

- 序 說 -

1. 卦의 뜻

1) 乾은 宇宙에 充滿한 元氣의 象徵이며 萬物을 生成하고 生育시키는 根源이다.

2) 宇宙, 하늘이 먼저 생기고 銀河系, 太陽系가 생기고 地球라는 行星이 생긴 後에 生命이나 人間이 誕生하였다. 그러므로 易經은 제일 먼저 宇宙나 하늘을 뜻하는 乾卦로부터 始作된다.

3) 하늘로부터 모든 存在가 비롯하였으므로 乾은 萬物資始의 元素를 內包하고 있다.

4) 乾卦는 萬有가 分化하고 發展하는 法則을 담고 있다.

5) 乾은 父, 坤은 母를 象徵하므로 男子의 人生에 關한 法則을 말하고 있다.

6) 序卦傳에서는 "天地가 있고 그 然後에 萬物이 生긴다"고 하였다. 여기서 天은 바로 乾을 말하고 있는 것이다.

2. 卦象과 卦德

1) 小成卦인 乾天 ☰ 이 거듭하여 大成卦인 重天乾을 이루었다.

2) 乾은 모두가 陽爻로서 구성된 純陽의 卦다.

3) 乾의 卦德은 健이다. 따라서 下卦, 上卦가 모두 健의 德을 지니고 있다.

4) 九五爻가 剛健中正으로 되어 있어 이것이 主爻가 된다.

5) 乾은 12個月 가운데서 4月의 卦이다.

6) 乾은 하늘 건. 괘이름 건으로 커다란 天理를 抽象的으로 表現한 것이다.

7) 天은 하늘 천으로 一 + 大가 되어 한 커다란 것이라는 뜻이며 具體的이다.

8) 乾의 글자는 天地人 三才를 말하고 있다.

```
      ┌─ 𠦄 : 十日, 日十은 先十日 後十日로 天을 意味한다.
  乾  │   人 : 사람을 意味하는 人이다.
      └─ 乙 : 새을 字로서 太極을 象徵하고 萬物을 生育하는 地이다.
```

◎ 乾에서 하늘을 나타내는 𠦄 은 우리나라의 象徵이라 할 수도 있다.
  三韓時代의 韓, 朝鮮의 朝 그리고 韓國의 韓에 모두 하늘이라는 글 뜻이 담겨 있는 것이다.

3. 卦의 變化

1) 倒轉卦 - 乾卦는 純陽爻로 構成되었으므로 倒轉해도 같은 乾이 되는 不倒轉卦이다.
2) 配合卦 - 乾의 陽爻를 모두 陰爻로 바꾼 配合卦는 坤卦가 된다.

3) 錯綜卦 - 乾의 上下卦를 바꾸어 錯綜해도 역시 乾卦이다.
4) 互 卦 - 乾卦의 初九와 上九를 除外하고 나머지로 互卦를 만들어도 역시 乾卦
   이다.

[卦 辭]

乾은 元코 亨코 利코 貞하니라

● 乾은 元하고 亨하고 利하고 貞하니라.
◎ 乾은 크고, 亨通하고, 利롭고, 올바르니라

1) 乾은 宇宙와 하늘의 理致를 담고 있기 때문에 易經의 四德인 元亨利貞이 모두
   들어 있다.
2) 하늘의 意志에 의한 萬物의 創生, 成長, 結實, 收藏을 나타내는 것이 元亨利貞
   이다.
3) 元亨利貞은 無窮無盡하고 萬事萬物에 活用될 수 있는 깊은 眞理를 나타내고
   있다.
4) 四德은 다음과 같은 여러 가지 뜻을 가지고 있다.

四德(體)	元 亨 利 貞
五性(用)	仁 禮 義 智(信은 中)
四季	春 夏 秋 冬
方位	東 南 西 北
五行	木 火 金 水(土는 中)

元 - 極이고 始初이며 크다(大)는 뜻이다. 元은 乾의 核心인 동시에 64卦의 根源이
　　라 할 수 있다.

亨 - 亨通하다는 뜻으로 모든 生命體, 動物이나 植物이 자라는 힘이나 作用을 象徵
　　한다.

利 - 벼를 칼로 베어 추수한다는 뜻으로 結實이 되어 수확을 얻음을 象徵한다.

貞 - 올바르고(正) 곧고(固) 간직한다는 뜻을 갖는다.

※ 參考: 64卦의 四德

	四德具有	四德全無	1~3德	計
上經	6	1	23	30
下經	1	5	28	34
計	7	6	51	64

⊙ 四德具有 7卦, 上經(6): 乾 坤 屯 隨 臨 无妄
　　　　　　　　　　下經(1): 革
　　四德全無 6卦, 上經(1): 觀
　　　　　　　　　　下經(5): 晋 睽 姤 井 艮

5) 五性은 사람이 지켜야 할 道理로서 仁 禮 義 智 信이라는 最高價値의 德目이다.

元 - 五性에서는 仁이 된다. 어질 인 또는 種子 인이라 한다. 따라서 生育할 수
　　있는 能力이 있으며, 種子를 키울 수 있음을 뜻한다. 또한 혼자서는 仁이
　　되지 못하며, 다른 사람을 感化시켜야 仁이다. 仁은 人 + 二 로서 二人이
　　라는 뜻이다.

亨 - 禮이다. 人間社會에서는 禮節이 있어야 秩序가 지켜진다.

利 - 義로서 마땅하다(宜)는 뜻이며 義理를 나타낸다.

貞 - 智이다. 이것은 단순히 知識이 아니고 智慧로움을 뜻한다.

　　信은 五性의 하나로서 中이다. 그리고 元亨利貞이 體라면 仁禮義智는 用
　　이라 할 수 있다.

6) 元亨利貞은 '四季'의 春夏秋冬을 나타낸다.

元 - 春이다. 元이라는 글자의 위의 一은 하늘을 象徵하고, 아래쪽은 땅을 나타
　　낸다. 그런데 地下에는 씨앗이 있어 뿌리가 생겨 있는 形象이다. 그러므로
　　植物의 뿌리가 나 있어 곧 돋아나려 하고 있는 봄의 節候라 할 수 있다.

亨 - 夏이다. 이 글자의 맨 윗부분은 땅 위에 植物의 싹이 올라와 있는 모습이
　　다. 植物은 地上으로 올라 와서 무럭무럭 자라나게 되므로 여름인 것이다.

利 - 秋이다. 禾는 벼 화로 아시아 사람들의 主食이 되는 쌀이 되는 植物이다.
　　벼는 가을이 되면 익게 되고, 익으면 刂(刀, 칼) 즉 낫으로 벤다. 따라서
　　秋收가 이루어지는 가을인 것이다. 가을은 또한 肅殺(숙살)의 氣運이 있다.

貞 - 冬이다. 겨울에는 추수한 穀食을 잘 간직하여 食糧으로 삼고, 또한 明年에
　　農事를 짓기 위하여 種子를 간수해야 한다.

7) 元亨利貞은 '方位'를 나타낸다. 元은 東方이고, 亨은 南方이며, 利는 西方을, 그
　리고 貞은 北方을 각기 나타내는 것이다.

8) 「五行」으로 元亨利貞을 보면 元은 木이오, 亨은 火이며, 利는 金이고, 貞은 水
　가 된다. 그리고 五行의 土는 이 경우 中이 되는 것이다. 元은 萬有의 種子와
　같아서, 元으로부터 亨 利 貞으로 順行할 수 있고, 또한 元으로부터 利로 貞으
　로도 갈 수 있다. 이것은 元이 萬有의 元素이고 極이기 때문이다. 그러나 亨에

서 元, 利에서 元으로 逆行은 할 수 없다. 그렇지만 貞에서는 元으로 갈 수는 있다. 元은 始이고, 貞은 終이기 때문이다. 男子는 元으로 中心으로 삼고, 女子는 貞으로 爲主한다. 이것은 元이 種子役割을 하고, 貞은 收藏하는 役割을 주로 하기 때문이다. 元도 貞에서 나온다고 할 수 있으나, 主張은 元이 하게 되는 것이다. 元亨利貞의 循環은 貞이 끝나면 다시 元이 시작되어 無限하게 이루어지게 된다.

[爻 辭]

初九는 潛龍이니 勿用이니라

● 初九는 잠겨 있는 龍이니 쓰지 말 것이니라.
◎ 水中의 龍이다. 물속에서 龍이 조용히 엎드려 있는 상태이다. 아직 때가 아니기 때문에 숨어 있는 것이다. 따라서 나타나서는 안 되고 때를 기다려야 하며 서둘러서는 안 된다.

☉ 龍을 여기서 등장시킨 뜻은 다음과 같다.
  1) 龍은 古代人의 想像上의 神獸이다.
  2) 龍의 精은 洪水, 海洋, 雨水 등을 지배하는 水神이다. 地球 위에 물이 생김으로써 生命이 誕生하였다. 따라서 물을 象徵하는 龍을 易의 첫머리에 가져왔다.
  3) 人間의 눈에 보이지 않는 變化無常한 靈物로서 龍이라는 假想的이고 擬形化된 象徵을 利用한다.
  4) 河圖가 龍馬의 등에 그려져 나타났다는 傳說과 관련하여 龍을 등장시켰다고 볼 수 있다. 왜냐하면 河圖는 易의 根源이고 始發点이기 때문이다.
  5) 龍은 陽을 象徵하고, 사람에 비유하는 경우에는 聖人, 君王, 大人, 君子를 가리킨다.

潛龍 -

1) 陽爻이기 때문에 龍이라 하였고, 初爻이기 때문에 潛龍이라 하였다.

2) 龍은 風雲을 부르고 變化시키는 힘을 가진 것으로 알려져 있으나 때를 기다리며 숨어 있기 때문에 潛龍이라 하였다.

勿用 -

1) 아직 때가 되지 않았기 때문에 성급하게 움직이지 말라는 警戒의 말이다.

2) 때가 되면 나아가기 위한 準備의 時期, 自己啓發과 修養을 쌓아 나가는 貴重한 期間이다.

3) 人品과 能力이 뛰어난 사람이 그 才能을 때가 올 때까지 發揮하지 않고 아끼고 있는 形象이다.

4) 重天乾의 初爻가 변하면 天風姤가 된다. 姤卦 初六의 內容도 小人이 輕擧妄動하면 凶하다는 뜻이 들어 있다.

九二는 見龍在田이니 利見大人이니라

◐ 九二는 나타난 龍이 밭에 있으니 大人을 보는 것이 利롭다.

◎ 九二는 得中하였으나 不正의 位에 있다. 發展의 段階로 보면 이제 숨어 있는 潛龍의 시절을 벗어나서 세상에 모습을 드러낸 상태이다. 사람으로 말하면 10代의 學習期를 거쳐 20代에 어른이 되고, 社會에 첫발을 디딘 상태라 할 수 있다. 장차 훌륭한 일꾼이 될 수 있으나 아직은 아는 것이 적고 經綸이 부족하기 때문에 人格과 德望을 갖춘 大人을 찾아가서 배우고 意見을 듣는 것이 利롭다.

大人 -

1) 九二와 九五는 각기 得中을 한 大人이라 할 수 있다.

2) 九二는 不正의 位에 있고 이제부터 뻗어 나갈 人才이므로 自己 啓發을 위

하여 스스로 大人을 찾는다.

  3) 九五는 세상 사람들이 우러러보는 大人이다. 따라서 九二가 훌륭한 九五 大人을 찾아가 가르침을 받는 것이다.

  4) 九五는 剛健 中正의 位에 있는 大人이며, 九二와 應의 관계에 있다. 따라서 九二는 九五 大人을 스스로 찾아가 배우게 된다.

見龍 - 여기서 見은 現과 같은 뜻으로 사용된다. 따라서 發音도 현으로 한다.

在田 - 밭은 地上에 있다. 그러므로 世上 사람들이 볼 수 있는 곳이며, 社會에 進出한다는 뜻이 된다.

九三은 君子 — 終日乾乾하야 夕惕若하면 厲하나 无咎 - 리라

☯ 君子가 終日 부지런하고, 부지런하야 저녁까지 조심하면 危殆하나 허물이 없으리라.

◎ 九三은 君子가 終日토록 부지런하고 부지런하여 저녁이 되어서까지 삼가고 두려워하면 비록 위태로울지라도 허물은 없을 것이다.

1) 三才의 天地人을 用으로 보면 人에 해당되니 君子라 하였다.
2) 終日 - 하루 종일. 종일토록 힘쓰는 것을 形容하고 있다.
3) 乾乾 - 여기서 乾은 굳셀 건, 健과 같은 뜻이다. 따라서 健健이고 勸勉 즉 부지런함을 뜻한다.
4) 下卦의 마지막 爻다. 上卦로 건너가야 할 時點이기 때문에 부지런하고 삼가며 두려워하는 姿勢를 지녀야 한다.
5) 夕惕若 - 惕은 두려워할 척, 조심할 척, 하루 종일 부지런하게 하고 저녁이 되어서도 여전히 自己를 反省하고 삼가며 두려워하는 것. 若은 그렇게 할 것 같으면이라는 뜻.
6) 厲 - 위태로울 여, 危也이다.

7) 咎 - 허물 구

8) 无咎 - 无는 없을 무, 원래 없는 것을 意味한다. 無는 있다가 없는 것이라 말한다. 咎는
   허물 구, 无咎는 허물이 있더라도 그것을 고치는 것. 즉 善補過也이다.

9) 三爻는 원래 剛健不中이라 위태로운 자리이다. 따라서 三爻에는 경계사가 많다.

10) 重天乾의 九三爻가 變하면 天澤履卦가 된다. 履虎尾라 아주 두렵고 조심스럽
    게 해야 할 처지이다.

九四는 或躍在淵하면 无咎 - 리라

◐ 九四는 或 뛰어도 못에 있으면 허물이 없으리라.

◎ 九四는 或 뛰어도 되나 못에 있으면 허물이 없으리라.

1) 아직 天上으로 날 때가 아니다. 그러나 삼가면서도 때를 보아 나서거나 움직여
   보아도 된다. 말하자면 스스로 自己를 試驗해 보는 것을 뜻한다.

2) 龍字가 없다. 改革의 時期이나 進退가 不安한 때이다.

3) 或躍 - 或은 疑也이다. 해도 될지 안 될지 하는 狀態이다. 躍은 飛가 아니다. 따
   라서 나는 것이 아니고 下卦 乾의 위에 뛰어 보는 것.

4) 在淵 - 九四는 初九와 不應이다. 그러나 陰位에 있어 淵이고 不正이다.

九五는 飛龍在天이니 利見大人이니라

◐ 九五는 나는 龍이 하늘에 있으니 大人을 보는 것이 利로우니라.

◎ 九五는 나는 龍이 하늘에 있으니 大人을 만나는 것이 利롭다.

1) 剛健中正의 位에 있어 乾卦의 主爻이다. 有德의 帝位라 할 수 있다.

2) 飛龍 - 임금의 統治를 말한다. 龍은 帝王, 君主의 象徵이다. 龍顔, 龍床 등 임금
   을 지칭할 때 龍이 使用된다. "龍飛御天歌"도 이 飛龍在天에서 引用된

것이다.

3) 在天 - 天은 至高無上한 것이다. 따라서 모든 사람이 우러러보는 하늘과 같은 자리 즉 君位를 뜻한다.

※ 參考: 主爻

1) 어느 卦에나 主爻가 있다. 家庭으로 보면 家長格이다.

2) 陰爻나 陽爻가 得中하고, 卦를 主導하는 것을 主爻라 한다.

⊙ 爻의 位가 갖는 意味

1) 剛健中正, 柔順中正이 가장 좋다.

2) 다음으로 得中이 좋다.

3) 그 다음은 正位가 좋다.

4) 初爻는 첫걸음의 어려운 때이다.

5) 3·4爻는 대체로 變化의 時期라 危殆한 때이다.

6) 上爻는 卦의 氣勢가 다하였고, 매듭이다.

上九는 亢龍이니 有悔리라

☯ 上九는 높은 龍이니 뉘우침이 있으리라.

◎ 上九는 높이 오른 龍이니 뉘우침이 있을 것이다.

1) 너무 높게 오른 龍이기 때문에 후회함이 있을 것이라는 뜻. 이것은 모든 일은 도가 지나치면 잘못되고 높아지면 뉘우침이 뒤따른다는 것을 말하고 있다.

2) 亢龍 - 亢은 높을 항이며 極에 달한 것. 따라서 亢龍은 과도하여 極에 달하는 마음 또는 行動을 뜻한다.

3) 有悔 - 나아갈 줄만 알고 물러설 줄 모르며 오만 불순해지면 반드시 後悔할 일이 생긴다는 경계의 말씀이다. 悔는 뉘우칠 회

4) 吉凶悔吝 - 易의 卦爻에서는 이 네 가지 상황표현이 많이 나온다.

吉 - 善으로 一貫된 것. 性善 그대로 가지고 나가는 것.
凶 - 不善으로 一貫된 것. 잘못을 알면서도 뉘우침이 없이 그대로 가는 것.
悔 - 不善으로 가다가 잘못을 뉘우치고 善으로 가는 것.
吝 - 善과 不善의 갈림길에서 망설이는 것. 마음이 不安定하고 인색한 자세.

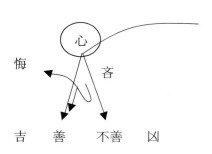

마음의 分岐點이 介다.
易學上으로 幾, 기틀, 分岐點이다.

用九는 見群龍호대 无首하면 吉하리라

◯ 用九는 뭇 龍을 보되 머리가 없으면 吉하리라.
◎ 用九는 수많은 龍을 보되 머리가 없을 것 같으면 吉할 것이다.

1) 수많은 龍의 무리를 보게 될 때 머리를 치켜들고 덤비거나 나서지 않으면 吉할
   것이라는 뜻.
2) 用九는 乾卦全体의 爻를 보고 總括하여 應用하는 마음의 姿勢라 할 수 있다.
3) 无首 - 陽은 경솔히 앞장서거나 나서지 말라는 뜻. 그리고 머리를 陰 속에 묻어
       안 보이게 하면 吉하다는 뜻.
4) 種子로서 陽의 作用을 말한다.
   種子의 用은 陰 속에 묻혀야 싹이 튼다.
   種子가 밖에 나오면 촉이 틀 수 없다. 種子는 陰인 땅속에 묻혀야 發芽가 可能

하다.

⊙ 乾卦六爻의 變化發展

六爻를 龍에다 비유하여 變化發展을 말하고 있다. 乾은 하늘이므로 하늘의 理致로서 이 世上의 變化發展의 根本原理를 說明하고 있는 것이다.

⊙ 사람의 一生에 비유(比喩)

1) 初爻인 10代에는 潛龍이므로 主로 學業에 종사하고 自己 內實, 知識과 修業을 일삼기 때문에 社會活動을 하지 않는다.

2) 20代에는 實力을 나타내 大學에 들어가고 進路를 定하여 精進한다. 考試에 合格하거나 能力이 뛰어나면 注目을 받게 된다.

3) 30代에는 自立의 기반을 닦아야 한다. 職業이 定해지기도 하고 結婚도 하여 家庭을 이루니 더욱 努力하고 부지런하면서도 每事에 조심하고 삼가야 한다.

4) 40代가 되면 社會人으로서 자리를 굳혀 간다. 職位도 오르고 世上物情도 알며 새로운 일을 꾸미고 推進하여 實積을 쌓게 된다.

5) 50代에는 지금까지의 業績을 기반으로 크게 비약하게 發展 繁榮하게 된다. 社會的 地位도 人格도 원숙도도 절정기에 이른다.

6) 60代가 되면 서서히 人生을 마무리 짓고 家庭的으로나 社會的으로 悠悠自適하는 狀況이 된다. 그런데 이때 지나치게 나서고 덤비면 바람직하지 못한 것이다.

⊙ 事業의 경우에 비유

1) 潛龍은 事業의 準備期이다.

2) 見龍이니 開業의 時期이다. 이때 훌륭한 분의 指導를 받음이 좋다.

3) 三爻는 開業初期이기 때문에 그야말로 부지런하게 하고 每事에 愼重하게 삼가면서 軌道(궤도)에 올려야 한다.

4) 四爻는 이제 事業이 자리가 잡혔으니 새로운 試圖를 하며 業種의 多樣化, 市場開拓의 努力을 하는 時期이다.

5) 五爻는 苦生하고 努力한 끝에 事業이 반석 위에 오르고 번창하는 事業이
   확장 일로에 있는 時期이다.
6) 上爻는 잘해 오던 事業도 지나치게 擴大하거나 謙虛하지 못한 관리로 失敗
   가 될 수 있는 時期이다.

[彖 辭]

彖曰 大哉라 乾元이여 萬物이 資始하나니 乃統天이로다

◐ 크도다 乾의 元이여, 萬物이 여기(元)에서 비롯하는 것이니 이에 하늘을 모두
   다스리는 것이로다.
◎ 乾의 元은 뜻이 너무나 크다. 그래서 크도다 乾의 元이여. 萬物이 여기서 비롯
   되고 바탕 하여 하늘을 통괄한다. 곧 하늘의 生意 元氣가 사람이나 萬物의 根
   源이 된다는 뜻이다.

1) 彖辭-十翼의 하나이다. 묶을 단 字로 一括해서 말하면, 決斷해서 말하면이라는
   뜻이다. 도야지 단 字로 豕는 六畜中에 제일 무지하고 쓸모가 없다. 그리고 또
   가장 어리석다. 이것은 哲學的인 意味가 있으며 커다란 意味가 內在하고 있다.
2) 各卦의 大義를 말한 것이 彖辭이므로 어느 卦고 彖辭가 있다.
3) 여기서는 乾卦의 大義를 말하고 있으며 卦辭를 解釋하고 있다.
4) 이 句節은 卦辭의 元에 대한 解釋이다.

雲行雨施하야 品物이 流形하나니라

◐ 구름이 行하고 비가 베풀어져 品物(事物,萬物)이 흘러가고 形象되느니라.
◎ 이 句節은 卦辭의 亨을 부연 說明한 것으로 물이 水蒸氣가 되고 구름이 되어
   空中을 流行하여 비를 내리고, 地上이 潤澤해짐으로써 사람, 禽獸(금수), 草木

이 生存하고 活動할 수 있게 된다는 뜻이다.

大明終始하면 六位時成하나니 時乘六龍하야 以御天하나니라

● 終과 始를 크게 밝히면 六位가 때를 이루게 되니 때가 六龍을 타고 하늘을 거느리느니라.

◎ 이것은 元과 亨을 다시 說明한 것으로, 聖人이 때의 終始에 크게 밝아 潛龍, 見龍, 君子, 或躍, 飛龍, 亢龍 등을 때에 맞게 하여 乾의 德으로써 天道를 行한다는 뜻이다.

乾道 – 變化에 各正性命하나니 保合大和하야 乃利貞하니라

● 하늘의 道가 變化함으로써 各自 올바른 性과 命을 가지게 되는 것이니 이를 크게 保하고 合하여 이에 利하고 貞하니라.

◎ 乾道의 變化하는 것은 乾元의 生氣로 陰陽의 變化가 生기는 것을 말하고 各正性命은 하늘이 주는 本性을 올바르게 生育 發達시키는 것을 뜻한다. 즉 人間, 動物, 植物이 제각기 하늘이 내린 本性과 天命을 지니고 태어났음을 말한다.

1) 卦辭의 元과 亨을 잘 保存 集合하여 大和 즉 陰陽二氣를 크게 調和시켜 利貞 즉 天道를 保存함을 올바르고 곧게 한다는 뜻이다.

首出庶物에 萬國이 咸寧하나니라

● 머리가 뭇 庶物에서 올라오니 수많은 나라가 모두 安寧하게 되느니라.

◎ 首出은 높이 뛰어 나는 것이고, 庶物은 사람 萬民, 萬百姓을 뜻한다. 따라서 이 句節은 聖人이 나타나 位나 德을 초연하게 하여 萬人 위에 있게 되면 天下의 나라가 그 感化를 받아 安寧과 平和를 얻게 된다는 뜻이다.

[象 辭(大象)]

象曰 天行이 健하니 君子 - 以하야 自彊不息하나니라

☯ 象에서 가로되 하늘의 運行은 健全하다. 君子는 이를 본받아서 스스로 힘써 쉬지 아니 하나니라.

◎ 乾卦의 形象을 말하자면 宇宙, 하늘, 自然의 運行은 어김이 없고 健全하니 君子는 이를 본받아서 스스로를 강하게 하여 쉬지 않고 힘써야 한다는 뜻.

1) 象은 各卦의 形象을 가지고 論한 것으로 十翼의 하나이다.
2) 象은 各卦에서 總括的으로 論한 것을 "大象"이라 하고 各爻에 있는 것은 "小象"이라 한다.
3) 大象에서는 대체로 人間 特히 君子가 본받아야 할 敎訓이 많이 담겨져 있다.

潛龍勿用은 陽在下也 - 오

☯ 潛龍이니 勿用이라는 것은 陽이 아래에 있는 것이오.

◎ 初九는 陽이 地下에 숨어 있거나 물에 잠겨 있음을 말하고, 이는 앞으로 發展하기 위한 準備期이기 때문에 훌륭한 陽이 아직은 아래에 있다는 함축된 意味가 있다.

見龍在田은 德施普也 - 오

☯ 見龍在田은 德을 널리 베푸는 것이오.

◎ 나타난 龍이 밭에 있음은 德을 널리 베푼다는 것이오. 이제 龍이 社會의 첫발을 내딛게 되었으니 앞으로 德을 널리 베풀어 미치게 함.

終日乾乾은 反復道也 - 오

- ☯ 終日乾乾은 道를 닦아 나가는 일을 反復하는 것이오.
- ◎ 마음 가운데서 善으로 가다가 不善으로 가려는 유혹이 생기더라도 이것을 뿌리치고 계속 善으로 가기 위한 努力을 反復해야 한다는 뜻.

或躍在淵은 進이 无咎也 - 오

- ☯ 혹시 龍이 뛰더라도 연못에 있다는 것은 나아가더라도 허물이 없다는 것이오.
- ◎ 潛龍, 見龍, 乾乾의 段階는 準備期이고 內實을 다지는 時期였고, 이제 4爻부터는 社會化가 始作된다. 따라서 지금까지의 準備를 바탕으로 여러 가지 일을 試圖해도 괜찮다는 뜻이다.

飛龍在天은 大人造也 - 오

- ☯ 나는 龍이 하늘에 있다는 것은 大人의 造化함이오.
- ◎ 剛健中正의 大人이고 恩澤을 天下에 베푸는 것이며 이는 大人이 해야 할 일이다.

亢龍有悔는 盈不可久也 - 오

- ☯ 亢龍有悔는 차 있는 것은 가히 오래가지 못함이오.
- ◎ 가득찬 것. 分數를 넘어선 것. 지나친 것은 오래가지 않고 반드시 탈이 난다는 뜻.

用九는 天德은 不可爲首也 - 라

- ☯ 用九는 하늘의 德은 가히 우두머리 하지 않느니라.
- ◎ 陽剛의 하늘이 내린 德은 萬物의 우두머리이지만 그것을 뽐내지 않고 내세우지 않는다.

1) 用九는 坤卦의 用六과 더불어 乾坤 두 卦에만 있다. 이는 陽인 九의 總體的 活
   用인 基本姿勢를 말하고 있다.

2) 潛龍勿用에서 이 用九까지는 乾卦의 小象이라 할 수 있다. 다른 卦에서는 각기
   爻辭 뒤에 小象이 나온다.

[文 言 傳]

文言曰 元者는 善之長也 - 오 亨者는 嘉之會也 - 오 利者는 義之和也 - 오 貞
者는 事之幹也 - 니

◐ 文言에서 말하기를 元이라는 것은 善의 어른이오. 亨이라는 것은 아름다움이
   모인 것이오. 利라는 것은 義로움이 和한 것이오. 貞이라는 것은 일의 줄기이니

◎ 元은 純陽으로 萬物生育의 始元이다. 이 萬物生育은 바로 善의 根源인 것이다.
   亨은 萬物을 伸張케 하고 成就함이다. 따라서 아름다움(嘉)의 集合인 것이다.
   利는 陰陽이 和合하여 萬物이 宜和한 것이며 義의 調和이다.
   貞은 올바르게 지키는 것으로 事物의 根幹 즉 줄기이다.

君子 體仁이 足以長人이며

◐ 君子는 仁을 體得하여 足히 사람들의 어른이 되며

◎ 君子는 仁을 몸소 實踐하고 몸에 익혀 널리 尊敬을 받아 사람들의 長 즉 어른
   이 된다.

嘉會 - 足以合禮 - 며

◑ 아름답게 모여 足히 禮에 合하며
◎ 君子는 亨의 德을 가져 아름답게 모이는 것이니, 衆美가 모여 모든 法則 節度를 禮儀에 合當하도록 하여 秩序를 지킨다.

利物이 足以和義 - 며

◑ 萬物을 利롭게 함이 足히 義로움에 和하며
◎ 君子는 萬事萬物을 利롭게 하되 마땅하고 義理 있게 和合한다.

貞固 - 足以幹事 - 니

◑ 바르고 굳게 함이 足히 主張하는 것이니
◎ 君子는 모든 일을 올바르고 堅固하게 處理하여 萬事의 根幹이 된다.

君子 ― 行此四德者 ― 라 故로 曰 乾 元亨利貞이라

◑ 君子는 이 四德을 行하는 者라 그런 故로 乾은 元亨利貞이라.
◎ 君子는 이 네 가지 德. 즉 春夏秋冬의 變化에 合當하고 仁禮義智를 實踐하는 사람이다. 따라서 乾은 元亨利貞이라 하는 것이다.

初九曰 潛龍勿用은 何謂也오

◑ 初九에서 潛龍勿用이라 한 것은 무엇을 말한 것이오.
◎ 初九의 潛龍勿用이라는 爻辭는 무슨 뜻인가 묻고 있다.

子 – 曰 龍德而隱者也 – 니 不易乎世하며 不成乎名하야

● 孔子가 말씀하되 龍의 德을 지니되 숨어 있는 것이니 世上을 바꾸지 않으며
  이름을 이루지 않고서,

◎ 純陽의 德인 龍德을 지녔으되 숨어 있는 者이니 世上을 바꾸려 해도 바꿀 수
  없으며, 名聲을 얻지도 못하고 있다.

遯世无悶하며 不見是而无悶하야 樂則行之하고 憂則違之하야 確乎其不可拔이 潛龍也 – 라

● 世上을 피하여 있어도 고민하지 아니하며, 옳다 하지 않더라도 민망하게 여기
  지 않고서 즐거우면 곧 이를 行하고, 걱정스러우면 곧 이를 行하지 아니하여,
  확고해서 가히 뽑을 수 없음이 潛龍이라.

◎ 숨은 龍이기 때문에 世上을 피해 있어도 修養과 學問에 힘써 조금도 고민스러
  워 하지 않는다. 그리고 그런 姿勢가 옳지 않게 보이더라도 원망스러워하지 않
  는다. 그리하여 즐거우면 곧 그것을 行하고 근심 걱정되면 곧 그것을 피하되
  그 태도가 확고해서 뜻을 뺏을 수가 없는 것이 潛龍이다.

九二曰 見龍在田利見大人은 何謂也오 子 – 曰 龍德而正中者也 – 니 庸言之信하며 庸行之謹하야

● 九二에서 見龍在田利見大人이라 한 것은 무엇을 말하는 것이오. 孔子가 말씀하
  되 龍의 德을 지녀 正中한 者이니 日常의 말을 信實하게 하며 日常의 行함을
  삼가하여

◎ 九二에서 見龍在田利見大人이라 한 것은 무엇을 뜻하는가? 孔子가 말씀하시기
  를 九二는 純陽의 龍德을 지녔으면서 正이고 中을 얻은 君子이니 平常時의 사
  소한 말도 信實하게 하고 日常生活의 조그마한 일도 삼가고 조심하여

閑邪存其誠하며 善世而不伐하며

閑: 막을 한

- ☯ 邪를 막아 그 誠을 保存하며 世上을 善하게 해도 자랑하지 않으며
- ◎ 邪惡한 것을 막아 그 至誠 眞實을 지키며, 世上을 善하게 하는 일을 해도 뽐내지 않는다.

德博而化－니 易曰見龍在田利見大人이라 하니 君德也－라

- ☯ 德을 넓혀 感化케 하는 것이니, 易에 이르기를 見龍在田利見大人이라 하니 이는 君子의 德이니라.
- ◎ 가진 德이 雄大하여 사람들을 感化, 敎化케 하는 것이니 易에서 見龍在田利見大人이라 하고 있는 것은 곧 君子의 德을 말하는 것이다.

九三曰 君子 終日乾乾 夕惕若厲无咎는 何謂也오 子－曰 君子－進德修業하나니 忠信이 所以進德也－오

- ☯ 九三에서 君子 終日乾乾 夕惕若厲无咎라 한 것은 무엇을 말함이오. 孔子가 말씀하되 君子는 德을 나아가게 하고 業을 닦는 것이니 忠과 信이 德에 나아가는 바이오.
- ◎ 孔子께서 九三의 爻辭에 대해서 말씀하기를 君子는 自己의 德을 나아가게 하여 業을 向上시키고 自己가 行해야 할 일 즉 業을 修行하는 것인데 거짓 없는 自己를 다하고 忠과 信實하게 하는 것이 곧 德이 나아가는 바라 하였다.

脩辭立其誠이 所以居業也-라 知至至之라 可與幾也-며 知終終之라 可與存
義也-니

- ☯ 말을 닦아 그 誠을 세우는 것이 業에 居하는 바라. 이를 때에 이르는 것을 알아
  可히 幾와 더불어 하며 마칠 때에 마쳐 可히 義를 保存함과 더불어 하는 것이니
- ◎ 말씀을 올바르게 가다듬어 그 誠實한 마음을 確立하는 것이 居業 즉 自己 일
  에 安分 守分하는 바이다. 이르러야 하는 때에 이르는 것을 안다는 것은 德의
  極致를 아는 것인데 그래야만 可히 幾(조짐 기)와 더불어 한다. 즉 올바른 選
  擇을 할 수 있다. 마칠 때에 마쳐 存義와 더불어 한다는 것은 힘써 일을 完成
  할 줄 알아서 義로움을 지켜 나가는 것을 말한다.

是故로 居上位而不驕하며 在下位而不憂하나니 故로 乾乾하야 因其時而 惕
하면 雖危나 无咎이리라

- ☯ 이런 故로 높은 位에 있어도 驕慢(교만)하지 않으며 낮은 位에 있어도 걱정하
  지 않는 것이니 故로 부지런하고 부지런하여 그때에 맞추어 삼가고 두려워하
  면 비록 危殆로우나 허물이 없을 것이다.
- ◎ 그러므로 높은 자리에 머물러 있으면서도 驕慢하지 않으며, 낮은 자리에 있을
  지라도 근심 걱정하지 않는 것이니, 따라서 꾸준히 부지런하게 하여 그때에 맞
  추어서 삼가고 두려운 마음 姿勢를 가진다면 비록 위태로운 狀況이라 할지라
  도 허물 즉 탈이 없을 것이다.

九四曰 或躍在淵无咎는 何謂也-오 子-曰 上下无常이 非爲邪也-며 進退
无恒이 非離群也-라

- ☯ 九四에서 或躍在淵无咎라 한 것은 무엇을 말한 것이오. 孔子가 말씀하되 올라
  갔다가 내려갔다가 함이 恒常 하지 않음은 邪를 하려 함이 아니며 나아가고

물러서는 것이 恒常 하지 않음이 무리를 떠나려 함이 아니라.

◎ 孔子께서 九四의 爻辭를 말씀하시기를, 뛰었다가(上=躍), 물속에 있다가(下=淵) 하는 것은 邪心이 있어서 하는 것이 아니고, 나아갔다가(躍), 물러섰다가(淵) 하는 것은 좋은 무리(龍=君子)와 떨어지려는 것이 아니다.

君子進德修業은 欲及時也 - 니 故로 无咎 - 니라

● 君子가 德을 나아가게 하고 業을 닦는 것은 때에 미치고자 함이니 그런 故로 허물이 없느니라.

◎ 君子가 自己의 德을 發展向上시키고 行해야 할 業을 닦는 것은 나아갈 때 나아가고 물러설 때 물러서서 때에 뒤떨어지지 않게 하고자 함이니 그렇기 때문에 허물이 없는 것이다.

九五曰 飛龍在天利見大人은 何謂也오 子 - 曰 同聲相應하며 同氣相求하야 水流濕하며 火就燥하며

燥: 마를 조   就: 나아갈 취

● 九五에서 飛龍在天利見大人이란 한 것은 무엇을 말한 것이오. 孔子께서 말씀하되 같은 소리는 서로 應하고, 같은 氣運은 서로 求하여, 물은 젖은 데로 흐르고, 불은 마른 데로 나가며

◎ 孔子께서 九五의 爻辭를 말씀하시기를 같은 소리는 서로 應한다 함은 첫 닭이 울면 다른 닭도 따라서 울듯 唱和하는 것이고, 같은 氣運이 서로 찾는다는 것은 달이 차면 潮水가 차는 것처럼 같은 氣運이나 作用은 같이 움직이는 것이며, 물은 낮고 습한 데로 흘러가는 것이고, 불은 마른 데로 나아간다.

雲從龍하며 風從虎 - 라 聖人이 作而萬物이 覩하나니 本乎天者는 親上하고
本乎地者는 親下하나니 則各從其類也 - 니라

● 구름은 龍을 따르고 바람은 범을 따르고, 聖人이 일어남에 萬物이 보게 되는
  것이니 하늘을 根本으로 하는 것은 위로 親하고 땅을 根本으로 하는 것은 아
  래로 親하는 것이니 곧 제각기 그 類를 쫓는 것이니라.

◎ 구름은 龍을 따른다는 것은 龍은 물의 造化를 이루는 것이고 구름은 水氣에 따
  르는 것이다. 바람이 범을 따른다는 것은 比喩해서 범이 움직이면 바람이 진동
  하듯 바람의 變化作用을 말한 것이다. 聖人이 作而라는 것은 聖이 일어남(作=起
  也)이고, 萬物이 覩한다는 것은 萬民이 그 聖人을 우러러본다는 뜻이다.(覩=見)
  天에 根本하는 것은 (위와 親하다는 것은) 하늘에 의하여 生命 性品이 부여된
  사람이나 動物은 하늘 속의 空氣를 呼吸하여 살아가는 것과 같은 理致이고,
  地에 根本하는 것은 (아래로 親하다는 것은), 마치 植物이 땅에 뿌리를 내리고
  살아가는 理致와 같다. 따라서 이러한 것은 곧 모든 것이 제각기 自己 同類를
  따르는 것이 된다.

上九曰 亢龍有悔는 何謂也 - 오 子 - 曰 貴而无位하며 高而无民하며 賢人이
在下位而无輔 - 라 是以動而有悔也 - 니라

● 上九에서 亢龍有悔라 한 것은 무엇을 말한 것이오. 孔子께서 말씀하되 貴하면
  서도 位가 없고 높으면서도 百姓이 없으며, 賢人이 아래에 있으면서도 도와주
  지 않음이라. 이렇기 때문에 움직이면 후회가 있는 것이니라.

◎ 上九는 王位가 아니고 上王이나 國師의 자리이다. 따라서 實權이 없는 명예만 있는 자리
  이다. 그러므로 孔子께서 上九의 爻辭에 대해서 말씀하시기를 貴한 자리에 있으나 无位
  즉 實權이 없고, 높은 자리이기는 하나 萬民을 다스리지 못하니 百姓이 없는 것과 같고,
  어진 사람 똑똑한 사람이 아래에 많이 있으나 自己를 도와주는 것은 아니다. 그러므로
  쓸데없이 움직이면 後悔하게 된다는 것이다.

潛龍勿用은 下也-오 見龍在田은 時舍也-오 終日乾乾은 行事也-오 或躍在淵은 自試也-오

舍: 버릴 사, 머물 사

☯ 潛龍勿用은 아래이오. 見龍在田은 때에 그침이오. 終日乾乾은 일을 行함이오. 或躍在淵은 스스로 試驗해 봄이오.

◎ 潛龍勿用은 初爻이니 맨 아래 있는 것이다. 見龍在田은 때에 맞추어 머물고 그치는 것으로 덤비지 않고 아직은 低位에 머무는 것을 말한다.
終日乾乾은 進德修業하는 自己가 해야 할 일을 하는 것을 뜻한다. 或躍在淵은 때가 되었는지 어떤지를 알기 위하여 스스로 試圖, 試驗하는 것이다.

飛龍在天은 上治也-오 亢龍有悔는 窮之災也-오 乾元用九는 天下-治也-라

☯ 飛龍在天은 위에서 다스리는 것이오. 亢龍有悔는 窮極함의 災殃이오. 乾元의 用九는 天下를 다스리는 것이라.

◎ 飛龍在天은 임금이나 統率者가 위에 있으면서 萬民을 統治하고 이끄는 것이다. 亢龍有悔는 窮極(궁극)한 데까지 감으로써 일어나는 災難이다. 乾元用九는 剛健한 乾의 元이 謙遜하면서 仁義로 하면 天下가 잘 統治된다는 뜻.

潛龍勿用은 陽氣潛藏이오 見龍在田은 天下-文明이오 終日乾乾은 與時偕行이오 或躍在淵은 乾道-乃革이오

偕: 함께 해

☯ 潛龍勿用은 陽의 氣運이 잠기고 숨어 있는 것이오. 見龍在田은 天下가 文明함이오. 終日乾乾은 때와 더불어 함께 行함이오. 或躍在淵은 乾의 道가 이에 바뀌는 것이오.

◎ 潛龍勿用은 陽의 氣運이 아직 물 속에 잠겨 있고 숨어 있는 것을 말한다. 見龍

在田은 得中한 龍으로 九五와 相應하며 앞으로 天下를 文明케 한다는 것이다. 終日乾乾은 下卦에서 上卦로 넘어가는 어려운 때를 맞이하고 있으니 이러한 어려운 때에 알맞게 進德修業해 나가야 한다. 或躍在淵은 이제 上卦로 넘어 왔으니 乾의 道가 바뀐 것을 말한다.

飛龍在天은 乃位乎天德이오 亢龍有悔는 與時偕極이오 乾元用九는 乃見天則이라

● 飛龍在天은 이에 天德의 자리에 있음이오. 亢龍有悔는 때와 더불어 모두 極에 이른 것이오. 乾元의 用九는 이에 하늘의 法則을 보는 것이라.

◎ 飛龍在天은 지금까지의 發展段階를 밟아 이제 하늘의 德을 입은 자리에 이른 것이다. 亢龍有悔는 發展 變化하는 時期에 따라 모든 것이 窮極에까지 왔다는 것이다.

乾의 元이 갖는 陽의 活用은 하늘이 내리는 法則을 보고 알고 實踐하는 것을 뜻한다.

乾元者는 始而亨者也-오 利貞者는 性情也-라 乾始-能以美利로 利天下-라 不言所利하니 大矣哉-라

● 乾의 元이라는 것은 비롯하여 亨通한 것이오. 利貞이라는 것은 性과 情이라. 乾은 萬有를 始하여 能히 아름다운 利로써 天下를 利롭게 하는 것이라. 그 利롭게 한 것을 말하지 아니하니 크도다.

◎ 乾의 元이라는 것은 宇宙, 自然, 人間 등 萬有를 創造한 根源이다. 따라서 萬事萬物이 다 여기서 始作되어 亨通하게 成長 化育되는 것이다. 利貞이라는 것은 元과 亨을 받아 이루어지는 性品 性質이며 또한 모든 事情 情誼를 이루는 것이다. 乾이 萬有를 始하여 能히 그 아름다운 利로써 天下를 利롭게 하는 것이지만 그 利롭게 한 바에 대해서 말하지 않으니 얼마나 偉大한가.

大哉라 乾乎ㅣ여 剛健中正純粹ㅣ精也오

☯ 크도다 乾이여 剛하고 健하고 中하고 正하고 純하고 粹하여 精인 것이오.

◎ 큰 것이로다 乾이여, 剛하고 健하면서 中을 잡아 올바르고 陰이 섞이지 않은 純陽이면서 邪함이 없는 粹이니 이 여섯 가지를 모두 갖춘 精이다.

六爻發揮는 旁通情也라

旁 : 사귈 방, 곁 방, 두루 방

☯ 六爻의 發揮함은 모든 事情에 通하는 것이라.

◎ 乾卦의 여섯 爻가 變化發展하는 作用은 天下 만반의 變化나 事情에 通한다.

時乘六龍하야 以御天也니 雲行雨施라 天下平也라

☯ 六龍이 때를 타고서 하늘을 몰아가니 구름이 運行하고 비를 베풀어서 天下가 태평한 것이라.

◎ 乾卦 六爻의 變化發展이 때를 맞추어 이루어져 天道를 行하니 이에 따라 구름이 運行하고 비가 내려 萬物이 生育되면 天下가 태평해진다.

君子ㅣ以成德爲行하나니 日可見之ㅣ行也라 潛之爲言也는 隱而未見하며 行而未成이라 是以君子ㅣ弗用也하나니라

☯ 君子는 德을 이룸으로써 行動을 하는 것이니 날로 可히 보는 것을 行함이라. '龍'이 물 속에 잠겨 있다는 말은 숨어서 나타나지 않고 行함이 이루어지지 않는 것이라 그러므로 君子는 쓰지 않는 것이니라.

◎ 君子는 德을 이루고 쌓아 가는 것을 그 行動으로 삼으니 날로 가히 볼 수 있도록 行하는 것이다. 숨는다고 한 말은 숨어서 보이지 않으며 行해도 아직 이루지 못한다. 따라서 이때에는 君子는 쓰지 않는 것이다.

1) 隱而未見 行而未成－實力者이지만 只今은 時期가 아니기 때문이다.
2) 秘辭體－潛을 하고 隱을 하는 것은 未時에 나타나기 爲함이라 볼 수 있다.
　　　　　未時는 先天을 건너 後天에 나타나고 後天에서 行한다는 뜻이 된다.

君子－學以聚之하고 問以辨之하며 寬以居之하고 仁以行之하나니 易曰 見龍在田利見大人이라 하니 君德也－라

- ☽ 君子는 배움으로써 이를 모으고 물어서 分別하며 너그럽게 居하고 仁으로써 行하는 것이니 易에서 말하기를 見龍在田利見大人이라 하니 이것은 君子의 德이라.

- ◎ 君子라는 것은 모든 것을 배우고 알아서 그것을 모으고 갖추며, 疑問나는 것은 무엇이든 묻고 研究하여 그것을 올바르게 分別하며, 언제나 너그러운 마음으로 살아가고, 仁愛의 마음으로 行動하는 것이니 見龍在田利見大人이라 하였는데 이는 곧 君子의 德을 말하는 것이다.

九三은 重剛而不中하야 上不在天하며 下不在田이라 故로 乾乾하야 因其時而惕하면 雖危나 无咎이리라

- ☽ 九三은 剛이 거듭하되 中을 얻지 못하여 위로는 하늘에 있지 않고, 아래로 밭(땅)에도 있지 않음이라 그런 故로 乾乾하야 때에 따라 삼가고 두려워하면 비록 危殆로우나 허물은 없으리라.

- ◎ 重剛이라는 것은 陽자리에 陽이 있으니 剛在剛位로 重剛이고 不中은 中이 아니라는 것이고, 上不在天은 五爻와 上爻 즉 天의 자리가 아니며 下不在田은 初爻와 二爻 즉 地의 자리가 아니다. 그러므로 不安定한 자리에 있으니 부지런하게 하여 놓여 있는 時期에 맞추어 삼가고 두려워하는 姿勢를 가지면 비록 危殆로우나 허물이 없을 것이다.

九四는 重剛而不中하야 上不在天하며 下不在田하며 中不在人이라 故로 或
之하니 或之者는 疑之也 - 니 故로 无咎 - 라

- 🌑 九四는 거듭하되 中을 잡지 못하여 위로는 하늘에 있지 않으며 아래로 밭에도
  있지 않으며 中으로 人에 있지도 않음이라 그러므로 或이라 하니 或이라는 것
  은 疑心하는 것이니 故로 허물이 없는 것이라.
- ◎ 九四의 重剛은 外卦로 보아 첫째 爻이고 陽爻가 거듭되니 重剛이다.
  上不在天은 五爻, 上爻의 天位가 아니며 또한 飛龍在天의 天도 아니다. 그리고 下不在田
  은 初爻, 二爻의 地位도 아니고 또한 二爻의 見龍在田도 아니다. 中不在人은 三爻, 四爻
  는 人位이나 九四는 近天遠地하여 不安定하다. 或之라 했는데 이는 혹시 하면서 의심하
  는 것으로 마음이 不安定함이니 그러므로 허물이 없다.

夫大人者는 與天地合其德하며 與日月合其明하며 與四時合其序하며 與鬼神合
其吉凶하야 先天而天弗違하며 後天而奉天時하나니 天且弗違온 而況於人乎 - 며
況於鬼神乎 - 여

- 🌑 무릇 大人이라 함은 天地와 더불어 그 德이 合하며, 日月과 더불어 그 밝음이
  合하며, 四時와 더불어 그 차례가 合하며 鬼神과 더불어 그 吉凶이 合하여 하
  늘의 때에 앞서 해도 하늘이 어기지 않고, 하늘보다 뒤에 해도 하늘의 때를 받
  드는 것이니, 하늘조차 어긋나지 않거늘 하물며 사람에게 있어서랴! 하물며 귀
  신에게 있어서랴!(어긋날 수가 있을 것인가)
- ◎ 대체로 大人이라는 것은 天地가 萬物을 生育하는 것과 같은 德을 가진다. 해와
  달의 밝음과 같이 至公无私하다. 四季節 즉 春夏秋冬의 循環과 같이 順序를
  맞게 한다. 鬼神과 같이 善하면 福을 주고 惡하면 禍를 주는 것이다. 하늘의
  때에 앞서 일을 해도 하늘이 어기지 않고 즉 天心에 맞게 하며, 하늘의 때가
  이르면 그에 따라(후에) 行事해서 하늘을 받든다. 이렇듯 하늘조차 大人이 하
  는 바와 어긋나지 아니한데 하물며 人間이 大人이 하는 바와 다를 것인가! 하

물며 鬼神이 大人이 하는 바와 다를 것인가!

九之爲言也는 知進而不知退하며 知存而不知亡하며 知得而不知喪이니 其唯 聖人乎아 知進退存亡而不失其正者 - 其唯聖人乎인저

◐ 九이라고 한 말은 나아감을 알고 물러섬을 모르며, 오직 存함을 알고 亡함을 모르며, 얻음을 알고 잃음을 모르는 것이니, 그 오직 聖人뿐인가 進退와 存亡 을 알아 그 올바름을 잃지 않는 者는 그 오직 聖人뿐인가!

◎ 九이라는 말을 한 것은, 나아갈 줄은 알고 물러서는 것을 모르며, 存在하고 있 는 것만 알고 亡하고 없어지는 것은 모르며, 얻는 것만 알고 잃어버리는 것은 모르는 것(狀態, 姿勢, 마음가짐)을 뜻한다. 그러니 그 오직 聖人뿐이라 할 수 있다. 進退와 存亡을 모두 알아 언제나 正道에 처하여 그것을 잃지 않는 사람 이라는 것은 그 오직 聖人뿐인 것이다.

※ 參考: 也山先生 乾卦九五變圖說
　　伏羲의 先天八卦와 文王의 後天八卦의 方位圖에 대한 學說이다.
　　왜 先天八卦가 後天八卦로 바뀌게 되었는가를 也山 先生님이 乾卦의 九五爻에
　　서 根據를 제시하여 理論的으로 說明한 重要한 學說이다.

1. 同聲相應 - 번개 불(離)이 치면 우레(雲雷) 소리가 난다.
　　　　　　　震이 離의 자리로 간다.
2. 同氣相求 - 물이 나오는 곳에 우물, 못을 판다.
　　　　　　　兌가 坎의 자리로 간다.
3. 水流濕 - 물은 습하고 낮은 땅으로 흐른다.
　　　　　　坎이 坤의 자리로 간다.
4. 火就燥 - 불은 높은 곳 마른 곳으로 나아간다.
　　　　　　離가 乾의 자리로 간다.

5. 雲從龍 - 龍이 昇天할 때 구름이 인다.

  艮이 震 자리로 간다. 雲＝艮(事物類聚) 龍＝雲(說卦傳)

6. 風從虎 - 범이 달리면 바람이 인다. 巽은 風이요. 兌는 虎이다.

  巽이 兌의 자리로 간다. 天澤履卦에서 兌는 범이다.

  (原本周易, 細註 雲峰胡氏說)

7. 聖人作 - 聖人이 일어남에 後天이 열린다.(活用)

8. 本乎天者親上 - 乾은 天이다. 親上이라 함은 艮의 위 陽爻를 따른다는 것이다.

  乾 ☰ ⟶ ☶ 艮 乾은 艮의 자리로 간다.

9. 本乎地者親下 - 坤은 地이다. 親下라 함은 巽의 아래 陰爻를 따른다는 것이다.

  坤 ☷ ⟶ ☴ 巽 坤은 巽의 자리로 간다.

(先天에서 後天八卦方位)

2. 重 地 坤

```
順  ━━━   ━ ━ 正
    ━━━   ━ ━ 不正 (中) 坤 地
    ━━━   ━ ━ 正
    ━ ━   ━ ━ 不正
順  ━ ━   ━ ━ 正    (中) 坤 地
    ━ ━   ━ ━ 不正
```

坤은 땅 地球를 나타낸다. 온갖 生命體가 生成되고 化育되는 곳이 地球이며 大地이다. 사람도 土地와 더불어 땅위에서 살아간다. 偉大한 땅과 地球의 原理가 坤卦에 담겨 있다.

-序 說-

1. 卦의 뜻

1) 乾은 하늘, 天, 宇宙이고, 坤은 땅, 地, 地球이다.

2) 坤은 乾에 依存하며 柔順, 順從, 守靜, 成物을 使命으로 한다.

3) 坤은 抽象的이며 形而上學的인 표현이고, 地는 具體的이며 形而下學的으로 나타낸 것이다.

4) 사람으로 말하면 乾은 父이고, 坤은 母이다. 따라서 女性과 婦德의 原理를 담고 있다.

5) 六十四卦는 乾坤의 變化에 의해서 形成된다. 그러므로 卦辭 爻辭 등의 說明이 많다.

6) 河圖는 易의 出發點인데, 河圖가 나온 龍馬는 上體가 龍이고 下體는 말이었다

고 한다. 이것은 龍으로서 乾을, 馬로서 坤을 象徵한 것이라 볼 수 있다.

2. 卦象과 卦德

1) 小成卦인 坤地의 卦가 거듭하여 大成卦인 重地坤을 이루었다.
2) 坤은 모두가 陰爻로서 구성된 純陰의 卦이다.
3) 坤의 卦德은 順이다. 따라서 下卦 上卦가 모두 柔順함의 德을 지니고 있다.
4) 六二의 爻가 柔順中正으로 되어 있어 이것이 主爻로 된다.
5) 坤은 10月의 卦로서 土 + 申인데, 申은 十二支에서 7月이고 이 달은 下卦 坤, 上卦 乾으로 이 以後부터 陰이 陽보다 커진다.
6) 坤은 乾으로부터 氣運, 씨앗을 받아 萬有를 生育한다. 乾은 元을 根源으로 하고, 坤은 貞을 爲主로 한다.
7) 五行으로 볼 때, 坤의 地는 土 + 也로서 陰土이고, 艮의 山은 陽土(艮土, 表土)이다.
8) 動物에 비길 때 암말이 坤이 된다. 卦象에서 陰爻를 두 개로 計算하면 모두 12가 된다. 그런데 말은 12個月 만에 出産한다.

3. 卦의 變化

1) 倒轉卦 - 坤卦는 純陰卦로 構成되었으므로 倒轉해도 역시 坤이 되는 不倒轉卦이다.

2) 配合卦 – 坤卦의 陰爻를 모두 陽爻로 바꾸는 配合卦는 乾卦가 된다.

3) 錯綜卦 – 坤卦의 上下卦를 바꾸어 錯綜하더라도 같은 坤卦이다.
4) 互　卦 – 坤卦의 初六과 上六을 除外하고 나머지로 互卦를 만들어도 역시 坤卦
　　　　가 된다.

[卦 辭]

坤은 元코 亨코 利코 牝馬之貞이니 君子의 有攸往이니라

◐ 坤은 元하고 亨하고 利하고 암말의 貞이니 君子의 갈 바가 있느니라.
◎ 坤은 크고 亨通하고 利롭고 암말의 올바름이니 君子의 갈 바가 있는 것이니라.

1) 乾의 元은 宇宙 天의 氣運이고 씨앗이다. 坤은 이 元을 받아 亨通하게 키우고
　 거두며 간수한다.
2) 坤은 하늘의 氣運을 받아 萬物을 生育한다. 이 生育은 四季節의 運行, 햇빛,
　 비, 氣運의 變化 아래 이루어지니 元亨利貞 四德이 다 들어 있다.
3) 말은 원래 陽이나 여기서 牝馬 즉 암말이라 하여 陰을 나타내고 있다. 말은 健
　 壯하면서도 柔順함으로 陰의 貞을 말로서 象徵하였다.
4) 君子의 有攸往은 세 가지 뜻이 있다.

┌─ 君子가 剛健하나 때로는 柔順의 德을 가질 必要가 있다.
│ 地球는 넓으니 君子는 四方으로 景觀, 有德之人을 찾아 갈 곳이 있다.
└─ 君子는 窈窕淑女(요조숙녀)에게 장가를 들고 配匹을 얻는다.

先하면 迷하고 後하면 得하리니 主利하니라

迷: 아득할 미

- ☯ 먼저 하면 아득하고 뒤에 하면 얻으리니 利를 主張하니라.
- ◎ 陰이 먼저 움직이면 좋지 않고 柔順의 德으로 따르면 陽을 얻고 結實을 거둘
  수 있다. 즉 女性이 앞장서면 男性의 선택이 잘 안 되고, 柔順, 順德의 德을
  지니면 좋은 配匹을 얻고 子女를 낳고 기르는 結實이 있게 된다는 뜻.

西南은 得朋이오 東北은 喪朋이니 安貞하야 吉하니라

- ☯ 西南은 벗을 얻고 東北은 벗을 잃으니 安貞되고 곧아야 吉하니라.
- ◎ 西南得朋은 시집가기 전으로 女子의 친구는 女子이다.
  東北喪朋은 女子가 시집가는 것이다. 친구를 잃으나 시집가서 女子의 길을 간다.
  安貞吉은 女子가 시집가서 安貞되고 곧게 婦德을 지키면 吉하다.

※ 參考: 得朋喪朋圖(後天八卦)

이 句節은 文王 後天八卦의 人事的 配置로서 說明이 이루어지고 있다.

西南方은 全部 陰卦로 어머니가 세 자매를 거느리고 있는 形象이다. 東北方은 全部 陽卦로 아버지가 세 아들을 包容하고 있는 形象이다.

[象 辭]

象曰 至哉라 坤元이여 萬物이 資生하나니 乃順承天이니 坤厚載物이 德合无疆하며 含弘光大하야 品物이 咸亨하나니라

疆: 지경 강   咸: 다 함   資: 재물, 자격, 취할, 쓸, 도울 자

● 象에서 말하기를 至極하도다 坤元이여 萬物이 비롯하여 生하나니 이에 順하게 하늘을 이으니 坤이 두터워 物件을 실음이 德이 地境 없이 合함이며 넓게 머금고 크게 빛나서 萬物이 다 亨通하나니라.

◎ 크게 묶어서 말하자면 至極하도다 坤의 元이여 萬物이 여기서 生하게 되는 것이니 이에 柔順하게 하늘의 뜻을 이어받는다. 坤의 두터운 德으로서 萬物을 싣고 있으니 德이 한없이 모든 것과 合한다. 雄大한 것을 머금고 크게 빛이 나서 萬事萬物이 모두 亨通하다.

1) 乾에서 大哉라 했는데, 坤에서는 至哉라 하였다. 이는 乾의 氣運이 坤에 이르러서 땅의 作用이 일어나기 때문이다.

2) 乾에서는 萬物資始라 했는데, 坤에서는 萬物이 資生한다고 했다. 이는 모든 것의 始作, 씨앗은 乾에서 비롯되고, 坤은 그것을 받아 生育하기 때문이다.

3) 乾에서는 乃統天인데 坤은 乃順承天이다. 거느리는 것은 하늘이 하고 땅은 그 뜻을 이어받아 기르는 것이다.

4) 含弘光大는 陰이 陽을 머금고 陽의 種子를 받아서 크게 빛나게 하는 것.

5) 孔子를 大成 至聖 文宣王이라 호칭하는데 이는 乾의 大哉와 坤의 至哉에서 따온 것이다.

6) 咸亨이란 이 世上의 모든 것이 性命에 따라 어김없이 亨通하게 자라고 이루어지는 것을 뜻한다.

牝馬는 地類-니 行地无疆하며 柔順利貞이 君子攸行이라

☯ 암말은 땅의 類니 땅에 行함에 境界가 없고 柔順하고 利貞함이 君子의 갈 바라.

◎ 암말은 땅에 속하는 種類 즉 陰이므로 땅위를 가는데 地境없이 즉 한없이 갈 수 있으며 柔和順從하여 바름을 지키는 것이 利로우니 君子가 行할 바라 할 수 있다.

先하면 迷하야 失道하고 後하면 順하야 得常하리니 西南得朋은 乃與類行이오 東北喪朋은 乃終有慶하리니 安貞之吉이 應地无疆이니라

☯ 앞장서면 아득하여 道를 잃고 뒤에 하면 柔順하여 떳떳함을 얻으리니, 西南得朋은 이에 類와 더불어 行함이오. 東北喪朋은 이에 마침내 慶事가 있을 것이니, 安貞의 吉이 땅의 无疆함에 應하니라.

◎ 陽보다 陰이 먼저 하면 아득해져서 正道를 잃고, 陽의 뒤를 따르면 柔順하여 天地의 常道를 얻게 된다. 西南得朋은 곧 같은 陰의 무리와 行動하는 것이고, 東北喪朋은 이에 마침내 慶事가 있을 것이니 편안하게 곧게 함의 吉은 坤道의 끝없는 德에 合하게 될 것이다.

[象 辭(大象)]

象曰 地勢 - 坤이니 君子 - 以하야 厚德으로 載物하나니라

- 象에서 말하기를 땅의 形勢가 坤이니 君子가 이를 본받아 두터운 德으로 萬物을 싣느니라.

◎ 象하여 말하면 땅의 形勢 즉 柔順한 모습이 坤이니 君子가 이것을 본받아서 德을 두텁게 하고 萬百姓을 包容해야 한다.

1) 地勢 - 坤이라는 것은 土 + 申인데 이 申은 種子 甲을 땅속에서 길러 地上으로 올려 주며 甲은 乾卦의 氣運이고 씨앗이며 无首이다.
2) 乾에서는 天行이 健하다 하고 坤에서는 地勢 - 坤이라 했는데 乾은 抽象的이고 地勢는 具體的이며 乾은 元을 坤은 貞을 核心으로 한다.

[爻 辭]

初六은 履霜하면 堅冰이 至하나니라

- 初六은 서리를 밟으면 굳은 얼음이 이르나니라.

◎ 서리를 밟게 되면 머지않아 얼음이 얼게 되는 것이다. 땅은 사람이 밟고 다니는 곳이다. 坤은 10月卦인데 大自然의 理致, 氣候의 變遷으로 서리가 내리게 되면 곧 11月의 冬至가 오고 얼음이 얼게 된다는 것을 말하였다.

象曰 履霜堅冰은 陰始凝也 - 니 馴致其道하야 至堅冰也하나니라

凝: 엉킬 응   馴: 길드릴 순

- 象에서 말하기를 履霜堅冰은 陰이 비로소 엉킨 것이니 그 道를 길들여 이루어

서 굳은 얼음이 얼도록 하나니라.

◎ 形象하여 말하기를 서리를 밟으면 굳은 얼음이 언다는 것은, 陰이 처음으로 엉켜 서리가 되어 눈에 보이게 되는 것이다. 그 道를 길들인다는 것은 坤의 道, 陰氣의 增長이 이루어지면 굳은 얼음이 얼게 되니 그 理致를 알아라는 뜻이다.

1) 馴致其道 至堅冰也는 天道를 따라야 하고 小惡이 쌓이면 大惡이 되며 小善도 쌓이면 大善이 된다는 것으로 특히 惡은 그 처음 단계에서 경계해야 함을 말하고 있다.

※ 參考: 二十四節氣圖

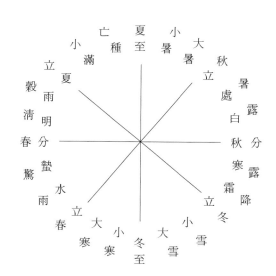

六二는 直方大라 不習이라도 无不利하니라

● 六二는 곧고 方正하고 큰 것이라 익히지 않아도 不利함이 없느니라.

◎ 六二는 곧고 모나고 크다. 익히지 아니하여도 利롭지 않음이 없다.

1) 六二爻는 陰位에 있으니 正位이고 中位에 있으니 得中이다. 故로 柔順中正이며

坤卦의 主爻이다.

2) 直方大는 正道, 方正, 生育의 공적이 큰 것을 나타내며 坤道의 天賦之性을 表現한 것이다. 그리고 直은 마음의 德이고 方은 그것이 밖으로 나타난 것이다.

3) 不習无不利라는 것은 陰이 陽을 따르는 것은 배워서 되는 것이 아니고 배우지 않아도 된다는 것이다. 女子가 아들딸을 낳아 기르는 것을 배워서 시집가는 것은 아니다. 옛날 어머니들이 학문이나 지식이 없어도 婦道를 따라 훌륭하게 子女를 기르고 어머니의 道理를 다하였다.

象曰 六二之動이 直以方也-니 不習无不利는 地道-光也-라

☯ 象에서 말하기를 六二의 움직임은 곧고 써 方正하니 不習无不利는 地道가 빛남이다.

◎ 形象하여 말하기를 六二의 움직임이라는 것은 곧고 모가 나는 것인데 배우지 않아도 不利하지 않다는 것은 陰은 원래 어두운 것이지만 乾을 따라 움직이기 때문에 地道가 빛나는 것이다.

六三은 含章可貞이니 或從王事하야 无成有終이니라

☯ 六三은 빛나는 것을 머금어 가히 올바르게 함이니 或 王의 일을 쫓아서 이룸은 없으나 마침은 있느니라.

◎ 六三은 빛나는 것을 머금어서 가히 곧게 지키니 혹시 때와 경우에 따라서 王事 즉 陽의 일을 따르면 이루는 것은 없으나 올바르게 마치는 일은 있다.

1) 含章-章은 빛날 장으로 아름다운 色彩이고 含은 陰이 陽을 머금고(種子를 받아서) 밖에 나타내지 않는 것을 말한다.

2) 可貞은 種子를 받아서 키울 수 있는 姿勢를 말하는데 結實의 時期를 올바르게 지키는 일이다.

3) 或從王事 - 陽의 일을 쫓아 씨앗을 받고 順從하되 함부로 하는 것이 아니라 때
와 경우를 가려서 하는 것.
4) 无成有終 - 이룰 수는 없으나 마칠 수는 있다는 것은 씨앗을 가지지는 않았으나
種子를 받아 育成시켜 줄 수는 있다는 것이다. 女子가 아이를 낳아
도 姓은 男便을 따른다. 따라서 美를 主君에게 올리고 自己 공으로
삼지 않으나 子息의 養育 맡은 바 所任을 다할 수 있다.

象曰 含章可貞이나 以時發也 - 오 或從王事는 知光大也라

● 象에서 말하기를 含章可貞은 때로써 發함이요 或從王事는 아는 것이 빛나고
크니라.
◎ 陰이 陽의 種子를 받아 바르게 지킨다는 것은 때에 따라서 發하는 것이다. 或
王의 일에 따른다는 것은 지혜의 빛남이 크기 때문이다.

1) 以時發也 - 種子 심는 時期로서 꽃이 피어 있는 受精期, 動物의 發精期, 그리고
사람으로는 婚期이다. 따라서 때에 알맞게 發해야 할 때 發한다는 뜻.
2) 知光大也 - 王이나 男便을 따르되 공이나 명예를 찾지 않고 君主의 일을 이루
고 마치며 子息을 길러도 婦德의 빛이 크다는 것을 알아 공을 내세
우지 않고 男便의 뜻을 따른다.

六四는 括囊이면 无咎 - 며 无譽 - 리라
括: 홀칠 괄, 맺을 괄, 쌀 괄

● 六四는 주머니를 매면 허물이 없으며 명예로움도 없으리라.
◎ 六四는 주머니를 홀쳐매면 허물이 없으나 명예도 없다.

1) 括囊 - 種子를 받으면 문을 닫아야 育成이 이루어진다.

2) 无咎无譽 - 種子를 받아 주머니를 홀쳐매면 탈이 없다. 그러나 공적은 君主나
   男便 것이 되니 명예로움은 없는 것이다.
3) 自己 지식이나 才能을 함부로 나타내지 않으면 허물은 없으나 명예도 없다.

象曰 括囊无咎는 愼不害也 - 라

● 象에서 말하기를 括囊无咎는 삼가므로써 害롭지 않음이라.
◎ 形象해서 말하기를 주머니를 홀쳐매면 허물이 없다고 함은 삼가고 조심하면
  害가 없는 것이다.

1) 至極히 愼重하게 處身하면 害를 입는 일이 없다는 敎訓이 되기도 한다.

六五는 黃裳이면 元吉이리라

● 六五는 누런 치마이면 크게 吉하리라.
◎ 누런 치마를 입어 아래를 가리듯 남의 아래에 自己를 낮추면 크게 吉하다.

1) 黃裳 - 누르다. 黃이라는 것은 土의 色이며 土는 坤이다. 裳은 치마 상으로 아
   래를 意味한다.
2) 衣裳이라 할 때 衣는 저고리 의로서 위의 옷이다. 따라서 衣裳으로서 上下衣를
   나타낸다.
3) 男子는 元을 위주로 하고 위의 자리라면, 女子는 貞을 위주로 하여 아래를 象
   徵한다. 黃裳은 自己를 낮추는 謙遜의 뜻이 있다.
4) 六五는 不正位나 得中하여 柔順과 中庸의 德을 지녔다.
5) 元吉은 元來부터 크게 吉한 것이고 大吉은 지금 크게 吉한 것이다.

象曰 黃裳元吉은 文在中也 – 라

☯ 象에서 말하기를 黃裳元吉은 文彩가 가운데 있음이라.
◎ 形象해서 말하기를 黃裳元吉이라 함은 文彩가 가운데 있는 것을 말한다.

1) 文彩는 種子를 받을 수 있는 資格이 그 속에 있다는 뜻.
2) 中은 이 爻가 得中하고 있어 柔順의 德을 지니고 있다는 것과 種子받을 資格
   이 속에 있다는 뜻.

上六은 龍戰于野하니 其血이 玄黃이로다

☯ 上六은 龍이 들에서 싸우니 그 피가 검고 누르도다.
◎ 上六은 龍이 들에서 싸움. 즉 陰陽交合을 하니 그 피가 검고 누렇다.

1) 野는 아무라도 볼 수 있는 곳. 郊外이다. 따라서 萬人 앞에서 正式結婚을 하고,
   合宮하는 것.
2) 龍은 陽이다. 純陰 속에 陽物인 龍을 引用한 까닭은 씨앗을 받고 生育하는 데
   있다. 따라서 陽이 와야 한다.
3) 陰이 極盛하여 雌雄을 겨루는 힘을 가진 것으로 雌龍으로 보기도 한다.
4) 其血玄黃 – 陰陽交合으로 인하여 생기는 現象. 하늘은 玄玄妙妙하다 했고 땅은
   黃土色이다. 千字文에서도 天地玄黃이라 하였다.

象曰 龍戰于野는 其道 – 窮也라

☯ 象에서 말하기를 龍戰于野는 그 道가 窮함이라.
◎ 陰陽交合으로 陰의 道가 다한다는 것이다.

1) 初六에서 上六까지 이르렀으니 이제 陰으로서의 道를 다하는 것.
2) 陰이 至極하여 이제 막히고 끝이 난다.

用六은 利永貞하니라

☯ 用六은 오래토록 올바름이 利로우니라.
◎ 陰을 씀에는 길이 바르고 굳게 지키는 것이 利롭다.
　　利 - 種子를 받아 키우는 資格. 永 - 恒常 오래오래
　　貞 - 牝馬之貞 - 陰의 使命正, 固也

1) 用九 - 乾卦의 无首吉은 種子를 陰 속에 묻어야 吉하다는 뜻.
2) 用六 - 坤卦의 利永貞은 種子를 받아서 길이 굳고 올바르게 키우는 것이 利롭다.

象曰 用六永貞은 以大終也 - 라

☯ 象에서 말하기를 用六의 永貞은 써 크게 마침이니라.
◎ 形象해 말하자면 用六의 永貞은 種子를 받아서 키워 끝맺음을 하는 것이다. 大는 直方大의 大이고, 終은 有終의 美를 거두는 것이다.

[文 言 傳]

文言曰 坤은 至柔而動也 - 剛하고 至靜而德方하니 後得하야 主而有常하며 含萬物而化 - 光하니 坤道 - 其順乎인저 承天而時行하나니라

☯ 文言에서 말하기를 坤은 至極히 柔하면서도 움직이면 剛하고, 至極히 고요하면서도 德이 方正하니, 뒤에 하면 얻음이 있어 이를 主張하여 떳떳함이 있으며, 萬物을 머금어 化育함이 빛나니, 坤道의 그 순함이여! 하늘을 이어받아 때에

알맞게 行하나니라.

◎ 文言에 말하기를 坤은 至極히 부드러우면서도 움직일 때는 剛하고 至極히 고요하면서도 德은 方正하니 陽을 따르면 얻게 되어(種子를 받아) 陰의 使命에 떳떳함이 있을 것이니, 萬物을 머금어 化育하여 빛을 發하니 坤의 道는 柔順한 것이며 하늘의 道를 이어받아 때에 알맞게 行하는 것이다.

1) 至柔而動也剛 - 坤의 德은 至極히 柔順하지만 그 움직임은 剛하다. 여기서 至柔는 卦辭의 牝을 解釋한 것이고, 動은 馬를 解釋한 것. 乾의 剛이 나와 坤의 剛德이 되었다. 動也剛은 地動說로 解釋되기도 한다.

2) 女子는 弱하나 어머니는 强하다는 말이 있다. 어머니로서의 女性은 剛直한 母性愛를 갖는 것이다.

3) 德方 - 坤의 德은 方正하다는 것으로 콩 심은 데 콩 나는 것.

4) 後得 主而有常 - 뒤에 하면 씨앗의 主人을 얻어 女子의 常道를 간다.

5) 含萬物而化 - 光 - 含은 저장하고 축적한다는 뜻. 含萬物은 陰이 種子를 받아서, 化는 化育으로 키워 내는 것. 光은 坤의 道가 빛난다는 것으로 光輝.

6) 承天而時行 - 天施의 受容으로 하늘, 君主, 男便의 뜻과 씨앗을 받아 때를 맞추어 化育하고 成事하는 것.

積善之家는 必有餘慶하고 積不善之家는 必有餘殃하나니 臣弑其君하며 子弑其父 - 非一朝一夕之故 - 라 其所由來者 - 漸矣니 由辯之不早辯也 - 니 易日 履霜堅冰至라 하니 蓋言順也 - 라

弑: 죽일 시, 아랫사람이 윗사람을 죽이는 것.

殺: 죽일 살, 윗사람이 아랫사람을 죽이는 것.

辯: 분별할 변, 周易에는 辨字가 아니고 辯字가 쓰여 있다.

漸: 점점 점

◐ 善을 쌓는 집은 반드시 나머지 慶事가 있고, 不善을 쌓는 집은 반드시 나머지 災殃이 있으니, 臣下가 君主를 죽이며 子息이 父를 죽이는 일은 一朝一夕에 일어나는 연고가 아니라 그 由來한 바가 漸次로 된 것이니 分別해야 할 것을 일찍 分別치 못하여 오는 것이니 易에서 履霜堅冰至라 하니 대개 順함을 말함이라.

◎ 善을 쌓는 집안에는 반드시 그 착한 것을 쌓은 나머지 慶事가 오게 되고, 不善을 쌓는 집안에는 그 不善을 거듭한 나머지 반드시 災殃이 있게 될 것이니, 臣下가 임금을 죽이며 子息이 그 아버지를 죽이는 일은 하루아침 하루저녁에 연유한 것이 아니다. 그렇게 된 原因은 漸次로 生긴 것이고, 分別하여야 할 것을 일찍이 分別하지 못하였기 때문이다. 易에서 말하기를 서리를 밟으면 굳은 얼음이 이를 것이라 하였으니, 이것은 모두 順理에 대해서 한 말이다.

1) 이 句節은 初六爻를 說明한 것이다.
2) 積　善－餘慶－착한 일을 쌓은 나머지 반드시 慶事가 온다.
　積不善－餘殃－惡한 일을 쌓은 나머지 반드시 災殃이 온다.
3) 積善之家와 積不善之家로 善惡을 對比하되 積惡之家라고 하지 않고 不善이라 한 것은 惡이라는 글자로 나타내지 않으려고 한 것이다.

直은 其正也－오 方은 其義也－니 君子－敬以直內하고 義以方外하야 敬義立而德不孤하나니 直方大不習无不利는 則不疑其所行也－라

◐ 直은 그 올바름이오. 方은 그 義理니, 君子가 恭敬해서 안을 곧게 하고 義로써 밖을 方正케 하여, 恭敬과 義理를 세워 德이 외롭지 않으니 直方大不習无不利는 곧 行하는 바를 疑心하지 않음이라.

◎ 直은 바르다는 것이고 方은 마땅한 것이니, 君子는 敬으로써 마음을 바르게 하고, 마땅한 義로써 行動을 하여, 敬과 義를 세움으로써 德이 외롭지 아니하니, 直方大不習无不利는 곧 行하는 바를 疑心치 않기 때문이다.

1) 이 句節은 六二의 爻辭를 說明한 것이다.
2) 敬以直內 – 六二爻는 柔順中正이고 坤卦의 主爻이다. 이것은 마음이 正直한 것이다.
3) 義以方外 – 마땅하고 義理로 하며 方正하다. 이것은 行動을 意味한다.

陰雖有美나　含之하야　以從王事하야　弗敢成也 – 니　地道也 – 며　妻道也 – 며 臣道也 – 니　地道는　无成而代有終也 – 니라

☯ 陰이 비록 有美라 하나 머금고 있어 써 王의 일을 쫓아 감히 이루지는 못하니 地道이고 妻道이고 臣道이니 地道는 이루는 것이 없는 대신 마침이 있느니라.

◎ 陰이 비록 아름다움을 가지나 이 아름다움을 간직해서 陽의 일에 따르더라도 감이 이루지는 못하니 이것은 땅의 道요. 妻의 道요. 臣下의 道니 地道는 이루는 것은 없으나 그 대신 마침이 있다.

1) 이 句節은 六三爻의 解釋이다.
2) 无成而代有終也 – 自己의 功을 내세우거나 자랑함이 없이 陽을 代身해서 일하거나 낳고 기르는 일은 完邃한다. 여기서 代는 代를 잇는다는 뜻도 있다.

天地變化하면　草木이　蕃하고　天地閉하면　賢人이　隱하나니　易曰　括囊无咎无譽 – 라하니　蓋言謹也 – 라

☯ 天地가 變化하면 草木이 蕃盛하고, 天地가 閉하면 賢人이 숨으니 易에서 括囊 无咎无譽라 하니, 대개 삼감을 말함이라.

◎ 天地가 고르게 陰陽이 造化하여 變化하면, 草木이 무성하고, 天地가 패색 하여 陰陽이 相通하지 않는다면 어진 사람이 숨으니, 易에 括囊无咎无譽라 하니 대체로 조심하고 삼가하여 몸을 보존해야 한다는 것을 말한 것이다.

1) 이 句節은 六四爻의 說明이다.
2) 天地變化 — 하늘과 땅이 그 本來의 理致대로 造化롭게 움직이는 것.
3) 草木蕃 — 나라와 百姓이 蕃盛하고 上下가 소통됨.
4) 天地閉 — 天地의 氣運이 닫히고 막히는 것.
5) 賢人隱 — 亂世가 되면 어진 사람은 숨어 나타나지 않는다.
6) 陰이 陽의 씨앗을 받으면 삼가고 조심하라는 글을 社會的으로 應用하여 政治와 君子의 길을 말하고 있다.

君子 - 黃中通理하야 正位居體하야 美在其中而 暢於四支하며 發於事業하나니 美之至也 - 라

☯ 君子는 黃中에서 理를 通하여 正位로 몸을 居하여 美가 그 中에 있어 四支에서 빛나고 事業을 發하나니 美의 至極함이라.

◎ 君子는 中庸의 義로서 理致를 通하여, 바른 자리에서 올바르게 處身하여, 아름다움이 그 가운데 차 있으니 四肢에서 그 德이 나타나 빛나고 中庸의 道를 가지고 일을 亨通하게 알고 이루어 나간다. 事業으로 發揮되니 아름다움의 極致이다.

1) 이 句節은 六五爻를 說明한 것이다.
2) 黃中通理는 黃은 土色이고, 中을 말한다.
3) 正位居體 — 올바르게 處身한다는 것. 六五는 不正位이나 得中하였다. 따라서 處身을 올바르게 한다.
4) 美在其中而 — 아름다움이 그 가운데 있다는 것은 黃裳을 說明한 것으로 아름다움이 안에 충실한 것.
5) 暢於四支 — 四支는 四肢 또는 手足이다. 四支에서 빛난다는 것은 德이 모든 일 거수일투족에 나타나는 것.
6) 發於事業 — 陰이 陽의 種子를 받아 生育하는 것이며, 善美의 至極함이다.

陰疑於陽하면 必戰하나니 爲其嫌於无陽也-라 故로 稱龍焉하고 猶未離其類也-라 故로 稱血焉하니 夫玄黃者는 天地之雜也-니 天玄而地黃하니라

☯ 陰이 陽을 疑心하면 반드시 싸우니, 그 陽이 없음에도 疑心되기 때문이라. 故로 龍이라 稱하고 오히려 그 類를 떠나지 못함이라 故로 血이라 稱하니, 대저 玄黃이라는 것은 天地가 섞인 것이니, 하늘은 검고 땅은 누르니라.

◎ 陰이 陽을 疑心하면 반듯이 싸우게 되나니, 陽이 없음에도 陽으로 疑心되는지라 그 때문에 龍이라 稱하고, 오히려 그 類에서 떠나지 못한지라 그 때문에 血이라 일컬으니, 대저 玄黃이란 天地가 서로 섞인 것이니, 하늘은 검고 땅은 누르다.

1) 이 句節은 上六爻를 說明한 것이다.
2) 陰疑於陽-陰이 陽과 對敵하는 것. -陰의 極致로 陰이 陽과 비슷해진 狀態. 여기서 疑는 비슷하다는 似로 解釋한다.
3) 爲其嫌於无陽-원래 陽이 없으나 陰이 자라 그것이 陽으로 疑心할 만하게 되는 것. 즉 원래는 陰이 陽을 따르나 陰이 極하면 陽이 아닌가 疑心스럽게 되고, 따라서 陰이 陽을 疑心하여 따르지 않고 맞서 싸우게 되는 것.

◉ 乾卦와 坤卦의 比較

1. 乾은 元이 核心이며 種子를 심을 수 있는 自主性, 能動性이 있다.
2. 乾은 陽이고 剛이고 始初이다.
3. 大哉라 萬物이 資始하나니……
4. 品物이 流形하나니라
5. 君子以하야 自彊不息하나니라
6. 乾을 사람의 體格으로 본다면 - ▽의 形態라 할 수 있다.
7. 하늘 乾의 象徵이기 때문에 위가 넓다.(저고리 衣)
8. 用九는 无首 吉(씨앗 심는다)

1. 坤은 貞이 核心이며 乾의 種子를 받아 生育시킬 수 있는 從屬性, 受動性이 있다.
2. 坤은 陰이고 順이고 後得한다.
3. 至哉라 萬物이 資生하나니……
4. 品物이 咸亨하나니라
5. 君子以하야 厚德으로 載物하나니라
6. 坤을 사람의 體格으로 본다면 - △의 形態라 할 수 있다.
7. 땅 地의 象徵이기 때문에 밑이 넓다.(치마 裳)
8. 用六은 利永貞(키우고 간수한다)

3. 水 雷 屯

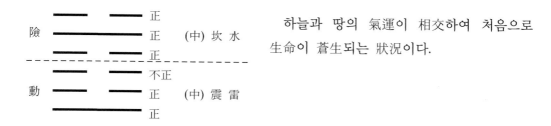

險 ―――― ―――― 正
  ―――――――― 正   (中) 坎 水
  ―――― ―――― 正
  - - - - - - - - - - - - - - - - - - -
  ―――― ―――― 不正
動 ―――――――― 正   (中) 震 雷
  ―――――――― 正

하늘과 땅의 氣運이 相交하여 처음으로
生命이 蒼生되는 狀況이다.

　첫째로 乾天으로 宇宙, 하늘을, 둘째로 坤地로서 地球, 大地에 관하여 서술한 易經
은 셋째로 이 屯卦를 가져와 太初의 生命, 太古의 人類, 歷史의 始初 등을 象徵的으
로 表現한다. '萬物始生의 어려움'을 나타내고 있다.

― 序 說 ―

1. 卦의 뜻

1) 하늘이 생기고 땅이 생기면 다음으로 사람이 생긴다.
2) 天地人은 體이고 天人地는 用인데, 屯은 體로서의 天地人의 形成過程 가운데서
　　人이 蒼生되는 狀況이다.
3) 여기서의 人은 사람을 말하는 것이지만, 동시에 生命이 있는 萬有를 뜻하기도
　　한다.

4) 天地人(體), 天人地(用)라는 三才의 槪念은, 易이 萬有 가운데서 人間을 가장 尊貴한 存在로 보는 人間中心의 宇宙觀, 世界觀을 가지고 있음을 뜻한다.

5) 乾坤 다음으로 세 번째에 水雷屯의 卦가 나왔다. 이것은 現代科學에서 말하는 地球의 生成이나 生命의 誕生과 같다. 천둥 번개가 치고 엄청난 비가 내려 불덩어리였던 地球가 식고 이어서 生命이 誕生했기 때문이다.

6) 地球에 바다가 생기고 물이 있게 된 것은 奇蹟이라 말해진다. 물이 있었기 때문에 生命이 생길 수 있었다. 이는 河圖 相生原理에서 水生木으로 물이 있으므로 해서 나무 즉 生命體가 生成되었음을 나타내고 있다.

7) 易은 물에서 生命이 있는 萬有가 生成되었다고 본다. 따라서 1·6 水라 하고, 1의 水는 五行의 數에서 처음에 놓인다. 水分이 없는 生命體는 없다. 우리사람의 身體도 大部分 水分으로 構成되어 있는 것이다.

8) 屯은 萬有始生의 草創期이다. 그러므로 屯卦의 始生에는 언제나 어려움이 따르고, 産苦의 苦痛이 있음을 보여 주고 있다.

9) 人類의 歷史로 말하면 太古의 사람들이 처음으로 集團生活을 하고 社會秩序를 잡아가는 過程을 나타내고 있다.

2. 卦象과 卦德

1) 屯은 모일 둔, 둔진 둔, 괘이름 둔 인데, 여기서는 괘이름 둔이다. 이 글자는 괘이름으로서 혹 준이라 발음하는 수도 있다.

2) 屯이라는 글자는 植物의 種子를 심었을 때 처음으로 자라나는 狀態를 나타내고 있다. 밑의 部分은 땅속에 뿌리를 내리고 있는 모습이고, 위의 部分은 地上으로 촉이 터서 올라온 모습이다.

3) 下卦의 震은 卦德이 動이고, 上卦은 坎은 卦德이 險이다. 그러므로 下卦의 震이 움직여 위로 나아가려 하는데, 上卦의 坎이 險難하여 妨害하므로 나아가기

가 어려운 狀況이다.

4) 물은 變化無常한 物質이다. 물은 自己라고 할 때, 비는 아버지이고, 구름은 할아버지와 같다. 그뿐 아니라 물은 水蒸氣, 얼음 등으로도 變한다. 水雷屯에서는 물이 우레와 함께 있다. 따라서 비가 천둥 번개와 더불어 많이 오는 形象이라 할 수 있다.

5) 「說文解字」에서 屯은 難이라 하였다. 草木이 처음 생겨날 때 어려운 象이다. 그러므로 屯이 象徵하는 바는 多事多難, 萬事勞苦이며, 따라서 隱忍自重하여 時期를 기다려야 한다는 뜻이 담겨져 있다.

6) 六十四卦 가운데서 四難卦는 屯, 坎, 蹇, 困이라 말해진다. 여기서 屯은 처음 始作할 때의 難, 蹇은 중간의 難, 困은 끝에 있어서의 難이라 말해진다.

7) 「序卦傳」에서는 "有天地然後에 萬物이 生焉하니"라 하여 乾卦 坤卦를 말하고, 이어서 "盈天地之間者 唯萬物이라 故로 受之以屯하니 屯者는 盈也니 物之始生也라" 하여 하늘과 땅 사이에 가득찬 것이 오직 萬物이다. 그러므로 屯으로써 받으니, 屯이라는 것은 차 있다는 것이니, 事物이 비로소 생기는 것이라 하고 있다. 따라서 萬物이 가득하게 차 있으면서 처음으로 生成되는 것이 屯인 것이다.

3. 卦의 變化

1) 倒轉卦 - 屯卦를 倒轉시키면 山水蒙卦가 된다. 다음으로 4번째에 蒙卦가 이어서 나온 게 된다.

2) 配合卦 - 屯卦의 各爻를 각기 陰陽을 바꾸어 配合하면 火風鼎이 된다.

3) 錯綜卦 - 屯卦의 下卦를 上卦로, 上卦를 下卦로 錯綜하면 雷水解가 된다.

4) 互　卦 - 初九와 上六의 爻를 除外하고 나머지 爻로써 互卦를 만들면 山地剝이 된다. 剝은 種子가 떨어진다는 뜻이 있다. 따라서 種子가 땅속에서 싹이 터 올라온다는 屯의 狀態와 관련이 있다.

[卦　辭]

屯은 元亨코 利貞하니 勿用有攸往이오 利建侯하니라

◉ 屯은 元亨하고, 利貞하니 갈 바 있어도 쓰지 말 것이오, 侯를 세움이 利로우니라.
◎ 屯은 크게 亨通하고 正固함이 이로우니 갈 곳이 있으나 쓰지 말 것이오. 諸侯를 세움이 利롭다.

1) 屯卦의 元亨코 利貞은 크게 亨通하고 올바르게 함이 利롭다는 것으로 元은 크다는 것이고 貞은 正固히 즉 올바르고 굳게 하는 것.

2) 장차 크게 되는 일이 亨通하다는 것이고 크게 될 때까지는 貞함이 利롭다는 뜻이 된다.

3) 勿用有攸往 – 種子가 땅 위로 나왔을 때는 草木을 옮겨서는 안 되는 것과 같이 草創期에 함부로 움직이지 말라는 뜻이 된다.

4) 갓난아기는 조심해서 다루고 키워야 한다. 처음에 1週日, 7週日이 重要하고 100日, 돌이 될 때까지도 대단히 重要하다.

5) 利建侯 – 太古의 蒙昧한 狀態에서는 指導的인 役割을 할 사람부터 찾아야 한다는 뜻.

[象 辭]

象曰 屯은 剛柔 – 始交而難生하며 動乎險中하니 大亨貞은 雷雨之動이 滿盈일새라 天造草昧에는 宜建侯 – 오 而不寧이니라

☯ 屯은 剛과 柔가 비로서 사귀어 태어나기가 어려우며, 險한 가운데서 움직이는 것이니 크게 亨通하고 바르다는 것은 우레와 비의 움직임이 가득 찼음이라. 하늘이 만든 草創期의 蒙昧할 때는 侯를 세우는 것이 마땅하고, 便安하지는 않느니라.

◎ 乾과 坤, 陰과 陽이 처음으로 交合하여 낳는 것이니 難生이라 하였고, 動은 下卦 震이고 險은 上卦 坎이니 크게 亨通하고 바르다는 것은 곧 우레와 비의 움직임이 하늘과 땅 사이에 가득 찼음이라. 하늘이 만드는 草創期의 蒙昧한 時期에는 일할 主된 사람을 세우는 것이 마땅하고 이때는 便安치 않는 狀態이다.

1) 剛柔始交 – 下卦 震의 說明이다. 陰과 陽이 비로소 交合하여, 陰 속에 처음으로 陽爻 初九가 들어가 震長男이 된다.

2) 難生 – 難은 坎卦의 卦德인 險難을 말하고 있다.

3) 滿盈 - 充滿하다. 우레와 물이 아직 비가 되지 않고 가득찬 狀態.

4) 天造는 天始와 같고, 草昧는 풀이 무성하여 難雜한 것으로 世上이 어지럽고 無
   秩序한 狀態.

[象 辭(大象)]

象日 雲雷 - 屯이니 君子 - 以하야 經綸하나니라

◐ 象에서 말하기를 구름과 우레가 屯이니 君子가 써 經綸 하나니라.

◎ 象하여 말하면 구름과 우레가 屯이니 君子는 이를 본받아서 天下를 다스려 나
  가야 한다.

1) 經綸 - 經은 글 경, 경서 경, 날 경인데 여기서는 날(縱絲) 경이다. 다스리고 經
          營하는 것. 綸은 벼리 윤, 횝쌀 윤으로 일을 組織的으로 計劃하는 것. 따
          라서 經綸은 天下를 다스려 가는 것.

[爻 辭]

初九는 磐桓이니 利居貞하며 利建侯하니라
磐: 반석 반   桓: 나무 환, 머뭇거릴 환

◐ 初九는 盤石처럼 머뭇거리는 것이니, 올바르게 있음이 利로우며, 侯를 세우는
  것이 利로우니라.

◎ 初九는 그 자리에서 주저하며 망설이는 것이다. 바르고 곧게 있음이 利로우며
  諸侯를 세워야 利롭다.

1) 磐桓 - 가지 않고 머뭇거리는 것. 연자방아에 소를 매어 뱅뱅 돌리는 것. 혹은

驛舍入口에 세운 돌기둥을 가리키기도 한다.

2) 初九는 六四와 正應인데 六二가 앞에 있어 잘못 나가니 磐桓이다.

象曰 雖磐桓하나 志行正也－며 以貴下賤하니 大得民也－로다

● 象에서 말하기를 비록 머뭇거리나 뜻을 올바르게 行하며, 貴함으로써 賤한 것에 아래 하니 크게 百姓을 얻음이로다.

◎ 形象해서 말하기를 비록 머뭇거리며 망설이기는 하나, 뜻을 行함이 바르며 貴한 것으로써 賤한 데에 미치니 크게 百姓을 얻게 되는 것이다.

六二는 屯如遭如하며 乘馬班如하니 匪寇－면 婚媾－리니 女子－貞하야 不字－라가 十年에아 乃字－로다

遭: 두리번거릴 전   字: 시집갈 자   匪: 아니 비, 도적 비   媾: 혼인할 구

● 六二는 어려운 듯 머뭇거리는 듯하며, 말을 탔다가 내리는 듯하니 盜賊이 아니면 請婚할 것이니, 女子가 곧아 시집가지 않다가 10年에야 시집가는 것이로다.

◎ 六二는 어려워하는 듯 두리번거리듯 하며, 말을 탔다가 내렸다 하다가 盜賊이 아니면 請婚을 하게 될 것인데, 女子가 곧아서 許婚하지 않다가 10年 뒤에야 시집을 간다.

1) 屯如遭如－屯은 처음의 어려운 狀況이고 如는~을 하는 듯이라는 뜻. 이 句節은 二爻가 應인 五爻로 가려 하되 두리번거리며 망설이는 모습을 나타내고 있다.

2) 乘馬班如－말을 탔다가 내렸다 머뭇거리는 것.

3) 字－男子는 20에 冠하며 이름 대신에 字를 짓고 字를 부르게 된다. 女子의 경우는 시집간다는 뜻으로 시집가면 宅號를 지어 부른다.

4) 不字－(初九에게) 시집 안 간다는 뜻.

5) 十年乃字 – 十年 만에야 시집간다는 것으로 끝내는 시집간다는 뜻. 六二는 九五와
　　正應이니 初九와는 婚姻하지 않고 끝내는 제 짝을 찾아 婚姻한다.

6) 六二는 九五와 正應이다. 가까운 初九에 마음이 끌려 머뭇거리다가 마침내 貞
하야 初九의 請婚을 許諾지 않고 十年 만에야 自己의 應인 九五로 시집간다.

象曰 六二之難은 乘剛也 – 오 十年乃字는 反常也 – 라

◑ 象에서 말하기를 六二의 어려움을 剛(陽)을 탔음이오. 十年 만에 시집감은 떳
떳함으로 돌아옴이라.

◎ 形狀해서 말하기를 六二의 어려움은 陰이 初九를 탔기 때문이고 十年 만에 시집간다
는 것은 初九 때문에 머뭇거리다가 마침내는 正常으로 되돌아 온 것이다.

六三은 卽鹿无虞 – 라 惟入于林中이니 君子 – 幾하야 不如舍 – 니 往하면 吝하리라

虞: 몰이꾼 우　　舍: 버릴 사　　幾: 조짐 기

◑ 六三은 사슴을 쫓으나 몰이꾼이 없음이라. 오직 숲 속에 들어가니 君子가 기미
를 보아 그침과 같지 못하니 가면 吝嗇하리라.

◎ 六三은 사슴 사냥을 나가도 몰이하는 사람이 없다. 오직 숲 속으로 들어 갈 뿐
이니 君子는 이 같은 조짐을 보아 그만두는 것만 같지 못하다. 그대로 가면 吝
嗇하리라.

1) 卽鹿 - 卽은 逐也. 사슴을 쫓는 것으로서 즉 사슴 사냥을 뜻한다.

2) 虞 - 걱정해 주거나 돌봐 주는 사람을 뜻하고, 사냥에서는 몰이해 주는 사람.

3) 幾 - 기틀, 조짐 혹은 기미를 意味한다.

4) 이 卦의 中央에 陰三爻가 있는데 그 가운데 六三이 있으므로 林中이라 했다.

5) 六三은 上六이 짝이나 不應이다. 따라서 无虞이다.

6) 六三은 陰柔 不中 不正의 爻이다. 따라서 자꾸 나가면 吝嗇하고 후회스럽다.

7) 舍 - 捨와 같다.

象曰 卽鹿无虞는 以從禽也 - 오 君子 - 舍之는 往하면 吝窮也 - 라

禽: 날짐승 금

● 象에서 말하기를 卽鹿无虞는 써 새를 쫓음이오. 君子舍之는 나가면 吝嗇하고 窮함이라.

◎ 形象으로 말하면 사슴 사냥하는 데 몰이꾼이 없다는 것은 날짐승을 쫓는 것이고, 君子가 이것을 그만둔다는 것은 그대로 가면 吝嗇하고 窮하기 때문이다.

六四는 乘馬班如 - 니 求婚媾하야 往하면 吉하야 无不利하리라

● 六四는 말을 탔다 내렸다 하니, 婚姻을 求하여 가면 吉하여 不利함이 없으리라.

◎ 六四는 말을 탔다가 내렸다가 하여 머뭇거리는 것이나 求婚하러 나가면 吉하고 不利할 것이 없다.

1) 六四는 正位이고 初九와 正應이다. 바로 위에 있는 九五에 끌리나 자기 짝을 찾아 初九에 請婚하면 吉하다.

象曰 求而往은 明也 - 라

● 象에서 말하기를 求하여 간다는 것은 밝기 때문이다.
◎ 六四의 位가 바르기 때문에 明也라 하여 밝다고 하였다.

九五는 屯其膏 - 니 小貞이면 吉코 大貞이면 凶하리라

● 九五는 어려워 그 기름이니 작게 바르면 吉하고, 크게 바르면 凶하리라.
◎ 九五는 어려운 것이 그 기름과 같으니 작게 바르게 하면 吉하고, 크게 바르게 하려 하면 凶하다.

1) 九五는 王位에 있는 君王이다. 太初이기 때문에 利建侯를 하여도 王化가 온 百姓에게 미치기가 어렵다.
2) 기름으로 表現한 것은 坎水로서 險하기 때문이다.
3) 剛健中正의 爻로서 君位에 있으나 이 爻는 上下의 陰爻 속에 빠져 있다. 따라서 王의 恩德을 베풀기가 어렵다.
4) 九五의 君位가 正應으로 처음 만난 王妃 또는 妻인 六二中正에게 지나친 干涉은 하지 않는 것이 옳다. 따라서 小貞은 吉코 지나친 干涉인 大貞은 凶하다.

象曰 屯其膏는 施 - 未光也 - 라

● 象에서 말하기를 屯其膏는 베푸는 것이 빛나지 않음이라.
◎ 屯其膏라는 것은 그 베푸는 것이 아직 빛나지 못하고 王道가 아직 미치지 못한 狀態이다.(기름은 물속에 침투하여 융화되기가 어렵다)

上六은 乘馬班如하야 泣血漣如 - 로다

● 上六은 말을 탔다가 내렸다 하여, 피눈물이 흐르는 듯하다.

◎ 上六은 말을 탔다가 내렸다 하며 머뭇거리는 것이, 피눈물이 흘러내리는 듯 하다.

1) 上六은 六三과 不應이고 屯卦의 끝에 있어 갈 데가 없다. 그래서 말을 탔다가
   내렸다가 머뭇거린다.
2) 上卦는 坎이고 坎水는 血로 본다.
3) 漣은 물 흘릴 연이다. 屯卦가 끝나는 狀況이니 피눈물이 흐르는 듯하다고 하였다.

象曰 泣血漣如 - 어니 何可長也 - 리오

◉ 象에서 말하기를 泣血漣如이니 어찌 오래 가리오.
◎ 象에서 말하기를 피눈물을 흘리는 것이니 그 狀態가 어찌 오래갈 수 있겠느냐.
   오래가지 못한다는 뜻

4. 山 水 蒙

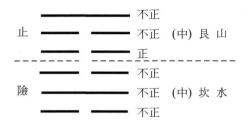

止 ────── 不正
  ── ── (中) 艮 山
  ────── 正
  ─ ─ ─ ─ ─ ─ ─ ─ ─
  ── ── 不正
險 ────── 不正 (中) 坎 水
  ── ── 不正

蒙은 屯의 倒轉卦이며, 天地가 相交한 후에 어렵게 태어나서 처음으로 싹터 가는 狀況이다. 그러나 싹이 튼 直後이기 때문에 아직 어리고 蒙昧하다. 따라서 敎育과 啓蒙이 이루어져야 할 狀態라 할 수 있다.

-序 說-

1. 卦의 뜻

1) 乾坤이 相交하여 萬物이 蒼生되는 어려움이 屯卦였다면, 이 屯에서 싹터 가는 形象이 蒙卦라 할 수 있다.

2) 蒙은 싹이 튼 直後의 狀態이기 때문에 어리고 어리석다.

3) 草木이나 動物로 말하면 어린 狀態이고, 사람으로 말해도 아직 어린 時節이며, 따라서 純眞하고 어리석어 世上을 모르는 狀態라 할 수 있다.

4) 蒙은 어릴 몽, 덮을 몽, 입을 몽이다. 蒙昧하다 할 때의 昧는 눈 어두울 매이다. 따라서 蒙昧하다는 것은 어리고 눈이 어두워 잘 모르는 狀況이라 할 수 있다.

5) 蒙昧한 狀態에서 벗어나기 위해서는 敎育과 啓蒙 즉 가르치고 깨우칠 必要가 있다.

6) 李栗谷 先生의 著書 「擊蒙要訣」은 어리고 어리석은 어린이를 깨우쳐 주는 要點을 서술한 敎育論인 것이다.

2. 卦象과 卦德

1) 卦의 形象은 山이 있고 그 아래 물이 있는 꼴이다. 그런데 물은 山에 가리어 숨어 있어 分明하지 않다. 따라서 닫혀 있고 어린 蒙이 된다.

2) 卦德으로 말하면 下卦 坎水는 險이고, 上卦 艮山은 止가 된다. 어린이는 혼자 두면 危險하다. 따라서 어른이 지켜 주고 가르쳐야 하며, 또한 어린이는 혼자 멀리 가지 말고 집에 머물러 있어야 하는 것이다.

3) 蒙卦는 어린이를 어떻게 깨우치고 가르쳐야 하는가 하는 敎育의 基本理論을 담고 있다. 그리고 人類의 歷史 初期의 啓蒙의 過程을 보여 주기도 한다.

4) 序卦傳에서는 "物生必蒙이라 故로 受之以蒙하니"라 하여, 萬物이 처음 생기게 되면 반드시 어리고 어리석다. 그러므로 屯卦에 이어 蒙卦로 받는다고 하였다.

3. 卦의 變化

1) 倒轉卦 – 蒙卦의 倒轉卦는 바로 앞에서 본 水雷屯의 卦이다.

2) 配合卦 – 蒙卦의 陰爻를 陽爻로, 陽爻는 陰爻로 바꾼 配合卦는 澤火革의 卦가 된다.

3) 錯綜卦 - 蒙卦의 下卦 坎水를 上卦로 가져가고, 上卦 艮山을 下卦로 가져가는 錯綜卦는 水山蹇의 卦가 된다.

4) 互　卦 - 蒙卦의 初六과 上九를 除外하고 나머지 爻로써 互卦를 만들면 地雷復 의 卦가 된다.

[卦 辭]

蒙은 亨하니 匪我-求童蒙이라 童蒙이 求我-니 初筮-어든 告하고 再三이 면 瀆이라 瀆則不告이니 利貞하니라.

告: 깨우칠 곡

● 蒙은 亨通하니 내가 童蒙을 찾는 것이 아니라, 童蒙이 나를 찾는 것이니, 처음 묻는다면 알리고 再三 묻는다면 더럽혀지는 것이라. 더럽혀지면 곧 알리지 않 는 것이니 올바르게 함이 利로울 것이니라.

◎ 蒙은 亨通하다. 내가 어리고 어리석은 것을 찾는 것이 아니고, 어리고 어리석 은 것이 나를 찾는 것이다. 처음 묻는다면 (占을 치면) 알려 줄 것이고, 여러 번 묻는다면 (占을 친다면) 흐리고 어지러워지는 것이다. 흐리고 어지러워져 더럽혀지면 곧 알려 주지 않는 것이니 올바르게 하는 것이 利로운 것이다.

1) 亨하다고 한 것은 蒙卦가 九二爻의 陽과 六五爻의 陰이 서로 相應하여 陰陽의 調和가 이루어져 있기 때문이다.

2) 匪我求童蒙－匪는 아닐 非와 같고, 我 즉 나는 九二를 가리키고, 童蒙은 六五를 가리킨다. 따라서 九二의 陽이 六五의 陰을 찾는 것이 아니고, 童蒙求我 즉 陰이 陽을 찾는다는 뜻이다.

3) 初筮告再三瀆－敎育論으로 볼 때는 처음 묻는다면 알리고 여러 번 같은 것을 묻는다면 모독하는 것이 된다. 그리고 蓍草(시초)로 占을 치는 데 있어 精誠을 모으고 精神을 統一하여 한 번만 해야 보여주고 깨우쳐 준다. 나쁜 結果가 나왔다고 해서 여러 번 占을 친다면 모독하는 것이기 때문에 올바른 답이 나오지 않는다는 것. 두 가지 해석이 가능하다. 告는 곡이라 발음한다

4) 瀆則不告 利貞－더럽혀지면 곧 알려 주지 않는다는 것인데, 上卦 艮山은 止이기 때문에 알려 주지 않는다는 뜻이 있고, 利貞은 艮山 坎水 두 卦가 모두 겨울의 卦이기 때문에 올바르게 하는 것이 利롭다는 뜻과 동시에 元亨利貞의 季節循環에서 秋冬을 나타내고 있다.

5) 蒙卦는 깨우치고 工夫하는 敎育論이다. 敎育에 있어서 가장 重要한 것은 배우는 學生의 마음가짐이라 할 수 있다. 배울 사람이 스스로 스승을 찾아가야 하는 것이다. 비단 學生뿐 아니라 地位 있는 사람이라 할지라도 平生 동안 사람은 배우지 않으면 안 된다. 그럴 때 배울 사람이 스승을 찾아가서 禮를 다해서 가르침을 請해야 하는 것이다.

[彖 辭]

彖曰 蒙은 山下有險하고 險而止 - 蒙이라 蒙亨은 以亨行이니 時中也 - 오 匪
我求童蒙 童蒙求我는 志應也 - 오 初筮告은 以剛中也 - 오 再三瀆瀆則不告은
瀆蒙也일새니 蒙以養正이 聖功也 - 라

● 彖에서 말하기를 蒙은 山 아래 險한 것이 있고, 險하여서 그침이 蒙이라. 蒙亨
은 亨通함으로써 行함이니, 때에 알맞게 함이오, 匪我求童蒙 童蒙求我는 뜻이
應하는 것이오, 初筮告은 剛이 中을 잡음으로써이오, 再三瀆瀆則不告은 蒙이
더렵혀져 있음이니, 蒙이 써 올바름을 기르는 것이 聖스러운 功이라.

◎ 彖에서 말하기를 蒙은 山 밑에 險한 것이 있고 險한 데 그쳐 있는 것이 蒙이
다. 蒙이 亨通하다는 것은 亨通함으로써 行하는 것이고 때에 알맞게 하는 것이
다. 내가 童蒙에게 求함이 아니라 童蒙이 내게 求한다 함은, 뜻이 應하기 때문
이다. 첫 번 蓍草 占을 하면 알려준다고 한 것은 陽인 九二가 得中하였기 때문
이고, 여러 번 占치면 모독하는 것이니, 모독하면 알려주지 않는다는 것은, 蒙
을 더럽히기 때문이다. 蒙으로서 올바른 것을 기른다는 것은 聖스러운 功이다.

1) 蒙亨亨行 - 어리고 蒙昧한 者를 가르치고 잘 깨우치면 훌륭하게 자랄 수 있다.
2) 時中也 - 때에 알맞게 하는 것. 工夫하는데도 時期가 있다. 幼稚園, 초등학교,
     中高校, 大學 등 適期에 工夫하는 것이 時中이다. 그리고 가르치는 사
     람의 中庸之道를 지니고 있기 때문이다.
3) 童蒙求我 志應 - 六五가 九二에게 가르침을 간청하고 求하는 것. 相應하여 陰陽
     의 조화가 이루어짐.
4) 初筮告 剛中 - 여기서 告는 깨우칠 곡. 처음 묻거나 점치면 알린다는 것은 九二
     가 得中했기 때문이다.
5) 再三瀆瀆 瀆蒙 - 再三은 여러 번의 뜻. 여러 번 묻는 것은 스승을 모독하는 것

이 된다.

또 여러 번 占을 치는 것은 하늘의 뜻을 모독하는 일이 된다.

6) 養正也 - 올바른 사람을 기른다는 뜻.

[象辭(大象)]

象曰 山下出泉이 蒙이니 君子 - 以하야 果行하며 育德하나니라

☯ 象에서 말하기를 山 아래 샘이 솟아나는 것이 蒙이니 君子는 써 果斷性 있게 行하며 德을 기르느니라.

◎ 形象해서 말하자면 山 밑에 샘이 솟는 것이 蒙이니, 君子는 이것을 본받아서 行動을 果斷性 있게 하고 德을 기르는 것이다.

1) 山水蒙을 山 아래 샘이 솟는 形象으로 보고 있다.

2) 山 아래 샘물은 깨끗하고 純粹하다. 따라서 童蒙과 같다.

3) 果行育德 - 果行은 果斷性 있게 行動하는 것. 育德은 德을 기르는 것. 아이를 키울 때 어릴 때부터 버릇을 올바르게 하도록 規律을 지키게 하는 것.

[爻 辭]

初六은 發蒙호대 利用刑人하야 用說桎梏이니 以往이면 吝하리라

說: 脫也   桎: 형틀 질, 足鎖   梏: 형틀 곡

☯ 初六은 蒙을 發하되 사람에게 刑罰 주는 것을 利用하되 桎梏을 그 後 벗겨 주는 것이니 그대로 가기만 하면 吝嗇하리라.

◎ 初六은 어리석은 것을 깨우치는 데는 刑罰을 주는 方法을 쓰는 것이 利롭다. 그러나 그 後에 桎梏을 벗겨 주는 것이다. 만약 桎梏을 벗겨 주지 않고 그대

로 刑罰만을 加하는 式으로 다룬다면 좋지 못하다.

1) 敎育의 方法에서 罰도 주고 賞도 주어야 한다. 강직하게 罰만 주면 좋지 못하다는 뜻이다.
2) 發蒙 – 어리석고 어린 것을 처음으로 깨우치는 것.
3) 利用刑人 – 사람을 다스리는 方法을 利用한다. 즉 어린이에게는 嚴格한 規律로서 가르쳐야 한다는 것.
4) 用說桎梏 – 桎梏의 원래 뜻은 다리와 목을 自由롭지 못하게 하는 刑罰方法이다. 그러나 여기서는 規律을 지키기 위해서 罰주는 것을 말한다. 用說의 說은 脫(탈)의 뜻이다. 따라서 형틀을 벗긴다는 것으로 嚴格하다가 풀어 주는 것.
5) 처음에는 罰로써 사람을 다루고 또 풀어 주기도 하되 너무 嚴格한 罰만 계속 適用하면 역효과가 일어날 수 있다.

象曰 利用刑人은 以正法也 – 라

◐ 象에서 말하기를 利用刑人은 써 法을 올바르게 함이라.
◎ 사람에게 刑罰 주는 것을 씀이 利롭다 함은 그렇게 함으로써 法을 바르게 하려는 것이다.

九二는 包蒙이면 吉하고 納婦 – 면 吉하리니 子 – 克家 – 로다

◐ 九二는 蒙을 싸면 吉하고 며느리를 들이면 吉하리니 아들이 집을 다스리는 것이로다.
◎ 어리고 어리석은 것을 잘 감싸면 吉하고 며느리를 맞으면 吉하니, 아들이 能히 집안을 잘 다스릴 것이다.

1) 包蒙吉 - 九二는 陽으로서 得中하고 內卦의 主人格으로 蒙昧함을 일깨워 줄 수
있다. 따라서 아래 위의 陰을 잘 감싸고 깨우치면 吉하다. 마치 先生
이 어린이들을 잘 보살피는 것과 같다.
2) 納婦吉 - 九二는 六五와 相應이다. 夫馬의 立場에서 六五의 公主를 配偶者로
받아 드리고 齊家함이 吉하다.
3) 子克家 - 六五는 陰爻로서 弱하기 때문에 剛한 九二가 六五를 대신하여 執行하
니 아들이 집안을 다스리는 꼴이다. 여기서 克은 能也이다.

象曰 子克家는 剛柔 - 接也 - 라

◑ 象에서 말하기를 子克家는 剛과 接함이라.
◎ 子息이 집을 다스린다는 것은 剛과 柔가 서로 接해 있기 때문이다. 剛은 陽으
로서 九二이고 柔는 陰으로서 六五인데 相應이며 陰陽이 調和된다.

六三은 勿用取女 - 니 見金夫하고 不有躬하니 无攸利하니라
躬: 몸 궁, 몸소 궁

◑ 六三은 女子 取함을 쓰지 말 것이니 돈 있는 지아비를 보고 몸을 온전히 두지
않으니 利로운 바가 없느니라.
◎ 六三은 女子를 얻지 말아라. 돈 많은 지아비를 보고 몸가짐을 바르게 갖지 못
하는 것이니 利로운 바가 없다.

1) 六三은 不正不中이다. 따라서 行實이 좋지 못한 女子에 비유하였다.
2) 金夫는 九二爻를 가리키며 돈 있는 지아비라 했으나 이는 六三의 입장에서 主
觀的으로 평가하는 것.
3) 六三은 上九와 正應이나 六三 자신은 不正不中이다. 따라서 돈 많은 男子로 보
이는 九二에게 이끌리어 上九를 돌아보지 않으니 이로울 바가 없다.

4) 不有躬은 내 몸을 잃는 다는 것. 즉 돈 있는 男子에게 미친다는 뜻.

象曰 勿用取女는 行이 不順也 - 라

◑ 象에서 말하기를 勿用取女는 行實이 順하지 않음이라.
◎ 形象하여 말하기를 女子를 얻지 말라 함은 行實이 바르지 못하기 때문이다.

六四는 困蒙이니 吝토다

◑ 六四는 困한 蒙이니 吝嗇하도다.
◎ 六四는 蒙昧해서 괴롭고 답답하니 인색한 것이로다.

1) 困 - 곤할 곤이고 또한 卦名이다. 澤水困의 卦는 못에 물이 없는 形象이다. 六
  四는 正位로서 배우려는 마음 姿勢는 있으나 正應도 없고 九二와는 거리
  가 멀어 더욱 답답하고 괴롭다.
2) 吝 - 괴롭고 답답하다. 正位이므로 凶이라 하지 않고 인색이라 하였다.

象曰 困蒙之吝은 獨遠實也 - 라

◑ 象에서 말하기를 困한 蒙의 吝嗇함은 홀로 實과 거리가 먼 것이라.
◎ 困하고 괴로워하는 蒙의 인색함은 홀로 陽과 거리가 멀기 때문이다.

1) 獨遠實也 - 홀로 陽과 거리가 멀다는 것. 즉 陽과의 應이 없고 陽인 九二나 上
  九에서 六四가 가장 멀다.

六五는 童蒙이니 吉하니라

◑ 六五는 어린 蒙이니 吉하니라.

◎ 六五는 어린아이의 蒙昧함이니 吉하니라. 六五는 높은 자리이고 不正位이기는 하나 得中하였고 九二와 相應되어 있어 純粹한 마음으로 九二의 가르침을 받고 있다.

象曰 童蒙之吉은 順以巽也일새라

☯ 象에서 말하기를 童蒙의 吉은 順함으로써 공손함일새라.

◎ 形象해서 말하기를 어린 蒙의 吉은 順從하고 謙遜하기 때문이다. 童蒙은 때 묻지 않은 어린아이이니 順從하고 恭遜하게 따른다.

1) 巽은 謙遜한 姿勢 巽順하게 따르는 것. 六五는 君位에 있으면서도 謙遜하게 九二의 뜻에 따르는 것.

上九는 擊蒙이니 不利爲寇-오 利禦寇하니라
寇: 도적 구

☯ 上九는 蒙을 치는 것이니 盜賊이 됨이 不利하고, 盜賊을 막는 것이 利로우니라.

◎ 上九는 蒙昧한 것을 일깨워 주는 것이니 盜賊이 되는 것은 利롭지 않고 盜賊을 막는 것은 利롭다.

1) 擊蒙 - 蒙昧한 것을 쳐서 깨우치는 것. 天賦之性을 찾는다는 뜻.
2) 不利爲寇 - 盜賊 됨이 不利하다는 것은 慾心을 갖는 것을 말한다. 內部에서 發動되는 欲心이 盜賊이다.
3) 利禦寇 - 盜賊을 막는 것이 利롭다. 마음속의 欲心이 外部로부터 오는 惡의 유혹을 막는 것이 利롭다.
4) 蒙을 일깨우는 데는 外部로부터의 유혹을 막는 禦寇(어구)의 方法으로 天性의 純眞함을 잃지 않도록 하는 것이 좋다.

象曰 利用禦寇는 上下 - 順也 - 라

◐ 象에서 말하기를 利用禦寇는 上下가 順함이라.

◎ 盜賊을 막는 것이 利롭다 함은 위아래가 順理에 따르는 것이다. 上은 上九이고
下는 六三을 意味하고 上에서 下를 막는다. 즉 上下의 道에 順함이 있다.

5. 水 天 需

```
       ━━━  ━━━  正
險      ━━━━━━━  正       (中) 坎 水
       ━━━  ━━━  正
      ----------------
       ━━━━━━━  正
健      ━━━━━━━  不正   (中) 乾 天
       ━━━━━━━  正
```

需는 기다린다는 뜻을 갖는다.(須也, 待也) 剛健한 마음과 몸을 가지고 險難한 것을 앞에 두고 待機하는 모습이다. 그리고 飮食의 道이고, 비가 내리는 形象이기도 하다.

-序 說-

1. 卦의 뜻

1) 需卦는 어리석게 나아가지 않고 때를 기다리는 것을 말해 준다. 무턱대고 나아가기보다는 조용하고 지혜롭게 때를 기다리는 姿勢를 말한다.
   -雜卦傳에서 需는 不進也라 하였다. -
2) 하늘이 생기고 땅이 생겼으며,(乾天, 坤地) 그 다음으로 屯에서 萬物이 蒼生하였다. 그리고 蒙은 어린 狀態였다. 이제 어린 것을 키우기 위해서는 飮食이 必要하다. 따라서 需는 飮食의 道를 말하고 있다.
3) 사람에 비긴다면 어린 狀態를 지나, 모든 性能이 發育하는 때이다. 따라서 豊富한 敎養을 기다린다고 할 수 있다. 그리고 敎育을 받은 후 世上에 나갈 때까

지 기다리는 것이라 할 수도 있다.

4) 움직이면 危險이 올 것이기 때문에 기다린다. 움직이는 데는 반드시 때(타이밍)가 있다. 姜太公이 文王을 기다리며, 渭水 강가에서 낚시하면서 때를 기다리는 일에 비길 수도 있다.

5) 기다리는 데 있어서는, 막연하게 時間을 浪費하는 것이 아니라 어떤 目的을 設定하고 目的意識을 가지면서 誠實하게 修行해야 한다.

6) 種子를 심어 놓고, 비가 오기를 기다리는 모습이라 할 수 있다. 下卦는 剛健하고 實하니 種子에 비길 수 있고 上卦는 坎水이며, 需라는 글자도 雨와 而로 되어 있기 때문이다.

2. 卦象과 卦德

1) 下卦 乾天은 剛健하나 함부로 나아가면 上卦 坎水의 險을 맞나 빠지게 되니 함부로 나아가지 않고 기다리는 象이다.

2) 乾卦는 사람의 마음과 몸이 剛健한 것으로 비길 수 있고, 坎卦는 險하고 빠질 수 있는 狀況이 앞에 가로놓여 있음을 象徵하고 있다. 따라서 君子가 앞에 있는 危險을 미리 알고 輕擧妄動하지 않고 愼重하게 時期가 올 때까지 참고 삼가면서 기다리는 形象이다.

3) 人生에 있어서는 무엇이든 마음대로 되지는 않는다. 언제나 앞을 내다보면서 狀況을 豫測하고 時機를 기다려야 하는 경우가 많다. 무턱대고 덤비면 낭패를 보는 수가 있기 때문이다.

4) 구름이 하늘에 올라 있으나, 아직 비를 내리지는 못하고 있는 狀態라 할 수 있다. 따라서 農事를 짓기 위해서 農夫가 비를 기다리는 形象이라 할 수도 있다.

5) 卦爻에서 初爻 二爻 三爻 四爻는 내가 남을 기다리는 象이고, 五爻는 남들이 나를 기다리는 象이다. 그리고 上爻는 기다리다 지친 象이라 할 수 있다.

6) 「序卦傳」에서는 "物稺不可不養也라 故로 受之以需하니 需者는 飮食之道也라" 하였다. 즉 萬物이 어리면 기르지 않으면 안 되는 것이라, 그러므로 需로써 이어받으니, 需라는 것은 飮食의 道이라고 말하고 있는 것이다.

3. 卦의 變化

1) 倒轉卦 – 水天需의 卦를 뒤집어 만들어지는 倒轉卦는 天水訟이 된다. 需卦 다음으로 訟卦가 나오게 된다.

2) 配合卦 – 需卦의 陰陽爻를 각기 다르게 바꾸면 그 配合卦는 火地晉이 된다.

3) 錯綜卦 – 需卦의 上下卦를 서로 바꾸어 錯綜卦를 만들면 역시 天水訟의 卦가 된다.

4) 互 卦 – 初九와 上六의 爻를 除外하고 互卦를 만들면 火澤睽의 卦가 된다.

[卦 辭]

需는 有孚하야 光亨코 貞吉하니 利涉大川하니라

● 需는 믿음이 있어 빛나서 亨通하고 올바르게 함이 吉하니 大川을 건넘에 리로
우니라.

◎ 需는 믿음이 있으면 크게 亨通하고 正道로서 하면 吉하니 큰 내를 건너는 데
리로울 것이다.

1) 有孚 – 마음속에 誠實함이 있는 것. 원래 孚는 계란이 부화하는 데서 온 글이다.
부화할 때까지 어미 닭이 정성을 쏟는다. 때가 차서 안에 있는 性命이
믿음으로 발하는 것.
2) 光亨 – 하늘의 빛남이 亨通하다는 뜻. 크다는 뜻도 된다.
3) 貞吉 – 올바르고 곧은 것으로 正道를 지키면 吉하다.
4) 利涉大川 – 大川 즉 큰 내라는 것은 自然이나 社會나 個人에게 있어 큰일을 象
徵한다. 利涉은 그 큰일을 수행하고 成就하는 데 利롭다는 뜻.
5) 上卦 坎水가 있어 大川이 들었고, 비를 기다리는 뜻도 있다. 하늘에서 비가 내
리면 땅에서 큰 내에 물이 흐른다.(天一生數 地六成之)

[彖 辭]

**彖曰 需는 須也 – 니 險이 在前也 – 니 剛健而不陷하니 其義 – 不困窮矣라 需
有孚光亨貞吉은 位乎天位하야 以正中也 – 오 利涉大川은 往有功也 – 라**

● 彖에서 말하기를 需는 기다리는 것이니, 險한 것이 앞에 있음이니 剛健함으로
써 빠지지 않으니 그 意義가 困窮하지 않음이라 需有孚光亨貞吉은 位가 天子
의 자리에 있음으로써 올바르게 中을 잡음이오, 利涉大川은 나아감에 功이 있

음이라.

◎ 需는 기다리는 것이니 險한 것이 앞에 있도다. 그러나 剛健해서 거기에 빠지지 아니하니 그 기다림의 意義가 困窮하지 않을 것이다. 需는 믿음이 있어 빛나서 亨通하고 올바르게 함이 吉하다는 것은 位가 天子의 자리 九五爻에 있으면서 正中을 얻었기 때문이요, 큰 내를 건너는 데 利롭다 함은 그대로 나가면 功이 있다는 것이다.

1) 險이 在前也니 - 險은 坎水 즉 上卦가 가로놓여 있는 것.
2) 剛健 - 乾天 즉 下卦를 가리킨다.
3) 不陷 - 陷은 빠질 함, 剛健의 德은 물에 빠지지 않는다.
4) 其義 - 기다림의 意義, 뜻.
5) 不困窮矣 - 困窮하지 않을 것이다. 남이 알아주고 외롭지 않을 것이라는 뜻.
6) 以正中也 - 一般的으로 中正은 王位(九五의 爻)에 있으면서 正位(陽爻)인 것이다. 需卦에서는 기다리는 때임으로 옳고 바르게 해야 한다. 따라서 九五爻가 中正이면서도 正을 앞세워 正中이라 하였다.
7) 往有功也 - 어떤 일을 그대로 밀고 나가면 功이 있다.

[象辭(大象)]

象曰 雲上於天이 需 - 니 君子 - 以하야 飮食宴樂하나니라

☯ 象에서 말하기를 구름이 하늘에 오르는 것이 需니 君子가 써 飮食을 먹으면서 잔치를 하여 즐거워 하나니라.

◎ 구름이 하늘에 오르는 것이 需니 君子가 이것을 본받아서 마시고 먹으면서 잔치를 베풀어 즐거워하는 것이다.

1) 雲上於天 - 구름이 하늘로 오른 것만으로 비가 오는 것은 아니다. 陰陽의 氣가

和合해야 비가 온다. 따라서 비를 기다리는 象이다. 구름이 하늘 위에 있으나 비가 내리지 않는 모습이므로 君子가 이것을 보고 편안하게 때를 기다린다.

2) 飮食宴樂 – 기다리는 데 있어 飮食을 먹으면서 平安히 즐기며 기다린다. 때가 이르기를 기다리며 사태를 관망하면서 飮食으로 氣運을 기른다.

[爻 辭]

初九는 需于郊 – 라 利用恒이니 无咎 – 리라

◯ 初九는 들에서 기다리는 것이라. 한결같음을 쓰는 것이 利로우니 허물이 없으리라.

◎ 都邑에서 떨어진 곳에서 기다린다. 언제나 한결같은 마음을 가지는 것이 利로우니 허물이 없을 것이다.

1) 郊 – 人家에서 멀리 떨어진 곳. 都邑을 벗어난 곳.
2) 恒 – 恒常 誠實함에서 벗어남이 없이 기다리는 마음
3) 謙虛하게 後日을 꾀하면서 修養하고 不變의 志操와 습관을 기르는 것.

象曰 需于郊는 不犯難行也 – 오 利用恒无咎는 未失常也 – 라

◯ 象에서 말하기를 需于郊는 어려움을 犯하지 아니하고 行함이오, 利用恒无咎는 떳떳함을 잃지 않음이라.

◎ 都邑에서 떨어진 곳에서 기다린다는 것은 어려움을 犯치 않고 行하는 것이오. 한결같은 마음을 가지는 것이 허물이 없으리라는 것은 常道를 잃지 않았기 때문이다.

1) 不犯難行也 - 初九는 正位에 있고 六四와 正應이다. 따라서 어려움을 犯치 않고
   行할 수 있다.
2) 初九의 陽 剛健이 위로 나아가려 함에 있어 上卦 坎水의 險에서 아직 떨어져
   있다. 따라서 멀리서 修行 志行하는 것.
3) 未失常也 - 아직 常道를 잃지 않았다는 것은 마음속의 有孚가 있어 險한 데에
   빠지지 않는다는 것.

九二는 需于沙 - 라 小有言하나 終吉하리라

☯ 九二는 모래에서 기다림이라. 조금 말이 있으나 마침내 吉하리라.
◎ 모래밭에서 기다린다. 조금 말썽이 있겠으나 끝에 가서는 吉할 것이다.

1) 沙 - 강변의 모래 沙場을 말한다. 初九보다 강물(坎險)에 한 발자국 가까이 가
   있다.
2) 小有言 - 多少의 말은 있겠다는 것. 비난의 소리를 들을 수 있다.
3) 終吉 - 九二는 不正이나 得中하였다. 조금 문제는 있으나 잘 修行하고 지내면
   끝내는 吉하다.

象曰 需于沙는 衍으로 在中也 - 니 雖小有言하나 以吉로 終也 - 리라

☯ 象에서 말하기를 需于沙는 너그러움으로 가운데 있으니 비록 조금 말은 있으
   나 吉함으로써 끝마치리라.
◎ 모래밭에서 기다린다 함은 너그러움으로 中을 잡았으니 비록 多少의 말은 있
   겠으나 吉함으로써 마칠 것이다.

1) 衍 - 너그러울 연이다.
2) 終也는 조급하게 나아가지 않기 때문에 끝내 吉하다.

九三은 需于泥니 致寇至리라

◑ 九三은 진흙에서 기다림이니 盜賊이 이름을 이루리라.
◎ 진흙 속에서 기다리는 것이니 盜賊을 이르게 할 것이다.

1) 모래밭의 진흙 속에서 기다리는 것이니 盜賊이 올 수 있을 것이라는 뜻.
2) 困難에 부딪친다. 진흙은 坎水 강물의 險한 데 거의 다 온 狀態이다. 그러나 愼重하게 나가면 괜찮을 것이다.
3) 寇 − 盜賊이다. 害를 미치는 바가 큰 것을 寇라 한다.

象曰 需于泥는 災在外也 − 라 自我致寇하니 敬愼이면 不敗也 − 리라

◑ 象에서 말하기를 需于泥는 災殃이 밖에 있음이라. 내 스스로 盜賊을 이르게 한 것이니 恭敬하고 삼가면 失敗하지는 않을 것이다.
◎ 진흙 속에서 기다린다는 것은 災殃이 밖에 있기 때문이다. 내가 스스로 盜賊을 부르는 것이니 공경하고 삼가면 失敗하지 않을 것이다.

1) 九三은 上六과 正應이다. 따라서 恭敬하고 삼가면 失敗가 없을 것이다.
2) 災는 上卦 坎水이고 在外는 바로 위에 있다는 뜻.

六四는 需于血이니 出自穴이로다

◑ 六四는 피에서 기다림이니 나아감을 구멍으로부터 하는 것이로다.
◎ 피나게 기다린다. 그러나 順從하고 분수만 잘 지키면 함정에서 빠져 나올 수가 있다.

1) 六四는 坎의 初이니 이미 險 속에 빠져들었다. 그러나 正位이고 柔順한 陰이므

로 順從하고 命을 따르면 險한 데서 빠져 나올 수가 있다.

2) 需于血 – 피나게 기다린다. 아래 있는 세 剛이 와서 상하여 피 흘리는 꼴.

3) 出自穴 – 穴은 危險한 곳의 象徵이다. 여기에서 나온다고 한 것은 危險한 穴에 서 벗어난다는 뜻이다. 穴은 陰으로서 六四와 上六을 가리킨다. 그런 데 六四는 初九와 正應이고 九五 임금 바로 아래의 大臣의 자리에 있 고 正이기 때문에 險한 데서 빠져 나올 수 있다.

象曰 需于血은 順以聽也 – 라

◑ 象에서 말하기를 需于血은 順함으로써 들음이라.

◎ 피에서 기다린다 함은 柔順해서 말을 잘 듣고 따르는 것이다.

1) 順以聽也 – 順天命하고 九五에게 順從하고 그 命을 따르는 것.

2) 外卦 險難이 始作되었으나 心血을 기울려 애쓰고 努力하면 벗어난다.

九五는 需于酒食이니 貞코 吉하니라

◑ 九五는 술과 飮食에서 기다림이니 바르고 吉하니라.

◎ 九五는 酒食을 들면서 기다리는 것이니 바르고 곧게 하면 吉할 것이다.

1) 九五는 剛健中正으로 君位에 있다. 九五는 君主이므로 남들이 나(九五)를 기다 린다.

2) 내를 건너고 즐겁게 飮食을 들면서 즐기는 狀態, 그러나 바르고 곧아야 吉하다.

3) 修養하고 努力한 결과 여유 있게 먹고 즐기는 境地.

4) 上卦 坎은 酒이고, 二 三 四爻는 兌가 되어 口(입)이고 食이다.

象曰 酒食貞吉은 以中正也 - 라

☯ 象에서 말하기를 酒食貞吉은 가운데 함으로써 바름이라.

◎ 酒食을 들면서 기다리되 바르면 吉하다 함은 中正을 얻었기 때문이다.

上六은 入于穴이니 有不速之客三人이 來하리니 敬之면 終吉하리라

☯ 上六은 구멍에 들어감이니 기다리지 않는 손님 세 사람이 있어 올 것이니 恭
敬하면 마침내 吉하리라.

◎ 기다리다가 구멍으로 들어간다. 請하지 아니한 손님 세 사람이 올 것이니 恭敬
하면 마침내는 吉할 것이다.

1) 險難의 極이고 上爻이므로 窮地에 빠진다. 不請客 즉 初九 九二 九三이 올 것
이니 그들을 恭敬하며 따른다면 끝내는 吉할 것이다.

2) 不速之客은 뜻밖의 손님으로 速은 請也이다 . 三人은 初九 九二 九三의 陽 三
爻를 가리킨다.

3) 需卦에서 이 上六만 需字가 없다. 極이기 때문이다.

4) 上卦 坎의 上爻가 變하면 巽이 되어 入, 巽順이 된다.

5) 終吉은 九三과 正應이기 때문이다.

象曰 不速之客來敬之終吉은 雖不當位나 未大失也 - 라

☯ 象에서 말하기를 不速之客來敬之終吉은 비록 位는 不當하나 크게 잃지는 않으
리라.

◎ 不速之客來敬之終吉이라 함은 비록 위는 맞지 않더라도 크게 잃지는 않을 것
이라는 뜻.

【需卦의 理致를 담은 詩】

이 詩는 也山 李達 先生님께서 弟子이신 亞山 金炳浩 先生님께 講論을 하신 後에 卽興的으로 지으신 것이다. 이 詩에는 師弟間의 人情이 담겨져 있고 깊은 뜻이 들어 있다. 이 글은 也山先生文集에도 收錄되어 있다.

題: 講易後 與金炳浩(安眠島 所作)

需人海曲幾泥沙　　曲은 隅也, 한 모퉁이라는 뜻.
不速當筵聽浩歌　　速은 請也, 筵: 자리 연(坐席)
歌雪孤村燈影落　　影: 그림자 영
有誰看得晦根花 　(朱子의 號 晦菴이다.)

◉ 海曲에서 사람을 기다리는 데 진흙과 모래에서까지 들어가 안타깝게 몇 번이 나 기다렸던가.
○ 工夫하시던 곳이 安眠島 섬이라 海曲이라고 한 것 같고 需于沙 需于泥라고 한 것은 需卦의 句節과 같이 기다리는 간절한 마음을 表現한 것이다.

◉ 請하지 않은 이 자리에 浩然의 노래를 듣겠노라.
○ 需卦 不速之客三人來에서의 不速이고 聽浩歌의 浩는 金炳浩의 浩字이다. 그리 고 孟子의 浩然之氣의 浩도 된다.

◉ 눈을 노래하는 외로운 마을에 등잔의 그림자가 떨어지고
○ 歌雪은 눈을 노래한다는 것으로 知己之友를 만났을 때의 즐거움이다. 고요한 밤에 先生과 弟子 두 사람이 情談을 나누고 以心傳心의 즐거움을 만끽하는 표 현이다.

◉ 누가 先生과 弟子 간에 숨어 있는 情을 얻어 볼 수 있겠는가.
○ 스승과 弟子가 갖는 喜悅의 情을 누가 알 수 있겠는가.

※ 晦根花 – 여기서 晦는 師弟之間의 숨어 있는 情. 根은 先生이고, 花는 弟子를
    말한다.

6. 天 水 訟

健 ――――― 不正
健 ――――― 正 (中) 乾 天
――――― 不正
- - - - - - - - - - - - - -
――― ――― 不正
險 ――― ――― 不正 (中) 坎 水
――― ――― 不正

訟은 需卦의 倒轉卦로서 모순 대립 訴訟에 관한 內容을 담고 있다. 需卦가 飮食의 道를 이야기했으나, 飮食 끝에는 흔히 다투고 싸우는 일이 생기게 된다. 따라서 訟이 오고, 다투는 데 있어서의 問題와 原理를 보여 주고 있다.

― 序 說 ―

1. 卦의 뜻

1) 訟이라는 글자는 言과 公으로 構成되어 있다. 다툼이라는 것은 말이 公平하게 이루어지는 裁判에서 是非가 가려진다. 또한 訟事라는 것은 判官이 公明正大하게 判決을 내려야 民心이 올바르게 되고, 社會秩序가 安定된다.

2) 需卦 다음으로 그 倒轉卦인 訟卦가 나왔다는 것은, 需가 飮食宴樂이므로 거기서 다투는 일이 생긴다는 뜻으로 볼 수가 있다. 需를 먹는 일, 食糧이라 볼 때, 옛날부터 食糧의 確保를 위하여 戰爭이 많이 發生했다는 事實과도 附合된다.

3) 人間社會에는 언제나 다툼, 言爭, 싸움, 紛爭, 紛糾(분규), 戰爭 등이 끊임없이 일어나고 있다. 이러한 다툼은 個人, 家族, 集團, 民族, 國家 사이에서 여러 가

지 形態와 水準에서 發生한다. 그러한 다툼의 基本的인 性格, 展開過程, 對處方案 등을 訟卦는 우리에게 알려 준다.

4) 싸움은 一般的으로 自己의 利益 追求, 自己의 고집이 강한 데서 觸發된다. 그러나 끝까지 고집하고 自己主張을 관철하려 할 때, 得을 보기보다는 損害를 보는 경우가 많다.

5) 싸움은 雙方의 主張이나 고집이 對等할 때 생긴다. 서로가 讓步하지 않고 서로의 意思 소통이 막혀 잘 이루어지지 않을 때 생긴다. 그러나 싸움은 그것이 오래 가서 客觀的 妥當性보다는 感情의 對立으로 發展하게 되면 結局 양쪽 다 不利해지고, 서로가 다 傷處를 입게 된다.

6) 다툼의 작은 것을 訟이라 하고, 큰 것은 戰爭이라 한다.(爭之小者 訟, 爭之大者 戰) 現代는 經濟의 時代로서 自由競爭, 無限競爭이 이루어지고 있다. 이것은 資本主義 經濟制度하에서 일정한 規則과 秩序를 가지고 경쟁이 이루어지기 때문에 嚴密하게는 訟도 아니고, 戰爭도 아니다.

7) 모든 다툼이나 訟事를 豫防하기 위해서는 애초에 어떤 일을 始作할 때, 철저하고 빈틈없는 企劃과 準備가 이루어져야 한다.

2. 卦象과 卦德

1) 訟卦는 下卦가 坎水로서 險하고, 上卦가 乾天으로서 健하다. 따라서 剛健한 上卦의 統治에 대하여 險難한 性格의 下卦가 도전하는 꼴이라 할 수가 있다. 그러므로 위아래가 서로 다투는 狀況이라 할 수가 있는 것이다.

2) 上卦는 天이고 下卦는 水이다. 그런데 하늘의 기운은 위로 올라가고, 물은 원래 아래로 흘러간다. 따라서 上下卦가 서로 그 기운이 어긋나고 反對方向으로 나아가기 때문에 다투는 形象이 된다.

3) 訟卦를 한 人間의 경우에 비길 것 같으면, 안으로 성격이 險하고 거칠면서, 밖으로 강

직하고 과격한 性向이 있는 사람은 남들과 잘 싸운다고 말할 수 있다.

4) 內卦(下卦)를 自己로 보고, 外卦(上卦)를 相對方이라 볼 것 같으면, 自己性格이 險하며 거칠고, 相對方은 강직하고 과격할 때, 거기에는 반드시 싸움이 일어난다고 할 수 있는 것이다.

5) 卦爻로 볼 때, 九五는 剛健中正의 君位에 있다. 그런데 九二가 不正이면서 得中하여 九五를 넘보고 덤벼든다고 할 수가 있다. 더구나 九二는 아래 위에 陰爻가 둘러싸고 있어 더욱 오만하고 방자해진다고 할 수가 있다.

6) 「序卦傳」에서는 "飮食必有訟이라 故로 受之以訟"라 하여 飮食 끝에는 반드시 다툼이 있는 것이다. 그런 故로 需 다음으로 訟이 이어받는다고 나와 있다.

3. 卦의 變化

1) 倒轉卦 - 訟卦를 뒤집어서 이루어지는 倒轉卦는 바로 앞에 나왔던 水天需가 된다.

2) 配合卦 - 訟卦의 陰爻를 陽爻로, 陽爻는 陰爻로 바꾼 配合卦는 地火明夷가 된다.

3) 錯綜卦 - 上卦와 下卦를 서로 바꾸어 이루어지는 錯綜卦는 역시 水天需가 된다.

4) 互 卦 - 訟卦의 初六爻와 上九爻를 除外하고 이루어지는 互卦는 風火家人이 된다.

[卦 辭]

訟은 有孚-나 窒하야 惕하니 中은 吉코 終은 凶하니 利見大人이오 不利涉
大川하니라

- ☯ 訟은 믿음이 있으나 막혀서 두려워하니 中은 吉하고 終은 凶하니 大人을 보는
  것이 利롭고 大川을 건넘이 不利하니라.
- ◎ 訟은 誠實함이 있으나 막혀서 두려워하는 것이니 中間은 吉하고 끝에 가서는
  凶할 것이다. 大人을 만나서 意見을 들으면 利롭고, 큰 내를 건너는 데는 利롭
  지 않을 것이다.

1) 有孚-訟은 對立하는 사람들이 各己 自己가 옳다고 믿기 때문에 일어난다. 그
   런 믿음이 있다는 말.
2) 窒-막힐 질, 쌍방의 의사소통이 되지 않고 막혔기 때문에 訟事가 일어난다.
3) 惕-訟事에서 結果가 어떻게 될지 알 수 없으니 두렵다.
4) 中吉-中庸之道를 지켜 마음을 바로 쓰면 吉하다. 中間에서 和解한다면 吉하다.
6) 利見大人-訟事는 다투기 이전에 賢明한 어른에게 가서 議論하는 것이 좋다. 어
   진이의 仲裁를 얻으면 利로울 것이다. 辯護士에게 물어 보는 것이 좋다.
7) 不利涉大川-訟事는 可能하면 하지 않는 것이 좋다. 끝까지 다투면 利로울 것
   이 없다.
8) 大人은 九五를 가리킨다. 九二가 다투기보다는 九五와 誠心으로 議論하는 것이
   좋다.

[彖 辭]

彖曰 訟은 上剛下險하야 險而健이 訟이라 訟有孚窒惕中吉은 剛來而得中也-
오 終凶은 訟不可成也-오 利見大人은 尙中正也-오 不利涉大川은 入于淵也-라

☯ 彖에서 말하기를 訟은 위는 剛하고 아래는 險하여 險하면서 健한 것이 訟이라.
訟有孚窒惕中吉은 剛이 와서 得中한 것이오, 終凶은 訟을 可히 이루지 못함이
오, 利見大人은 中正을 崇尙함이오, 不利涉大川은 못에 들어가는 것이라.

◎ 訟은 위는 剛하고 아래는 險하여, 險하면서 健한 것이 訟이다. 訟事를 함에 믿
음이 있으나 막혀서 두려워하고 中庸之道를 지니면 吉하다는 것은 九二와 九
五에 剛이 와서 得中하였기 때문이다. 끝에 가서 凶하다는 것은 訟事는 가히
이루지 못한다는 것이다. 大人을 보는 것이 利롭다는 것은 그 中正함을 崇尙하
는 것이다. 큰 내를 건넘에 利롭지 않다는 것은 못에 빠져들어 가는 것이라 할
수 있다.

1) 上剛下險 – 上剛은 上卦 乾天을, 下險은 下卦 坎水를 가리킨다.
2) 險而健 – 下卦 坎水의 卦德은 險이고 上卦 乾天의 卦德은 健이다.
3) 剛來而得中 – 九二는 陽剛으로서 不正이나 得中하였다. 이 九二가 訟事의 主體
　　　　　　　이다.
4) 訟不可成 – 九二가 九五와 싸워서 이길 수는 없다.
5) 尙中正 – 中正을 다 갖춘 九五를 崇尙하는 것.
6) 入于淵 – 訟事는 결국 못에 빠지듯 危險하고 自己를 亡하게 한다는 뜻.

[象 辭(大象)]

象曰 天與水-違行이 訟이니 君子-以하야 作事謀始하나니라

◑ 象에서 말하기를 天과 水가 어긋나게 行함이 訟이니 君子가 써 일을 하려 할
　때 처음을 도모하나니라.
◎ 象에서 말하되 하늘과 물이 서로 어긋나게 나아가는 것이 訟이니 君子는 이것을
　본받아 일을 함에 있어서는 무슨 일이나 처음에 깊이 생각하여 일을 꾸며야 한다.

1) 天與水違行 - 上卦 乾天의 氣運은 위로 올라가고 下卦 坎水의 氣運은 아래로
　　　　　　　　내려가니 서로 어긋나게 나아간다.
2) 作事謀始 - 어떤 일이든 그 일을 始作할 때 처음에 깊이 생각해서 일의 性格,
　　　　　　　影響, 展開 등을 사전 검토함으로써 후에 다툴 일이 생기지 않도록
　　　　　　　하는 것. 보통 始作할 때 充分히 검토가 안 되기 때문에 후에 분쟁
　　　　　　　이 일어난다. 따라서 始作하기 전에 철저하게 모든 狀況을 검토해야
　　　　　　　한다.

[爻 辭]

初六은 不永所事-면 小有言하나 終吉이리라

◑ 初六은 일하는 바가 길지 않으면 조금 말이 있으나 끝내는 吉하리라.
◎ 訟事를 오래 끌지 않을 것 같으면 조금은 말이 있겠으나 마침내는 吉할 것이다.

1) 訟卦의 各爻는 訟事의 程度를 나타내고 있다.
2) 不永所事 - 初六은 陰爻로서 不正이며 맨 밑에 있다. 柔弱하기 때문에 訟事를
　　　　　　　밀고 나갈 만한 能力이 不足하다. 그러므로 訟事를 길게 끌면 좋지

못하고 適當한 때에 그치는 것이 좋다.

3) 小有言 – 陽의 자리에 初六의 陰이 왔으므로 小有言이다. 小는 少, 有言은 爭論

4) 終吉 – 다투는 일을 오래 끌지 않으면 끝에 가서 吉하다.

象曰 不永所事는 訟不可長也-니 雖小有言이나 其辯이 明也-라

☯ 象에서 말하기를 不永所事는 訟事를 오래 끌면 안 된다는 것이니 비록 조금은 말이 있으나 그 辯論이 밝음이라.

◎ 일을 오래 끌어서는 안 된다는 것은 訟事라는 것은 오래 끌어서는 안 된다는 것이다. 비록 조금은 말이 있다고 하나 그 分別함이 分明하기 때문이다.

1) 雖小有言 – 처음에 다소 말썽이 있고 문제가 있으나 괜찮다.

2) 其辯明也 – 是非를 가리는 判別이 明確하고 辯論이 論理整然한 것.

九二는 不克訟이니 歸而逋하야 其邑人이 三百戶-면 无眚하리라

逋: 도망갈 포　　眚: 재앙 생, 그르칠 생　　克: 能也

☯ 九二는 訟事를 能히 할 수 없음이니 돌아가고 도망하여 그 마을 사람이 三百戶 되는 곳이면 災殃이 없으리라.

◎ 九二는 訟事에서 이기지 못한다. 돌아가고 도망하여 그 마을 사람이 三百戶 정도 되는 작은 마을에 숨어 근신하면 災殃(재앙)이 없을 것이다.

1) 九二는 不正이나 得中하였고 坎險의 主動者다. 不正位의 險한 陽이 높은 君位의 剛健中正한 九五와 싸우는 것이니 이길 수가 없다.

2) 九二는 陽爻가 陰 속에 있다. 二爻와 五爻는 원래 應하는 位置이나 서로 陽剛이라 和合할 수 없고 오히려 다투게 된다. 그러나 九二는 九五에게 이기지 못하고 도망가서 숨는 狀況이 된다.

3) 歸而逋 - 싸우다가 돌아서서 도망쳐 숨는 것. 九二가 反省하고 제 分數를 지키
　　는 것.

4) 其邑人三百戶 - 下大夫의 領地로서 작은 마을을 말한다. 庶民의 집은 門이 없고
　　戶뿐이다.

5) 无眚 - 사람이 어쩔 수 없는 재앙은 災(天災地變)라 하고, 사람이 스스로 잘못하
　　여 초래한 재앙은 眚이라 한다.

象曰 不克訟하야 歸逋竄也-니 自下訟上이 患至-掇也-리라

◉ 象에서 말하기를 訟事에 이기지 못하여 돌아가 도망하여 숨는 것이니, 아래로
부터 위를 訟事함이 患을 이르게 하고 취하는 것이리라.

◎ 形象해서 말하되 訟事에 이기지 못하여 돌아가 숨는 것이다. 아랫사람이 윗사
람을 걸어 訟事하는 것이 患難을 일어나게 하고 취하게 하는 것이다.

1) 歸逋竄 - 싸우다가 안 되니 돌아서서 도망치고 숨는 것. 竄(찬)은 쥐가 구멍으로
　　달아나 숨는 形象이다.

2) 掇 - 취할 철, 맺을 철, 여기서는 스스로 患難을 취하고 불러 들였다는 뜻.

六三은 食舊德하야 貞하면 厲하나 終吉이리니 或從王事하야 无成이로다

◉ 六三은 옛 德을 먹도록 하여 올바르게 하면 危殆로우나 마침내 吉할 것이니
혹 王의 일을 쫓아 하여도 이룸이 없는 것이로다.

◎ 六三은 옛 德義에 依存하여 食生活을 해 나가고 올바르게 處身하면 비록 危殆
(위태)로우나 끝에 가서는 吉할 것이다. 혹시 王의 일을 맡아 하더라도 이루는
것은 없을 것이다.

1) 六三은 不正인 陽位이다. 옛 德을 먹고산다는 것은 先祖의 遺德, 先祖가 남긴

土地만으로 먹고살며 그 이상은 욕심내지 않는 것. 올바르게 살면 危殆로우나 마침내 吉할 것이다. 혹시 나라 일에 從事하더라도 이루는 바는 없을 것이다.

2) 六三은 陰柔하므로 訟事를 일으킬 能力이 없다. 先祖가 남겨 준 土地만으로 먹고 살아가고 自己分數를 지키는 것이 食舊德이다.

3) 六三과 上九는 모두 不正이나 六三의 陰과 上九의 陽은 相應하여 陰陽의 調和를 이루고 있다. 따라서 六三이 訟事를 하지 않고 上九를 쫓으면 이루는 것은 없으나 마치는 것은 있다.

4) 或從王事는 나라의 일을 보는 것이고 이것은 公的인 것이니 自己의 私私로운 主張을 해서는 안 된다. 그러니 일의 완수는 있으나 自己 功을 이루는 것은 아니다.

象曰 食舊德하니 從上이라도 吉也-리라

◑ 象에서 말하기를 食舊德하니 위를 쫓더라도 吉하리라.
◎ 形象해서 말하기를 옛 德을 먹으니 윗사람을 따르면 吉할 것이다.

1) 윗사람과 訟事하지 말고 自己本分을 지키면서 相應인 上九를 따르면 吉하다.
2) 訟事는 剛해야 해낼 수 있다. 初六은 오래하지 않고(不永) 이 六三은 올바르게 하니 (貞), 陰이 訟事를 끝까지 밀고 나가지 않으니 吉한 것이다.

九四는 不克訟이라 復卽命하야 渝하야 安貞하면 吉하리라

◑ 九四는 訟에 이기지 못함이라 되돌아서 命에 나아가 變하여 편안하고 올바르게 하면 吉하리라.
◎ 九四는 訟事에 이기지 못한다. 本來의 性을 回復하여 바른길로 나아가 마음을 바꾸고 편안하고 올바르게 하면 吉할 것이다.

1) 九四는 陽爻로서 不中이기 때문에 訟事를 일으킬 象이나 陰位이고 不正에 있기 때문에 이기지는 못한다.
2) 復卽命 - 復은 되돌아간다는 뜻으로 天賦之性을 回復하는 것. 卽은 나아간다 進也 就也의 뜻. 命은 天命이고 正理이다.
3) 渝 - 변할 유, 젖을 유로서 잘못된 마음을 올바르게 바꾸는 것.
4) 安貞吉 - 편안하고 올바르게 한다는 것은 올바르게 分數를 지키는 것이고, 그렇게 하면 吉하다.
5) 九四爻가 變하면 風水渙이 된다. 이때 上卦 巽風은 巽順함을 나타내고 渙卦는 흩어지고 變한다는 뜻이 있다.

象曰 復卽命渝安貞은 不失也-라

☯ 象에서 말하기를 復卽命渝安貞은 잃는 것이 없음이라.
◎ 形象해서 말하기를 自己를 되돌아보고 天命에 따라 마음을 고쳐 편안하고 올바르게 하면 실수하지 않으며 잃는 것이 없다.

1) 不失也 - 訟事에 이길 수 있으나 하지 않는 것이 得이다. 訟事를 하는 것은 失道이고 正道는 不失이다.

九五는 訟에 元吉이라

☯ 九五는 訟에 크게 吉함이라.
◎ 九五는 訟事에서 크게 吉할 것이다.

1) 九五는 剛健中正의 君位에 있으므로 訟事의 是非를 가려 判定하는 位置에 있다. 따라서 모든 訟事를 올바르게 公正하게 裁判, 判定하니 吉한 것이다.

象曰 訟元吉은 以中正也-라

☯ 象에서 말하기를 訟元吉은 써 中正이기 때문이다.
◎ 訟事에 크게 吉하다 함은 中正을 지녔기 때문이다.

1) 九五는 剛健中正하여 가장 公正하고 기우러지지 않게 訟事를 判定하여 法道를 바로 세운다.

上九는 或錫之鞶帶라도 終朝三褫之리라

錫: 줄 석   鞶: 띠 반   褫: 바꿀 체, 대신 체(주었다가 뺏었다가 하는 것.)

☯ 上九는 或 鞶帶가 주어지더라도 아침이 끝나기 전에 세 번 빼앗기게 되리라.
◎ 上九는 혹시 가죽 띠가 내려지더라도 朝會가 끝날 때까지 세 번이나 빼앗기게 될 것이다.

1) 上九는 訟事에 이겨 임금으로부터 功勞의 띠를 받을 수 있다. 그러나 訟事에 이겨서 얻은 것은 오래갈 수 없다. 따라서 朝會가 進行되는 동안에 세 번이나 그 띠를 빼앗길 것이라 했다. 上九는 陽으로서 上位에 있어 極에 이르고 있다. 따라서 밀고 나가 이길 수는 있으나 相對方의 呼訴, 不當하다는 與論이 일어나 이긴 것이 虛事가 될 수 있다.
3) 訟事에 이겨 크게 즐거운 것 같아도 이는 결국 바람직한 일이 못된다.
4) 鞶帶 - 높은 벼슬의 官服에 매는 가죽 띠
5) 終朝 - 日出에서 朝飯 때까지의 짧은 時間. 또는 朝廷에서 朝會하는 時間.

象曰 以訟受服이 亦不足敬也-라

☯ 象에서 말하기를 訟으로서 服을 받음이 역시 恭敬받기에 不足한 것이라.

◎ 形象해서 말하기를 訟事로서 相對方에게 항복을 받거나 그로서 官職의 福祿을 받는다는 것은 역시 尊敬을 받기에는 不足하다.

1) 受服 - 相對方의 항복을 받는 것. 官의 服飾 즉 가죽 띠를 받아 官職을 얻는 것.
2) 亦不足敬也 - 남과 다투어 이기고 官職을 얻는다는 것은 尊敬할 만한 일이 되지 않는다. 世上 사람들의 尊敬을 받을 수가 없다.

7. 地 水 師

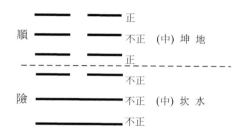

師는 人間이 集團生活을 營爲하고 거기서 統治行爲가 生기고, 集團의 秩序를 지키려 할 때, 集團과 集團 사이의 利害가 엇갈려 鬪爭이 일어날 때의 狀況을 담고 있다.

-序 說-

1. 卦의 뜻

1) 師는 스승 사, 군대 사인데, 師卦에서는 軍隊, 集團, 多數를 가리키고 있다.

2) 師卦는 兵法의 原理를 나타낸 것으로, 鬪爭이나 戰爭을 치르는 데 있어서 어떻게 對處해야 하는가를 밝히고 있다. 여기에는 戰爭에 있어서의 進退의 原理라든가, 集團의 指導者가 지켜야 할 道理 등이 담겨져 있다.

3) 國家의 最高 統治權者는 國王이지만, 戰爭을 치는 데 있어서는 司令官이 優秀하고 有能해야 勝利를 거둘 수가 있다. 그러므로 戰爭 때의 司令官의 能力은 그 集團이나 國家의 運命을 左右하는 것이다. 이러한 王과 司令官의 關係와 位置가 說明된다.

4) 鬪爭이나 戰爭은 正義에 立脚해야 하고, 大義名分이 있어야 한다. 올바른 目的

과 名分이 있을 때 百姓들이 따르는 것이다. 百姓이나 國民이 따르지 않으면 진정한 勝利는 거둘 수가 없는 것이다.

5) 師卦는 柔和한 國王이 剛健한 將帥를 선임하여 統軍케 하고, 戰爭 수행을 委任하는 狀況을 말해 주고 있다.

2. 卦象과 卦德

1) 地水師의 卦象은 下卦가 坎水이고, 上卦가 坤地이다. 따라서 坎水의 卦德은 險하여 戰爭이 일어날 징조를 보이고 있으며, 坤地의 卦德은 順하여 戰爭의 展開가 順調로울 것을 暗示하고 있다.

2) 전체의 爻 가운데서 오직 九二爻만이 陽爻이고 나머지 다섯 爻는 陰爻로 되어 있다. 따라서 戰爭을 당하여 모든 國民이 九二의 統率에 따르고 있으며, 그렇게 함으로써 國難을 克服하는 狀況을 보여 주고 있다.

3) 六五는 天子, 國王, 君主이다. 그러나 不正이고 陰爻라 柔弱하다. 한편 九二는 不正이나 得中하고 있으며 六爻 가운데서 오직 하나밖에 없는 剛直한 陽爻이다. 그러므로 六五의 君主는 依가 不正이나 得中은 하였기 때문에 올바른 判斷을 하여, 九二에게 兵權을 맡겨 戰爭을 수행케 하는 것이다.

4) 上卦는 坤地이기 때문에 百姓들이 平常時에는 農事를 짓고, 下卦는 坎水이므로 險難한 戰爭을 맞이하여 사람들이 兵士가 되는 形象이라 할 수 있다. 옛날에는 兵農一致로 國政이 이루어지고 있었다.

5) 下卦 坎水가 險難한 戰爭의 狀況이지만, 戰爭에 이겨 다시 農事를 지을 수 있음을 보여 주고, 또한 戰爭에 이겨야 農事 짓는 땅이 保全되어, 食糧을 확보할 수가 있는 것이다.

6) 「序卦傳」에서는 訟은 반드시 群衆을 일어나게 하는 것이라, 그러므로 師로써 받고, 師는 무리라 하였다.(訟必有衆起라 故로 受之以師하고 師者는 衆也니)

3. 卦의 變化

1) 倒轉卦 – 地水師의 卦를 뒤집어 보면 水地比가 된다. 이 比卦는 師卦 다음에 오는 卦이다.

2) 配合卦 – 陰爻와 陽爻를 각기 다른 爻로 바꾸어 配合卦를 만들면 天火同人이 된다.

3) 錯綜卦 – 上下의 卦를 바꾸어 錯綜卦를 만들면 역시 水地比가 된다.
4) 互 卦 – 初六과 上六의 爻를 제외하고 互卦를 만들면 地雷復이 된다.

[卦 辭]

師는 貞이니 丈人이라아 吉코 无咎하리라

☯ 師는 올바르게 하는 것이니 丈人이라야 吉하고 허물이 없으리라.
◎ 師는 옳고 바른 일을 하는 것이니 德이 있는 어른이라야 吉하고 허물이 없을 것이다.

1) 貞 – 正義롭게 바르게 正道에 의해서 軍事를 動員하는 것.

2) 丈人 – 어른 장, 大丈夫, 長老, 經綸 있는 元老 등을 가리킨다. 여기서는 九二爻
   總司令官이 經綸과 德望이 있어야 한다는 뜻. 그런 사람이 戰爭을 이끌
   어야 勝利를 거둔다는 것이다.

   丈人은 원래 老人이 작대기에 依存하고 있는 것. 여기서 元老의 뜻이 되
   고, 절에서의 方丈, 妻家의 어른을 丈人이라 할 때 이 丈이 使用된다.

3) 吉无咎 – 正義가 不正한 것을 쳐부수고 이기는 것이니 허물이 없다.

[象 辭]

象曰 師는 衆也–오 貞은 正也–니 能以衆正하면 可以王矣리라 剛中而應하
고 行險而順하니 以此毒天下而民이 從之하니 吉코 又何咎矣리오

毒: 괴로울 독, 해할 독

◑ 象에서 말하기를 師는 무리요 貞은 올바름이니, 能히 무리를 바르게 하면 可히
   王이리라. 剛한 것이 가운데 있어 應하고 險한 것이 나아가 順해지니 이로써
   天下를 괴롭혀도 百姓이 그에 따르니 吉하고 또한 어찌 허물이리요.

◎ 師는 무리이고 貞은 바른 것이니 뭇사람을 바르게 할 수 있다면 可히 써 王이
   라 할 수 있을 것이다. 剛이 得中하여 君主의 뜻에 應하고 危險한 일을 行하
   되 이어서 順해지는 것이다. 이는 天下를 괴롭히지만 百姓이 따르니 吉하고 또
   한 무슨 허물이 있겠는가.

1) 能以衆正 – 軍隊를 거느리고 가서 不義의 무리를 征伐하고 天下를 평정한다. 以
   는 이끈다 統率한다. 衆은 師이다.

2) 可以王矣 – 六五는 君主로서 어려운 사태를 解決할 수 있어야 王이라 할 수 있
   고 王道政治를 할 수 있다.

3) 王 - 天地人 三才를 관통한 글자이다. 王道는 正義와 德望에 의한 統治이고 覇
道(패도)는 正義가 아닌 힘에 의한 征伐이다. (以武道治天下者 曰覇) 覇:
으뜸 패, 패왕 패

4) 剛中而應 - 九二가 得中하여 剛直한데 六五의 君主와 相應하여 君主의 뜻을 받
들고 信任을 얻고 있음을 뜻한다.

5) 毒天下 - 戰爭을 치르기 위해서는 徵兵, 徵稅 등으로 百姓을 괴롭히게 된다. 그
러나 병을 치료하는 데 때로 毒이 利用되는 것처럼 어쩔 수가 없다.
따라서 毒이라 했다.

6) 從之 - 正義로운 戰爭이기 때문에 百姓이 따른다.

[象 辭(大象)]

象曰 地中有水 - 師 - 니 君子 - 以하야 容民畜衆하나니라

☯ 象에서 말하기를 땅속에 물이 있음이 師니 君子가 써 百姓을 容納하고 무리를
기르느니라.

◎ 땅속에 물이 있는 것이 師니 君子는 이것을 본받아서 百姓을 包容하고 兵力을
기르는 것이다.

1) 地中有水 - 上卦 坤地 속에 下卦 坎水가 있다. 물은 아무리 많아도 大地, 地球
속에 있다. 옛날에는 兵農一致이므로 평소 農事짓는 農民이 戰爭이
나면 軍兵으로 변한다.

2) 容民 - 百姓을 언제나 너그럽게 包容하고 德望을 얻는 것.

3) 畜衆 - 사람을 기른다. 畜은 여기서 휵이라 發音한다. 畜德(휵덕)은 德을 기른다
는 뜻이 된다. 따라서 畜이라는 글자는 사람과 관련되면 휵이라 하고 짐
승을 사육할 때에는 축이라 發音한다.

[爻 辭]

初六은 師出以律이니 否 - 면 臧이라도 凶하니라

● 初六은 軍事가 나아감에 軍律로써 하니 그렇지 않으면 착하더라도 凶하니라.
◎ 初六은 軍隊가 出動함에 있어서는 軍律로서 하는 것이니 그렇게 하지 않으면
   착하다 할지라도 凶할 것이다.

1) 軍隊는 軍律이 엄하게 지켜져야 한다. 軍律이 없으면 戰爭에서 勝利할 수가 없다.
2) 初六은 師卦의 첫 爻이고 不正不中이다. 그러므로 兵士가 되며 兵士는 命令과
   紀律을 잘 지켜야 한다.
3) 臧 - 착할 장, 선하고 두터운 것. 아무리 착한 兵士라도 軍律을 지키지 않으면
   凶하다.

象曰 師出以律이니 失律하면 凶也 - 리라

● 象에서 말하기를 師出以律이니 軍律을 잃으면 凶하리라.
◎ 軍隊의 出動은 軍律로써 하는 것이다. 따라서 軍律을 잃으면 凶할 것이다.

九二는 在師하야 中할새 吉코 无咎하니 王三錫命이로다
錫: 줄 석

● 九二는 軍事에 있어서 中함이니 吉하고 허물이 없으니 王이 세 번 命을 주는
   것이로다.
◎ 九二는 軍隊가 活動함에 있어 中正을 지키는 것이니 吉하고 허물이 없고 王이
   세 번 王命을 주는 것이로다.

1) 在師中-活動을 함에 있어서 中心人物이며 中正과 時中을 하여 中庸之德을 지니는 것.

2) 王三錫命-王이 세 번 王命을 준다는 것은 六五의 君主가 唯一한 陽爻이며 軍隊를 統率하는 司令官 九二를 信任한다는 것을 여러 번(再三) 命令을 내려 萬天下에 알리는 것.

3) 九二는 得中한 唯一한 陽爻이다. 六五의 王命을 받아 戰爭을 수행하나 언제나 中庸之道로서 올바르게 해야 吉하고 허물이 없다. 그런데 王이 여러 번 命을 내린다는 것은 또한 여러 번 보고를 올리고 다시 命을 받는다는 뜻도 된다.

象日 在師中吉은 承天寵也-오 王三錫命은 懷萬邦也-라

☯ 象에서 말하기를 在師中吉은 하늘의 恩寵을 이어 감이오, 王三錫命은 萬邦을 품는 것이라.

◎ 軍隊에서 中正을 지켜 吉하다 함은 하늘의 寵愛 즉 임금의 寵愛를 받기 때문이다. 임금이 여러 번 命을 내린다 함은 모든 나라를 품어서 잘살게 하는 것이다.

1) 寵은 사랑 총이다. 이것은 平等한 사람 사이의 사랑이 아니고 윗사람이 아랫사람을 사랑하는 것. 天寵은 天子, 임금의 사랑 그리고 孝愛親의 孝는 父母를 아끼는 것이다. 따라서 愛는 아낄 애이다.

2) 懷萬邦-正義로운 戰爭에 勝利함으로써 여러 나라, 여러 고장을 회유하여 잘살게 하는 것.

六三은 師或輿尸면 凶하리라

☯ 六三은 軍事에 혹시 많은 사람이 主張하면 凶하리라.

※ 이 句節은 두 가지의 解釋이 있다.

1) 軍律없이 主張하는 者가 여러 명이 있으면 凶하다. 이때 輿는 많을 여, 尸는 주장할 시(程伊川說)

2) 軍事가 或 송장을 수레에 실으면 凶할 것이다. 이때 輿는 수레 여, 尸는 주검 시, 영장 시(朱子說)

象曰 師或輿尸면 大无功也 - 리라

◐ 象에서 말하기를 師或輿尸면 크게 功이 없으리라.

◎ 軍事에 있어서 主張하는 者가 여럿이 되면 크게 功을 세우지 못할 것이다. 大无功은 大敗를 뜻한다.

六四는 師左次 - 니 无咎 - 로다

◐ 六四는 軍事가 물러서는 것이니 허물이 없는 것이로다.

◎ 六四는 軍隊가 後退하여 머무는 것이니 허물이 없을 것이다.

1) 六四는 不中이나 陰爻로서 正位이다. 그러므로 軍隊를 作戰上 後退하여 물러설 수 있다는 것.

2) 左次 - 左는 물러설 좌, 次는 집 차, 旅舍이다. 따라서 軍隊가 진영으로 물러서는 것을 뜻한다. 左次는 作戰上 後退이고 右行은 進擊이다.

象曰 左次无咎는 未失常也 - 라

◐ 象에서 말하기를 물러서서 허물이 없다는 것은 떳떳함을 잃지 않음이라.

◎ 물러나서 쉬면 허물이 없다는 것은 常道를 벗어나지 않았다는 것이다.

1) 어려움을 알고 물러선다는 것은 兵家의 常道라 할 수 있다.(知難而退 兵家之常)

2) 未失常 – 兵家의 常道를 잃지 않았다. 常道에서 벗어나지 않았다는 것.

六五는 田有禽이어든 利執言하니 无咎 – 리라 長子 – 帥師 – 니 弟子 – 輿尸하면 貞이라도 凶하리라

田: 밭 전, 사냥 전   禽: 새 금

☯ 六五는 밭에 새가 있으면 말씀을 바로잡는 것이 利로우니 허물이 없으리라. 長子가 軍隊를 이끄는 것이니 아우나 아들이 主張하면 正해도 凶하리라.

◎ 六五는 밭에 날짐승이 와서 農作物에 被害를 주면 사냥을 하듯, 적이 침략하여 百姓을 해치면 王이 命令을 내리고 罪狀을 天下에 밝혀 軍隊를 動員하면 허물이 없을 것이다. 長子가 軍隊를 統率할 것이니 아우나 아들이 主張하여 나서면 아무리 바른 일이라도 凶할 것이다.

1) 田有禽 – 밭에 새가 있으면, 敵의 侵攻이 있으면이라는 뜻이다.
2) 利執言 – 命令을 發하고 罪狀을 天下에 알리는 것이 利롭다.
3) 長子 – 九二를 말한다. 九二 위로 세 爻는 震이 되고 震은 長男이다.
4) 帥師 – 軍을 統帥하는 것. 帥 – 率(솔)과 같다.
5) 六五는 柔弱한 君主로서 國政을 責任지는 자리이다. 不正이나 得中하고 君位로서 陰爻이다. 따라서 敵이 침략해 오면 六五가 宣戰布告를 하고 九二를 將帥(장수)로 선임 軍統率을 맡긴다.
6) 長子는 九二爻 弟子는 六三, 六四효이다.
7) 弟子輿尸는 命令系統이 서지 않으면 옳은 戰爭이라도 지게 된다.

象曰 長子帥師는 以中行也 – 오 弟子輿尸는 使不當也 – 라

使: 하여금 사, 부릴 사

☯ 象에서 말하기를 長子帥師는 써 中을 行하기 때문이오, 弟子輿尸는 부림을 不

當하게 했음이라.

◎ 長子에게 軍隊를 거느리게 한다는 것은 中庸의 德을 行하기 때문이다. 弟子들이 主張한다는 것은 부리는 것이 마땅하지 않는 것이다.

1) 以中行也 – 九二가 六爻 가운데서 唯一한 陽爻이고 不正이나 得中하여 中庸의 德을 지니고 行한다.

2) 使不當也 – 부리는 것이 마땅하지 않기 때문이다. 九二가 軍事를 거느리는 데 다른 여러 爻가 각기 主張한다는 것은 일을 잘못 처리하는 것.

上六은 大君이 有命이니 開國承家에 小人勿用이니라

◕ 上六은 大君이 命을 내리는 것이니 나라를 열고 집을 이어감에 小人을 쓰지 말지니라.

◎ 上六은 天子가 戰爭이 끝난 後 論功行賞을 하는 것이니, 나라를 세우고 집을 이어가는 데는 小人을 쓰면 아니 될 것이다.

1) 大君 – 天子이다. 옛날에 諸侯는 君이라 하고 大君은 天子를 가리켰다.
2) 有命 – 天子의 命, 戰爭이 끝난 후 論功行賞
3) 開國 – 옛날에 諸侯에 封하는 것. 나라를 여는 것.
4) 承家 – 卿大夫에 任命, 집을 세습케 하는 것. 家門을 이어 감.
5) 小人勿用 – 小人은 六三, 小人은 登用하지 말아라.

象曰 大君有命은 以正功也 – 오 小人勿用은 必亂邦也일새라

◕ 象에서 말하기를 大君有命은 써 功을 올바르게 함이오, 小人勿用은 반드시 나라를 어지럽게 함이라.

◎ 天子가 論功行賞의 命을 내림은 功績을 올바르게 평가하는 것이고 小人을 쓰지 말라 함은 小人을 쓰게 되면 반드시 나라를 어지럽히기 때문이다.

8. 水 地 比

```
━━━━  ━━━━     正
險 ━━━━━━━━━  正    (中) 坎 水
━━━━  ━━━━     正
-----  -------  不正
━━━━  ━━━━     正    (中) 坤 地
順 ━━━━  ━━━━   不正
```

比는 땅 위에 물이 있으니 모심기가 끝난 무논과 같다. 地水師의 倒轉卦로서 戰亂이 있은 후에 사람들이 親密하게 지내고 派閥도 생기는 狀況이다.

-序 說-

1. 卦의 뜻

1) 比는 比較, 比肩, 同等, 親密의 뜻이 있다. 그러나 갈등, 變化, 化之化의 뜻도 지닌다.

2) 比卦는 地水師卦의 倒轉卦이며 師卦 다음으로 나타났다. 師卦는 戰爭이 일어난 狀態이기 때문에 근심스러운 것이지만, 比卦는 戰爭이 끝나고 모든 사람들이 즐겁게 지내는 狀況이다.(雜卦傳에서 比樂師憂라 하여 이러한 사정을 말하고 있다.)

3) 比는 사람들이 서로 돕는 것이다. 人 + 人이 比인 것이다. 서로 도우면 거기에 和氣가 돌고, 즐거움이 있으며, 發展이 있고, 吉하다고 할 수가 있다.

4) 한 사람의 指導者, 君主, 主宰者 아래, 모든 사람들이 힘을 모으고 도우며, 그 이끄는 바에 따르는 狀況이 比이다. 서로가 比親, 和合하는 가운데 社會 團體, 國家, 모임이나 組織이 活性化되고 發展하는 모습이 또한 比卦의 象徵이다.

5) 모두가 比親하고 和合하는 가운데, 거기에 參與하지 않고 뒤떨어지는 사람은, 뛰어난 사람이라도 좋지 않고 화를 입을 수 있다.

6) 比卦는 匕 + 匕로서 化之化의 뜻을 지 닌다. 이 경우 比는 곧 極이기 때문에 옛날 선비들은 太極을 그리고 陽에는 觀을 써넣고, 陰 쪽에 比를 써넣고는 그 陰 쪽을 먹으로써 새까맣게 칠했다 고 한다. 먹 속에는 邪가 없고, 鬼神도

← 먹 속은 귀신도 엿볼 수가 없다.

들어 갈 수가 없다고 하여, 올바른 觀을 하고 工夫가 極度로 精進되기를 기원 했다고 한다.

2. 卦象과 卦德

1) 水地比는 一陽 五陰의 卦이다. 地水師도 一陽 五陰의 卦로서 九二가 戰爭을 치르는 司令官 役割을 하고 있었다. 그러나 比卦의 경우는 九五爻가 唯一한 陽으로서 剛健中正의 君主이며 萬百姓이 이 君主를 따르는 形象이다.

2) 戰爭이 끝나고 지금까지 시달리던 百姓들이 모두 즐거운 마음으로 平和를 맞 이하고 君主나 最高 統治權者의 德을 기리며 그를 우러러보고 도우고 있는 狀 況이다.

3) 卦象을 보면 大地 위에 물이 있다. 下卦가 坤地이고 上卦는 坎水인 것이다. 이 것은 마치 넓은 들판에 모심기가 모두 끝나서 무논에 물이 가득 담겨져 있는 形象인 것이다. 모심기를 하는 農繁期에는 百姓들이 서로 도와 일을 하게 된

다. 그러한 親和, 協同, 比樂의 모습이다.

4) 下卦 坤地의 卦德은 順이고, 上卦 坎水의 卦德은 險이다. 얼핏 보아 順한 데서 險한 데로 가는 것같이 보이나, 水地比의 경우는 主爻인 一陽 九五의 剛健中正의 指導에 나머지 다섯 陰爻가 잘 따르고 順從하는 狀況으로 볼 수 있다.

5) 「序卦傳」에서는 무리는 반드시 比親하는 바가 있으니, 그러므로 比로써 받게 되고, 比라는 것은 比親, 比樂이라 하였다.(衆必有所比라 故로 受之以比하고 比는 比也)

6) 易經의 上經은 宇宙, 自然의 原理를 說明한다. 따라서 展開되는 順序가 乾天 하늘부터 始作되어 坤地 地球로 가서 그 다음으로 六水의 卦가 나온다. 이것은 地球上에 生命이 誕生하는 데 있어서는 물이 있어야 하기 때문이다. 地球에 奇蹟的으로 바다가 生기고, 바다의 물이 증발하여 구름이 되고, 구름에서 비가 내려 江, 湖水, 샘을 이루고, 植物과 動物이 生育되며, 人間도 살아 갈 수 있게 되었다.

7) 水地比는 乾坤 다음으로 나오는 六水卦의 마지막 卦인 것이다. 河圖에서 水는 1과 6이라는 數로 되어 있다. 여기서 1은 물의 根源이고 6은 물의 活用이라 할 수 있다. 따라서 乾坤에 이어 六水가 나오는 것이다.

8) 六水卦는 重天乾, 重地坤의 卦에 이어 다음과 같이 展開된다.

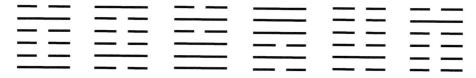

(1)水雷屯 → (2)山水蒙 → (3)水天需 → (4)天水訟 → (5)地水師 → (6)水地比

3. 卦의 變化

1) 倒轉卦 – 水地比를 倒轉시키면 바로 앞에 나온 地水師가 된다.

2) 配合卦 – 水地比의 配合卦는 火天大有가 된다.

3) 錯綜卦 – 上下의 卦를 바꾼 錯綜卦는 역시 地水師가 된다.
4) 互　卦 – 水地比의 互卦는 山地剝이 된다.

[卦 辭]

比는 吉하니 原筮호대 元永貞이면 无咎-리라 不寧이어아 方來니 後-면 夫-라도 凶이리라

　◐ 比는 吉하니 처음 占을 하되 元하고 永하고 貞하면 허물이 없으리라. 편하지 못하고서야 바야흐로 오는 것이니, 뒤에 하면 大丈夫라도 凶이리라.

◎ 比는 吉한 것이니, 本來의 性品 그대로 判斷하되, 크고 떳떳하고 올바르게 하면 허물이 없을 것이다. 편하지 아니해서 비로소 오게 되어, 뒤지면 大丈夫라도 凶할 것이다.

1) 原筮 – 原은 하늘이 내린 원래의 性品. 筮는 점 서, 따라서 純粹한 性品으로 判斷하는 것.
2) 元永貞 – 元은 크고 으뜸 되는 것, 永은 오래토록, 貞은 올바르게 하는 것이다. 따라서 크고 으뜸 된 것을 오래토록 지녀 올바르게 하는 것을 말한다. 여기서의 元은 九五爻의 剛健中正이 그 君王의 道를 길이 지녀 올바르게 政治를 하는 것을 가리킨다.
3) 不寧方來 – 편안하지 않아지자 그때서야 오는 것. 師卦의 戰爭後에 世上이 어지러워 편안하지 않으나 그러자 서로 모여 돕게 된다. 사람은 自己가 편하면 남을 도울 생각을 하지 않으나, 自己가 어려움을 겪으면 남의 사정을 알게 되고 서로 도울 줄 알게 된다. 여기서는 九五에게 初六, 六二, 六三, 六四가 찾아오는 것.
4) 後夫凶 – 남들이 다 모이고 서로 돕는데 그렇게 하지 않고 있다가 뒤늦게 찾아온다면 그 사람이 훌륭한 大丈夫라도 좋지 못하다. 여기서는 上六을 말한다.

[象 辭]

象曰 比는 吉也 – 며 比는 輔也 – 니 下 – 順從也 – 라 原筮元永貞无咎는 以剛中也 – 오 不寧方來는 上下 – 應也 – 오 後夫凶은 其道 – 窮也 – 라

☯ 象에서 말하기를 比는 吉한 것이며, 比는 돕는 것이니, 아래가 順從하는 것이라. 原筮元永貞无咎는 剛으로서 가운데 함이오. 不寧方來는 上下가 應하는 것이오. 後夫凶은 그 道가 窮한 것이라.

◎ 比는 吉한 것이며, 돕는 것이니 아랫사람이 順從하는 것이다. 原筮元永貞无咎는 剛이 得中하였기 때문이고, 편안하지 않아서 비로소 찾아온다 함은, 위와 아래가 應하기 때문이다. 늦으면 丈夫라도 凶하다 함은, 其道가 다하였기 때문이다.

1) 比吉也輔也 - 比는 吉하고 比는 돕는 것이다. 輔는 도울 보
2) 下順從也 - 初六, 六二, 六三, 六四가 아래에 있으면서 九五에게 順從한다.
3) 以剛中也 - 九五가 唯一한 陽이면서 剛健中正이다.
4) 上下應也 - 上은 九五이고 下는 初六, 六二, 六三, 六四인데 이 上과 下가 서로 呼應하고 도운다는 것.
5) 其道窮也 - 그 道가 窮하다. 이것은 上六을 가리키며 九五의 아래에 있지 않고 위에 있어 뒤떨어지니 그 道가 窮해진다.

象曰 地上有水 - 比 - 니 先王이 以하야 建萬國하고 親諸侯하니라

● 象에서 말하기를 地上에 물이 있음이 比니, 先王이 써 萬國을 세우고 諸侯와 親하느니라.

◎ 땅위에 물이 있는 것이 比니, 先王이 이를 본받아 萬나라를 세우고 그 諸侯와 親하게 지낸다.

1) 地上有水 - 땅위에 물이 있다는 것. 下卦는 坤地이고 上卦는 坎水로 되어 있는 形象을 말한다.
2) 先王 - 王業을 創建한 옛날 君主, 天子
3) 建萬國親諸侯 - 封建制度에 있어서는 各地에 諸侯를 封하는데 이들은 모두 나라이므로 萬國이라 하였다. 이 諸侯 위에 君臨하는 것이 天子이다. 諸侯는 治國을 하고 天子는 平天下를 한다. 天子는 諸侯와 親하게 지내고 天下를 잘 다스려야 한다.

[爻 辭]

初六은 有孚比之라아 无咎－니라 有孚－盈缶－면 終에 來有他吉하리라

☯ 初六은 믿음이 있으면서 도와야 허물이 없느니라. 믿음이 있고 가득하면 마침 내는 다른 吉함이 오게 되리라.

◎ 誠心을 가지고 도와야만 허물이 없을 것이다. 항아리에 가득차는 듯하면, 마침 내 다른 吉함이 오게 될 것이다.

1) 有孚比之 – 믿음 즉 誠心誠意를 바탕으로 남을 도우고 남과 親한다. 誠心으로서 남을 도우면 아무런 허물이 없다.

2) 有孚盈缶 – 믿음이 있고 항아리에 가득한 것과 같다면, 缶는 질그릇 부, 여기서 는 마음을 질그릇이나 항아리에 比喩하였다. 誠心이 안에 가득하여 조금도 假飾이 없는 것.

3) 來有他吉 – 誠心으로 도우고 親하면 마침내 다른 吉함이 있다. 여기서 初六은 六四와 應이나 相比인데 誠心껏 하면 六四가 도와주는 것이 아니라 뜻밖에 九五 임금이 도와준다. 誠實하게 努力하면 마침내 사람들이 알아주고 뜻밖의 吉事가 있다.

4) 缶 = 午+山이다. 午는 日午中天이고 山은 艮方을 意味한다. 午가 時中을 暗示 하고 山은 艮方이라 韓國을 暗示한다.(亞山先生說)

象曰 比之初六은 有他吉也－니라

☯ 象에서 말하기를 比의 初六은 다른 吉함이 있는 것이니라.

◎ 比의 初六은 다른 吉함이 있는 것이다.

1) 比의 理致, 道理는 그 처음이 重要하다. 타이밍을 잡고 처음 기회를 포착해야

한다.

2) 기회를 놓치면 後夫凶이 된다.

六二는 比之自內니 貞하야 吉토다

☯ 六二는 돕는 것을 안으로부터 하는 것이니 바르게 해야 吉토다.

◎ 사람을 돕고 親하는 데 마음속으로부터 하는 것이다. 올바르게 하면 吉할 것이다.

1) 比之自內 — 六二는 九五와 正應이다. 柔順中正의 爻이므로 안으로부터 九五를
　　　　　　도운다.

2) 內心으로부터 도우고 比親하며 올바르게 하면 어떤 일이든 吉하다.

3) 敎育을 하는 데 있어서도 相輔로 해야 올바른 成果를 거둔다.

4) 坤卦 二爻와 같이 敬以直內의 德이다.

象曰 比之自內는 不自失也 — 라

☯ 象에서 말하기를 比之自內는 스스로 잃지 않음이라.

◎ 親함을 안으로부터 한다는 것은, 스스로 正道를 잃지 않고 어기지 않는다는 것
이다.

六三은 比之匪人이라

☯ 六三은 돕는데 사람이 아닌 것이라.

◎ 돕고 親하려 해도 그 사람이 아니다. 도와줄 사람이 못 된다.

1) 六三은 陰柔하고 不正不中이다. 內卦의 끝이며 三爻는 언제나 좋지 않다. 上爻
는 六三과 應이나 같은 陰爻이다. 따라서 서로 도울 수가 없다. 도와주고 도움

받을 位가 못 된다.

2) 匪人 – 匪는 非와 같은 뜻. 감추어진 非이다. 匪人은 강제 勞役하는 罪人을 가
    리킨다. 따라서 惡人, 小人을 稱한다.

3) 比之匪人 – 못된 小人과 사귀고 돕는 것. 즉 사귈 만한 사람이 못 되는 사람을
    돕는 것.

4) 小人에게 이끌리어 잘못되는 일을 경계해야 한다.

象曰 比之匪人이 不亦傷乎아

☯ 象에서 말하기를 比之匪人이 또한 傷하지 않겠는가.

◎ 도울 사람이 못 되는데 돕는 것이니 또한 傷하지 않을 수가 있겠는가.

1) 사람은 도울 만한 사람을 도와야 하고, 사귈 만한 사람을 사귀어야 한다. 小人
   이나 좋지 못한 사람을 돕거나 사귀면, 自己가 被害를 입게 된다.

2) 不亦傷乎 – 또한 傷하지 않을 것인가. 모진 사람 옆에 있다가 벼락 맞는다는 속담처럼
    사람을 돕고 사귀려면 그 相對方의 人品을 미리 알아야 한다는 경계사.

3) 爻辭 다음에 나오는 小象은 그 爻辭를 부연 說明하고 있다. 그런데 小象의 끝
   맺음은 也로 되어 있으나 例外가 두 개 있다.

4) 乎는 어조사 호, 이것은 그 속에 숨겨져 있는 말뜻이 있다 하여 隱乎라고도 한다.

5) 也는 이끼 야, 어조사 야, 끝맺음을 表示한다. 말하자면 決定詞인 것이다.

6) 三百八十四爻의 小象에서 382爻는 也로 끝맺었는데 比卦의 六三爻 象曰에 乎~아
   니할까, 革卦의 九三爻 象曰에 矣 – 그러리라만 例外로 되어 있다.

六四는 外比之하니 貞하야 吉토다

☯ 六四는 밖으로 돕는 것이니 바르게 하여 吉하도다.

◎ 밖으로 즉 위 大人을 돕는 것이니 올바르게 하여 吉하도다.

1) 外比之의 外는 九五爻를 말한다. 六四는 大臣의 자리에 있고 正位이다. 大臣이
   위의 君主를 도우는 것은 當然하고 그 일을 올바르게 해서 吉하다.

象曰 外比於賢은 以從上也 - 라

◐ 象에서 말하기를 밖으로 어진이를 도우는 것은 써 위를 따름이라.
◎ 밖으로 어진이를 도운다 함은 위를 따르는 것이다.

1) 賢은 九五이고 上도 九五이다.

九五는 顯比니 王用三驅에 失前禽하며 邑人不誡니 吉토다

◐ 九五는 나타나서 돕는 것이니 王이 세 군데로 모는 것을 씀에, 앞의 새를 잃으
   며, 고을 사람들이 경계하지 않으니 吉하도다.
◎ 나타나서 당당하게 돕고 親하는 것이다. 王이 三驅法을 써서 사냥을 하여 도망
   가는 새는 그냥 두게 한다. 이렇게 관대하게 하면 고을 百姓들이 安心하고 경
   계하지 않으니 吉하다.

1) 顯比 - 顯은 나타날 현이다. 九五는 君主의 자리이고 剛健中正이다. 따라서 무
   엇이든 公開的으로 당당하게 政治를 하여 百姓을 돕는다.
2) 王用三驅 - 驅는 말몰 구, 三驅는 三驅法을 말한다. 三驅法은 사냥을 할 때 三
   方向은 막고 한 方向은 비워 두고서 짐승을 몰이하는 方法. 따라서
   王이 三驅法으로 사냥을 하는 것.
3) 失前禽 - 禽은 새 금이나 짐승을 총칭. 사냥을 할 때는 三面에서 몰이를 하고
   一面은 열어 짐승이 달아날 길을 터놓는다. 따라서 도망가는 짐승은
   잡지 않는 것이다. 스스로 들어오는 짐승은 順理라서 잡고, 도망가는
   놈은 命이 남았으니 잡으면 逆理가 된다.

4) 邑人不誡 - 誡는 경계할 계, 王이 어질어 三驅法으로 사냥을 한다면 그 어질고 관대함이 알려져 百姓들이 警戒하지 않고 그 德望을 따른다.

象曰 顯比之吉은 位正中也 - 오 舍逆取順이 失前禽也 - 오 邑人不誡는 上使 - 中也일새라

☯ 象에서 말하기를 顯比之吉은 位가 正中에 있음이오, 逆을 버리고 順을 取함이 失前禽이오, 邑人不誡는 위에서 부리는 것이 中으로 함일새라.

◎ 顯比之吉은 位가 바르고 得中하였기 때문이다. 逆을 버리고 順함을 取하는 것이 失前禽이다. 고을 사람들이 경계하지 않는다는 것은, 君主가 부리기를 中正之道로 하기 때문이다.

1) 位正中也 - 九五의 位가 正位이고 得中하였다.
2) 舍逆取順 - 舍는 버릴 사(捨와 같다), 逆은 三驅法의 사냥에서 命이 남아 도망치는 것. 따라서 도망치는 것은 잡지 않는 것이 舍逆이다. 取順은 天命이 다 되어 스스로 들어오는 놈을 잡는 것. 滅種되지 않도록 이렇게 사냥하는 것은 德望 있는 王의 行動이라 할 수 있다.
3) 上使中也 - 使는 부릴 사, 하여금 사, 王이 臣下를 부려서 政治를 한다. 따라서 王이 臣下를 부리기를 언제나 中正之道로 한다는 것.

上六은 比之无首 - 니 凶하니라

☯ 上六은 돕는데 머리가 없으니 凶하니라.
◎ 도우려 해도 우두머리가 없으니 凶할 것이다.

1) 上六은 正位이나 六三과 不應이며, 九五와도 比親하지 않으니 우두머리가 없는 꼴이다.

2) 上六은 險한 坎水卦의 마지막이다. 추대하는 사람이 없어 고독하고 따라서 도울 사람도 없다.

象曰 比之无首 - 无所終也 - 니라

☯ 象에서 말하기를 比之无首는 마치는 바가 없음이니라.
◎ 도우려 해도 도울 사람이 없다는 것은, 끝을 온전하게 하지 못하는 것이다.

1) 上六은 높은 자리에 있으나 實權이 없고 實力도 없다. 그럼에도 불구하고 君主를 업신여기면 亂을 불러 끝이 좋지 않다.
2) 上六爻가 變하면 風地觀이 된다. 貴하되 位나 輔가 없는 사람은 경건하게 觀을 하여 실수를 피해야 한다.
3) 事業에 成功한 뒤에 怠慢하거나 傲慢(오만)하고 浪費하면 그 끝이 좋지 않다.

9. 風天小畜

巽 順	──────── 不正 ──────── 正 (中) 巽 風 ── ── 正 - - - - - - - - - - - ──────── 正 ──────── 不正 (中) 乾 天 ──────── 正

小畜은 작게 기르고, 저축하며 머물게 한다는 뜻을 담고 있다. 하나의 陰爻가 다섯 陽陰를 머물게 하는 것으로 進步와 內省, 思想의 醇化(순화)를 꾀하는 성향이라 할 수 있다.

-序 說-

1. 卦의 뜻

1) 物件이 모이고 쌓이는 것이 畜이다. 그러나 小畜이기 때문에 조금 모이고 쌓이는 形象이다.

2) 모이고 쌓인다는 것은, 그것이 떠나고 흩어지면 不可能하다. 따라서 사람이든 物件이든 머물게 해야 畜이 된다.

3) 사람을 모으거나 재산을 쌓아 가려면, 사람들이 親하게 지내고 서로 도우며 努力을 해야 한다. 그러므로 사람들이 서로 比親하는 水地比卦 다음에 風天小畜卦가 왔다.

4) 小畜은 小 즉 陰이 大 즉 陽을 기른다는 뜻이다. 一陰五陽의 卦로서 한 陰이

다섯 陽을 기르거나 머물게 하는 모습이다. 성급하게 서두르지 않고, 分數를 지켜야 그 일이 可能하다.

5) 道理를 지키지 않는 남편을 아내가, 常道를 벗어난 君主를 臣下가, 올바르게 머물도록 하는 것이다.

6) 中國의 歷史에서 文王을 이 卦의 六四爻에 비긴다. 당시에 文王은 殷王朝의 한 諸侯였다. 殷에서는 暴君으로 惡名이 높은 紂王(주왕)이 惡政을 하여, 百姓들의 원성이 자자했으며, 文王은 德治를 하였으므로 信望이 있었다. 紂王은 시기하여 文王을 羑里(유리)라는 곳의 감옥에 가두고 온갖 시련과 고초를 겪게 하였으나 文王은 隱忍自重하여 견디었다.

7) 文王은 감옥에 있으면서 易經의 卦辭를 지었다고 한다. 그리고 훗날 文王의 아들 武王이 暴君인 紂王을 征伐하여 周王朝를 세웠다. 그래서 周의 天下가 되었는데, 文王과 武王의 동생 周公은 聖人이라 하고, 武王은 征伐을 했으므로 聖人이라 하지 않는다. 周公은 武王의 어린 아들 成王을 도와 王業을 튼튼한 기반 위에 올려놓았고, 易經의 爻辭를 지었다고 한다.

2. 卦象과 卦德

1) 小畜卦는 六四爻 하나만이 陰爻이고, 나머지 다섯 爻는 陽爻로 되어 있다. 一陰이 五陽과 共生하고 있으며, 一陰이 巽卦의 두 陽爻, 乾卦의 세 陽爻를 기르며, 머물게 하는 形象이다.

2) 剛健한 五陽을 기르고 머물게 하려면 巽順해야 한다. 下卦 乾天의 卦德은 健하고, 上卦 巽風의 卦德은 巽順이다. 得位한 六四의 一陰이 그 巽順함을 가지고 五陽을 달래고 기르며, 五陽의 뜻을 모으고 쌓아 가는 모습이다.

3) 이 卦는 小畜이므로 道가 적다고 할 수 있다. 山天大畜의 卦는 六五와 六四의 두 陰爻가 나머지 四陽을 기르고 머물게 함으로 道가 크다고 할 수 있다. (大

畜卦에서는 六五가 柔弱하나 君位에 있고 得中하고 있는 것이다.)

4) 卦象으로 보아 안으로는 剛健하고 밖으로는 巽順하다. 따라서 흔히 말하는 外
   柔內剛의 性格을 지닌 人格을 나타낸다고 할 수도 있다.

5) 卦象이 下卦 乾天, 上卦 巽風이므로 하늘 위에 바람이 부는 모양이다. 그러나
   바람이 일고 구름이 모이더라도, 아직 비가 되어 萬物을 적시고 윤택하게 하지
   는 못하고 있는 狀態이다.

6) 六四 一陰이 剛健한 五陽을 기르고 머물게 한다는 것은, 柔가 반드시 弱한 것
   이 아니고, 그 부드러움과 사랑, 그리고 다정함과 진실함을 가지고 能히 剛을
   바른 길로 인도할 수 있기 때문이다.

7) 「序卦傳」에서는 比親하게 되면 반드시 기르고 쌓는 바가 있으니, 그러므로 小
   畜으로 받는다고 하였다.(比必有所畜이라 故로 受之以小畜하고)

8) 小畜은 卦名이 두 字로 된 卦이다. 이런 두 字의 卦는 모두 15卦가 있다.

> ─ 上經 7: 小畜, 同人, 大有, 噬嗑, 无妄, 大畜, 大過
> └ 下經 8: 大壯, 明夷, 家人, 歸妹, 中孚, 小過, 旣濟, 未濟

3. 卦의 變化

1) 倒轉卦 - 風天小畜의 卦를 거꾸로 倒轉시키면 天澤履卦가 된다.

2) 配合卦 – 小畜의 卦를 陰爻를 陽爻로, 陽爻는 陰爻로 바꾸어 配合卦를 만들면 雷地豫卦가 된다.

3) 錯綜卦 – 上卦와 下卦를 서로 바꾸어 錯綜卦를 만들면 天風姤卦가 된다.

4) 互　卦 – 初九와 上九의 爻를 除外하고 互卦를 만들면 火澤睽卦가 된다.

[卦　辭]

小畜은 亨하니 密雲不雨는 自我西郊일새니라

● 小畜은 亨通하니 빽빽한 구름에 비가 오지 않음은, 내가 西쪽 郊外로부터 하기 때문이다.

◎ 小畜은 亨通하다. 구름이 빽빽하나 비가 내리지 않는 것은 구름이 西쪽 郊外로부터 일기 때문이다.(구름이 西쪽 하늘 陰의 方位에서 일어 아직 東쪽 陽의 方位에 와서 和合하지 않기 때문이다.)

1) 亨 – 九二와 九五는 剛中임으로 亨通하다. 小畜은 갑자기는 안 되더라도 끝내는

亨通하다.

2) 密雲不雨 – 하늘을 빽빽하게 덮고 있는 구름을 密雲이라 한다. 그러나 비가 오지 않아 不雨이다. 한 爻뿐인 陰의 힘이 微弱해서 陰陽의 調和가 되지 못하기 때문에 密雲不雨이다.

3) 自我西郊 – 구름이 西쪽 하늘에 있으면 비가 오지 않는다.(西空雲不作雨) 文王 八卦에서 西南方은 陰方이고 東北方은 陽方이다. 따라서 西쪽 구름은 陰의 氣運만 지니고 있어 陽의 氣運과 和合하지 않아 비가 오지 않는다.

4) 周의 文王을 西伯 또는 岐伯이라 했다. 따라서 自我西郊는 文王 自身을 말하고 文王이 紂王의 暴政을 당하면서 가만히 때를 기다리고 있는 모양이다.

5) 文王은 西쪽에서 善政을 베풀고 있으나 東쪽으로 가야 百姓을 구제할 수 있다. 그러나 때가 되지 않았다.

6) 獄살이를 하면서 文王이 卦辭를 지었다고 한다. 우리나라에서도 귀양살이를 하면서 공부를 많이 하고 업적을 남긴 茶山 등 선비가 많다.

[彖 辭]

彖曰 小畜은 柔 – 得位而上下 – 應之할새 曰小畜이라 健而巽하며 剛中而志行하야 乃亨하니라 密雲不雨는 尙往也 – 오 自我西郊는 施未行也 – 라

🌓 彖에서 말하기를 小畜은 柔가 得位하여 上下가 應할새 曰 小畜이라. 健하여 巽하며 剛이 中에 있어 뜻을 行하며 이에 亨通하니라. 密雲不雨는 오히려 가는 것이오. 自我西郊는 베푸는 것이 아직 行해지지 않음이라.

◎ 小畜은 陰柔한 것이 位를 얻어 아래위가 이에 應하는(다섯 陽爻가 六四 陰爻에 上下로 應한다.) 것이니 小畜이라 한다. 健하고 巽順하며 剛이 得中하여 뜻을 行하니 亨通한 것이다. 密雲不雨는 아직도 나아가고 있기 때문이고, 自我西

郊는 베푸는 것이 아직 行하여지지 않는 것이다.

1) 柔得位而上下應之 - 六四가 제자리에 得位하고 다섯 陽爻가 이에 應하고 있음을 말한다. 上은 九五, 上九이고 下는 初九, 九二, 九三이다. 六四 主爻를 上이라 하고 그 正應인 初九를 下로 보는 解釋도 있다.
2) 密雲不雨尙往也 - 구름이 빽빽한데 비가 오지 않는다는 것은, 구름이 西方에서 東方으로 가고는 있으나 아직 비가 오지는 않는 것.
3) 施未行也 - 때가 되지 않아 비가 내리지 않으나 장차는 내릴 것이라는 뜻.

[象 辭(大象)]

象曰 風行天上이 小畜이니 君子 - 以하야 懿文德하나니라
懿: 떳떳할 의, 아름다울 의

◐ 象에서 말하기를 바람이 위로 가는 것이 小畜이니, 君子가 써 文德을 아름답게 하느니라.
◎ 바람이 하늘 위를 가는 것이 小畜이니, 君子는 이것을 본받아 文德을 아름답게 닦아야 하느니라.

1) 懿文德 - 自己修養으로 文과 德을 길러 나간다. 文德을 갖추는 일은 柔로써 禮樂 敎化하는 것. 武德은 剛이다. 六四가 柔弱함으로 文德을 닦아 百姓을 다스린다. 바람은 氣運은 있으나 바탕이 없다.
2) 六四는 初九와 正應이므로 옆에 群龍이 있어도 돌아보지 않고 自己의 文德을 아름답게 닦는다.

[爻 辭]

初九는 復이 自道 - 어니 何其咎 - 리오 吉하니라

☯ 初九는 回復함이 道로부터 하는 것이니 어떻게 허물이리오 吉하니라.

◎ 本來의 자리로 回復하는 것이 正道로 하는 것이니 어찌 그것을 허물이라 할 수 있겠는가 그러므로 吉하니라.

1) 復自道 - 初九는 剛陽이고 正位이다. 六四와 正應의 관계에 있다.
2) 本來의 자리로 돌아간다는 것은 狀況을 보아 나아가지 않고 제일 밑에 있어 正道를 지키는 것.
3) 下卦인 乾은 하늘이니 위로 올라가는 것이 원래의 自己로 回復하는 것이 된다.
4) 六四가 그치고 머물게 할 것이나 初九는 正位이므로 初九가 올라가면 正應인 六四가 말리지 않는다. 그렇기 때문에 正道를 밟아서 本來의 자리로 돌아간다면 허물이 없고 吉하다.

象曰 復自道는 其義吉也 - 라

☯ 象에서 말하기를 復自道는 그 道義가 吉함이라.

◎ 本來의 자리로 回復한다는 것은, 그 行爲가 道義에 비추어 吉하기 때문이다.

九二는 牽復이니 吉하니라

☯ 九二는 이끌어서 回復함이니 길하니라.

◎ 뜻을 같이하는 初九와 서로 이끌어 道에 回復하는 것이니 吉하니라.

1) 得中한 陽爻이므로 中庸之道로 行한다. 그러므로 初九를 이끌고 가서 六四를

만나게 한다.

2) 牽復－牽: 이끌 견, 九二가 역시 陽爻인 初九를 이끌고 가서 道에 回復하면 吉하다. 九五와 서로 이끌어 간다는 解釋도 可能하다.

3) 위에 있어야 할 乾이 위로 올라가 回復하는 것은 陽爻 全部의 뜻이다. 위로 回復하려는데 六四에게 制止 當하나 中庸之道를 行하는 九二는 本來의 자리로 돌아갈 수 있게 된다.

象日 牽復은 在中이라 亦不自失也－라

◐ 象에서 말하기를 이끌어서 回復함은 中에 있음이라. 또한 스스로를 잃지 않음이라.

◎ 뜻을 같이하는 初九를 이끌고 回復함은 得中하였기 때문이다. 또한 스스로를 잃지 않는 것이다.

1) 初九를 이끌고 本來의 자리로 돌아가려 하되 中道를 잃지 않았다.

2) 亦不自失也－初九도 그러하고 九二도 또한 中道를 잃지 않음.

九三은 輿說輻이며 夫妻反目이로다

說 = 脫, 輻 = 輹(심보대 복)

◐ 九三은 수레의 바퀴살이 빠지는 것이며 夫妻가 反目함이로다.

◎ 수레의 바퀴살이 빠지는 것이니, 男便과 아내가 서로 反目하는 것이다.

1) 위로 올라가다가 六四에게 저지되어, 수레 바퀴살이 빠져 무너질 危險에 있다.

2) 夫妻反目－夫는 九三, 妻는 六四이다. 九三의 올라감을 六四가 막으니 反目이라 할 수 있다.

象曰 夫妻反目은 不能正室也 – 라

☯ 象에서 말하기를 夫妻反目은 能히 집을 바로 하지 못함이라.
◎ 夫妻反目은, 집안을 바로 다스리지 못하기 때문이다.

1) 夫妻反目은 九三이 中道로 하지 않기 때문에 六四가 反目하여 못 올라오게 하
　　는 것이다.
2) 夫妻反目은 能히 正室이 아니기 때문이라 解釋되기도 한다.

六四는 有孚 – 면 血去코 惕出하야 无咎 – 리라

☯ 六四는 믿음이 있으면 피가 나지 않고, 두려움에서 나와 허물이 없으리라.
◎ 精誠을 가지고 있으면 근심이 살아지고 두려움이 없어져 허물이 없을 것이다.

1) 有孚 – 六四는 唯一한 陰爻이고 中虛無我라 할 수 있고 主爻니까 有孚이다.
2) 血去 – 피나게 하지 않는다. 血은 恤로 보아 근심이나 괴로움이 사라진다고 볼
　　　　　수 있음.
3) 惕出 – 조심해서 道를 밝아 나가면 두려움에서 벗어나고 걱정이 사라진다.
4) 단 하나의 陰爻가 衆陽을 머물게 하니 傷害를 입을 可能性이 있다. 그러나 六
　　四는 柔順하고 得正하여 有孚하니 血去 惕出이 이루어진다.
5) 有孚는 九五 君主에게 精誠을 다하는 것. (正應인 初九에 대한 精誠을 두는 것
　　도 된다.)

象曰 有孚惕出은 上合志也 – 라

☯ 象에서 말하기를 有孚惕出은 위와 뜻이 合함이라.
◎ 精誠이 있으면 두려움이 사라진다는 것은, 위의 九五君位와 뜻이 合해지기 때
　　문이다.

1) 上合志也 - 위와 뜻을 合하는 것. 上은 바로 위에 있는 九五君王을 가리킨다.
　　　　　六四는 大臣의 位에 있기 때문에 政治的으로 九五의 뜻에 맞게 하
　　　　　는 것.
2) 六四는 一陰으로서 다섯 陽을 머물게 하려면 어렵다. 그러나 柔順正位이므로
　　위에 있는 九五의 도움을 받는다.

九五는 有孚 - 라 攣如하야 富以其鄰이로다

● 九五는 믿음이 있음이라. 손잡고 協力하는 듯하여 富를 그 이웃과 같이하는 것
　이로다.
◎ 精誠을 가지고 있는지라 이웃 즉 六四와 손잡고 당기는 것같이 하여 富를 그
　이웃과 함께 한다.

1) 攣如 - 攣은 땅길 연, 손잡을 연 如는 어조사, 손을 잡고 당겨 協力하는 것. 손
　　　　 잡는 것같이 六四를 이끌거나 땅기는 것같이 하여
2) 九五는 君王이니 富를 獨占할 수 있으나 中正이므로 그렇게 하지 않는다.
3) 富以其鄰 - 富를 이웃과 함께 나눈다.

象曰 有孚攣如는 不獨富也 - 라

● 象에서 말하기를 有孚攣如는 홀로 富하지 않는 것이라.
◎ 誠實함을 가지고 이끈다 함은, 혼자 富裕하자는 것이 아니다.

上九는 旣雨旣處는 尙德하야 載니 婦 - 貞이면 厲하리라 月幾望이니 君子 - 征이면 凶하리라

● 上九는 이미 비가 내리고 이미 그침은 德을 崇尙하여 가득함이니, 婦가 바르게

만 하면 危殆로우리라. 달이 거의 滿月이니 君子가 나아가면 凶하리라.

◎ 이미 비가 내리고 비가 멎은 것은 德을 崇尙하여 가득차게 한 것이다. 婦가 지나치게 곧기만 하면 危殆로울 것이다. 달이 거의 보름이니 君子가 그대로 나아가면 凶하리라.

1) 旣雨旣處 - 이미 비가 오고 이미 그친 것. 卦辭에서 密雲不雨였으나 이제 때가 되고 陰陽이 和合하여 비가 내리고 그친 狀態.

2) 尙德載 - 德을 崇尙하여 그것이 가득하다. 載는 가득할 재, 九三에서 수레 바퀴 살이 빠졌으나 이제 고쳐지고 正常的으로 되어 가득 실을 수 있다.

3) 婦貞 - 上九는 陰位에 있는 陽爻이다. 따라서 婦人이 과도하게 固執을 세우면 좋지 않다. 六四가 陽을 制止함에 지나치게 하면 危殆롭다.

4) 君子征凶 - 君子가 中庸之道를 지키지 않고 지나치게 치고 나가면 凶한 狀態.

5) 月幾望 - 달이 거의 望이 되어 간다. 14日 밤의 달이다. 달이 덜 찼다. 따라서 일이 成事되지 않음을 表現.


```
┌  月幾望 - 14日 밤 달 - 달이 거의 望이 되었다.
│  月己望 - 보름달 15日 - 달이 이미 滿月이 되었다.
└  月旣望 - 16日 밤 달이 이미 望을 지났다.
```


象曰 旣雨旣處는 德이 積載也 - 오 君子征凶은 有所疑也 - 니라

☯ 象에서 말하기를 旣雨旣處는 德이 가득 실린 것이오, 君子征凶은 疑心할 바가 있느니라.

◎ 비가 내리고 이미 그쳤다고 함은, 德이 쌓여서 가득찬 것이다. 君子가 그대로 하면 凶하다는 것은, 疑心하는 바가 있기 때문이다.

10. 天 澤 履

```
━━━━━━  不正
健 ━━━━━━  正   (中) 乾 天
  ━━━━━━  不正
 ---------------  不正
  ━━  ━━  不正
說 ━━━━━━  不正 (中) 兌 澤
  ━━━━━━  正
```

履卦는 實行, 履行 責任에 관한 原理를 말하고 있다. 바로 앞의 小畜卦의 倒轉卦로서 秩序와 禮節에 관해서 說明하고, 道德의 根本에 관해서 論하고 있다.

-序 說-

1. 卦의 뜻

1) 履라는 글은 밟을 이로서, 올바른 일을 차례대로 밟아서 實踐하고, 禮節을 지켜 하늘이 내린 원래의 性品을 回復한다는 뜻이 있다.

2) 履는 不處也라 해서 가만히 있지 않고 움직이는 流動性을 나타낸다.

3) 흔히 취직을 하려면 먼저 履歷書를 내게 된다. 이것은 個人이 밟아 온 歷史라 할 수 있다. 邵康節의 「皇極經世書」는 地球의 履歷書를 보여 주고 있다.

4) 自然의 運行은 조금도 어긋남이 없이 秩序整然하다. 따라서 履卦는 차례, 秩序가 얼마나 重要한가를 우리에게 가르쳐 주고 있다.

5) 秩序를 지킨다는 것은 곧 禮儀, 禮節을 지킨다는 것이다. 사람이 禮를 지킨다

는 것은, 道德의 根本이다.

6) 사람이 社會生活을 해 나가면서 어떤 일을 얼마나 잘했는가 하는 履歷이 곧 그 사람을 評價하는 重要한 尺度가 된다. 이때 그 사람이 올바른 秩序를 지켰는가, 얼마나 禮나 道德에 合當한 일을 했는가 하는 것이 判斷의 基準이 된다.

7) 天澤履의 卦辭에는 元亨利貞의 四德 가운데서 亨만 들어 있다. 이는 사람의 功績은 자기 스스로가 올바르게 밟아 나가는 데 따라 決定되기 때문이다. 따라서 努力없는 功績은 없고 禮儀와 道德은 스스로 努力한 만큼의 成果를 거둔다.

8) 歷史는 우리의 거울이고, 先賢들의 발자취는 우리에게 敎訓을 주는 것이므로 歷史, 傳記, 語錄 등을 많이 읽고 배워야 하는 것이다.

2. 卦象과 卦德

1) 下卦 兌는 少女이고, 柔한 것이다. 柔한 것이 剛한 것의 아래에 있으니 마치 범의 꼬리를 밟고 있는 形象이다. 그러나 兌는 부드럽고 기쁘게 해 주는 것이기 때문에 물리지 않고 뜻을 이룰 수가 있다. 따라서 柔가 能히 剛을 制하는 象이라 할 수 있다.

2) 上卦 乾天은 그 氣運이 위로 올라간다. 下卦 兌澤은 못이니 밑에 있고 땅 위에 물이 고여 있다. 따라서 上下의 구별이 뚜렷하다. 그리고 위의 하늘은 實天이고, 아래 못에 비친 하늘은 虛天이라 할 수 있다.

3) 天澤履의 卦德은 下卦가 悅이다. 그리고 上卦는 健이다. 따라서 기뻐하면서 剛健한 것에 따르는 形象이다. 이는 後輩가 先輩, 下位者가 上位者를 따르고 그 經驗을 배우는 것이라 할 수 있다.

4) 天澤履는 앞에서부터 10번째의 卦이다. 10은 河圖의 數이다. 10은 體가 되고, 用이 아니다. 그러므로 履卦는 有形이면서 無形이고 順序, 次序, 秩序, 禮, 天序라 할 수 있다.

5) 人生이든 어떤 일이든 올바르게 禮를 지키고 秩序를 지키며 밟아 가는 行路에
   는 원래 시기와 질투 그리고 모함이 따르고 危險도 있을 수 있다. 그러나 그러
   한 어려움이나 危險을 두려워하면 아무 일도 할 수가 없다. 이러한 狀況에 對
   處하는 理致가 履卦에 담겨 있다.
6) 「序卦傳」에서는 물건이 쌓이면 禮가 있게 된다. 그러므로 履로써 받는다고 하
   였다.(物畜然後에 有禮라 故로 受之以履하고)

3. 卦의 變化

1) 倒轉卦 – 天澤履를 倒轉한 卦는 바로 앞에서 본 風天小畜의 卦다.
2) 配合卦 – 履卦의 陰爻를 陽爻로, 陽爻는 陰爻로 바꾸어 全變시키면 地山謙이 된다.

3) 錯綜卦 – 離卦의 上下卦를 서로 바꾼 錯綜卦는 澤天夬가 된다.

4) 互 卦 – 履卦의 初九와 上九爻를 除外하고 互卦를 만들면 風火家人의 卦가 된다.

[卦 辭]

履虎尾라도 不咥人이라 亨하니라

咥: 물 질

◑ 호랑이의 꼬리를 밟더라도, 사람을 물지 않음이라 亨通하니라

◎ 호랑이의 꼬리를 밟았음에도, 사람을 물지 않는 것이라 亨通하다.

1) 乾天의 剛한 호랑이 꼬리를 兌澤의 悅하고 柔한 것이 밟고 있는 形象이다.
2) 乾卦의 九三爻가 變하면 天澤履卦가 되고 乾의 九三은 君子가 終日乾乾하면 危殆로우나 허물이 없다고 했으니 호랑이 꼬리를 밟고 있는듯 조심하고 삼가는 자세와 같다.
3) 人間은 각자 하늘이 준 性品을 가지고 있다. 그것이 現實生活을 하면서 올바르게 간직되었는가 恒常 反省해야 한다.
4) 하늘이 못에 비추어지듯 本來의 性品이 現實的으로 더럽혀졌는가를 못에 있는 모습으로 反省하고 삼간다.

[彖 辭]

彖曰 履는 柔履剛也－니 說而應乎乾이라 是以履虎尾不咥人亨이라 剛中正으로 履帝位하야 而不疚－면 光明也－라

疚: 병들 구

◑ 彖에서 말하기를, 履는 柔가 剛을 밟음이니, 기쁨으로서 乾에 應함이라. 이로써 履虎尾不咥人亨이라. 剛이 中正으로 帝位를 밟아 병들지 않으면 光明하리라.

◎ 履는 柔가 剛을 밟은 것이니, 기쁜 마음으로 乾에 應하는 것이다. 그러므로 호랑이의 꼬리를 밟아도 호랑이가 사람을 물지 않아 亨通하다는 것이다. 剛이 中

正으로 帝位에 올라서 마음에 병이 들지 않는다면, 光明할 것이다.

1) 柔履剛也 - 陰爻 六三의 柔가 上卦 乾의 剛을 밟고 있다.
2) 剛中正 - 九五가 剛健中正의 位에 있다.
3) 履帝位 - 임금이 등극할 때 섬돌을 밟아 올라간다. 따라서 임금의 자리에 올라서라는 뜻.
4) 不疚 - 君王의 도리를 지키지 못하면 그것이 병폐가 된다. 따라서 그런 병폐가 없다면……
5) 光明也 - 君王의 자리에 올라, 병폐 없이 王道를 지키면, 크게 그 공적이 빛나고 밝아진다.

[象 辭(大象)]

象曰 上天下澤이 履니 君子 - 以하야 辯上下하야 定民志하나니라

◐ 象에서 말하기를 위는 天이오, 下는 澤이 履니 君子가 써 하여 위아래를 分別하여 百姓의 뜻을 定하나니라.
◎ 위에 하늘이 있고 아래에 못이 있는 것이 履卦이다. 君子는 이것을 본받아서 上下를 分別하여, 百姓의 뜻을 安定시키도록 해야 한다.

1) 上天下澤 - 이는 卦象으로 上卦는 乾天이고 下卦는 兌澤으로 되어 있다.
2) 辯上下 - 위아래를 分別한다는 것은 秩序와 禮節을 分明히 알고 지키도록 하는 것.
3) 定民志 - 百姓들의 뜻이나 마음이 安定되고 社會의 기강이나 秩序가 서도록 하는 것.
4) 下卦 兌에서 上卦 乾으로 건너가는 것은 先天에서 後天으로 건너는 것으로 비기기도 한다. 거기서 互卦를 보면 火가 있다. 따라서 先天에서 後天으로 바뀔 때에는 불로써 어떤 變化가 일어남을 暗示한다고 말해진다.

[爻 辭]

初九는 素履로 往하면 无咎-리라

● 初九는 본래 그대로 나가면 허물이 없으리라.
◎ 하늘이 준 性品을 그대로 간직해서 나가면 허물이 없을 것이다.

1) 素履-初九는 陽자리에 陽이 있으니 正位이다. 素는 흴 소, 본대 소. 靑, 黃,
   赤, 黑, 白 五色의 바탕은 白色이다. 따라서 하늘이 내린 本來의 바탕,
   性品을 간직하는 것.
2) 往-언제나 本來의 性品을 그대로 간직하는 것.
3) 사람은 주어진 狀況에서 自己本分을 지키고 분수, 도리를 벗어나지 않도록 언
   제나 反省하고 努力해야 한다.

象曰 素履之往은 獨行願也-라

● 象에서 말하기를 素履之往은, 홀로 行하는 것을 願함이라.
◎ 하늘이 내린 性品 그대로 나아간다는 것은, 남모르게 自己분수를 지켜 나가는
   것을 바라는 것이다.

1) 獨行願也-혼자서 남모르게 分守를 편하게 지켜 나가는 것을 바라는 것.
2) 어디를 가도 그 本分을 지키고 本分대로 사는 것.
3) 人生을 살아가면서 어렵고 危殆로운 일이 있어도, 그에 휩쓸리지 않고 꿋꿋하
   게 自己 도리와 분수를 지켜 나가면 탈이 없다.

九二는 履道 - 坦坦하니 幽人이라아 貞코 吉하리라

幽: 그윽할 유, 숨을 유, 저승 유(幽明 - 저승과 이승)

坦: 평탄할 탄, 너그러울 탄

☯ 九二는 밟는 道가 탄탄하니, 그윽한 사람이라야 바르고 吉하리라.

◎ 밟는 길이 탄탄대로이니 마음을 가다듬어 수도하는 사람이라야 올바르고 吉할 것이다.

1) 履道坦坦 - 밟는 길이 평탄하다. 九二는 得中하여 中庸之道를 지키는 사람이다. 따라서 險한 데로 가지 않고 大道 大路를 나아간다.

2) 幽人 - 山中에서 修道하는 隱士, 道人, 幽靜之人. 혼자 조용히 世上의 어지러움을 피하면서 그 뜻을 行하고 올바르게 사는 사람.

3) 貞吉 - 幽人으로서 修道하는 사람이라야 올바른 길을 나아갈 수 있고, 正道로 나가야 吉하다.

象曰 幽人貞吉은 中不自亂也 - 라

☯ 象에서 말하기를 幽人貞吉은 中이 스스로 어지럽지 않음이라

◎ 幽靜之人이라야 바르고 吉하다 함은, 中을 지켜 마음이 스스로 어지럽히지 않기 때문이다.

1) 九二는 得中이나 正應은 없다. 中庸之道를 밟아 正心으로 살아간다. 따라서 스스로의 修養으로 그 마음의 中心이 흔들리거나 어지럽혀지지 않는다.

六三은 眇能視며 跛能履라 履虎尾하야 咥人이니 凶하고 武人이 爲于大君이로다

● 六三은 소경이 能히 보며, 절름발이가 能히 밟는 것이라. 호랑이 꼬리를 밟아 사람을 무는 것이니 凶하고 武人이 大君이 되는 것이로다.
◎ 소경이 能히 보려 들고, 절름발이면서 能히 걸으려 하는 것이다. 따라서 호랑이 꼬리를 밟아 물리게 되는 것이니 凶하고, 武人이 大君이 되는 것이로다.

1) 眇能視 – 眇는 소경 묘, 애꾸눈 묘. 눈이 먼 소경이 보려고 한다.
2) 跛能履 – 跛는 절름발이 파. 절름발이면서 걸으려고 한다.
3) 武人爲于大君 – 武人이 大君 노릇을 하는 것. 武人이 마치 大君인 양 行動하는 것.
4) 六三은 陰이 陽位에 있어 不正位이고 不中이다. 陰이 陽노릇 하려는 것이니 턱없는 野心으로 自己 마음대로 하면 호랑이 꼬리를 밟아 물리게 된다.
5) 武人이 政權을 잡아 氣勢가 높으나 思慮가 不足한 狀態이다.
6) 武人은 大君을 위해서만 있는 것이라는 解釋도 있다.

象曰 眇能視는 不足以有明也–오 跛能履는 不足以與行也–오 咥人之凶은 位不當也–오 武人爲于大君은 志剛也–라

● 象에서 말하기를 眇能視는 써 有明이기에 不足이오, 跛能履는 써 與行하기에 不足이오, 咥人之凶은 位가 不當함이오, 武人爲于大君은 뜻이 剛함이라.
◎ 소경이 能히 본다는 것은 밝음이 있기에 不足하고 절름발이가 能히 걷는다는 것은 더불어 行하기에 不足하고, 사람이 물리어 凶하다 함은 位가 마땅하지 못하기 때문이다. 武人이 大君이 된다는 것은 뜻이 剛하기 때문이다.

1) 不足以有明 – 明은 눈이 잘 보이는 것. 따라서 이 句節은 잘 볼 수가 없다는 것.
2) 不足以與行 – 與行은 함께 멀리 가는 것. 따라서 함께 멀리 걸어갈 脚力이 없는 것.

3) 位不當 - 六三은 陰爻가 陽位에 있어 位가 不當하다. 德望이 없고 기갈이 센 사람. 거친 武人에 비유했다.
4) 志剛 - 積極的이고 進取的인 뜻이 있는 것.

九四는 履虎尾니 愬愬이면 終吉이리라

◑ 九四는 호랑이 꼬리를 밟은 것이니, 조심하고 조심하면 마침내 吉하리라.
◎ 호랑이 꼬리를 밟은 것이니, 조심하고 삼가는 것이 끝까지 가면, 마침내 吉할 것이다.

1) 愬愬 - 愬은 조심할 삭. 두려워하며 조심하고 삼가는 모양. 강조하고 있다.
2) 九四는 陰位에 있는 剛이다. 九五君王 바로 밑에 있어 조심하고 삼가며 君王을 도우면 마침내 吉하다.
3) 危機를 當하여 勇氣를 가지고 일을 수행하되 충분히 反省하고 조심하면 끝내 吉하다.

象曰 愬愬終吉은 志行也 - 라

◑ 象에서 말하기를 愬愬終吉은 뜻이 行해지는 것이라.
◎ 조심하고 조심하면 마침내 吉하다 함은 本來의 뜻을 行하기 때문이다.

1) 志行 - 하늘이 내린 性品을 그대로 行하는 것.
2) 陽은 위로 나아가는 것이다. 危機에서 벗어나 위로 가려는 뜻이 實現된다.
3) 위의 九五 君王을 돕는 뜻이 實現된다.

九五는 夬履니 貞이라도 厲하리라

☯ 九五는 夬하게 밟는 것이니, 올바르더라도 危殆로우리라.
◎ 명쾌하게 밟아 가는 것이니, 올바르더라도 危殆로움이 있을 것이다.

1) 夬履－夬는 쾌할 쾌, 決斷이다. 단호하게 決定, 決行해 나가는 것.
2) 九五는 君王의 位에 있고 剛健中正으로 責任지고 決斷한다. 位가 正當하기 때문에 危殆로우나 그것이 可能하다.
3) 貞厲－人事에 관한 독재, 果斷決行은 지나치면 危殆하다.

象曰 夬履貞厲는 位正當也일새라

☯ 象에서 말하기를 夬履貞厲는 位가 正當하기 때문이라.
◎ 명쾌하게 밟아 올바르더라도 危殆하다는 것은, 그 자리가 바르고 마땅하기 때문이다.

1) 政治的으로 법제상 정당한 자리에 있기 때문에 決行하고 果斷性 있게 하는 것이 可能하다.

上九는 視履하야 考祥호대 其旋이면 元吉이리라

☯ 上九는 밟아 온 것을 보아 祥함을 상고하되, 그것이 되돌아오는 것이면 크게 吉한 것이리라.
◎ 밟아 온 것을 되돌아보아 상서롭게 잘되었는가를 考察하되, 그것이 제대로 된 것이면 크게 吉할 것이다.

1) 視履－밟아 온 지난날을 살펴보고 회고하는 것.

2) 考祥－祥: 상서 상, 상서롭게 일을 잘했는가를 생각, 反省해 보는 것.

3) 其旋－旋은 돌이킬 선, 그것이 되돌아오는 것. 지난날 한 일의 結果.

4) 元吉－크게 吉하다. 원래 올바르게 잘했기 때문에 吉함이 오니 元吉이다.

5) 實踐의 窮極的 평가는 過去에 해 온 일이 어떠한 結果로 나타났는가를 考察함
   으로써 可能하다.

6) 좋은 일을 해 왔으면 結果도 좋을 것이다. 나쁜 일을 해 왔다면 結果가 좋지
   못할 것이다.

7) 人間의 運, 不運은 평소에 어떤 行動을 하는가에 따라 定해진다.

8) 履卦 上九는 지난날의 行績, 履歷에 대한 評價를 하는 대목이다. 어긋남이 없
   으면 크게 吉하다.

9) 正道를 벗어나서 行해 왔다면 吉하지 않고 災殃이 올 수도 있다.

象曰 元吉在上이 大有慶也니라

● 象에서 말하기를 元吉이 위에 있음이 크게 慶事가 있는 것이니라.

◎ 크게 吉함이 위 즉 上九에 있으니, 慶事가 크게 있는 것이다.

1) 元吉在上－上 즉 上九에 元吉이 있다. 乾卦上九는 亢龍有悔였다. 보통은 上九
   에 元吉이 잘 들지 않으나 履卦에 있는 것은 지난날의 履行을 보아
   올바르게 했음이 평가될 수 있기 때문이다.

2) 大有慶也－크게 慶事가 있다. 大有는 卦名이다. 大有卦 上九爻에는 自天祐之吉
   无不利가 있다. 이는 하늘이 精誠을 다하여 積善하는 사람에게 吉함
   을 준다는 뜻이다.

3) 훌륭한 行動으로 一貫해 왔으면 元吉이고 큰 기쁨이 있다.

4) 坤卦 文言傳에서 積善之家 必有餘慶과 뜻이 通한다.

5) 誠心이 始終一貫하면 元吉이 된다.

6) 上九는 六三과 相應이다. 陰陽이 調和되고 있기 때문에 有慶이라 했다.

11. 地 天 泰

```
順 ━━━  ━ ━    正
  ━━━  ━ ━    不正 (中) 坤 地
  ━━━  ━ ━    正
  ----------------  正
健 ━━━━━━   不正 (中) 乾 天
  ━━━━━━   正
```

發展과 泰平의 길을 보여 주는 것이 地天泰이다. 天地의 氣運이 서로 通하고, 陰과 陽의 氣運이 和合하는 形象이다.

-序 說-

1. 卦의 뜻

1) 하늘의 氣運은 위로 올라가고, 땅의 氣運은 아래로 내려간다. 그러므로 下卦 乾天의 氣運이 上昇하고, 下卦 坤地의 氣運은 下降하여 天地의 交合이 이루어지고, 陰陽의 造化로 萬有가 蒼生하고, 生育되며, 發達하고 發展한다.

2) 泰라는 글자는 클 태, 열릴 태이다. 따라서 泰卦는 泰平, 泰安을 뜻하고, 通한다는 뜻을 담고 있다.

3) 泰의 글자 모양은, 三 人 水로써 構成되었다고 말해진다.
   ① 三은 天地人 三才를 나타낸다.
   ② 人은 天地人 三才의 三을 꿰뚫고 있다. 사람은 하늘을 머리에 이고 땅을 밟고 살아간

다. 따라서 用으로서의 三才인 天人地에서 사람이 中心임을 나타낸다.

③ 水는 萬有가 물로써 비롯했음을 가리키고 있다. 특히 모든 生命體는 물 없이는 生成되지 못하고, 물 없이는 살아 갈 수가 없다.

4) 泰의 글자 가운데 三은 儒佛仙을 가리킨다고도 볼 수 있다. 여기에는 天人地의 中心인 사람 人字가 모두 들어 있기 때문이다.

5) 地天泰의 卦는 열한 번째이다. 易經에서는 1과 2가 드는 順序에서 하나의 節을 形成하고 重要한 意味를 갖는 두 卦씩을 配置해 두고 있다.

○ 上經 −『1乾, 2坤』『11泰, 12否』『21噬嗑, 22賁』

○ 下經 −『31咸, 32恒』『41損, 42益』『51震, 52艮』『61中孚, 62小過 』『63旣濟, 64未濟』

6) 열한 번째라는 것은 十一이다. 이 十과 一의 글자를 합치면 土 혹은 士가 된다. 土는 中이며, 地球, 大地 위에 萬有가 創造되고, 生을 營爲하니, 天下 泰平의 바탕이다. 그리고 士 선비는 만 사람을 가르치고 이끌어 가는 것이니, 역시 社會가 泰安할 수 있는 바탕이라 할 수 있다.

2. 卦象과 卦德

1) 內卦 乾天은 하늘이다. 하늘의 氣運은 언제나 위로 올라간다. 外卦 坤地는 땅이고 大地이다. 땅의 氣運은 항시 아래로 내려간다. 그러므로 天地의 氣運이 서로 通하고 交合하고 있다.

2) 乾은 아버지이고, 坤은 어머니이다. 父母가 만나 婚姻하고, 陰陽이 和合함으로써 子息을 낳고 家族이 形成되며, 이 家族을 基本單位로 하여, 民族, 國家, 人類가 繁榮한다.

3) 內卦 乾天의 卦德은 健이고, 外卦 坤地의 卦德은 順이다. 그러므로 靜態的으로 보면 안으로 강직함을 지니고 있으면서, 밖으로 부드러운 狀態이다. 사람으로

말하면 外柔內剛의 人格을 가진 君子이다.

4) 下卦 乾天의 卦德 剛이 上卦 順으로 나아간다. 따라서 動態的으로 보면 剛健한 것이 順한 데로 나아간다.

5) 乾卦를 君子로 보고, 坤卦를 小人으로 본다면, 君子가 小人을 德化해 나가는 形象이다.

6) 地天泰의 卦는 全部의 爻가 陰陽의 調和를 이루고 있다. 즉 初九와 六四, 九三과 上六은 正應이고, 九二와 六五는 相應이다. 모두가 陰陽의 和合을 이루었으니 泰安한 狀況이다. 그러나 中의 위치에 있는 九二와 六五가 不正位이다. 따라서 泰는 끝에 가서 否卦로 넘어가는 것이다.

7) 泰는 正月의 卦이다. 乾天 三陽과 坤地 三陰이 꼭 같이 調和되고 均衡을 이루고 있다. 그러므로 陰陽의 가장 올바른 調和가 이루어진 이때를 한해의 歲首로 삼는다.

8) 正月은 節氣로 보아 立春에 該當된다. 立春의 節氣에 설날, 歲首, 元旦이 드는 것이다. 그러므로 立春을 實質的인 새해의 始作으로 보아, '立春大吉' '建陽多慶'의 글씨를 대문에 써 붙이고 한해의 幸運을 祈願하는 民俗이 생긴 것이다.

9) 泰卦가 立春에 該當되는데, 이는 先天八卦에서 震의 자리이다. 그리고 後天八卦에서는 艮의 자리가 된다. 이 震方과 艮方은 우리나라를 가리킨다. 더구나 震☳을 뒤집으면 艮☶이 된다.

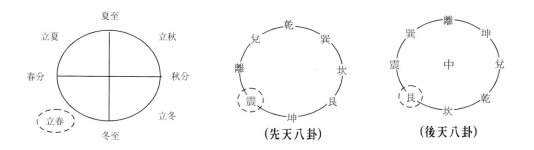

(先天八卦)   (後天八卦)

10) 泰卦가 正月인데, 泰卦와 짝을 이루는 否卦는 7月의 卦이다. 易經의 卦象으로

서 一年 열두 달을 나타내면, 陽이 자라나는 여섯 개의 '息卦(陽生)'과, 陰이 자라나는 여섯 개의 '消卦(陽滅)'가 있어, 一年 열두 달이 '消息'으로 循環을 거듭하는 것이다.

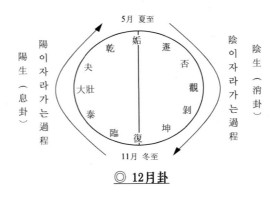

◎ 12月卦

11) 陽이 자라나는 것은 地雷復卦부터이고, 陰이 자라나는 것은 天風姤卦부터이다.

3. 卦의 變化

※ 泰卦와 否卦는 짝을 이룬다. 泰는 治, 否는 亂이라, 治亂이 反復되는 歷史를 나타낸다. 그러므로 卦의 變化에서 泰卦와 否卦는 서로 倒轉卦, 配合卦, 錯綜卦를 이룬다. 이러한 關係를 갖는 것은 泰否卦뿐이다.

1) 倒轉卦 – 地天泰의 卦를 倒轉하면 天地否가 된다.

2) 配合卦 - 陰爻를 陽爻로, 陽爻는 陰爻로 바꾸어도 天地否가 된다.

3) 錯綜卦 - 地天泰의 上下卦를 바꾸어도 否卦가 된다.

　　　　　否卦의 경우도 마찬가지이다.

4) 互　卦 - 地天泰의 初九와 上六을 除外하고 互卦를 만들면 雷澤歸妹의 卦가 된다.

[卦 辭]

泰는 小 - 往코 大 - 來하니 吉하야 亨하니라

☯ 泰는 작은 것이 가고 큰 것이 오니 吉하야 亨通하니라.

◎ 泰는 작은 것(陰)이 가고 큰 것(陽)이 오니 吉하고 亨通하다.

1) 陰은 小, 陽은 大이다. 純陰인 坤地가 外卦이고 純陽인 乾天이 內卦이므로 小가 가고 大는 온다고 하였다.

2) 小는 小人, 大는 君子 또는 大人이다. 따라서 小人이 물러가고 大人이 와서 다스리니 吉하고 亨通하다.

3) 易에서는 內卦를 先天, 外卦를 後天으로 보기도 한다. 따라서 先天은 乾道 즉 陽의 時代이고 後天은 坤道 즉 陰의 時代임을 나타내고 있다.

4) 乾卦에서 履卦까지의 10卦에서 陰爻, 陽爻가 각기 30爻씩이다. 그리고 11卦째인 泰에서 陰陽爻가 각기 세 개씩이다.

5) 元利貞은 없고 亨字만 있는 것은, 陰陽의 理致, 天地의 造化는 이미 卦象에 있고, 地天泰가 되면 모든 것이 亨通하기 때문이다.

[彖 辭]

彖曰 泰小往大來吉亨은 則是天地-交而萬物이 通也-며 上下-交而其志-同也-라 內陽而外陰하며 內健而外順하며 內君子而外小人하니 君子道-長하고 小人道-消也-라

- ◐ 彖에서 말하기를 泰小往大來吉亨은 곧 이것은 天地가 交하여 萬物이 通함이며, 上下가 交하여 그 뜻이 같음이라. 內는 陽이고 外는 陰하며, 內는 健하고 外는 順하며, 內는 君子이고 外는 小人이니 君子의 道가 자라고 小人의 道는 消하니라.

- ◎ 泰는 작은 것이 가고 큰 것이 와서 吉코 亨하다는 것은, 곧 天地가 相交하여 亨通하다는 것이며, 上下가 사귀어 그 뜻이 서로 같은 것이다. 안은 陽이고 밖은 陰이며, 안은 君子이고 밖은 小人이니 君子의 道는 자라고 小人의 道는 사라지는 것이다.

☷☷ 地 地	小往 大來	地 天	上 下	外陰 內陽	順 健	小人道消 君子道長
泰	吉亨	交 萬物通	交 其志同			

[象 辭(大象)]

象曰 天地交-泰니 后-以하야 財成天地之道하며 輔相天地之宜하야 以左右民하나니라

- ◐ 象에서 말하기를 天地가 交함이 泰니 后가 써 하여 天地의 道를 制하고 이루

며, 天地의 마땅함을 돕고 도와서 써 百姓을 도우느니라.

◎ 하늘과 땅이 사귀는 것이 泰니, 임금은 이를 본받아서 天地의 道를 計劃하고
設計하며 天地의 마땅함을 알맞게 도와서 百姓을 돕도록 하는 것이다.

1) 后 - 임금, 君主, 옛날에는 諸侯를 모두 后라 했다. 天子는 元后라 하였다.
2) 財成 - 財는 裁制와 같은 뜻. 裁制해서 필요 없는 것을 끊어 없애고 알맞게 하
    는 것.
3) 財成天地之道 - 天地의 道에 알맞게 計劃 設計하는 것. 달력을 만들어 때를 밝
      히고 交通의 便益을 꾀하는 것 등이다.
4) 輔相 - 輔는 도울 보, 相은 도울 상이다. 不足한 것을 보충하고 도와서 알맞게
    하는 것.
5) 天地之宜 - 天地自然의 움직임이 마땅한 것. 봄에 씨 뿌리고 가을에 거두며, 햇
      빛이 나고 비가 내리는 것 등이 알맞게 되는 것.
6) 左右民 - 百姓을 도운다. 左는 佐(도울 좌), 右는 佑(도울 우)와 같은 뜻.

[爻 辭]

初九는 拔茅茹 - 라 以其彙로 征이니 吉하니라

茅: 띠 모   茹: 띠 여, 뿌리 여   彙: 무리 휘   征: 갈 정, 칠 정

☯ 初九는 띠 뿌리를 뽑는 것이라. 그 무리로써 나아감이니 吉하니라.
◎ 띠 뿌리를 뽑는 것이다. 같은 무리와 더불어 함께 가는 것이므로 吉하다.

1) 拔茅茹 - 띠를 뽑으면 그 뿌리가 엉키어 있다. 茹는 뿌리가 서로 엉켜 있는 모양.
2) 以其彙 - 그 무리 同類(初九,九二,九三)와 더불어 함께라는 뜻. 草野에 묻혀 있던
      初九, 君子가 숨어 있다가 때가 되어 九二. 九三과 더불어 世上에 나타
      나는 것.

3) 征 - 君子가 제 갈 길을 나아가는 것.

象曰 拔茅征吉은 志在外也 - 라

☯ 象에서 말하기를 拔茅征吉은 뜻이 밖에 있음이라.

◎ 띠를 뽑아(뿌리가 엉키듯 同類와 더불어) 나아가면 吉하다 함은, 뜻이 밖에 있
다는 것이다.

1) 志在外也 - 그 나아가는 뜻이 外卦 즉 朝廷의 높은 자리에 있다.
2) 외는 六五 君王을 가리킨다.

九二는 包荒하며 用馮河하며 不遐遺하며 朋亡하면 得尙于中行하리라

☯ 九二는 거친 것을 싸며, 河川을 걸어서 건너듯 하며, 먼 것을 버리지 않으며,
벗을 버리며 中을 行함에 崇尙함을 얻으리라.

◎ 너그럽게 包容하며 江을 걸어서 건너듯 果斷性이 있으며, 먼 것을 버리지 아니
하며 朋黨을 버리면 中道를 行함에 떳떳함을 얻을 것이다.

1) 包荒 - 거칠고 더러운 데가 있더라도 包容한다는 뜻. 寬容, 包容의 美德을 말한다.
2) 用馮河 - 馮은 걸어서 강 건널 빙 · 걸어서 큰 江을 건너듯 果斷性 있게 일을
　　　　　　처리하고 추진하는 것.
3) 不遐遺 - 遐는 멀 하, 遺는 버릴 유 · 먼 곳에 있는 훌륭한 사람도 버리지 아니
　　　　　　한다. 草野에 묻혀 있는 어진 사람을 남김없이 登用한다.
4) 朋亡 - 벗들과의 사사로운 情을 버리는 것. 私情에 흐르지 않고 公明正大하게
　　　　　처리하는 것.
5) 得尙于中行 - 中行은 中道와 같다. 따라서 中道를 行하여 떳떳함을 얻는 것.
　　　　　　　　尙은 配, 合의 뜻. 漢代 이래 天子의 公主에게 配함을 尙公主라

하였다. 그러므로 中道에 合함을 얻는다는 뜻.

6) 여기서 包荒, 用馮河, 不遐遺, 朋亡은 政治의 四要諦라 할 수 있다.

象曰 包荒得尙于中行은 以光大也－라

☯ 象에서 말하기를 包荒得尙于中行은 써 빛나고 큰 것이라.

◎ 包荒으로부터 朋亡까지를 지켜 得尙于中行이 된다는 것은 그렇게 함으로써 그 德이 빛나고 커진다는 것이다.(六五의 柔弱한 王을 九二가 뒷받침한다.)

九三은 无平不陂며 无往不復이니 艱貞이면 无咎하야 勿恤이라도 其孚－라 于食에 有福하리라

陂 : 언덕 피, 기울어질 피　　　艱 : 어려울 간　　　恤 : 근심 휼

☯ 九三은 평평하여 언덕지지 않음이 없으며, 가서 돌아오지 않음이 없으니, 어렵고 바르게 하면 허물이 없어, 근심하지 않아도 그 믿음이 있는지라 먹는 일에 福이 있으리라.

◎ 평탄하면서 언덕지지 않은 곳이 없고, 가서 돌아오지 않는 것도 없다. 어려운 가운데서도 바르게 하면 허물이 없을 것이다. 근심하지 아니하여도 그 믿음에 있어 食祿에 福이 있을 것이다.

1) 无平不陂－平平하면서도 언덕지지 않은 곳이 없다. 기울어진 곳이 전혀 없는 平地는 없다. 泰平스러운 世上도 언젠가는 기울어진다는 뜻.

2) 无往不復－가고 돌아오지 않음이 없다. 즉 自然의 理致는 가고 또 온다. 天道 의 原理로서 永遠한 繁榮은 없다.

3) 艱貞－어려움을 견디고 어려우면서도 올바르게 한다는 것.

4) 勿恤－근심 걱정하지 않아도라는 뜻.

5) 于食－食祿, 먹고사는 일.

象曰 无往不復은 天地際也-라

◒ 象에서 말하기를 无往不復은 天地가 사귀는 것이라.

◎ 가고 돌아오지 않음이 없다는 것은, 하늘과 땅이 서로 사귀고 접했기 때문이다.

1) 天地際-際는 즈음 제, 사귈 제, 交際
　　九三은 下卦 乾天의 끝이며 위의 坤地와 사귀는 자리이다.
2) 九三이 끝나면 이제 陰이 始作된다. 따라서 陰과 陽이 마주치고 交際하는 것.
3) 大象의 天地交泰의 交와 여기서의 天地際也의 際에서 交際라는 낱말이 나온다.

六四는 翩翩히 不富以其鄰하야 不戒以孚로다

◒ 六四는 나붓거리듯 富하다 하지 않고, 그 이웃과 함께 하여 경계함이 없이 믿음으로 함이로다.

◎ 나붓거리며 날아오듯 富하다 하지 않고, 그 이웃들과 함께 하는 것이니, 경계하는 바가 없고 誠實한 것이다.

1) 翩翩-나붓거릴 편, 빨리 날 편 · 새가 무리 지어 나붓거리며 내려오는 形容.
2) 不富以其鄰-富는 陽이고 貧은 陰이다. 여기서 不富는 六四가 大臣이고 富貴하지만 그것을 의식하지 않고 내세우지 않는 것. 其鄰은 六四의 同類인 이웃의 六五와 上六.
3) 不戒以孚-경계하는 바 없이 誠心을 가지고 下卦의 三陽을 信賴하는 것.

象曰 翩翩不富는 皆失實也-오 不戒以孚는 中心願也-라

◒ 象에서 말하기를 翩翩不富는 다 實을 잃음이오. 不戒以孚는 中心으로 願함이라.

◎ 나붓거리듯 날아와 富하다 하지 않음은 모두가 實(陽)을 잃은 것이다. 경계함

없이 믿음으로 함은 마음속으로부터 가르침 받기를 원하기 때문이다.

1) 皆失實－皆는 六四, 六五, 上六. 陽爻를 實이라 하고 陰爻를 虛, 不富로 한다. 失
　　　　實은 富하다 하지 않는 것. 自己才能이나 勢力을 없는 것처럼 하는 것.
2) 中心願也－마음속으로부터 三陽 賢人의 가르침을 받기를 원하는 것.

六五는 帝乙歸妹－니 以祉며 元吉이리라

☯ 六五는 帝乙이 누이동생을 시집보내는 것이니, 써 祉福이 있으며 크게 吉하리라.
◎ 임금이 누이동생을 시집보내는 것과 같이 그렇게 하면 하늘의 福을 받을 것이
　며 크게 吉할 것이다.

1) 帝乙－임금. 殷의 天子는 生日의 天干를 따서 이름으로 삼았다. 누구인가에 대
　　　　해서는 두 가지 說이 있다.
　　　　　① 殷의 湯王을 天乙이라 했다.
　　　　　② 湯王의 六世孫 帝乙로서 紂王의 아버지.
2) 歸妹－歸는 시집갈 귀, 女子가 시집가는 것. 妹는 여동생의 뜻도 있고 막내딸
　　　　이라는 뜻도 있다. 地天泰卦 속에는 雷澤歸妹의 互卦가 內包되어 있다.
　　　　于歸日(시집가는 날. 女子가 新行가는 날.)
3) 以祉元吉－福祿大吉이라는 뜻. 祉는 福, 元은 大
4) 六五의 天子는 柔하나 得中하고 相應인 九二의 賢臣을 信任하여 그 뜻을 따른
　　다. 여동생을 臣下에게 降嫁하듯 그렇게 겸허하게 하면 크게 吉하다.

象曰 以祉元吉은 中以行願也－라

☯ 象에서 말하기를 以祉元吉은 中으로써 願하는 것을 行함이라.
◎ 써 福을 받아 크게 吉하다 함은 中道로서 行함으로써 바라는 일을 行하는 것이다.

1) 中은 中庸之道이다. 六五는 得中하였다.
2) 六五는 九二와 서로 應하고 九二 賢人의 가르침을 받고 따르는 것이다.

上六은 城復于隍이라 勿用師 - 오 自邑告命이니 貞이라도 吝하니라

復: 되돌아올 복, 문어질 복   覆也,

隍: 모퉁이 황(隅也), 城 아래 못을 파되 물이 없는 것.

● 上六은 土城이 터로 되돌아옴이라. 군사를 쓰지 말 것이오. 邑으로부터 命을 告함이니 바르더라도 인색하니라.

◎ 城이 무너져 터로 되돌아 왔다. 軍隊를 動員해서 힘으로 하려 하지 말라. 自己 마을에 命을 내려(마음속에서부터 反省하여) 수습하는 것이니 올바르게 해도 吝嗇할 것이다.

1) 城復于隍 - 城이 무너져 성 아래 파둔 못에 흙이 덮였다. 나라가 亡하는 것.
2) 勿用師 - 師는 衆이다. 나라가 亡하니 百姓이 흩어졌다. 억지로 軍隊를 動員하
            거나 百姓을 動員하면 더 어지럽게 된다.
3) 自邑告命 - 自己 고을 사람들에게 命하여 수습하는 것. 또 自己 마음을 다스리
            고 反省하여 德治하는 것.

象曰 城復于隍은 其命이 亂也 - 라

● 象에서 말하기를 城復于隍은 그 命이 어지러운 것이라.

◎ 城이 무너져 터가 되었다 함은 그 命令이 어지러워졌다는 것이다.

1) 其命 - 天命이다. 六四에서 否卦의 상태가 조금씩 커져 上六에서 天命이 다하는 것.
2) 泰의 過程이 끝나고 天命이 다하여 世上이 어지러워지고 否塞해짐.
3) 歷史의 흐름은 否泰의 原理라 할 수 있다.

泰－否－泰－否－泰로 돌아간다.

太平盛代로 있다가 否塞한 混亂의 時代가 온다. 그러므로 安定된 時期에 우리는 否塞한 것이 오지 않도록 경계하고 오래 가도록 努力해야 한다.

4) 六四부터 否의 狀態가 조금씩 들기 始作한다.

12. 天 地 否

```
━━━━━━━━━━  不正
健 ━━━━━━━━━━  正   (中) 乾天
    ━━━━━━━━━━  不正
    ━━━ ━━━  不正
順 ━━━ ━━━  正   (中) 坤地
    ━━━ ━━━  不正
```

否卦는 泰卦의 倒轉卦이다. 땅의 氣運은 아래로 내려가고, 하늘의 氣運은 위로 올라간다. 따라서 下卦 坤地와 上卦 乾天은 서로 사귀지 못하고, 亨通할 수가 없다. 否卦의 세계는 閉塞과 紊亂의 길이다.

-序 說-

1. 卦의 뜻

1) 否라는 글자는 막힐 비로서, 不과 口로 되어 말을 못한다는 뜻이 있고, 또 不合이라는 뜻도 있다.

2) 人類의 歷史는 治亂이 거듭되는 過程이다. 泰平盛代가 언제까지 계속되지는 않고, 반드시 榮枯盛衰가 있다. 그러므로 易에서는 地天泰의 卦 다음에 天地否의 卦를 가져와, 治亂의 過程을 보여 주고 있는 것이다.

3) 否卦는 天地가 相交하지 않는다. 즉 하늘의 氣運은 위로 올라가고, 땅의 氣運은 아래로 내려오기 때문에 萬事가 亨通할 수 없는 것이다. 地天泰에서는 天地가 相交하여 萬事가 亨通하였으나, 亨通한 것이 끝없이 갈 수는 없고, 모든 일

이 막히는(塞) 天地否로 옮겨오는 것이다.

4) 社會的으로는 統治者와 百姓 사이에 意思 소통이 잘 안 되고, 사람들 사이의 不和가 있고, 社會의 秩序도 어지러워지는 상황이다.

5) 人事的으로는 父母 사이의 不和의 狀況이다. 그러면 家庭이 평온하지 못하고 父母 자식 사이에도 갈등이 생기게 되는 상태를 나타내고 있다.

6) 泰의 狀況에서는 별 문제가 없으나, 否의 狀況일 때는 그 어려움을 넘기는 일이 重要하다. 잘 넘기기 위해서는 자기의 分數를 지키고, 마음을 가다듬고, 惟精惟一한 精神을 지녀야 한다.

7) 病不可殺人, 藥不可活人이라는 말이 있다. 말하자면 天命思想이다. 어려운 患難의 時期에는 天命을 알고, 順天命해야 한다. 따라서 安貧樂道, 安分樂道해야 한다.

8) 사람은 어려운 狀況에 直面했을 때, 그것을 잘 넘기면 오히려 더 좋은 일이 올 수도 있다. 말하자면 先否後泰, 苦盡甘來, 先憂後樂 등이 그것이다.

2. 卦象과 卦德

1) 內卦는 坤地이고, 外卦는 乾天이다. 그러므로 坤地 땅의 氣運은 아래로 내려가고, 乾天 하늘의 氣運은 위로 올라가게 되니, 內外卦가 서로 반대 방향으로 나아가게 되어 같이 어울리거나 和合하지 않는다.

2) 上卦 乾天은 剛하고 下卦 坤地는 柔하다. 따라서 卦象 자체가 剛上柔下이므로 不安定한 構造인 것이다.

3) 天地否의 狀態는, 나라로 말하면 君王이나 統治者와 백성 내지 국민 사이에 不和가 있는 形象이다. 세상이 어지럽고 亂世의 상태인 것이다.

4) 家庭으로 말하면 乾天인 父와 坤地인 母가 서로 뜻이 맞지 않고, 父母 사이에 意思 소통이 되지 않는 상태라 할 수 있다. 그러면 그 家庭은 不和 속에 평온하지 못하게 된다.

5) 下卦 坤地의 卦德은 順이고, 上卦 乾天의 卦德은 健이다. 따라서 이 卦는 順한 데서 健한 데로 나아가게 되므로, 처음에는 萬事가 否塞하나, 끝에 가서는 泰로 넘어 갈 可能性을 지니고 있다.

6) 內卦인 純陰의 卦를 小人, 外卦인 純陽의 卦를 君子로 보아, 小人이 得勢하고 君子는 배척되고 있는 形象이다. 이것은 內小人 外君子라, 朝廷에는 小人이 득실거리고, 어진 사람은 隱居하고 있는 형상이다.

7) 天地否의 卦는 모든 爻가 서로 正應 또는 相應하고 있어 陰陽의 調和가 이루어지고 있다. 즉 初六爻와 九四爻는 각기 不正位이나 相應을 이루고, 六三爻와 上九爻도 또한 각기 不正位이나 相應되고 있다. 그리고 六二爻는 正位 柔順中正이고, 九五爻는 正位 剛健中正으로서 서로 正應하고 있다. 이와 같이 가장 重要한 두 得中의 爻가 서로 正應의 關係에 있기 때문에 天地否는 장차 泰의 상태로 갈 可能性을 지니고 있는 것이다.

8) 否卦는 음력 7월의 卦이다. 下卦 坤陰이 끝나고 上卦 乾陽으로 넘어가는 7月 15日 전후에 立秋가 든다.

3. 卦의 變化

1) 倒轉卦 - 天地否의 倒轉卦는 바로 앞에 나온 地天泰卦이다.
2) 配合卦 - 天地否의 陰爻를 陽爻로, 陽爻를 陰爻로 바꾸면 역시 地天泰卦가 된다.
3) 錯綜卦 - 否卦를 上下卦를 서로 바꾸어 錯綜해도 역시 地天泰卦가 된다.
4) 互 卦 - 初六爻와 上九爻를 除外하고 互卦를 만들면 風山漸卦가 된다. 否塞할 때에는 덤비지 말고 漸進的으로 나아가야 한다.

[卦 辭]

否之匪人이니 不利君子貞하니 大往小來니라

● 否는 사람이 아닌 것이니, 君子가 바르게 함이 不利하니 大가 가고 小가 오느니라.

◎ 否塞하게 함은 사람이 아니기 때문이다. 이런 때에는 君子가 正道를 行해도 이롭지 않으니, 큰 것 즉 君子 陽이 가고 작은 것 즉 小人 陰이 오게 된다.

1) 否之匪人 - 否는 막혀서 通하지 않는 것. 否之는 閉塞해서 通하지 않는 世上을 만들고 있는 것은이라는 뜻이다. 匪人은 小人을 가리킨다. 匪는 非와 같다.
2) 不利君子貞 - 君子로서의 正道를 지켜 가기가 어렵다. 小人들이 盛하기 때문에 (下陰三爻), 君子가 바른길을 行하면 不利하고 오히려 災殃을 입는다.
3) 大往小來 - 큰 것은 陽 君子, 작은 것 陰 小人이다. 往은 上卦 陽三爻가 가는 것. 來는 下卦 陰三爻가 오는 것.

[彖 辭]

彖曰 否之匪人 不利君子貞 大往小來는 則是天地 - 不交而萬物이 不通也 - 며 上下 - 不交而天下 - 无邦也 - 라 內陰而外陽하며 內柔而外剛하며 內小人而外君子하니 小人道 - 長하고 君子道 - 消也 - 라

● 彖에서 말하기를 否之匪人 不利君子貞 大往小來는 곧 이는 天地가 不交하여 萬物이 不通이며 上下가 不交하여 天下에 나라가 없음이라. 內陰으로 外陽하며, 內柔로 外剛하며, 內小人으로 外君子하니, 小人의 道가 자라고 君子의 道는 消함이라.

◎ 否는 사람이 아닌 것이니 君子가 바르게 함이 不利하니, 큰 것이 가고 작은 것
이 온다는 것은, 곧 天地가 交하지 않아 萬物이 亨通하지 못하며, 上下가 交하
지 않아서 天下에 나라가 없는 것이다. 안은 陰이고 밖은 陽이며, 안은 柔하고
밖은 剛하며, 안은 小人이고 밖은 君子이므로 小人의 道는 자라고 君子의 道
는 사라지는 것이다.

1) 萬物不通 – 生育하지 못하고 亨通하지 못함.
2) 上下不交 天下无邦 – 君臣의 意思 소통이 안 되고 人事가 제대로 되지 않아 나
　　　　　　　　　　　라가 망하는 꼴.
3) 도표참조

		天道	地道	人道
☰	外	陽	剛	君子道消
☷	內	陰	柔	小人道長

[象 辭(大象)]

象曰 天地不交 – 否니 君子 – 以하야 儉德辟難하야 不可榮以祿이니라

◑ 象에서 말하기를 天地가 不交함이 否니 君子가 써 德을 아끼고 어려움을 피하
여 祿으로써 영화를 꽤 해서는 안 되느니라.
◎ 天地가 交接하지 않는 것이 否니 君子는 이를 본받아서 德이 있어도 없는 것
처럼 하여 어려운 難을 피하고 榮華를 누리려고 해서는 안 된다.

1) 儉德 – 德을 아낀다. 儉約, 質素의 德. 德이 있어도 外部에 나타내지 않는다. 德
　　　이 있을지라도 없는 것처럼 숨기는 것.

2) 辟難 - 辟는 피할 피, 難은 小人의 災難. 小人들이 得勢하고 있는 어지러운 때
　　에 災難을 입지 않도록 피한다.

3) 不可榮以祿 - 벼슬하지 아니한다. 祿을 얻음으로써 榮華를 누리려 해서는 안 된
　　다는 경계사.

[爻 辭]

初六은 拔茅茹 - 라 以其彙로 貞이니 吉하야 亨하니라

◐ 初六은 띠 뿌리를 뽑는 것이라. 그 무리로써 올바름이니 吉하여 亨通하니라.

◎ 띠를 뽑으니 뿌리가 엉키어 있다. 같은 무리와 함께 올바르게 해 나가면 吉하
　고 亨通하다.

1) 拔茅茹 - 띠를 뽑으면 그 뿌리가 서로 엉켜 있다. 즉 엉켜 있는 뿌리들이 함께
　　뽑힌다.

2) 貞吉亨 - 初六은 陰이고 小人이므로 아직 不善이 크지 않고 六二, 六三과 더불
　　어 바르게 살려고 한다. 바르게 살면 吉하고 亨通하다.

象曰 拔茅貞吉은 志在君也 - 라

◐ 象에서 말하기를 拔茅貞吉은 뜻이 임금에게 있음이라.

◎ 띠를 뽑으니 뿌리가 엉키어 있으나 바르게 하면 吉하고 亨通하다 함은, 뜻이
　임금에게 忠誠하는 데 있기 때문이다.

1) 志在君也 - 初六은 九五 훌륭한 君主가 나와 德治해 주기를 바라고 있다. 이렇
　　게 바라는 것이 庶民의 뜻이다.

六二는 包承이니 小人은 吉코 大人은 否니 亨이라

☯ 六二는 包容하고 이어 감이니 小人은 吉하고 大人은 否塞하니 亨通함이라.

◎ 六二는 柔順中正의 자리이다. 九五와 正應이므로 너그럽게 包容하고 九五의 뜻을 이어받는다. 小人은 吉하고 大人은 否塞하지만 道義를 지키면 亨通하다.

1) 包承 - 包容하여 從順함이다. 柔順中正의 六二가 九五의 剛한 임금의 뜻을 따르고 그 命令을 받들어 承順하는 것이다.
2) 小人吉 - ① 六二 小人이 九五 君主에게 從順하면 吉.
　　　　　② 亂世에 自己 利益을 取하기 때문에 吉.
3) 大人否 - ① 九五 大人이 六二의 小人을 善用하면 지금은 否塞하나 장차 亨通하다.
　　　　　② 大人은 사태를 알고 숨어서 사니 否塞하나 亨通하다.

象曰 大人否亨은 不亂群也 - 라

☯ 象에서 말하기를 大人否亨은 무리를 어지럽게 하지 않음이라.

◎ 大人否亨은 大人이 小人들의 무리에 말려들어 가지 않는다는 것.

1) 不亂群 - 不亂은 말려들지 않는 것. 群은 小人들의 무리 즉 內卦의 陰爻들.

六三은 包 - 羞 - 로다

☯ 六三은 수치스러움을 싸고 있는 것이로다.

◎ 六三은 內卦의 極盛이다. 六三은 陰 氣運의 끝으로 不正 不中 小人이면서 수치스러운 것을 감싸고 있다.

1) 能力도 없으면서 부끄럽고 수치스러움을 모르고 자리를 지키고 있는 形象이다.

象曰 包羞는 位不當也일새라

◑ 象에서 말하기를 包羞는 位가 마땅하지 않음이라.
◎ 包羞는 不正 不中이라 位가 마땅하지 않기 때문이다.

九四는 有命이면 无咎하야 疇 – 離祉리라

◑ 九四는 命이 있으면 허물이 없어서 동무가 福에 걸리리라.
◎ 天命이 있으면 허물이 없어서 같은 동무 즉 무리(九五, 上九)와 더불어 福을 얻을 것이다.

1) 九四는 陽在陰位로서 柔弱한 大臣과 같다. 이제 否塞한 時期가 절반 지나 太平의 징조가 보이는 時期이다.
2) 有命无咎 – 天命이 있어 天命에 따라 否塞한 世上을 救濟한다면 허물이 없다.
3) 疇 – 동무 주, 짝 주, 밭이랑 주, 무리 주. 周易本文에서 疇字는 否卦 九四爻 뿐이다.
   離祉 – 離는 떠날 이, 밝을 이, 걸릴 이. 여기서는 걸릴 이, 祉는 복 지
         그러므로 福에 걸리다. 즉 福을 받는다는 뜻.

象曰 有命无咎는 志行也 – 라

◑ 象에서 말하기를 허물이 없다는 것은 뜻이 行해지는 것이다.
◎ 天命이 있으면 허물이 없다는 것은 뜻이 行해지는 것이다.

1) 志行 – 否의 狀態를 救濟하려는 뜻이 이루어진다.

九五는 休否라 大人의 吉이니 其亡其亡이라아 繫于苞桑이리라

☯ 九五는 否를 쉬게 함이라. 大人의 吉함이니 그 亡할 듯 亡할 듯 해야만 무성한 뽕나무에 매달게 되리라.

◎ 막힘이 쉬는 것이다. 大人은 吉할 것이니 그 亡할 듯 亡할 듯 한 때라야 무성한 뽕나무에 매달게 되는 것이다.

1) 休否 - 休는 쉴 휴, 否가 쉬는 時期이다. 英明한 君主 九五가 否塞한 狀態를 一時中止시킬 수 있다.
2) 大人吉 - 이 九五의 大人은 剛健中正하니 吉하고 福이 있다.
3) 其亡其亡 - 그러나 否가 끝나지 않았으므로 放心해서는 안 된다. 따라서 亡할지 모른다 亡할지 모른다 하고 마음속으로 언제나 反省해야 한다. 이때 天時가 動하고 있다.
4) 繫于苞桑 - 繫는 멜 계, 于는 어조사, 苞는 무성할 포, 줄기 포, 桑은 뽕나무 뿌리·뽕나무는 가지가 가늘고 약하다. 여기에 매단 것은 견고하지 못하다. 따라서 危險과 不安이 아직 남아 있다.
5) 其亡其亡 繫于苞桑은 九五 大人이 스스로 경계하는 말이다.

※ 參考(繫辭傳 下五章)
  安而不忘危 存而不忘亡 治而不忘亂 是以身安而國家 可保也

◎ 君子가 安全할 때 危險을 잊지 않고, 存在할 때 亡할 것을 잊지 않고, 統治할 때 亂할 것을 잊지 않으니, 이것이 一身이 편하고 國家를 가히 保全하는 것이다.

象曰 大人之吉을 位 - 正當也일새라

● 象에서 말하기를 大人之吉은 位가 正當함이라.
◎ 大人이 吉하다 함은 자리가 바르고 옳기 때문이다.

上九는 傾否니 先否코 後喜로다

● 上九는 否가 기울어지는 것이니 먼저는 否하고 뒤에는 기쁨이로다.
◎ 否가 기울어지는 것이니 먼저는 막히고 뒤에는 기쁨이 올 것이다.

1) 上九는 否卦의 極이다. 否가 기울어졌으니 泰의 기운이 들어온다.

象曰 否終則傾하나니 何可長也 - 리오

● 象에서 말하기를 否가 끝난즉 기울어지는 것이니 어찌 오래가리오.
◎ 막히던 것은 終局에는 반드시 기울어지는 것이다. 그 否塞한 것이 어찌 오래갈
  수 있겠는가.

◉ 泰否의 相互比較

	[泰卦]		[否卦]
卦辭	小往大來吉亨	卦辭	否之匪人 不利君子貞 大往小來
彖辭	天地交 萬物通 上下交 其志同 內陽 外陰 內健 外順 內君子 外小人 君子道長 小人道消	彖辭	天地不交 萬物不通 上下不交 天下无邦 內陰 外陽 內柔 外剛 內小人 外君子 小人道長 君子道消
象辭	天地交泰 后以 財成天地之道 輔相天地之宜 以左右民	象辭	天地不交否 君子以 儉德辟難 不可榮以祿
爻辭	初 拔茅茹 以其彙征吉 二 包荒 用馮河 不遐遺 朋亡 得尙于中行 三 无平不陂 无往不復 艱貞无咎 勿恤 其孚 于食有福 四 翩翩 不富以其隣 不戒以孚 五 帝乙歸妹 以祉元吉 上 城復于隍 勿用師 自邑告命 貞吝	爻辭	初 拔茅茹 以其彙 貞吉亨 二 包承 小人吉 大人否亨 三 包羞 四 有命无咎 疇離祉 五 休否 大人吉 其亡其亡 繫于苞桑 上 傾否 先否 後喜

13. 天火同人

```
━━━━━━━　不正
健　━━━━━━━　正　　(中) 乾 天
　　━━━━━━━　不正
- - - - - - - - - - - - - - - - - -
　　━━━━━━━　正
文　━━━　━━━　正　　(中) 離 火
明　━━━━━━━　正
```

뜻을 같이하는 사람들의 協同을 나타낸다. 같은 性品 같은 價値觀을 가진 사람들의 모임과 그들이 뜻과 힘을 합쳐 努力하는 모습이다.

-序 說-

1. 卦의 뜻

1) 同人이란? 같은 사람이다. 그러나 이 世上에 꼭 같은 사람이 있을 수는 없다. 따라서 이것은 같은 뜻을 가진 同志, 같은 性品, 趣向을 가진 사람이라는 뜻이 된다.

2) 同人卦는 같은 뜻을 가진 사람들이 서로 모여 協同하고 團結하면서 同一한 目標를 향해서 努力하는 狀況을 말하고 있다.

3) 天火同人이라는 글자에서 天은 二와 人, 火는 옆으로 점 2개 즉 二와 人으로 풀어 볼 수 있다. 이때 二人이란 仁이라는 글과 뜻이 같다.

4) 64卦 가운데서 사람 人字가 들어 있는 卦는 天火同人과 風火家人 두 卦가 있

다. 同人은 社會的으로 뜻을 같이하는 사람들이 協同하는 狀況이고, 家人은 한 집안 內部에서 家族이 協同하는 모습을 나타낸다.

5) 同人은 같은 뜻을 가진 사람의 모임과 活動을 나타낸다. 따라서 文學을 비롯해서 藝術活動, 社會活動을 하는 同人會, 同人誌가 여기서 비롯했다.

6) 우리나라에서 예로부터 盛行되는 契모임도 同人의 活動이라 할 수 있다. 契는 禊와 같고, 參與하는 사람들이 一心團結해야 그 契가 올바르게 運用된다.

7) 同人은 곧 同心이다. 예로부터 같은 마음을 가진 사람들의 뭉쳐진 마음은 쇠라도 끊을 수 있고, 같은 마음의 말은 난초와 같이 향기롭다 하여 同心契, 金蘭契 등이 있어 왔다.

(同心之心斷金 同心之言如蘭)

8) 이 世上이 發展하기 위해서는 같은 마음, 같은 뜻을 가진 사람들이 모이고 힘을 합쳐서 努力하지 않으면 안 된다. 契모임, 會社, 社會機構, 國家 등의 發展과 文化創造도 결국 그 構成員들의 同心, 同人의 狀態가 決定한다고 할 수 있을 것이다.

2. 卦象과 卦德

1) 天火同人의 下卦는 火이고 上卦는 天이다. 불은 炎上한다 하여 위로 그 氣運이 올라가고, 하늘의 氣運도 위로 올라간다.(乾卦 文言傳 本乎天者 親上) 그러므로 같은 氣運이 되어 同人이다.

2) 同人卦의 卦象을 보면 內卦 三爻는 모두 正位이고, 外卦는 九五가 正位이고, 九四, 上九는 不正이다. 여기서 九五 剛健中正과 六二 柔順中正이 陰陽調和를 이루었으므로 뜻이 서로 合하는 同人이다.

3) 乾卦의 九二爻는 "見龍在田이니 利見大人이니라"는 爻辭로 되어 있다. 乾卦의 이 九二爻가 變하면 上卦는 원래의 乾天이고, 下卦는 離火로 變하니 天火同人이다.

4) 同人卦의 卦德을 보면 內卦는 麗 또는 文明이고, 外卦는 健이다. 따라서 아름 답고 文明한 것이 健全하게 發展한다. 同人의 協力과 努力이 結集되면 文明이 健하게 發展되는 것이다.

5) 乾坤卦 이후에 屯, 蒙, 需, 訟, 師, 比의 여섯 卦는 모두 坎水의 卦가 들어 六 水卦였다. 그런데 需, 訟, 小畜, 履는 그 互卦에 離火가 나타나고 同人과 大有 에도 離火가 들기 때문에 이를 六火卦라 부르기도 한다.

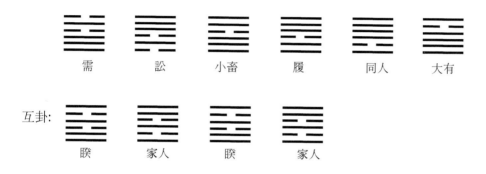

6)「序卦傳」에서는 事物은 끝까지 否할 수가 없는 것이라 故로 同人으로 받는다 고 하였다.(物不可以終否라 故로 受之以同人하고)

3. 卦의 變化

1) 倒轉卦 – 同人卦를 뒤집어 倒轉시키면 다음에 나올 火天大有卦가 된다.

2) 配合卦 – 同人卦의 陰爻를 陽爻로, 陽爻를 陰爻로 바꾼 配合卦는 地水師卦가 된다.

3) 錯綜卦 - 上下卦를 서로 바꾼 錯綜卦는 역시 火天大有卦가 된다.
4) 互 卦: 同人卦의 初九와 上九를 除外하고 互卦를 만들면 天風姤가 된다.

[卦 辭]

同人于野 - 면 亨하리니 利涉大川이며 利君子의 貞하니라

☯ 사람과 함께 하기를 들에서 하면 亨通하리니, 大川을 건넘이 利로우며, 君子의
　올바름이 利로우니라.

◎ 사람들과 뜻을 같이하되 모두가 알 수 있게 公開的으로 하면 亨通할 것이니
　큰일을 해내는 데 利로우며, 君子가 正道로 하는 것이 利롭다.

1) 同人 - 사람들과 더불어 뜻을 같이하는 것. 大同團結. 主爻 六二의 柔順中正에
　　　　　나머지 五陽이 모이고 뜻을 같이함.
2) 于野 - 들에서라는 뜻. 이것은 二人 以上의 사람이 公開的으로 모두 알 수 있게
　　　　　公明正大하고 公平無私하게 뜻을 모으는 것.
3) 互卦는 天風姤로 이는 만난다는 뜻이 同人과 通한다.
4) 利涉大川 - 大川을 건너는 데 利롭다는 것은, 名分이 있고 至公无私하게 大同團
　　　　　　結을 하면 큰일을 다해 낼 수 있다는 뜻.
5) 利君子의 貞 - 君子가 올바르게 하는 것이 利롭다. 즉 正道로 公明正大하고 至
　　　　　　公无私하게 하면 利롭다는 것.

[象 辭]

象曰 同人은 柔-得位하며 得中而應乎乾할새 曰同人이라 同人于野亨利涉大
川은 乾行也-오 文明以健하고 中正而應이 君子正也-니 唯君子-아 爲能通
天下之志하나니라

☯ 象에서 말하기를 同人은 柔가 得位하며, 得中하여 乾에 應한 것을 말하여 同
　　人이라. 同人于野亨利涉大川은 乾이 健하게 行함이오. 文明함으로써 健하고
　　中正으로 應함이 君子의 올바름이니 오직 君子라야 能히 天下의 뜻을 通하느
　　니라.

◎ 同人은 柔(六二陰爻)가 正位를 얻고 中道를 얻어서 乾에 應하는 것을 同人이
　　라 한다. 同人于野亨利涉大川이라 함은 乾이 健하게 行하는 것이오. 文明함으
　　로써 剛健하고 中正으로써 應하는 것이 君子의 올바른 일이다. 오직 君子만이
　　天下의 뜻과 能히 通할 수가 있는 것이다.

1) 柔得位-六二가 正位이며 柔順中正이다.
2) 得中而應乎乾-六二 陰爻가 外卦의 乾天과 應한다. 그리고 六二는 外卦의 九五
　　　　　　　　　剛健中正과 正應의 關係이다.
3) 乾行也-天行은 至公无私하여 健하다. 따라서 君子가 그 뜻을 健하게 펴 나가
　　　　　　　고 行해 나간다.
4) 文明以健-文明은 下卦 離火의 卦德이고, 健은 上卦 乾天의 卦德이다.
5) 中正而應-六二의 柔順中正과 九五의 剛健中正이 正應하고 中庸之德과 뜻을
　　　　　　　펴는 것.
6) 爲能通天下之志-君子가 能히 天下의 뜻에 通한다는 것은, 百姓이나 國民이 바
　　　　　　　　　라는 바 民心을 아는 것.

[象 辭(大象)]

象曰 天與火－同人이니 君子－以하야 類族으로 辨物하나니라

○ 象에서 말하기를 하늘과 더불어 하는 불이 同人이니, 君子가 써 하야 同類의 族으로 事物을 分別하나니라.

◎ 하늘의 氣運과 불의 氣運이 같은 것이 同人이니, 君子가 이 卦象을 본받아 種類끼리 같은 族屬끼리 分類함으로써 事物을 分別한다.

1) 天與火－하늘과 불, 하늘의 氣運과 불의 氣運이 더불어 한다는 것.
2) 類族辨物－서로 다른 많은 것 가운데서 같은 種類, 같은 族屬의 것을 그 共通 點에 따라 모으고 分別하는 것.
3) 事物類聚－冊의 題名으로 中國에서 나온 것이다. 이 冊은 世上의 여러 가지 事物 類族으로 辨物해 놓은 것으로 有名하다.

[爻 辭]

初九는 同人于門이니 无咎－리라

○ 初九는 同人을 門에서 함이니 허물이 없으리라.

◎ 사람과 뜻을 같이하기를 門밖으로 나와서 會同하는 것이니, 허물이 없을 것이다.

1) 于門－初九는 同人의 始作이다. 位가 바르고 뜻이 바르다. 사람들과 和合하기 위해서는 門밖으로 나와 널리 交際해야 한다.
2) 初九는 正應이 없기 때문에 구애되는 바 없이 폭넓게 交際할 수 있다.
3) 집안에서의 和合은 家族關係이므로 私情이 있고 公平하지 않다.
4) 无咎－始初의 同人이고 正位이므로 허물이나 災殃(재앙)이 없다.

象曰 出門同人을 又誰咎也 - 리오

☯ 象에서 말하기를 門에 나가서 同人하는 것을 또 누가 허물하리오.

◎ 門으로 나와 사람들과 會同하는 것이니, 또 누가 허물할 것인가. 즉 아무도 허물이라 하지 못한다는 뜻.

六二는 同人于宗이니 吝토다

☯ 六二는 同人을 宗族에서 함이니 인색하도다.

◎ 宗族끼리 만나고 뜻을 같이하는 것이니 인색하다.

1) 六二는 柔順中正이나 正應인 九五하고만 和合하니 宗族하고만 뜻을 같이하는 것이 되어 인색하다.

2) 다섯 陽爻가 唯一한 陰爻인 六二에 뜻을 集中하고 있는데 六二는 九五와 正應이므로 거기에만 執着하고 있으니 인색하다.

3) 六二는 中正이며 九五와 正應이므로 좋은 爻象이라 할 수 있다. 그러나 同人卦는 同志가 大同團結해야 하는 것이므로 九五와의 應이 公衆性 缺如, 私的인 親分이 되어 大同的인 和合이 되지 않아 인색하다고 한 것이다.

象曰 同人于宗이 吝道也 - 라

☯ 象에서 말하기를 同人于宗이 인색한 道라.

◎ 宗族끼리 만나고 뜻을 같이하는 것이니 인색한 道라 할 수 있다.

1) 吝道也 - 公平無私하고 널리 大同해야 할 때에 九五 正應하고만 和親하는 것은, 소견이 좁고 후에 어려움이 일어날 인색한 方法이다.

九三은 伏戎于莽하고 升其高陵하야 三歲不興이로다

戎: 도적 융, 군사 융   莽: 가시덩굴 망

☯ 九三은 軍事를 가시넝쿨 속에 잠복게 하고, 그 높은 언덕에 올라 三年을 일어나지 못하는 것이로다.

◎ 군사를 가시넝쿨 속에 숨겨 놓고 높은 언덕에 올라가 情勢를 살피나 三年이 되어도 군사를 일으킬 수가 없다.

1) 九三이 분수 넘치게 正應이 아닌 六二를 탐내어 伏兵을 덤불 속에 숨겨 놓고 높은 언덕 위에 올라가서 정세를 살핀다. 그러나 九五는 剛健中正하므로 오래되어도 기회가 없고 따라서 六二와 和合, 同心이 될 수 없다.

2) 伏戎于莽 - 戎(융)은 원래 兵器의 뜻인데 兵士를 意味하게 되었다. 莽(망)은 草木이 무성한 곳. 伏은 군사를 매복, 伏兵.

3) 升其高陵 - 升은 昇과 같다. 그 높은 언덕에 오른다. 이는 정세를 살피는 것으로 높은 곳에 올라야 잘 보인다.

4) 三歲不興 - 三歲는 三年이다. 不興은 일어나지 않는다는 것으로, 兵士를 일으킬 수가 없다. 즉 六二를 탐하는 것은 道義에 어긋남으로 成事가 되지 않는다는 뜻.

象曰 伏戎于莽은 敵剛也 - 오 三歲不興이어니 安行也 - 리오

☯ 象에서 말하기를 伏戎于莽은 敵이 剛함이오, 三歲不興이니 어찌 行하리오.

◎ 伏兵을 덤불 속에 숨긴 것은 敵이 强하기 때문이다. 三年이 되어도 일어나지 못하니 어찌 行할 수 있을 것인가.

1) 敵剛也 - 敵은 九五를 말한다. 九五는 剛健中正이니 剛하다.

2) 安行也 - 어찌 不義의 일이 실현될 수 있겠는가. 安: 어찌 안

九四는 乘其墉호대 弗克攻이니 吉하니라

墉: 담 용   弗: 아니 불, 不也   克: 能也

☯ 九四는 그 담 위에 오르되 能(克)히 치지(攻) 못(弗=不)함이니 吉하니라.
◎ 담 위에 올랐으나 能히 치지는 못하는 것이니 吉하다.

1) 九四는 不正位이고 九五의 바로 밑에 있는 大臣의 位에 있으니 行動을 함부로 하지 못하고, 또 九三이 六二를 가로막고 있느니 能히 쳐들어 갈 수 없게 되니 오히려 그것이 吉하다.
2) 乘其墉 - 담은 九三을 말한다. 九三을 치려고 담에 오른다.
3) 弗克攻 - 攻擊할 수가 없다. 九三의 담이 六二로 가는 길을 가로막고 있어 九三을 치려 하나 九三은 正位이고 陽이니 칠 수가 없다.
4) 九四가 담에 올라 六二를 탐하였으나 九五가 있어서 不義를 할 수 없어 그만 두는 것.

象曰 乘其墉은 義弗克也 - 오 其吉은 則困而反則也 - 라

☯ 象에서 말하기를 乘其墉은 義가 이기지 못함이오, 그 吉하다는 것은 곧 困하여 法道로 돌아오는 것이라.
◎ 그 담 위에 오른 것은 義理 때문에 能히 치지 못한 것이다. 그 吉하다는 것은 困窮해져서 안 되므로 포기하고 法則이나 法道로 돌아가는 것이다.

1) 義弗克也 - 義는 道義, 道理. 弗克은 不可能이다. 따라서 道義上 쳐서 얻을 수가 없다는 것.
2) 困而反則也 - 困은 良心 때문에 괴로워하고 困窮한 것. 則은 法則. 困해져서 즉 마음이 괴로워서 正道로 올바른 道理로 되돌아 감.

九五는 同人이 先號咷而後笑－니 大師克이라아 相遇－로다
號: 부르짖을 호,　　咷: 울 조

◐ 九五는 同人이 먼저는 부르짖으며 울고, 그 후에는 웃으니, 큰 군사로 이겨야 서로 만나는 것이로다.

◎ 사람과 뜻을 같이하는 것이 처음에는 부르짖고 울다가, 뒤에는 웃는 것이니, 大軍으로써 크게 싸워서 이겨야만 서로 만난다.

1) 先號咷－九五는 剛健中正의 君王이다. 正應인 六二와 만나려 하는데 中間에 九三이 軍隊를 매복시키고 九四가 담 위에 올라 가로막고 있으니 처음에는 만날 수 없어 부르짖고 운다.
2) 後笑－그러나 九五는 결국 正應 六二와 和合하여 웃는다.
3) 大師克－大師는 大軍, 克은 이기는 것. 큰 군사를 동원 九三, 九四를 제압한다.
4) 相遇－九五가 六二와 서로 만난다.

象曰 同人之先은 以中直也－오 大師相遇는 言相克也－라

◐ 象에서 말하기를 同人之先은 써 得中하고 곧기 때문이오, 大師相遇는 서로 이긴다는 것을 말함이라.

◎ 同人先號咷 而後笑라 함은 九五의 剛健中正과 六二의 柔順中正이 곧기 때문이다. 大師克이라아 相遇로다는 九五가 九三, 九四와 싸워 이기고 六二를 만난다는 말이다. 서로 能히 이긴다는 것을 말하는 것이다.

1) 以中直也－中－九五의 剛健中正, 六二의 柔順中正直－六二의 直方大, 敬以直內
2) 言相克也－克은 勝利, 九五가 妨害하는 九三, 九四에게 이기는 것을 말함.

※ 參考(繫辭上傳第八章 同人卦 九五에 관한 說明)
同人이 先號咷而後笑-라 하니 子曰 君子之道-或出或處或黙或語-나 二人이
同心하니 其利-斷金이로다 同心之言이 其臭-如蘭이로다

○ 君子의 道는 外出하거나, 집에 있거나, 말하지 않거나, 말을 하거나 하는 것인
데, 두 사람의 마음이 같으니 그것은 쇠를 끊을 수 있을 程度로 銳利하고 同心
의 말은 그 냄새가 난초와 같다.

上九는 同人于郊-니 无悔니라

☯ 上九는 同人을 들에서 함이니, 뉘우침이 없느니라.
◎ 사람이 적은 郊外에서 사람과 뜻을 같이하는 것이니, 뉘우침이 없을 것이다.

1) 于郊-野는 城 밖 광활한 곳이고, 郊는 野보다 협소한 들이다.
2) 上九는 九三과 應이 아니고 멀리 孤立하고 있다. 따라서 뒤에 뉘우칠 일은 없다.

象曰 同人于郊는 志未得也-라

☯ 象에서 말하기를 同人于郊는 뜻을 얻지 못함이라.
◎ 사람과 뜻을 같이하되 들에서 한다 함은 뜻을 얻지 못한 것이다.

1) 志未得-널리 天下의 사람과 和合하여 天下를 救濟한다는 大同의 뜻을 얻지
　　　　 못한다.

14. 火天大有

```
━━━━━━━  不正
━━━ ━━━  不正 (中) 離火        文
━━━━━━━  不正                明
- - - - - - - - - -  不正
━━━━━━━  不正 (中) 乾天        健
━━━━━━━  正
```

火天大有는 앞의 天火同人이 倒轉된 卦이다. 하늘에 太陽이 떠 있는 狀態이다. 따라서 밝고 善하며 勢力이 培養되는 풍요로운 世上이다.

- 序 說 -

1. 卦의 뜻

1) 大有는 크게 가진다는 뜻이다. 下卦가 乾天이고 上卦가 離火이다. 그러므로 하늘 위에 太陽이 떠 있는 것으로 太陽의 은혜와 혜택은 너무나도 크다.

2) 太陽은 太陽系의 行星을 이끌고 地球와 그 위에서 사는 사람과 動植物은 모두 太陽의 偉大한 恩澤으로 살아가고 움직여 간다.

3) 太陽은 至公无私하여 天下를 골고루 비추어 준다. 그러므로 太陽은 바로 善이며, 太陽은 밝은 世上, 풍요로운 社會를 이룩해낸다.

4) 앞의 卦 天火同人에서 뜻을 같이하는 사람들이 協同하여 世上을 살기 좋도록 만들었으니 이제 풍요로운 大有의 世上이 된다.

5) 大有卦의 大와 同人卦의 同에서 大同思想이 나왔다. 나라나 社會가 잘되기 위해서는 사람들이 大同團結해야 한다. 朝鮮朝의 大同法도 사람들을 살기 좋게 하려는 의도에서 나왔다.

6) 歷史上으로 六五의 柔弱한 君主는 周나라의 成王(武王의 아들)을 나타내고, 上九는 成王의 숙부 周公을 나타낸다. 周公은 어린 成王을 잘 보필하여 王朝를 튼튼한 기반 위에 올린 聖人이라 말해진다.

2. 卦象과 卦德

1) 火天大有는 下卦가 乾天이고, 上卦가 離火이므로 하늘 위에 太陽이 떠 있는 形象이다.

2) 火天大有의 卦는 一陰五陽의 爻로 構成되어 있다. 一陰爻는 六五 君王의 위에 있고 나머지 五陽爻가 그 陰爻에 따르고 있는 모습이다.

3) 六五는 不正位이나 得中하고 있다. 따라서 女王이나 柔弱한 임금으로 볼 수 있다. 따라서 한 柔弱한 君主에게 臣下와 萬百姓이 따르고 忠誠하는 象이라 할 수 있다.

4) 重天乾에서 九五 飛龍在天利見大人이 變하면 火天大有가 된다.

5) 大有卦는 六五 得中한 陰爻가 主爻이다.

6) 大有卦는 六五 不正이나 得中한 陰爻와 九二 역시 不正이나 得中한 陽爻가 서로 相應하여 陰陽의 調和를 이루고 있다. 나머지는 모두 不應이다.

7) 火天大有의 卦德을 보면 內卦는 健하고 外卦는 文明이다. 그러므로 안이 健全하고 밖이 밝다. 또한 健한 것이 나아가 文明해지기 때문에 太陽의 至公无私하고 照天下하는 作用에 善하고 풍요로운 世上을 이루어 낸다.

8) 大有는 四大卦의 하나이다. 四大卦로는 大有, 大過, 大畜, 大壯

9) 「序卦傳」에서는 사람들과 더불어 같이하는 것은 事物이 반드시 돌아가는 바이

라 故로 大有로써 받는다. (與人同者는 物必歸焉이라 故로 受之以大有하고)고 하였다.

3. 卦의 變化

1) 倒轉卦 - 大有卦를 倒轉하면 앞의 天火同人卦가 된다.

2) 配合卦 - 大有의 各爻를 變爻시킨 配合卦는 水地比卦가 된다.

3) 錯綜卦 - 大有卦의 上下卦를 서로 바꾼 錯綜卦는 역시 天火同人卦가 된다.
4) 互 卦 - 大有卦의 初九와 上九를 除外하고 互卦를 만들면 澤天夬卦가 된다.

[卦 辭]

大有는 元亨하니라

☯ 大有는 크게 亨通하니라.

◎ 大有는 크게 亨通한 것이다.

1) 元亨 - 크게 亨通하고 원래부터 亨通하다. 限定된 것이 아니고 太陽이 하늘에서
   萬天下를 비추듯 골고루 亨通하다는 뜻.
2) 六五 陰爻가 君位의 位에 있으면서 그 德을 위아래 다섯 陽으로써 이끈다. 天
   下 百姓의 信望을 얻으니 그 밝은 德은 큰 것이다.
3) 風天小畜은 一陰이 四爻에 있고 大有는 一陰이 五爻에 있다. 두 卦가 모두 一
   陰五陽이나 四爻는 小로 하고 五爻는 大로 나타낸다.

[象 辭]

象曰 大有는 柔 - 得尊位하고 大中而上下 - 應之할새 曰大有 - 니 其德이 剛
健而文明하고 應乎天而時行이라 是以元亨하니라

- ☯ 象에서 말하기를 大有는 柔가 尊位(君位)를 얻어 크게 中하여 上下가 應하니
  가로되 大有이니, 그 德이 剛健하여 文明하고 하늘에 應하여 때에 알맞게 行
  함이라 이로써 亨通하니라.
- ◎ 大有는 柔가 높은 地位(君位)를 얻고 크게 得中하여 上下가 應하는 것이니 이
  를 大有라 하다. 그 德은 剛健하며 文明하고 天道에 따르며 때에 맞게 行하는
  것이다. 그러므로 크게 亨通하다.

1) 柔得尊位 - 六五 陰爻가 尊貴한 君王의 자리에 있다.
2) 大中而上下應之 - 크게 得中하여 上下 다섯 陽을 이끌어 가고 五陽이 應한다.
3) 剛健而文明 - 卦德이 下卦乾은 剛健하고 上卦 離는 文明하다.
4) 應乎天而時行 - 天은 下卦 乾, 應은 六五가 九二와 相應한 것. 時行은 때에 알
   맞게 시행하는 것.

[象 辭(大象)]

象曰 火在天上이 大有 – 니 君子 – 以하야 遏惡揚善하야 順天休命하나니라

遏: 막을 알

- ☯ 象에서 말하기를 불이 하늘 위에 있음이 大有이니 君子가 써 하야 惡한 것을 막고 善한 것을 들어내어 하늘의 아름다운 命에 따르느니라.
- ◎ 太陽이 天上에 있는 것이 大有니 君子는 이를 본받아서 惡을 막고 善을 드높여 하늘의 아름다운 命에 따르는 것이다.

1) 火在天上 – 불이 하늘 위에 있다는 것은 太陽이 하늘에 떠 있다는 것.
2) 順天休命 – 順天해서 훌륭한 天命을 따른다. 天理에 順應해서 하늘의 아름다운 命에 따른다.

[爻 辭]

初九는 无交害 – 니 匪咎 – 나 艱則无咎 – 리라

- ☯ 初九는 害로운 것과 交함이 없으니 허물이 아니나 어렵게 하면 곧 허물이 없으리라.
- ◎ 害로운 것과 사귐이 없으니 허물은 아니다. 어려운 것을 그대로 지켜 가면 허물이 없을 것이다.

1) 初九는 正位이나 九四와 不應이다. 九二와도 서로 陽이라 比親하지 못한다.
2) 无交害 – 大有卦는 六五가 君主의 位에 있으나 初九는 가장 멀다. 따라서 사귀어도 害가 없고 害로운 사귐도 없다.
3) 匪咎 – 허물이 아니다. 初九는 미천하니 그 과실이 아니다.

4) 艱則无咎 - 어려움에 잘 견디고 조심해서 삼가면 허물이 없다. 어려운 상황에
　　　　 견디지 않고 삼가지 않으면 탈이 있다.

象曰 大有初九는 无交害也 - 라

● 象에서 말하기를 大有의 初九는 害로운 것과 交함이 없는 것이라.
◎ 大有卦의 初九는 害로운 것과 사귀지 않는다는 것이다.

1) 사귀어 해롭지 않다는 解釋도 있다.
2) 사귀지 않아서 害가 있다는 解釋도 있다.

九二는 大車以載 - 니 有攸往하야 无咎 - 리라
車: 수레 거

● 九二는 큰 수레로써 싣는 것이니, 갈 바가 있어 허물이 없으리라.
◎ 中庸之德을 쌓는 것이니, 갈 바가 있어 허물이 없으리라.

1) 九二는 不正位이나 得中하고 六五 柔한 君主와 相應하고 있다.
2) 大車以載 - 中庸之德을 쌓는 것. 大車는 짐을 싣는 큰 수레. 비겨서 大德大才를
　　　　　 말하고 九二를 가리킨다.
3) 有攸往 - 六五의 命을 받아 자진해서 일을 수행하는 것.

象曰 大車以載는 積中不敗也 - 라

● 象에서 말하기를 大車以載는 가운데 쌓아서 敗하지 않는 것이라.
◎ 大車以載라 함은 中庸之德을 쌓아 失敗하지 않는 것이다.

1) 大車以載는 무거운 責任을 져도 能히 감당할 수 있는 것인데 坤卦 厚德載物의 뜻과 通한다.
2) 積中不敗 – 九二가 六五의 命을 中庸之德으로 쌓아 잘 처리하는 것.

九三은 公用亨于天子 – 니 小人은 弗克이니라

亨: 형통할 형, 받칠 향, 제사지낼 향 享: 먹일 향 (烹: 삶을 팽과 통용한다.)

☯ 九三은 公이 天子에게 받치는 것이니, 小人은 能히 하지 못하는 것이니라.
◎ 公侯가 天子에게 받치는 것이니 小人은 할 수 없는 일이다.

1) 公 – 諸侯를 말한다.
2) 亨于天子 – 天子에게 朝貢을 바치는 것. 九三이 有德君子이므로 天子로부터 향연의 대접을 받는다는 解釋도 있다.
3) 小人弗克 – 小人은 能히 朝貢을 받칠 수 없다. 小人은 향연 대접을 받을 수 없다.

象曰 公用亨于天子는 小人은 害也 – 리라

☯ 象에서 말하기를, 公用亨于天子는 小人은 害로우리라.
◎ 公이 天子에게 받친다는 것은, 小人에게는 害로운 일이 된다.

1) 諸侯가 小人과 같이 行動하면 害로운 것이다.
2) 小人이 함부로 權力을 휘두르면 스스로 災殃을 부른다.

九四는 匪其彭이면 无咎 – 리라

☯ 九四는 그 차지 않음이면 허물이 없으리라.
◎ 盛大하지 않고 많지 않으면 허물이 없을 것이다.

1) 匪其彭 - 彭: 성할 방, 세찰 방, 땅이름 팽.

　　　　權勢를 부리지 않고 謙遜하여 盛大하지 않으면 災殃이 없다.

2) 九四는 六五 天子의 大臣의 位이다. 權勢가 있으나 謙遜하여 내세우지 않으면 탈이 없다. 外柔內剛으로 임금을 補佐하는 位置에 있고 또 임금이 柔弱한 故로 깔보기 쉬우니 하나의 경계사다.

象曰 匪其彭无咎는 明辨晢也 - 라

晢: 밝을 제, 지혜 제(明智也), 분석할 석

☯ 象에서 말하기를 匪其彭无咎는 밝게 분별하는 지혜라.

◎ 匪其彭无咎라는 것은 明白하게 분별하는 지혜가 있는 것이다.

1) 君位를 補佐하는 自己의 職責을 잘 알고 明晢하게 분별한다는 것. 여기서 晢은 채로 읽고, 밝은 지혜의 뜻.

六五는 厥孚 - 交如니 威如 - 면 吉하리라

☯ 六五는 그 믿음이 사귀는 듯하니 威嚴이 있는 듯하면 吉하리라.

◎ 六五가 誠實한 마음으로 모든 陽爻와 사귀는 것이다. 威嚴을 가져야 五陽을 다스려 吉할 것이다.

1) 六五는 柔弱한 君王이다. 따라서 陽을 다스리는 데 威嚴이 있어야 한다. 그렇지 않으면 臣下로부터 멸시당할 可能性이 있다. 厥은 그 궐이다.

象曰 厥孚交如는 信以發志也 - 오 威如之吉은 易而无備也일새라

☯ 象에서 말하기를 厥孚交如는 믿음으로써 뜻을 發함이오, 威如之吉은 쉽게 하면

갖추지 못하는 것이라.

◎ 그 믿음으로 사귄다 함은 信實하게 뜻을 일으키는 것이다. 威嚴 있게 하면 吉
하다 함은 경솔하게 處身하면 君王의 체통을 갖추지 못한다.

1) 信以發志－信은 六五의 信實함. 發志는 上下五陽이 六五에 感應하여 信實의
   뜻을 發하는 것.
2) 易而－쉽게 해서 안이하게 威嚴을 갖추지 않는 것. 便安하고 쉽게 하여 억지로
   權威를 세우지 않고 자연스럽게 威嚴을 세운다는 解釋도 있다.

上九는 自天祐之라 吉无不利로다

◑ 上九는 하늘로부터 도우는 것이라. 吉하여 不利함이 없는 것이로다.
◎ 하늘부터 도움이 있는 것이니 吉하고 利롭지 않음이 없다.

1) 成王을 攝政(섭정)할 때의 周公이 이에 該當한다고 말해진다. 順天하여 자기
   일에 充實하고 責任을 完遂하면 하늘이 도운다.
2) 上九는 陽爻 不正이고 맨 위에 있다. 그러나 六五 君主에게 順從한다. 謙遜하
   게 하는 것은 君子의 길이며 하늘의 法則에 맞는 것이므로 하늘의 도움을 얻
   는다.
3) 上九는 國師地位이고 无位이므로 대체로 좋지 않다. 그러나 大有卦의 上九는
   나쁘지 않고 좋다.

※ 參考(繫辭傳上傳 第十二章에서 이 爻辭의 풀이가 있다.)
   易曰 自天祐之라 吉无不利라하니 子曰祐者는 助也－니 天之所助者－順也－오 人之
   所助者－信也－니 履信思乎順하고 又以尙賢也－라 是以自天祐之吉无不利也니라

○ 大有上九에서 自天祐之吉无不利라고 하였으니 도운다는 것은 助也니, 하늘이

도우는 바는 順을 말하는 것이고, 사람이 도우는 바는 信을 말하는 것이다. 信을 밟고 順天을 생각하고 또한 어진 사람을 崇尙하는 것이라. 이것이 곧 自天祐之吉无不利인 것이다.

象曰 大有上吉은 自天祐也 - 라

◑ 象에서 말하기를 大有上吉은 하늘로부터 도우는 것이라.
◎ 大有卦의 上爻가 吉하다 함은 하늘로부터 도우기 때문이다.

15. 地 山 謙

順	▬▬ ▬▬	正	
	▬▬ ▬▬	不正	(中) 坤 地
	▬▬ ▬▬	正	
	▬▬▬▬▬	正	
止	▬▬ ▬▬	正	(中) 艮 山
	▬▬ ▬▬	不正	

謙遜의 美德을 보여주는 것이 謙卦이다. 大有가 盛大豊有인 데 비하여, 謙은 公平均分이다. 謙은 人間이 追求하는 大德이므로 六爻가 모두 좋은 唯一한 卦이다.

-序 說-

1. 卦의 뜻

1) 山은 원래 땅보다 높다. 그러나 땅 아래에 山이 있는 것처럼 지극히 謙遜한 마음가짐, 生活의 姿勢, 人間이 지켜야 할 道理 등을 나타내고 있는 것이 謙卦이다.

2) 謙은 言과 兼으로 구성된 글자이다. 곧 말과 行動이 一致하는 것이 謙이다. 말은 좋게 하면서 行動이 이에 따르지 못하면 謙이 아니다.

3) 驕慢(교만)은 謙遜의 반대개념이다. 사람은 地位나 權勢, 富를 가질 때 驕慢해지기 쉽다. 그러면 世上의 비난을 받아 결국 좋지 못한 결과를 가져오게 된다. 달도 차면 기울기 때문이다.

4) 벼는 익을수록 고개를 숙인다. 사람도 人品과 德望이 높을수록 謙遜해진다. 謙

遜한 姿勢로 一貫하는 사람에게는 좋은 일이 올 수밖에 없는 것이다.

5) 謙遜은 남들 앞에 自己를 낮추는 謙虛함이다. 高貴해도 卑賤을 소중히 하고, 많이 알아도 언제나 工夫하여 不足함을 느끼고, 富裕해도 貧者를 소홀히 대하지 않는 것이 謙이다.

6) 大有는 盛大豊有이나, 謙은 公平均分이다. 높은 山을 깎아 낮은 곳을 채우는 理致이다.

7) 君子와 小人은 다 같은 사람이다. 그러나 분수를 지키는 일, 欲望의 節制, 道德의 준수, 謙遜함이 있을 때 君子가 되고, 그러한 것이 없을 때는 小人이 된다.

8) 謙遜도 지나치면 비굴한 것이 된다. 過恭은 곧 非禮가 되는 것과 같은 理致이다.

※ 參考: 謙의 歷史的 事例

1) 堯舜時代는 가장 理想的인 政治가 行해졌던 時期로 알려져 있다. 東洋에서는 政治의 模範이 堯舜時代로 되어 있다. 堯 임금은 草野에 묻힌 人材, 舜을 登用하고 자기 딸을 그에게 配하고, 자기 아들이 아닌 舜에게 王位를 承繼케 하였다. 이는 民意에 따르고 爲民하는 마음에서 謙讓한 것이라 말해진다.

2) 周公은 聖人으로 알려져 있다. 武王의 아들 成王이 어린 나이로 登極하자 叔父로서 攝政(섭정)하여 王權의 基盤을 튼튼하게 하였다. 그는 謙虛한 사람으로 民心을 모으고 慾心이 없으며 私心 없이 正道를 지켰다.

3) 劉備(玄德)가 潛龍하던 諸葛亮(孔明)을 軍師로 맞이하기 위하여 「三顧草廬」한 故事는 有名하다. 謙遜의 姿勢로 세 번이나 찾아가 禮로써 孔明을 說得하였으므로 孔明의 智慧를 얻어 蜀나라가 發展하였다.

2. 卦德과 卦象

1) 謙卦는 下卦가 艮山이고, 上卦가 坤地로 되어 있다. 따라서 땅 아래에 山이 있는 形象이다. 山은 원래 땅 위에 높이 솟아 있으나, 그 높은 山이 땅 아래에 있다는 것은 자기를 낮추어 謙遜한 姿勢를 지니는 것을 비유하여 나타낸 것이다.

2) 山이 비록 땅 위에 높게 올라와 있다고 하나 巨視的으로 보면 地球라는 큰 땅덩이 안에 있다. 山이 높다고 해도 地球의 一部에 지나지 않는 것이다. 따라서 山이 그 높은 것을 자랑할 것이 아니라 大地의 한 部分일 뿐이라는 謙을 지녀야 하는 것이다.

3) 卦德으로 보면 內卦 艮山은 止이고, 外卦 坤地는 順이다. 그러므로 안으로 머물러 있으면서 밖으로 柔順한 謙의 美德을 나타내고 있다.

4) 內卦 艮山의 卦德이 止라는 것은 「大學」의 첫머리에 나오는 明明德, 新民, 止於至善이라는 三綱領의 止於至善과 뜻이 通한다. 즉 至極히 善한 데에 머물러 있는 君子의 大德을 지니고, 柔順利貞하면 곧 그것이 謙의 美德이 되는 것이다.

5) 謙卦는 初六과 六四, 六二와 六五는 不應이고, 九三과 上六만이 正應으로 陰陽의 調和를 이루고 있다. 不應의 狀態에서는 謙虛한 마음을 지녀야 한다.

6) 謙遜한 姿勢를 지니는 경우는 좋지 못한 일이 생기지는 않는다. 그러므로 六十四卦 가운데서 謙卦는 唯一하게 六爻가 모두 좋은 말씀으로 되어 있다.

7) 謙卦는 一陽五陰의 卦이다. 六爻 가운데 唯一한 陽爻는 九三이다. 이 九三은 乾卦 九三의 君子終日乾乾夕惕若厲无咎의 爻辭와 뜻이 通한다. 따라서 부지런히 삼가는 姿勢가 곧 謙遜한 것으로 되는 것이다.

8) 「序卦傳」에서는 "크게 가지는 것은 꽉 차면 안 되니 그런 故로 謙으로 받는다"고 하였다.(有大者는 不可以盈이라 故로 受之以謙하고)

3. 卦의 變化

1) 倒轉卦 - 地山謙을 倒轉하면 雷地豫卦가 된다.

2) 配合卦 - 謙卦의 爻를 配合한 卦는 天澤履卦가 된다.

3) 錯綜卦 - 謙卦의 上下爻를 錯綜한 卦는 山地剝卦가 된다.

4) 互　卦 - 謙卦의 初六과 上六을 除外하고 만든 互卦는 雷水解卦가 된다.

[卦　辭]

謙은 亨하니 君子 - 有終이니라

◑ 謙은 亨通하니 君子가 마침이 있느니라.

◎ 謙遜하면 막히지 않고 亨通한다. 그러므로 君子가 有終의 美를 거두게 된다.

1) 君子有終 – 九三爻가 唯一한 陽이고 君子이다. 이 君子는 乾卦에서 九三의 君子가
　　　　　　終日乾乾하여 夕惕若하면 厲하나 无咎리라 하는 것과 뜻이 通한다.
2) 君子有終에는 세 가지 解釋이 있다.

① 君子가 謙遜하여 끝까지 바뀌지 않는다.(程伊川)
② 처음에는 屈하고 있으나 후에는 尊顯이 된다.(朱子)
③ 謙遜하지 않으면 君子라 해도 마침을 온전히 할 수 없다.(司馬溫公)

[彖 辭]

彖曰 謙亨은 天道 – 下濟而光明하고 地道 – 卑而上行이라

○ 彖에서 말하기를 謙이 亨通함은 天道가 아래를 건너서 光明하고 地道가 낮은
　데서 上行하는 것이라.
◎ 謙이 亨通하다는 것은, 하늘의 道가 아래로 내려와 베풀어서 光明하고, 땅의
　道는 낮은 데서 위로 올라가는 것이다.

天道는 虧盈而益謙하고
地道는 變盈而流謙하고
鬼神은 害盈而福謙하고
人道는 惡盈而好謙하나니
謙은 尊而光하고 卑而不可踰 – 니 君子之終也 – 라

○ 天道는 가득찬 것을 이지러지게 하여 謙한데 益하고,
　地道는 가득찬 것을 變化하게하여 謙한데 흐르게 하고,
　鬼神은 가득찬 것을 害롭게 하여 謙한데 福을 주고,

人道는 가득찬 것을 미워하고 謙한 것을 좋아하나니,

謙은 높아서 빛나고 낮아도 可히 넘지 않으니 君子의 마침이라.

◎ 天道는 가득찬 것을 비우고 謙遜한 데에 더해 준다.

地道는 높은 것을 變하여 謙遜한데로 흘러 가게 한다.

鬼神은 가득찬 것을 害롭게 하고 謙遜함에는 福되게 하고

人道는 가득찬 것을 미워하고 謙遜한 것을 좋아한다.

謙은 尊貴하면서 빛나고, 낮아도 謙遜하며 可히 넘지 않으니 君子가 마치는 바가 있다.

1) 虧盈而益謙 – 虧: 이지러질 휴. 가득찬 것을 이지러지게 하여 謙한 데(不足한데)에 더한다. 즉 가득찬 것을 덜어서 빈 데에 더해 준다는 것. 天道는 至公无私함으로 한쪽만 채우고 다른 쪽을 비워 두는 것은 오래가지 않고 均分을 위한 變化가 생기는 理致를 말하고 있다.

2) 變盈而流謙 – 가득찬 것을 變하게 하여 謙한 데(낮은 데)로 흐르게 한다. 즉 높은 데서 낮은 데로 흘러가는 것. 높은 山도 오랜 歲月의 風雨에 깎이어 낮아지고, 土砂나 물은 낮거나 옴폭 들어 간 곳으로 흘러 들어 간다. 이것은 地道로서 땅의 屬性을 나타내고 있다.

3) 害盈而福謙 – 가득찬 것을 害치고 謙한 것(虛한 것)을 福되게 한다. 이것은 鬼神의 道라 하여 天地自然의 意志나 理致를 말한 것이라 할 수 있다.

4) 惡盈而好謙 – 가득찬 것을 미워하고 謙한 것(虛한 것)을 좋아한다. 여기서 惡는 미워할 오이다. 차면 驕慢(교만)해지기 때문에 찬 것을 미워한다. 이것은 人道로서 사람들은 富貴한 驕慢을 미워하고 貧賤한 謙虛를 좋아한다는 뜻.

5) 謙尊而光 – 謙遜의 德을 지닌 사람은 尊貴한 자리에 있으면서 빛이 난다. 尊貴한 자리에 있는 사람이 謙遜하지 않으면 비난을 받아 빛나지 않는다.

6) 卑而不可踰 – 낮은 地位에 있어도 그 德으로 인하여 업신여기지 못한다.

7) 君子之終 – 君子가 끝마침이 있다. 君子가 謙遜의 德을 갖추면 人生이나 事業에

서 큰 成功 즉 有終의 美를 거둘 수 있다.

[象 辭(大象)]

象曰 地中有山이 謙이니 君子 - 以하야 裒多益寡하야 稱物平施하나니라

裒: 덜 부, 감할 부   稱: 저울 칭, 맞출 칭, 일컬을 칭

- ☯ 象에서 말하기를 地中에 有山이 謙이니 君子가 써 하야 많은 것을 덜어 적은 것에 더하고 事物을 저울질하여 公平하게 베푸느니라.
- ◎ 땅 가운데 山이 있는 形象이 謙이니, 君子가 이것을 본받아 많은 것으로부터 덜어서 적은 것에 더해 주고, 事物을 저울질하여 골고루 베풀어야 한다.

1) 裒多益寡 - 政治의 理念은 國利民福에 있다. 國民이 모두 고르게 잘살아야 하기 때문에 富益富, 貧益貧을 없애고 所得分配의 公平을 기하는 것. 累進課稅로 많은 所得으로부터 稅金을 거두어 가난한 사람에게 福祉의 惠澤을 주는 것.
2) 稱物平施 - 사물을 저울질하여 고르게 베푸는 것. 公平한 分配를 하더라도 무조건 빼앗고 주고 하는 것이 아니라, 그 나라나 社會의 사정을 파악하여 衡平의 原理를 施行하는 것.

[爻 辭]

初六은 謙謙君子 - 니 用涉大川이라도 吉하니라

- ☯ 初六은 謙遜하고 謙遜한 君子이니, 大川을 건너는 데 用하더라도 吉하니라.
- ◎ 至極히 謙遜한 君子이니, 큰 내를 건너도록 해도(큰일을 하더라도) 吉할 것이다.

1) 初六은 陰爻로서 맨 낮은 데 있다. 謙遜하다는 것은 자기를 낮추는 일이다. 따라서 맨 낮은 데 位한다는 것은 至極히 謙遜한 姿勢를 지닌 君子라 할 수 있다.
2) 用涉大川 - 어떠한 큰일이라도 할 수 있다는 뜻.
　　　　利涉大川보다 强調된 것이 用涉大川이다.

象曰 謙謙君子는 卑以自牧也 - 라

◉ 象에서 말하기를 謙謙君子는 낮춤으로써 스스로 기르는 것이라.
◎ 至極히 謙謙한 君子는 몸을 낮추어 스스로를 기르는 것이다.

1) 스스로 마음을 닦고 修養하는 것이 卑以自牧이다.
2) 自牧 - 牧: 먹일 목, 기를 목, 다스릴 목, 살필 목, 스스로를 修養하고 기르는 것.
3) 牧民 - 百姓을 먹이고 다스리는 것. 옛날에 郡縣의 首領을 牧民官이라고 했다.

※ 有名한 「牧民心書」는 丁 茶山 若鏞의 著書로 牧民官이 지녀야 할 마음가짐이나 職分을 담은 冊이다.

六二는 鳴謙이니 貞코 吉하니라

◉ 六二는 울리는 謙이니 올바르고 吉하니라.
◎ 謙遜의 德으로 울리는 것이니, 바르고 吉할 것이다.

1) 六二는 柔順中正으로 謙의 德이 世上에 울려 퍼져 있다는 것.
2) 謙遜의 德이 마음속에 가득차면 말소리나 얼굴에도 나타나는 것이다.
3) 소문이 世上에 알려진다는 것은 자칫하면 驕慢心(교만심)을 가져온다. 따라서 그럴수록 더욱 마음을 곧고 바르게 가져야 한다.

象曰 鳴謙貞吉은 中心得也-라

◑ 象에서 말하기를 鳴謙貞吉은 中心을 얻음이라.
◎ 謙遜함이 울려 퍼지니 바르고 吉하다 함은, 마음의 中을 얻었기 때문이다.

1) 中心得也 - 中心을 얻었다는 것은, 마음이 흔들리지 않고 마음속 깊이까지 謙德
　　　　　을 얻은 것.

九三은 勞謙이니 君子-有終이니 吉하니라

◑ 九三은 수고로운 謙이니 君子가 끝마침이 있는 것이니 吉하니라.
◎ 남을 위하여 수고를 다하는 謙이다. 君子로서의 마침이 있으니 吉하다.

1) 九三은 謙卦의 唯一한 陽爻이고 正位이다. 上下 다섯 陰爻 모두가 이 陽爻를
　　의지하고 信賴한다. 남을 위해서 수고하고 있으면서도 謙遜하니 勞謙이다. 그
　　러므로 吉하다.
2) 九三爻는 謙卦의 主爻이다. 勞謙이기 때문에 君子有終이다.
3) 勞謙 - 勞는 수고로울 노. 남을 위하여 수고하면서도 謙遜한 것이 勞謙이다. 남
　　　　을 위해서 社會를 위해서 수고롭게 일을 많이 하면서도 謙遜하기 때문
　　　　에 君子有終이다.

象曰 勞謙君子는 萬民이 服也-라

◑ 象에서 말하기를 勞謙君子는 萬百姓이 服從함이라.
◎ 남을 위해서 수고하면서도 謙遜한 君子에게는 萬百姓이 服從하는 것이다.

1) 萬民服也 - 萬百姓 모든 사람이 마음속으로 따르는 것. 服從, 感服하는 것.

※ 參考(繫辭上傳 第八章에서 이 句節의 解釋이 있다.)
子曰 勞而不伐하며 有功而不德이 厚之至也ー니

○ 勞苦가 있으면서도 자랑하지 않으며, 功勞가 있으면서도 不德하다 하니 그 厚함이 至極한 것이다.

六四는 无不利撝謙이니라

☯ 六四는 엄지손가락으로 謙을 함이니 不利함이 없느니라.
◎ 謙을 엄지손가락으로 하는 것이니 利롭지 않음이 없다.

1) 語順이 撝謙无不利로 되어야 한다는 見解가 一般的이다.
2) 撝謙 - 撝는 뿌릴 휘, 젓을 휘, 엄지손가락 휘 손으로 가리키고 發揮한다는 뜻. 따라서 謙遜의 德을 發揮한다는 것.
3) 엄지손가락으로 보아 우두머리 손가락이므로 모두를 이끌어 謙遜한다는 解說도 있다. (大山)
4) 六四는 柔順이고 正位이다. 六五君位에 가깝고 大臣의 位에 있으면서 六五의 命을 받들어 大衆을 이끌어 가니 利롭지 않음이 없다.

象曰 无不利撝謙은 不違則也ー라

☯ 象에서 말하기를 无不利撝謙은 法則에 어긋나지 않음이라.
◎ 우두머리로서의 謙遜함이니 利롭지 않음이 없다는 것은, 法則에 違背되지 않는 것이라.

六五는 不富以其鄰이니 利用侵伐이니 无不利하리라

◯ 六五는 富하지 아니하고 그 이웃으로써 함이니, 힘으로 치는 것을 利用함이니 不利함이 없으리라.

◎ 富하지 아니하고 이웃과 함께 한다. 武力을 써서 征伐함을 利用하는 것이나 不利함이 없다.

1) 君位이기 때문에 富가 아니라도 그 이웃 즉 百姓이 모여든다. 즉 富보다는 德化로 다스린다. 그런데도 따르지 않는 者가 있을 때에는 征伐하더라도 不利함이 없다.

2) 不富以其鄰 - 보통 陽을 富라 하고 不富는 陰이다. 六五는 陰이 陽位에 있기 때문에 不富以其鄰이다. 富裕함을 좇는 것이 아니라 百姓들과 함께 한다는 것. 즉 많은 것을 덜어 모자라는 데 더하는 것이 君主의 할 일이다.

3) 利用侵伐 - 올바른 政治를 펴는데도 따르지 않을 경우에는 懲戒, 刑罰을 利用한다. 利는 正當한 侵伐이므로 无不利하다.

象曰 利用侵伐은 征不服也 - 라

◯ 象에서 말하기를 利用侵伐은 服從치 않음을 치는 것이다.

◎ 侵伐을 利用한다 함은, 服從하지 않는 者를 치는 것이다.

1) 征不服也 - 服從하지 않는 者를 侵伐하여 따르게 하는 것.

上六은 鳴謙이니 利用行師하야 征邑國이니라

◯ 上六은 우는 謙이니 軍事를 行함을 利用하여 邑國을 치는 것이니라.

◎ 우는 謙遜함이니 軍事의 動員을 利用하여 고을을 치는 것이다.

1) 上六의 鳴謙은 謙이 잘되지 않아 우는 것. 六二의 鳴謙은 울려 퍼지는 謙이다. 그런데 여기서는 謙은 제대로 안 되어 우는 것을 말한다.

2) 내 스스로 謙이 안 되어 우는 것은 德化가 미치지 않는 것을 한탄하는 것. 따라서 軍을 動員해서 자기나라 內部의 反亂을 치는 것이다. 이 上六은 謙의 極이기 때문이다.

3) 心法으로 말하면 스스로의 不德과 謙의 美德이 不足함을 깨닫고 自己의 마음을 쳐서 反省하는 것이다.

4) 利用行師 - 軍을 動員해서 씀이 利롭다.

5) 邑國 - 내가 살고 있는 나라나 고을.

6) 征邑國 - 내가 살고 있는 나라의 內亂을 친다. 自己自身의 잘못을 반성하는 것.

象曰 鳴謙은 志未得也 - 니 可用行師하야 征邑國也 - 라

☯ 象에서 말하기를 鳴謙은 뜻을 아직 얻지 못함이니 군사를 行함을 使用하여 邑國을 치는 것이라.

◎ 우는 謙은 뜻을 아직 얻지 못했기 때문이니 군사의 動員을 可히 쓸 수 있고 邑國을 치는 것이다.

1) 志未得 - 뜻을 아직 얻지 못함. 中庸이 안 되고 過나 不及의 狀態에 있는 것.

2) 初六은 用涉大川
六五는 利用侵伐
上六은 利用行師(可用行師)라 하였다.

○ 謙은 자기를 낮추는 것이므로 初六은 用涉大川이라 좋고, 六五는 君主이므로 服從치 않는 者를 치고 上六은 謙의 極이니, 이미 謙이 이루어지지 않은 狀態라 利用行師가 된다.

16. 雷 地 豫

```
━━━   ━━━   正
動 ━━━   ━━━   不正 (中) 震雷
    ━━━━━━━   不正
   ----------------------
    ━━━   ━━━   不正
順 ━━━   ━━━   正   (中) 坤地
    ━━━   ━━━   不正
```

豫卦는 앞의 地山謙을 倒轉한 卦이다. 順하여 動함으로써 기쁘고 즐거우며, 어떤 일을 미리 豫備하고 대처하는 뜻과 지혜를 보여준다.

-序 說-

1. 卦의 뜻

1) 豫는 기쁠 예, 즐거울 예, 미리(먼저) 예, 머뭇거릴 예 등의 뜻이 있는 글자이다. 따라서 이 豫卦는 땅 위에 우레가 있고, 이것이 順하여 動하는 것이므로 기쁘고 즐거우며, 미리 일에 대처하고, 순조롭기 때문에 머뭇거릴 수 있는 상황을 보여준다.

2) 豫라는 글자는 予와 象으로 構成되어 있다. '予'는 나라는 뜻이고, '象'은 모습, 形象이다. 따라서 거울에 자기를 비추어 보는 理致가 담겨져 있다. 거울에서 자기를 보면서 기쁠 수 있고, 자기 얼굴이나 行動을 反省하여 미리 對備할 수 있고, 또한 머뭇거릴 수 있다. 그러므로 마음가짐이 重要하다.

3) 豫라는 글자는 원래의 뜻은 큰 코끼리이다. 여기서 큰 것을 豫라 하게 되었다. 큰 것은 반드시 寬裕하고 유유한 기운이 있다. 거기서 豫備하고 즐거워하는 뜻이 생겼다. 사람이 기뻐하고 즐거워하는 것은 반드시 미리 豫備하는 데서 비롯되기 때문이다.

4) 기쁘다는 것(悅)과 즐겁다는 것(樂)은 다르다. 기쁘다는 것은 마음속에서 느끼는 정서이고, 즐겁다는 것은 밖으로 나타나거나 남과 어울릴 때 우러나는 정서이다.

5) 道理나 順理에 맞도록 動하면 어떤 일이든 올바르게 이루어진다. 그러나 無理나 逆理로 한다면 일은 제대로 이루어지지 않는다. 豫卦의 세계는 道理나 順理로 하여 天地의 理致에 알맞게 하는 것을 보여준다.

2. 卦象과 卦德

1) 豫의 卦象은 內卦는 坤地이고 外卦는 震雷이다. 이는 地上에 一陽이 始生하여 陽氣가 震動하는 것이므로 季節로서는 봄이 된다. 겨울 동안 비축되었던 에너지가 비로소 地上으로 발산되는 氣運을 볼 수가 있다.

2) 卦德을 보면 內卦는 順이고 外卦는 動이다. 따라서 順調롭게 움직여 나가는 氣運을 보여준다. 그리고 앞일을 내다보며 順理로 對處하는 지혜를 가르쳐 준다고 할 수 있다.

3) 豫卦는 一陽五陰의 卦이다. 地山謙卦도 一陽五陰이고 九三이 主爻였으나, 이 謙卦를 倒轉시킨 豫卦에서는 唯一한 陽爻인 九四가 主爻가 된다.

4) 豫卦는 오직 하나뿐인 陽爻 九四에 나머지 다섯 陰爻가 呼應하는 形象이다. 따라서 九四가 그 뜻을 크게 펼 수가 있는 것이다.

5) 陰陽의 調和를 보면 初六과 九四가 각기 不正位에 있으면서 相應하고 있으나, 六二와 六五, 六三과 上六은 不應이다.

3. 卦의 變化

1) 倒轉卦 - 豫卦의 倒轉卦는 앞에서 본 地山謙卦이다.

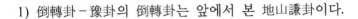

2) 配合卦 - 豫卦의 陰陽爻를 각기 바꾼 配合卦는 風天小畜卦가 된다.

3) 錯綜卦 - 上下卦를 서로 바꾼 錯綜卦는 地雷復卦가 된다.

4) 互　卦 - 豫卦의 初六과 上六을 除外하고 작성한 互卦는 水山蹇卦가 된다.

[卦 辭]

豫는 利建侯行師하니라

☯ 豫는 侯를 세우고 군사를 行함이 利로우니라.

◎ 豫는 諸侯를 세우고 軍隊를 움직이는 것이 利롭다.

1) 豫는 和樂이다. 人心이 和樂함에 따라 올바른 사람을 골라 領地를 주어서 諸侯
   로 封하고 軍隊를 動員하여 暴惡한 무리를 征伐하는 큰 利得이 있다.
2) 諸侯 - 土地를 주어 諸侯로 封하는 것.
3) 行師 - 軍隊를 出動시켜 暴惡한 者들을 征伐하는 것.

[彖 辭]

彖曰 豫는 剛應而志行하고 順以動이 豫라
豫順以動故로 天地도 如之온 而況建侯行師乎여
天地 - 以順動이라 故로 日月이 不過而四時 - 不忒하고
聖人이 以順動이라 則刑罰이 淸而民이 服하나니
豫之時義 - 大矣哉라

☯ 彖에서 말하기를 豫는 剛이 應하여 뜻이 行하고 順함으로써 動함이 豫라. 豫가
順함으로써 動하는 故로 天地도 같으온, 하물며 侯를 세우고 군사를 行함이여.
天地가 順함으로써 動이라 故로 日月이 過誤가 없어 四時가 어긋나지 아니하고
聖人이 順함으로써 動이라 곧 刑罰이 맑아서 百姓이 服從하나니
豫의 뜻이 큰 것이라.

◎ 豫는 剛(九四)이 應하여 뜻을 行하고, 順함으로써 움직이는 것이 豫이다.
豫는 順함으로써 움직이는 故로, 天地도 이같이 하는데 하물며 諸侯를 세우고
軍隊를 動員하는 데 있어서랴!
天地가 順함으로써 움직이는 것이니 故로 해와 달이 過誤없이 運行하여 四時
에 어긋나지 아니하고,
聖人이 順하게 움직이는 것이라. 刑罰이 맑아서 百姓이 服從하나니,
豫卦의 때가 갖는 뜻이 크도다.

1) 剛應而志行 – 九四의 陽剛이 上下 五陰爻와 應하여 그 뜻이 行해진다. 九四는 豫卦의 主爻이다.
2) 順以動 – 下卦 坤地의 卦德은 順이고 上卦 震雷의 卦德은 動이다. 따라서 올바른 道理, 順理에 따라 움직이는 것. 따라서 사람들이 기뻐하고 즐거워한다.
3) 天地如之 – 如之는 "順以動"을 가리킨다. 天地의 運行도 올바른 道理, 順理에 따른다.
4) 況建侯行師乎 – 하물며 諸侯를 封하거나 軍隊를 動員하는 일은 올바른 道理, 順理에 따라서 行해야 한다.
5) 日月不過 – 해와 달은 그 運行에 어김이 없다. 過는 과오, 잘못.
6) 四時不忒 – 忒은 어긋날 특(差也)
   春夏秋冬의 四時가 어긋나지 않는다.
7) 刑罰淸而民服 – 刑罰이 올바르면 百姓이 心服하고 服從한다. 法이 올바르게 지켜지는 것이 淸이다.
8) 時義大矣哉 – 豫의 때가 가리키는 義理로서 〈順以動〉이 크도다라는 감탄사.

※ 參考: 六十四卦 가운데 '時'가 나오는 것은 十二卦이다. 이것을 十二時라고 한다. 十二時에는 세 種類가 있다.

① 時義大矣哉 – 豫卦, 隨卦, 遯卦, 姤卦, 旅卦 – 5卦
   이것은 그때가 별일 아닌 것 같으나 깊은 意味가 있다는 것을 가리킨다.
② 時用大矣哉 – 坎卦, 睽卦, 蹇卦 – 3卦 이는 모두 困難한 때로서 사람이 때로는 使用하지 않으면 안 된다는 것을 가리킨다.
③ 時大矣哉 – 頤卦, 大過卦, 解卦, 革卦 – 4卦
   이는 그 가리키는 時가 모두 大事이고 크기 때문에 삼가야 함을 가리킨다.

[象 辭(大象)]

象曰 雷出地奮이 豫니 先王이 以하야 作樂崇德하야 殷薦之上帝하야 以配祖
考하니라

- 象에서 말하기를 우레가 땅에서 나와 떨침이 豫니, 先王이 써 하야 音樂을 作
  하고 德을 崇尙하야 盛大하게 上帝에게 薦하야 써 祖考를 配하니라.
- 우레가 땅위로 나와 떨치는 것이 豫니, 先王은 이것을 본받아 音樂을 만들어 德을 崇
  尙하고, 上帝에게 盛大히 제사 지내고 祖上을 함께 제사 지내는 것이다.

1) 雷出地奮 - 雷는 陽氣이고 奮은 떨칠 분으로 움직이는 것. 겨울 동안 숨어 있던
   陽氣가 봄이 되어 地上으로 움직인다.
2) 先王以 - 古代의 聖天子. 이는 우레가 떨쳐 움직여 萬物이 기뻐하는 象을 본받
   는다는 것.
3) 作樂崇德 - 音樂을 지어서 先祖의 功德을 崇尙하는 것. 樂은 악으로 발음.
4) 殷薦之上帝 - 殷은 盛大한 것. 薦之는 獻上하여 祭祀드리는 것. 精誠을 드려 盛
   大하게 上帝에게 祭祀를 드리는 것.
5) 以配祖考 - 祖는 祖上. 考는 돌아간 아버지. 配는 合. 그러므로 함께 祭祀 지낸
   다는 것.

[爻 辭]

初六은 鳴豫 - 니 凶하니라

- 初六은 울리는 豫니 凶하니라.
- 즐거움을 울리고 있는 豫이니 凶하다.

1) 不正位의 陰爻 初六이 相應인 九四의 힘을 믿고 들떠서 즐거워하고 소리 지르고 스스로 울리는 것이니 凶하다.

2) 鳴豫 – 여기서의 豫는 즐거워하고 逸樂에 빠지는 것. 卦辭의 豫가 和樂인 것과는 다르다. 그리고 鳴은 말이나 소리로 나타내는 것.

象曰 初六鳴豫는 志窮하야 凶也 – 라

◐ 象에서 말하기를 初六의 鳴豫는 뜻이 窮하야 凶한 것이라.
◎ 初六에서 울리는 豫라 한 것은 뜻이 窮하여 凶한 것이다.

1) 初六鳴豫 – 象에 初六이 들어 있는 것은 그 位가 낮고 不正位임을 强調한 것.

2) 志窮 – 分數에 넘치고 得意에 차서 기쁨을 억제하지 못하여 교만하며 따라서 뜻이 窮하여 凶하다.

六二는 介于石이라 不終日이니 貞코 吉하니라

◐ 六二는 節介가 돌 같음이라. 終日이 아니니 올바르고 吉하니라.
◎ 節介를 지킴이 돌같이 하는 것이다. 하루 종일 가지 않으니 올바르고 吉하다.

1) 六二는 中正을 지키는 節介가 돌과 같이 堅固하다. 따라서 하루 終日 갈 것 없이 지혜롭게 모든 일의 기미를 알아 올바르게 처리하니 吉하다.

2) 六二는 柔順中正이나 六五와는 不應이다. 初六, 六三과도 陰爻끼리라 도움이 없다. 따라서 中庸의 德을 지니고 獨立 獨行하는 節操가 있다.

3) 介于石 – 介는 節介. 獨立 獨行의 뜻이 있다. 節操 있는 큰 돌이 홀로 높이 솟아 있는 것과 같다.

○ 中國의 蔣介石의 이름은 介于石에서 딴 것이다.

4) 不終日 - 하루가 끝나기 이전에 吉凶의 징조를 빨리 아는 것. 終日을 기다리지 않고 決斷하여 實行하는 것.

5) 日을 日本으로 解釋하여 日本의 우리나라 支配가 오래가지 않는다는 풀이를 한 사람도 있다.(蔣介石과 聯合國의 二次大戰勝利)

象曰 不終日貞吉은 以中正也 - 라

☯ 象에서 말하기를 不終日貞吉은 써 中正함이라.

◎ 하루가 다가기 전에 일의 기미를 알아 올바르고 吉하다 함은 中正으로써 하기 때문이다.

1) 以中正也 - 六二는 下卦에서 得中하고 正位에 있어 中正의 德을 지니고 正義를 行한다.

六三은 盱豫 - 라 悔며 遲하야도 有悔리라

☯ 六三은 쳐다보는 豫라 뉘우치는 것이며 늦어도 有悔리라.

◎ 위로 쳐다보며 즐거워하는 것이라. 뉘우치는 것이며, 그 뉘우침이 늦으면 後悔함이 있을 것이다.

1) 盱豫 - 盱는 쳐다볼 우, 눈 부릅뜰 우. 六三은 陰爻로서 不正不中의 小人이다. 그런데 主爻인 九四를 쳐다보고 즐거워하고 있다.

2) 悔遲有悔 - 위의 悔는 뉘우치는 것. 遲有悔는 그 뉘우침이 너무 늦으면 자기 마음에 後悔가 생기는 것. 뒤의 悔는 悔吝의 悔이다.

象曰 盱豫有悔는 位不當也일새라

◐ 象에서 말하기를 盱豫有悔는 位가 不當일새라.
◎ 쳐다보는 豫라 後悔가 있다는 것은 位가 마땅하지 않기 때문이다.

1) 位不當 — 六三은 陽의 자리에 陰爻가 온 것이라 位가 正當하지 않다.

九四는 由豫라 大有得이니 勿疑면 朋이 盍簪하리라

◐ 九四는 말미암은 豫다. 크게 얻음이 있는 것이니 疑心치 말면 벗이 비녀를 합하리라.
◎ 唯一한 陽爻인 九四로 말미암아 즐거운 것이다. 크게 얻음이 있다. 疑心하지 않으면 벗들이 믿음을 가지고 따르게 된다.

1) 九四 — 九四爻는 豫卦의 主爻다. 모든 陰을 統率하는 大臣의 位에 있고 六五 柔順한 君主와 陰陽相比하고 있다.
2) 由豫 — 由는 말미암을 유로써 豫卦에서 오직 九四만이 陽이다. 上下의 五陰이 이 陽을 따르고 應한다. 따라서 九四로 인하여 모든 사람이 즐거움을 얻을 수 있다.
3) 大有得 — 크게 뜻을 行하고 天下 사람들을 즐겁게 할 수 있다.
4) 勿疑 — 오직 정성을 다하고 스스로 믿어 疑心치 말아라. 홀로 天下의 重任을 맡아 하기 때문에 疑心이나 두려움이 있으나 至極한 精誠을 다하여 일을 완수해야 한다.
5) 朋 — 朋은 朋友, 벗, 人材, 아래의 三陰爻를 가리킨다.
6) 盍簪 — 盍은 합할 합(合也)이고 簪는 비녀 잠, 모을 聚의 뜻이 있다. 비녀는 수많은 머리카락을 모으고 가지런하게 한다. 따라서 九四의 一陽에게 모두 모여 도와준다.

象曰 由豫大有得은 志大行也-라

● 象에서 말하기를 由豫大有得은 뜻이 크게 行해지는 것이라.
◎ 말미암아 즐거워하고 크게 얻음이 있다 함은, 뜻이 크게 行해지는 것이다.

1) 志大行-天下의 사람들을 기쁘고 즐겁게 하려는 뜻(志)이 크게 이루어진다.

六五는 貞호대 疾하나 恒不死-로다

● 六五는 올바르게 하되 병들게 되나 오래가도 죽지 않는 것이로다.
◎ 올바르게 하려 하나 병드는 것같이 된다. 그러나 오래가더라도 죽지는 않게 된다.

1) 六五-不正이면서 中正位에 있는 柔弱한 임금이다. 그러나 中을 얻고 있으니
　　임금의 地位는 지켜진다.
2) 貞疾-柔弱한 君主가 올바르게 한다고 하나 즐기는 데 빠져 痼疾을 앓고 있는
　　것 같다.
3) 恒不死-痼疾이 오래가나 九四가 剛直하여 天子의 地位는 지킨다.

象曰 六五貞疾은 乘剛也-오 恒不死는 中未亡也-라

● 象에서 말하기를 六五의 貞疾은 剛을 탔기 때문이오, 恒不死는 中이 없어지지
　　않음이라.
◎ 올바르게 하되 病들게 된다는 것은 剛을 탔기 때문이다. 오래가도 죽지 아니한
　　다는 것은, 中이 아직 없어지지 않았기 때문이다.

1) 乘剛-六五 柔弱한 君主가 九四 陽剛의 大臣 위에 타고 있는 것.
2) 中未亡-六五가 得中한 君位이기 때문에 中庸의 德이 있어 그 자리를 잃지 않
　　　는 것.

上六은 冥豫니 成하나 有渝 - 면 无咎 - 리라

◐ 上六은 어두운 豫니 이루기는 하나 變함이 있으면 허물이 없으리라.

◎ 즐기는데 마음이 어두워지는 것이다. 그렇게 이루어져도 뉘우쳐 고치면 허물이
없을 것이다.

1) 冥豫 - 冥은 어두울 명. 즐기는 데 빠져 마음이 어두워지는 것.

2) 成 - 이루어지고 定해지는 것. 旣成 사실이 되는 것.

3) 有渝 - 渝는 변할 유. 지나친 行動을 고치는 것.

象曰 冥豫在上이어니 何可長也 - 리오

◐ 象에서 말하기를 冥豫가 위에 있는 것이어니 어찌 오래 可히 가리오.

◎ 어두운 豫가 上六의 位에 있는 것이니 어떻게 오래갈 수 있겠는가.

1) 冥豫在上 - 上位에 있어 기뻐하고 즐기는 것이 極한 것.

17. 澤 雷 隨

```
━━━━  ━━━━        正
說 ━━━━━━━━        正    (中) 兌澤
    ━━━━━━━━        不正
    ━━━━  ━━━━      不正
動 ━━━━  ━━━━      正    (中) 震雷
    ━━━━━━━━        正
```

自己를 버리고 남을 따르는 것이 隨이다.
이쪽에서 움직이면 저쪽도 기쁘게 맞는다. 隨
卦는 사람을 따르는 道. 사람들을 心服시키는
道를 다루고 있다.

-序 說-

1. 卦의 뜻

1) 隨는 따를 수로서 隨從, 隨行, 附隨, 隨喜 등의 뜻으로 사용된다.

2) 隨卦는 自己를 버리고 남을 따르는 道. 사람들을 心服게 하고 기쁘게 따르게
   하는 道를 다루고 있다.

3) 따른다는 것은 무엇에, 어떤 사람에게 따를 것인가 하는 自主的인 判斷과 決斷
   이 있어야 이루어진다.

4) 앞에 가는 사람이 있고, 그 뒤를 따라 가는 것이 隨이다. 뛰어난 사람을 따르
   고 그 본을 따른다는 것은 自己發展에 도움이 된다. 偉人傳이나 훌륭한 사람의
   傳記를 잃고 感銘을 받아 後에 出世한 사람이 많은 것도 隨라 할 수 있다.

5) 發展하는 企業에 몸담고 있으면서, 그 會社의 經營方針에 따라 자기도 投資하고 會社가 開拓하는 業種에 대해서 연구하고 따름으로써 成功을 거둔 사람도 있다.

6) 남을 따르게 하려면 自己가 지혜나 能力에서 뛰어나야 하고 또한 率先垂範(솔선수범)해야 남이 따른다.

7) 貴함으로써 賤한 데 내리고, 많으면서 적은 것을 소중히 하고, 自己를 버리고 남을 따르는 것이 隨의 道이다.

8) 마음을 비우고 誠心으로 따르면 남이 알아주고, 結果的으로 남들도 自己에게 따르게 된다.

2. 卦象과 卦德

1) 隨卦는 下卦가 震雷이고, 上卦가 兌澤이다. 아래에 있는 우레가 움직이면 위에 있는 못이 그에 따라 출렁이는 形象이다.

2) 下卦 震雷의 卦德은 動이고, 上卦 兌澤의 卦德은 悅이다. 그러므로 밑에서 움직이는 것에 위에서 기쁘게 따르는 것이라 할 수도 있다.

3) 下卦 震은 長男이고, 上卦 兌는 少女이다. 따라서 長男에게 少女가 따르는 모습이라 할 수 있다.(陽 長男이 陰 少女 아래에 있어 震이 兌를 따른다는 解釋도 있다.)

4) 下卦에서 初九가 六二 陰爻 아래 있고, 上卦에서 九五가 上六 陰爻 아래에 있다. 이와 같이 陽爻가 陰爻 아래에 있기 때문에 이 卦를 隨라고 한다는 解釋도 있다.

5) 初九와 九三은 陽爻끼리로서 應이 되지 않고, 六二와 九五는 正應을 이루고 있으며, 六三과 上六은 陰爻끼리기 때문에 不應이다. 그러나 가장 重要한 六二 柔順中正과 九五 剛健中正이 正應을 이루고 있기 때문에 隨卦는 元亨利貞의

四德을 모두 갖추고 있다.

6) 「序卦傳」에서는 즐거우면 반드시 따르게 되므로 隨로서 받는다(豫必有隨라 故
로 受之以隨하고)로 되어 있다.

3. 卦의 變化

1) 倒轉卦－澤雷隨卦를 뒤집은 倒轉卦는 山風蠱卦이다.

2) 配合卦－隨卦의 陽爻를 陰爻로, 陰爻를 陽爻로 바꾼 配合卦는 역시 山風蠱卦
   이다.

3) 錯綜卦－隨卦의 上下卦를 바꾼 錯綜卦는 雷澤歸妹卦가 된다.

4) 互 卦－隨卦의 初九와 上六을 除外하고 만든 互卦는 風山漸卦가 된다.

[卦 辭]

隨는 元亨하니 利貞이라 无咎－리라

● 隨는 크게 亨通하니 올바르게 함이 利로운 것이라 허물이 없으리라.

◎ 隨는 크게 亨通하니 올바르게 해야 利로우며 허물이 없을 것이다.

1) 元亨－元은 大. 亨은 通. 따라서 크게 亨通하다.
2) 利貞－利는 이로운 것. 좋은 것. 貞은 올바르고 언제까지나 바뀌지 않는 것. 따라서 올바르게 해야 利롭다. 隨卦에서는 이 貞이 가장 重要하다. 올바르게 해야 허물이 없기 때문이다.
3) 六二가 九五에게 움직여 따르고, 九五가 기쁘게 맞이하기 때문에 隨이다. 그러나 따르는 데 있어 貞하지 않으면 크게 亨通하다 하더라도 허물이 있을 수 있다.

[彖 辭]

彖曰 隨는 剛來而下柔하고 動而說이 隨－니 大亨코 貞하야 无咎하야 而天下－隨時하나니 隨時之義－大矣哉라

● 彖에서 말하기를 隨는 剛이 와서 柔한 데 아래하고, 動하여 悅함이 隨니, 크게 亨通하고 바르게 하여 허물이 없어서 天下가 時를 따르나니 隨時의 義가 큰 것이라.

◎ 隨는 剛이 와서 柔에 아래하고, 움직여서 기뻐하는 것이 隨이다. 크게 亨通하고 올바르게 하여 허물이 없고, 그리하여 天下가 때에 따르는 것이니, 때에 따르는 뜻이 크도다.

1) 剛來而下柔－隨는 剛(震剛)이 柔(兌柔)의 아래에 있는 形象이다.

○ 이 句節의 解釋에는 異說이 많다.

　첫째로 澤水困의 九二, 天地否의 上九가 각기 隨의 初九로 왔다는 說(大山金錫鎭)

　둘째로 山風蠱의 上九가 隨의 初九로 왔다는 說(鈴木由次郎)

　셋째로 乾卦 上九가 隨의 初九로 왔다는 說(今井宇三郎) 등이다.

2) 動而說 – 隨卦의 卦德을 말한 것으로 下卦 震은 動이고, 上卦 兌는 悅(說)이다.

3) 大亨 – 元亨과 같은 뜻으로 크게 亨通하다는 것.

4) 貞无咎 – 올바르게 하면 재앙이 없다. 利字가 빠진 것은 隨時之義에 義가 곧 利
　　　　　이기 때문이다.

5) 天下隨時 – 隨時는 時運에 맞는 것. 움직일 때를 보아 움직이는 것이 正이고 貞
　　　　　이다. 天下의 사람들이 때에 따라 움직이고 따른다.

6) 隨時之義 – 때의 알맞은 데 따른다는 것의 意義는 정말 크다.

[象 辭(大象)]

象曰 澤中有雷 – 隨니 君子 – 以하야 嚮晦入宴息하나니라

嚮: 향할 향, 울림소리 향　　晦: 어두울 회, 그믐 회　　宴: 잔치 연　　息: 쉴 식

☯ 象에서 말하기를 못 속에 우레가 있는 것이 隨니, 君子가 써 하여 어두움을 향
하여 들어가서 잔치하고 쉬느니라.

◎ 못 속에 우레가 있는 것이 隨이다. 君子가 이것을 본받아서 날이 저물면 들어
가 먹고 마시며 쉬는 것이다.

1) 澤中有雷隨 – 못(上卦 兌澤) 속에 우레(下卦 震雷)가 쉬고 있는 象. 우레는 春夏
　　　　　에 地上에서 울리고 冬至에 못 속에 숨고 소리를 거둔다. 이와 같
　　　　　이 季節의 때에 따르는 것이 隨의 뜻이 된다.

2) 嚮晦 – 날이 저물어 해가 지는 것.

3) 入宴息－편히 들어가서 쉬는 것.

　　　　宴은 여기서는 安. 따라서 安息

[爻 辭]

初九는 官有渝－니 貞이면 吉하니 出門交－면 有功하리라

◐ 初九는 官이 변함이 있으니 올바르면 吉하니, 門에 나아가 사귀면 功이 있으리라.
◎ 官職에 변함이 있다. 올바르게 하면 吉하다. 門을 나서서 널리 교제하면 成功
　을 얻을 수 있다.

1) 隨의 때이므로 다른 사람에 따름으로써 自己 官職이나 職分이 바뀔 수가 있다.
　그러나 마음을 바르게 지키면 吉하다. 公正하게 나아가서 널리 어진이와 사귀
　면 功이 있을 것이다.
2) 官有渝－官은 官職, 職分. 渝(유)는 변하고 바뀌는 것. 따라서 職位나 職分이
　　　　　　 바뀌는 것.
3) 出門交－門 밖에 나가서 널리 天下의 賢人과 사귄다. 특히 六二의 中正과 사귀
　　　　　 는 것.
4) 有功－功이 있다. 成功한다.

象曰 官有渝에 從正이면 吉也－니 出門交有功은 不失也－라

◐ 象에서 말하기를 官有渝에 正한 것을 따르면 吉하니, 出門交有功은 잃지 않음
　이라.
◎ 官職에 변함이 있어도 正道를 따르면 吉하다. 門 밖에 나서서 널리 교제하면
　成功이 있다 함은, 道理를 잃는 바가 없기 때문이다.

1) 從正吉 – 從은 卦名 隨에서 오고 從正은 六二의 柔順中正에 따르는 것. 그러면
　　吉하다.
2) 不失 – 正道에서 벗어나지 않는 것.

六二는 係小子 – 면 失丈夫하리라

◐ 六二는 小子에게 매이면 丈夫를 잃게 되리라.
◎ 小子에게 얽매이게 되면 丈夫를 잃게 될 것이다.

1) 六二는 柔順中正이고 九五와 正應이다. 그런데 初九에게 매이게 되면 九五의
　　君位에 있는 자기 짝 九五를 잃게 될 것이다.
2) 係小子 – 係는 메일 계. 小子는 年少者. 陽은 大, 陰은 小. 따라서 小子는 바로
　　　　　　밑에 있는 陽爻인 初九를 말한다.(여기에는 小子를 六三이라 하는 說
　　　　　　등 異說이 많다.)
3) 失丈夫 – 훌륭한 男子를 놓치게 된다. 즉 初九와 가까이하면 정작 正應인 九五
　　　　　　로부터 버림을 받을 것이다.

象曰 係小子 – 면 弗兼與也 – 리라

◐ 象에서 말하기를 係小子면 兼하여 더불어 하지 못하리라.
◎ 小子에게 얽매이게 되면 兼해서 두 陽과 더불어 할 수 없을 것이다.

1) 弗兼與也 – 弗은 不. 小子인 初九에 얽매이면 兼해서 正應인 九五와 더불어 할
　　　　　　수가 없다.

六三은 係丈夫하고 失小子하니 隨에 有求를 得하나 利居貞하니라

◑ 六三은 丈夫에게 메이고 小子를 잃으니 隨에 求함이 있음을 얻으나 바른 데에 居함이 利로우니라.

◎ 丈夫(九四)에게 얽매이고 小子(初九)를 잃는다. 따르는 데 있어 求함을 얻으나 올바르게 지키고 있음이 利로울 것이다.

1) 六三은 不正 不中이고 上六과도 不應이다. 따라서 九四에게 매달리는데 밑에 있는 初九는 六二가 가로막고 있으니 포기하고, 九四에게 따른다. 九四를 따라 富貴榮華를 얻으려면 얻을 수는 있겠으나 正道를 지키는 것이 옳다.
2) 丈夫 – 위의 九四를 가리킨다. 陽이기 때문에 丈夫이다.
3) 小子는 初九(六二라는 說도 있다.)
4) 隨有求得 – 따름으로써 바라고 求하던 것을 얻는 것.
4) 利居貞 – 올바른 道를 굳게 지키는 것.

象曰 係丈夫는 志舍下也 – 라

◑ 象에서 말하기를 係丈夫는 뜻이 아래를 버리는 것이라.

◎ 丈夫에게 매달린다는 것은, 뜻이 아래(初九)를 버린다는 것이다.

1) 舍 – 捨也. 버리고 따르지 않음.

九四는 隨에 有獲이면 貞이라도 凶하니 有孚코 在道코 以明이면 何咎 – 리오

◑ 九四는 隨에 얻음이 있으면 바르더라도 凶하니 믿음이 있고 道에 있고 써 밝으면 무슨 허물이리오.

◎ 隨에 收獲이 있으면 올바르더라도 凶하다. 誠心이 있고 道에 있고 그럼으로써

밝으면 무슨 허물이 되겠는가.

1) 九四는 政丞의 자리에 있어 百姓을 따르게 하는데, 民心을 내 것으로 하면(有 獲) 아무리 바른 일을 하더라도 凶하다. 誠實함이 있고 道를 지켜 밝게 하면 무슨 허물이 있을 것인가.

2) 九五 天子를 따르는데 名聲과 人望을 모아 權勢를 휘두른다면 아무리 바른 일을 하더라도 凶하다. 誠心을 다하고 道를 지켜 따르는 것의 본뜻을 分明하게 알면 무엇을 허물하겠는가.

3) 隨有獲 - 隨는 九五 天子에 따르는 것. 獲은 得과 같은 뜻. 收獲이 있고 얻는 바 있으면 또는 民心을 나에게 모으면의 뜻.

4) 貞凶 - 貞은 固. 올바르고 굳게 하는 것. 올바르게 한다 하더라도 凶.

5) 有孚 - 誠信. 믿음을 가지고 九五 君主에게 따르는 것.

6) 在道 - 正道로써 臣下의 道理를 지키는 것.

7) 以明 - 따르는 것의 본래의 뜻을 明白하고 分明하게 아는 것.

象日 隨有獲은 其義 - 凶也 - 오 有孚在道는 明功也 - 라

◐ 象에서 말하기를 隨有獲은 그 義가 凶한 것이오, 有孚在道는 밝은 功이라.

◎ 隨에 얻음이 있다는 것은, 그 뜻이 凶한 것이오. 믿음이 있고 道를 지킨다는 것은 밝게 하는 功이다.

1) 其義凶 - 道義上으로 凶하다. 반역의 뜻이 있는 것.

2) 明功也 - 明은 隨의 때에 그 意義를 分明하게 하는 것. 功은 結果.

九五는 孚于嘉 - 니 吉하니라

◐ 九五는 아름다운 데에 믿음이니 吉하니라.

◎ 아름다운 데에다 誠信이 있으니 吉하다.

1) 九五 剛健中正의 君王이 正應인 柔順中正 六二에 誠信으로 짝하니 吉하다.
2) 嘉 - 아름다울 가. 善하고 좋은 配偶者와 짝한다는 뜻.

象曰 孚于嘉吉은 位正中也일새라

● 象에서 말하기를 孚于嘉吉은 位가 바르게 中함일새라.
◎ 아름다운 데에 誠信이 있어 吉하다는 것은, 位가 올바르게 得中하였기 때문이다.

上六은 拘係之오 乃從維之니 王用亨于西山이로다
拘: 거리낄 구   維: 얽을 유, 이을 유   亨: 형통할 형, 제사지낼 향

● 上六은 거리껴서 멘 것이오. 이에 따르며 얽으니 王이 用하여 西山에서 제사 지냄이로다.
◎ 거리끼면서 얽매인 것이고 이에 따르며 얽은 것이니, 王이 用하여 西山에서 祭를 지내는 것이다.

1) 上六은 隨의 끝이다. 柔順한 正位의 陰爻이다. 九五 君主가 上六을 거리끼고 얽매어 이에 따르도록 얽어서 上六을 用하여 西山에서 祭事 지내게 한다.
2) 拘係之 - 拘는 잡아 놓지 않는 것. 係는 얽매는 것. 之는 上六. 九五가 上六을 잡고 놓지 않는다.
3) 乃從維之 - 乃는 그 위. 從은 따르게 함. 維는 굳게 얽매는 것. 之는 上六이다. 九五의 君主가 上六을 따르게 하고 놓지 않는 것.
4) 王用亨 - 王은 九五. 用은 上六 같은 사람을 씀. 亨은 제사 지내는 것.
5) 西山 - 岐山. 周나라 領土의 西쪽에 있어 西山이라 함.

象曰 拘係之는 上窮也 - 라

🔵 象에서 말하기를 拘係之는 위에서 窮한 것이라.
◎ 거리끼며 멘다는 것은 上爻가 窮한 것이다.

1) 上窮也 - 上은 上爻. 窮은 隨卦의 窮極.

18. 山 風 蠱

止 ━━━━━━━ 不正
  ━━━ ━━━ 不正 (中) 艮 山
  ━━━ ━━━ 正
  ----━━━━━━━━━━----
  ━━━━━━━ 正
巽 ━━━━━━━ 不正 (中) 巽 風
順 ━━━ ━━━ 不正

　　蠱는 앞의 澤雷隨의 倒轉卦이다. 蠱는 좀먹을 고로서 일(事件)이 생긴다는 뜻이다. 秩序가 파괴되고 거기서 새로운 復興이 일어나는 내용을 담고 있다.

-序 說-

1. 卦의 뜻

1) 蠱는 좀먹을 고로서, 그릇(皿) 위에서 벌레(虫) 세 마리가 좀먹고 있는 形象의 글자이다. 이는 그릇[器物]을 좀먹거나 혹은 그릇 위의 飮食物에 벌레가 일고 있는 상황이다.

2) 좀먹는다는 말은 일[事件]이 생긴다는 뜻이다. 世上을 좀먹는다는 것은, 世上이 어지러워지고 秩序가 무너진다는 뜻이 된다. 무너진 秩序는 바로잡아야 하지만, 바로잡는 데는 危險이 따른다. 그러나 復興이 뒤따르게 된다.

3) 泰平스러운 歲月이 계속되면, 內部에서 부패가 생기고 混亂이 야기된다. 이것이 自然法則이다. 그러나 부패와 混亂은 곧 革新이나 新生의 氣風을 불러일으

킨다. 이것도 또한 自然의 法則이다.

4) 좀먹는다는 것은, 自然의 變化, 政治의 부패, 社會의 混亂 등 世上을 좀먹는 일이다. 이 좀먹는 것을 어떻게 처리할 것인가를 말하고 있는 것이 蠱卦이다.

5) 그러나 절망할 필요는 없다. 窮하면 通하는 法이다. 모순이 크면 클수록 根本的인 解決이 可能하기 때문이다.

6) 蠱卦는 家庭 內部에서 아버지나 어머니의 잘못을 주장하여 바로잡는 道理를 주로 말하고 있다. 그러나 擴大 해석하면 社會的인 문제에도 適用된다.

2. 卦德과 卦象

1) 蠱卦는 下卦는 巽風이고, 上卦는 艮山이다. 따라서 山기슭에 바람이 불어 災害가 일어나는 形象이다.

2) 山 아래 바람이 불면 낙엽이나 먼지가 散亂하게 되고, 바람이 부는 가을이 되면 나뭇잎에 단풍이 든다. 天變地異가 생긴다.

3) 사람으로 말하면 下卦 巽風의 나이든 女子(長女)가 上卦 艮山의 젊은 사내(少男)를 꾀는 꼴이다. 風紀가 紊亂해진다.

4) 下卦 巽의 卦德은 巽順함이고, 上卦 艮의 卦德은 止이다. 그러므로 밑에 있는 자는 巽順해서 위에 거슬리거나 忠告하려 하지 않고, 위에 있는 者는 그치고 休息해서 움직이지 않는다. 따라서 政治나 經營이 무너진다.

5) 卦爻를 보면 初六과 六四는 不應이고, 九二와 六五는 相應하여 陰陽이 調和되고 있으며, 九三과 上九는 역시 不應이다.

6) 「序卦傳」에서는 기쁨으로 사람을 따르는 자는 반드시 일이 생긴다. 그러므로 蠱로 받는다.(以喜隨人者 必有事라 故로 受之以蠱하고)

3. 卦의 變化

1) 倒轉卦 – 蠱卦의 倒轉卦는 앞에 나온 澤雷隨卦이다.

2) 配合卦 – 陰爻를 陽爻로, 陽爻를 陰爻로 바꾼 配合卦는 역시 澤雷隨卦이다.
3) 錯綜卦 – 蠱卦의 上下卦를 바꾼 錯綜卦는 風山漸卦이다.

4) 互 卦 – 蠱卦의 初六과 上九를 除外하고 만든 互卦는 雷澤歸妹卦이다.

[卦 辭]

蠱는 元亨하니 利涉大川이니 先甲三日하며 後甲三日이니라

◐ 蠱는 크게 亨通하니 大川을 건너는 데 利로운 것이니, 甲에 앞서기 三日하며 甲에 뒤 하기를 三日이니라.

◎ 蠱는 크게 亨通하니 큰 내를 건너는 데 利로운 것이니, 甲보다 앞서기를 三日 하며, 甲보다 뒤 하기를 三日이다.

1) 蠱는 파괴된 것을 再建하는 것이니 크게 亨通하다. 큰 내를 건너듯 용감하게 하는 것이 利롭다. 甲日보다 三日 앞서 하며(先甲三日 辛日) 甲日보다 三日 뒤에(後甲三日 丁日) 하는 것이 좋다.

2) 元亨 － 元亨은 크게 亨通하다는 것이다. 이것은 蠱가 좀먹고 파괴된 것을 의미하나 그 파괴된 것을 再建하는 기운이 들어 있기 때문에 元亨이다.

3) 利涉大川 － 큰 내를 건너도 빠질 염려는 없다. 고생하고 노력해서 좀먹는 世上을 재건할 수 있다.

4) 先甲三日 後甲三日 － 甲日을 基準으로 해서 앞서는 三日은 辛日이고, 뒤 하는 三日은 丁日이 된다.

```
       辛   壬   癸   (甲)   乙   丙   丁
       |                          |
     先甲三日                  後甲三日
```

5) 辛(先甲三日) － 辛은 新과 통한다. 잘못을 고친다는 뜻이 있다.

6) 丁(後甲三日) － 丁은 丁寧의 뜻이 있고, 古代에는 丁日 또는 癸日에 제사지냈다. 또 지난날의 失敗를 되풀이하지 않고 더 이상 나빠지지 않도록 한다는 뜻이 있다.

7) 蠱卦에는 先甲三日 後甲三日이 있고 巽卦에는 先庚三日 後庚三日이 나온다. 앞의 것은 上經에 있으므로 先天, 뒤의 것은 下經에 있으니 後天이라 할 때, 先天에서 後天으로 바뀌면 甲子年이 庚子年이 된다.

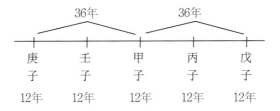

甲子 → 庚子 사이는 36年이고 이것이 36虛數다. 이는 우리나라가 倭政 36年을 겪는다는 의미가 있다고 한다.(也山先生說)

[象 辭]

象曰 蠱는 剛上而柔下하고 巽而止 - 蠱 - 라
蠱 - 元亨하야 而天下 - 治也 - 오 利涉大川은 往有事也 - 오
先甲三日後甲三日은 終則有始 - 天行也 - 라

● 象에서 말하기를 蠱는 剛이 위에 柔가 아래하고, 巽順하여 止한 것이 蠱라,
　蠱가 크게 亨通하여 天下가 다스려지는 것이오,
　利涉大川은 가서 일이 있음이오,
　先甲三日 後甲三日은 마침에 곧 시작함이 있어 하늘이 行함이라.

◎ 蠱는 剛이 올라가 있고 柔가 내려와서, 巽順하여 止하는 것이 蠱이다.
　蠱는 파괴된 것을 再建하는 것이니 크게 亨通하여 天下가 다스려지는 것이다.
　利涉大川은 積極的으로 밀고 나아가 해야 할 일이 있는 것이다.
　先甲三日後甲三日은 마침이 있으면 곧 시작이 있는 것이니, 하늘의 行하는 바이다.

1) 剛上柔下 - 剛은 上卦 陽 少男, 柔는 下卦 巽 長女 또는 剛은 陽 上九爻, 柔는
　　　　　　陰 初六爻. 兩者는 서로 相交하지 않는다.
2) 巽而止 - 下卦의 卦德은 巽順이고, 上卦 艮의 卦德은 止이다.
3) 蠱元亨 - 파괴에서 재건으로 나아가기 때문에 크게 亨通한다.
4) 往有事 - 勇氣를 내어 밀고 나가는 것. 有事는 天下의 어려움을 살리는 것.
5) 終則有始 - 낡은 일의 끝은 새 일의 始作이다. 파괴의 끝은 改革의 始作이다.

[象 辭(大象)]

象曰 山下有風이 蠱 – 니 君子 – 以하야 振民하며 育德하나니라

🔘 象에서 말하기를 山 아래 바람이 있음이 蠱니, 君子가 써 하야 百姓을 振民케
　하며 德을 기르나니라.

◎ 山 아래 바람이 있는 것이 蠱니, 君子가 이것을 본받아 百姓을 振作시키고 德
　을 기르는 것이다.

1) 山 밑에 바람이 불어 닥치는 것이 蠱의 形象이다. 君子는 이 卦象을 보고 본받
　아서 百姓을 振民케 하고 德을 기르도록 힘써야 한다.
2) 振民育德 – 百姓의 사기를 진작케 하고 百姓의 道德을 기르는 것.

[爻 辭]

初六은 幹父之蠱 – 니 有子 – 면 考 – 无咎하리니 厲하야아 終吉이리라

🔘 初六은 아비의 蠱를 주장하는 것이니, 아들이 있으면 아비가 허물이 없으리니
　위태로워야 마침내 吉이리라.

◎ 아버지의 잘못(蠱)을 주장하여 바로잡는 것이니, 훌륭한 아들이 있으면 아비의
　허물이 없을 것이다. 위태로우나 잘 삼가면 마침내는 吉할 것이다.

1) 幹父之蠱 – 幹은 나무의 줄기, 여기서는 일을 바로잡는 주장, 아버지의 잘못된
　　　　　　　　일을 바로잡으려는 노력.
2) 有子 – 집안을 바로잡을 만한 훌륭한 아들이 있으면.
3) 考无咎 – 考는 그 원 뜻이 老이고 父이다. 「禮記」에서는 살아 있을 때는 父, 돌아가시
　　　　　면 考라 한다고 되어 있으나, 古時에는 生前에도 考를 사용했다고 한다.

4) 厲終吉 – 처음부터 吉한 것이 아니고, 위태로움을 알고 삼가하여 처리하면, 끝내
   는 吉하다.

象曰 幹父之蠱는 意承考也 – 라

☯ 象에서 말하기를 幹父之蠱는 뜻이 아비를 이어감이라.
◎ 아버지의 잘못을 바로잡다는 것은, 그 마음이 아버지를 거역하는 것이 아니라
   받들어 가려는 孝心에서 나온 것이다.

1) 意承考也 – 아버지의 뜻을 거역하는 것이 아니고, 아버지의 잘못을 바로잡고 받
   들어 가는 마음이다. 甲子가 庚子 되었으니 아버지 甲의 뜻을 이어
   받았다.

九二는 幹母之蠱 – 니 不可貞이니라

☯ 九二는 어미의 蠱를 주장하는 것이니, 바르게 함이 不可한 것이니라.
◎ 어머니의 잘못을 주장하여 바로잡는 것이니, 지나치게 바르게 하려 해서는 안
   된다.

1) 幹母之蠱 – 어머니로 인한 잘못. 家道의 실추를 九二 剛陽, 得中한 아들이 바로
   잡는 것.
2) 不可貞 – 貞은 正固 즉 바르고 굳게 하는 것. 지나치게 嚴正하게 하면 안 된다
   는 뜻.
3) 어머니의 잘못을 바로잡는 데 너무 正義를 지나치게 내세운다면, 母子 사이의
   恩惠와 情이 損傷될 염려가 있다. 따라서 부드럽게 諫해서 마음을 돌리도록 해
   야 한다.

象曰 幹母之蠱는 得中道也－라

● 象에서 말하기를 幹母之蠱는 中道를 얻었음이라.
◎ 어머니의 잘못을 고치려고 주장함은 中道를 얻었기 때문이다.

1) 九二는 不正이나 得中한 陽爻이다. 따라서 中庸之道를 지녀 지나치게 하지 않는다.

九三은 幹父之蠱－니 小有悔나 无大咎－리라

● 九三은 아비의 蠱를 주장하는 것이니, 조금 後悔가 있으나 큰 허물이 없으리라.
◎ 아버지의 잘못을 주장하여 바로잡는 것이니, 조금은 後悔스러운 바가 있으나 큰 허물은 없을 것이다.

1) 小有悔－조금 뉘우칠 일이 있다. 九三은 正位이고 剛健한 陽이다. 따라서 지나치게 할 可能性이 있다. 그러니 경계해야 한다. 父子 사이의 關係가 소원해지는 수도 있다.
2) 无大咎－큰 災殃(재앙)을 받지 않는다. 큰 허물이 되지는 않는다는 뜻.

象曰 幹父之蠱는 終无咎也－니라

● 象에서 말하기를 幹父之蠱는 마침내 허물이 없는 것이니라.
◎ 아버지의 잘못을 주장하여 바로잡는다는 것은, 마침내 허물이 없을 것이다.

1) 終无咎－처음에는 잘 안 되나 끝에 가서는 잘되고 허물이 없다.

六四는 裕父之蠱-니 往하면 見吝하리라

● 六四는 아비의 蠱를 넉넉하게 함이니, 나아가면 인색함을 보게 되리라.
◎ 아버지의 잘못을 너그럽고 넉넉하게 처리하는 것이니, 그대로 나아가면 인색함을 보게 될 것이다.

1) 裕父之蠱-裕는 넉넉할 유, 너그럽다는 뜻. 六四는 正位이나 陰柔이고, 不中이라 우물거리는 경향이 있어 올바르게 처리하지 않는다.
2) 往見吝-往은 그대로 나가면 즉 우물거리고 그냥 둔다면 인색함을 당한다.

象曰 裕父之蠱는 往엔 未得也-라

● 象에서 말하기를 裕父之蠱는, 나아감엔 얻지 못함이라.
◎ 아버지의 잘못을 너그럽게 둔다는 것은, 그런 식으로 나가면 뜻대로 되지 않는 것이다.

1) 往未得-너그럽고 우물거리며 그대로 나가면 좀먹고 파괴된 것을 바로잡지 못한다.

六五는 幹父之蠱-니 用譽리라

● 六五는 아비의 蠱를 주장함이니 써 名譽로우리라.
◎ 아버지의 잘못을 주장하여 바로잡는 것이니, 그렇게 함으로써 名譽로울 것이다.

1) 用譽는 名譽나 名聲이 생기는 것. 用은 以와 같다.
2) 九三의 幹父之蠱는 正位이나 剛健한 陽이므로 지나치게 干涉하며 小有悔 无大咎이다.

3) 六五의 幹父之蠱는 不正이나 君主의 位에 있어 得中하였고, 主爻이다. 그리고
   九二와 相應하고 있다. 따라서 지나치지 않고, 알맞게 주장하여 아비의 잘못을
   바로잡으니 用譽가 된다.

※ 參考(윗사람에 대한 諫言)

1) 事父之道 -(無犯有隱) - 아버지의 잘못에 대해서는 아버지의 權威나 體面을 犯
                     하지 않고, 맞서지 않고 은근하게 諫하고, 경우에 따라서는 아버지
                     를 속이거나 일을 숨길 수도 있다.
2) 事君之道 -(有犯無隱) - 君王의 잘못에 대해서는 정정당당하게 直言하고 諫하되,
                     속여서는 안 된다.
3) 事師之道 -(無犯無隱) - 스승의 잘못에 대해서는 맞서서도 안 되고 속여서도 안
                     된다.
4) 事母之道 -(有犯有隱) - 어머니의 잘못에 대해서는 直言할 수도 있고, 속일 수도
                     있다는 것.

象曰 幹父用譽는 承以德也 - 라

◉ 象에서 말하기를 幹父用譽는, 이어 나감을 德으로써 하는 것이다.
◎ 아버지의 잘못을 주장하여 바로잡아서 名譽롭다는 것은, 뒤를 이어감에 德으로
  써 하는 것이다.

1) 承以德也 - 아버지의 뒤를 이어감에 德으로써 하는 것.

上九는 不事王侯하고 高尙其事 - 로다

◑ 上九는 王과 侯를 섬기지 아니하고, 그 일을 崇尙함이로다.
◎ 王과 侯를 섬기지 아니하고, 自己의 바라는 바를 崇尙하는 것이다.

1) 上九는 蠱卦의 마지막이다. 이제 좀먹는 상태가 끝났다. 그래서 蠱字가 없다.
2) 不事王侯 - 上位에서 초연하게 있으니, 이제 일을 다 처리하고 王와 侯를 섬기
　　　　지 않으며 隱居한다.
3) 高尙其事 - 其事는 自己가 좋아하고 즐기는 道. 따라서 自己의 삶을 고결하게
　　　　지켜간다.
4) 初六에서 六五까지는 家庭 內部를 주로 말하고 이 上九는 國家에 비유했다. 그
　　이유는 不事父母는 人倫上 있을 수가 없으나, 君臣關係는 義로 맺어지므로 일
　　에서 벗어나고 피할 수도 있기 때문이다.

象曰 不事王侯는 志可則也 - 라

◑ 象에서 말하기를 不事王侯는 뜻이 可히 法한 것이라.
◎ 王侯를 섬기지 않는 것은 그 뜻이 法則에 맞는 것이다.

1) 志可則也 - 則은 法則. 따라서 뜻이 可히 法할 만하다. 즉 뜻을 본받을 만하다
　　는 의미이다.

19. 地 澤 臨

```
━━━  ━━━        正
順 ━━━  ━━━     不正 (中) 坤 地
  ━━━  ━━━      正
- - - - - - - - - - - -
  ━━━  ━━━      不正
悅 ━━━━━        不正 (中) 兌 澤
  ━━━━━        正
```

臨은 위에서 아래를 내려다보는 것이다. 따라서 아래를 다스리고 보살피는 내용을 담고 있다. 陽이 차츰 자라서 올라오고 기쁨으로써 順한 形象이다.

-序 說-

1. 卦의 뜻

1) 臨은 임할 림, 미칠 림, 다다를 림과 다스릴 림의 뜻이 있다. 본뜻은 위에서 아래를 본다는 뜻이다. (때로는 임으로 발음한다)

2) 臨卦는 윗사람이 百姓에게 臨한다. 즉 윗사람이 百姓을 잘 다스리고 包容하며 보살피는 내용으로 되어 있다.

3) 윗사람이 아래에 臨하는 것이다. 따라서 君臨, 往臨 등의 用語를 使用한다.

4) 政治를 함에는 臨民하고, 사람을 사귈 때는 臨人하며, 일을 처리할 때는 臨事하는 原理가 나와 있다.

5) 大自然은 우리 人間에게 臨하고 있다. 自然의 順理나 커다란 보살핌으로 人間은 살아

간다. 父母도 子息에게 臨한다. 즉 子息을 내려다보고 보살핀다. 나라나 企業에 있어서도 윗사람이 아랫사람을 내려다보고 보살피고 있는 것이다.

6) 臨卦는 급하게 盛하고 급하게 衰하는 기운이 있다. 그러므로 때를 잘 보고 때를 놓치지 않아야 한다는 教訓이 있다.

2. 卦德과 卦象

1) 地澤臨卦는 下卦가 兌澤이라 못이고, 上卦는 坤地라 땅이다. 따라서 못 위에 땅이 있는 形象이다. 여기서 땅은 못가의 땅 즉 岸地(안지)이다. 岸은 못보다 높으면서 물에 다다르고 있는 것이다.

2) 卦德을 보면 下卦 兌澤은 悅이고, 上卦 坤地는 順이다. 따라서 즐거워하면서 順하게 움직이는 것이다.

3) 臨卦는 二陽四陰의 卦이다. 初九와 九二가 아래에 있고 그 위로 四陰爻가 있다. 그러므로 밑에서 陽의 기운이 위로 차츰 올라가는 꼴이다.

4) 臨卦는 12月의 卦이다. 11月 冬至에 一陽이 始生하여 地雷復卦가 되고 그 다음이 12月이다. 앞으로 陽의 氣運이 점차 커질 징조를 보이고 있다.

5) 初九와 六四는 正應이고, 九二와 六五는 각기 不正位이나 相應하여 陰陽調和를 이루고, 六三과 上六은 陰爻끼리라 不應이다.

6) 「序卦傳」에서는 "일이 있은 이후에야 가히 커지는 것이라. 고로 臨으로써 받고, 臨은 큰 것이니"라 하고 있다.(有事而後에 可大라 故로 受之以臨하고 臨者는 大也니)

3. 卦의 變化

1) 倒轉卦 – 地澤臨을 倒轉한 卦는 風地觀卦가 된다.

2) 配合卦 – 臨卦의 爻를 陰陽이 바뀌도록 한 配合卦는 天山遯卦가 된다.

3) 錯綜卦 – 臨卦의 上下卦를 바꾼 錯綜卦는 澤地萃卦가 된다.

4) 互 卦 – 臨卦의 初九와 上六을 除外하고 互卦를 만들면 地雷復卦가 된다.

[卦 辭]

臨은 元亨코 利貞하니 至于八月하얀 有凶하리라

☯ 臨은 크게 亨通하고 올바르게 함이 利로우니, 八月에 이르러서는 凶함이 있으리라.

◎ 臨은 크게 亨通하고 올바르게 하는 것이 利롭다. 八月에 이르게 되면 凶함이
  있을 것이다.

1) 元亨利貞－乾卦의 元亨利貞과 같다. 올바르게 변함없이 해 나가면 크게 亨通하
   다. 따라서 利貞은 경계사이다.
2) 至于八月有凶－1年 12달을 卦로 나타내면 八月은 風地觀이 된다. 臨은 10月卦
   이다. 二陽四陰의 臨에서 陽이 자라고 乾卦를 지나면 다시 陰이
   들어와 자라게 되어 8月에는 四陰二陽의 觀卦가 된다. 이 觀일
   때에는 陰의 氣運이 강해지므로 凶하다. 따라서 미리 경계할 필
   요가 있다.
3) 地澤臨의 倒轉卦는 風地觀이다.
4) 地雷復(冬至)에서 여덟 번째 卦는 天山遯卦가 된다. 이는 鄭玄, 虞翻 등의 說이
   다. 遯卦는 六月卦로서 臨이 全變하면 遯卦가 된다.

臨卦   觀卦   遯卦

[彖 辭]

彖曰 臨은 剛浸而長하며 說而順하고 剛中而應하야 大亨以正하니 天之道也－라
至于八月有凶은 消不久也－라

☯ 彖에서 말하기를 臨은 剛이 젖어 들어 길어지며, 기뻐하여 順하고, 剛이 中하
  여 應하여 크게 亨通하고 써 正하니 天의 道이라. 至于八月有凶은 사라져 오
  래 하지 못함이라.

◎ 臨은 剛이 차츰 자라며, 기뻐하여 順하고, 剛이 得中하여 應해서 크게 亨通하고 바르니, 하늘의 길인 것이다. 八月에 이르러 凶함이 있다는 것은, 陽이 살아지는 것이 멀지 않았다는 것이다.

1) 初九, 九二의 陽이 점점 자라서 기뻐하고(悅) 따르는 꼴이다. 九二는 剛中으로서 六五 柔中의 天子와 相應함으로 크게 亨通하다. 이는 하늘의 道理에 맞는 것이다. 八月에 이르러서 凶함이 있다는 것은, 陽이 盛大해 지나 八月이 되면 觀卦가 되어 陰이 들어오기 때문에 陽의 消滅이 멀지 않다는 것이다.
2) 剛浸而長 – 浸은 물에 젖을 침, 漸과 같은 뜻으로 점차 점차 剛인 陽이 점차 왕성해 지는 것.
3) 說而順 – 說은 悅이다. 下卦 兌澤은 悅, 上卦 坤地는 順의 卦德을 가지고 있다.
4) 剛中而應 – 主爻인 九二가 得中하고, 六五와 相應하고 있다.
5) 大亨以正 – 剛이 기쁘게 나아가고 柔가 위에서 이에 따른다. 따라서 크게 亨通하고 九二, 六五가 相應하니 바르다.
6) 天之道也 – 하늘의 法則, 陰陽의 消長.
7) 消不久也 – 消는 陽이 消滅하는 것. 지금 陽이 왕성해지나 天道는 往來하니 陽이 사라지는 것이 멀지 않다는 뜻.

[象 辭(大象)]

象曰 澤上有地 – 臨이니 君子 – 以하야 敎思 – 无窮하며 容保民이 无疆하나니라

◉ 象에서 말하기를 못 위에 땅이 있음이 臨이니, 君子가 써 하야 가르치는 생각이 다함이 없으며, 백성을 包容하고 保全함이 지경이 없나니라.
◎ 못 위에 땅이 있는 것이 臨이다. 君子는 이를 본받아 가르치려는 마음에 다함이 없고, 百姓을 包容하고 보살피는 데 끝이 없는 것이다.

1) 澤上有地 - 못 위에 땅이 있다는 것은 못가의 岸地가 못에 臨한다는 것.
2) 敎思无窮 - 百姓을 가르치고 이끄는 마음이나 생각이 다함이 없다.
3) 容保民无疆 - 百姓을 包容하고 보살피는 데 끝 간 데가 없다.

[爻 辭]

初九는 咸臨이니 貞하야 吉하니라

☯ 初九는 느껴서 臨하는 것이니 바르게 하여 吉하니라.
◎ 느낌을 가지고 臨하는 것이니 올바르게 하여 吉하다.

1) 初九 正位의 陽爻는 六四와 正應으로 서로 感應하여 正道를 가니 吉하다.
2) 咸臨 - 咸은 感의 뜻. 初九와 六四는 感應하고 初九에 六四가 臨한다.
3) 貞吉 - 貞은 正이다. 初九는 正位이고 뜻이 바르다. 올바르기 때문에 吉하다.

象曰 咸臨貞吉은 志行正也 - 라

☯ 象에서 말하기를 咸臨貞吉은 뜻이 올바른 것을 行함이라.
◎ 느껴서 臨하여 올바르고 吉하다는 것은, 뜻이 正道를 行하는 것이다.

1) 志行正也 - 正道를 行하려고 뜻한다. 마음먹는다.

九二는 咸臨이니 吉하야 无不利하리라

☯ 九二는 느껴서 臨하는 것이니, 吉하여 利롭지 않음이 없으리라.
◎ 느낌을 가지고 臨하는 것이니, 吉하여 利롭지 않는 일이 없다.

1) 九二는 不正位이나 得中한 陽爻로서 柔和한 得中의 六五에 臨하여 吉하고 福
   이 있다. 따라서 吉하고 利롭지 않음이 없다.
2) 咸臨－得中한 陽爻 九二가 역시 得中한 德이 있는 六五 天子에게 至誠을 가지
   고 느끼는 것.
3) 吉无不利－吉을 얻는다. 하는 일이 모두 올바른 道에 合致한다.

象曰 咸臨吉无不利는 未順命也－라

☯ 象에서 말하기를 咸臨吉无不利는, 아직 命에 順하는 것이 아니라.
◎ 咸臨吉无不利는 九二가 六五 天子의 命令에 順從하는 것이 아니라, 서로 感應
   하기 때문에 일의 올바름을 보아 따르는 것이다.

1) 未順命也－이 句節은 未자 때문에 예부터 難解하여 여러 說이 있으나 定說은
   없다. 朱子의 『本義』에서는 未詳이라 했고 『程傳』에서는 未를 不이
   라 했다.

六三은 甘臨이라 无攸利하니 旣憂之라 无咎－리라

☯ 六三은 달게 臨하는 것이라. 利로운 바가 없으니 이미 근심하는지라 허물이 없
   으리라.
◎ 甘言으로 臨하는 것이다. 利로운 바가 없으니, 이미 근심하고 두려워하여 誠心
   으로 한다면 허물이 없을 것이다.

1) 甘臨－六三은 不正 不中의 小人이다. 陽이 初九 九二까지 젖어 올라와 陽의 浸
   犯이 臨迫했다. 그러면 물러설 줄 알아야 하는데 六三은 陰 小人이므로
   물러서기 싫어서 甘言利說로 臨하는 形象이다. 甘言利說로서는 일이 잘
   풀리지 않는다.

2) 旣憂之 - 朱子는 旣를 然이라 解釋한다. 그렇지만(然이나) 甘言으로 잘되지 않음을 알고 誠心으로 臨하면 재앙을 면할 수 있다.

象曰 甘臨은 位不當也 - 오 旣憂之하니 咎不長也 - 리라

☯ 象에서 말하기를 甘臨은 位가 不當함이오, 旣憂之하니 허물이 오래가지 않으리라.
◎ 甘言으로 臨한다는 것은 位가 마땅하지 않기 때문이다. 이미(그렇지만) 反省하고 誠心으로 臨하니 허물이 오래가지 않을 것이다.

1) 位不當也 - 六三은 陰爻가 陽位에 있어 不正位이다. 그리고 進出하는 二陽 위에 타고 있다.
2) 咎不長也 - 재앙이 생길 수 있으나 곧 거기서 벗어날 수 있다.

六四는 至臨이니 无咎하니라

☯ 六四는 至極하게 臨함이니 허물이 없나니라.
◎ 스스로 至極하게 臨하는 것이니 허물이 없다.

1) 六四는 柔弱한 大臣이나 正位에 있고 初九와 正應이다. 스스로 臨하는 것이니 허물이 없다.
2) 至臨 - 이른다는 것은 六四가 스스로 初九에게 臨한다는 뜻과 至極한 마음으로 臨하는 두 뜻을 다 가지고 있다.

象曰 至臨无咎는 位當也일새라

☯ 象에서 말하기를 至臨无咎는 位가 마땅함일새라.
◎ 至極하게 臨하여 허물이 없다는 것은, 位가 正當(六四는 正位)하기 때문이다.

六五는 知臨이니 大君之宜니 吉하니라

☯ 六五는 知로써 臨함이니, 大君의 마땅함이니 吉하니라.

◎ 지혜롭게 臨하는 것이다. 柔弱한 君主로서 得中한 六五는 正應인 九二 賢人의 聰明과 英知로써 天下의 일을 맡겨 처리하게 한다. 이것이 大君으로서 마땅한 것이니 吉하다.

1) 知臨 – 知는 智와 같다. 지혜가 있다는 것. 六五는 九二와 相應하니 九二의 英知를 活用하여 天下에 臨한다. 스스로 行하지 않고 九二 賢人에 맡겨 일을 처리하게 하는 것이 지혜롭고 大知라 할 수 있다.

2) 大君之宜 – 大君은 天子이다. 大君이 마땅히 취할 바이다.

象曰 大君之宜는 行中之謂也 – 라

☯ 象에서 말하기를 大君之宜는 中을 行하는 것을 말함이라.

◎ 大君의 마땅함이라는 것은, 中庸之道를 行하는 것을 말한다.

1) 行中之謂 – 中庸의 道를 行한다는 의미. 中은 過不及이 없는 中正之道. 六五는 得中이고 九二도 得中하여 서로 應하고 있다.

上六은 敦臨이니 吉하야 无咎하니라

☯ 上六은 도타웁게 臨함이니 吉하여 허물이 없느니라.

◎ 도타웁게(敦篤하게) 臨하는 것이니, 吉하고 허물이 없다.

1) 上六은 臨卦의 끝이고, 上卦 坤의 끝이다. 柔한 陰爻로서 正位에 있어 九二 初九의 賢人에게 敦篤하게 臨한다. 九二 初九와 應이 아니지만 誠心으로 대하기

때문에 吉하고 허물이 없다.

2) 敦臨－敦은 도타울 돈. 厚와 같은 뜻. 篤實(독실), 敦篤, 敦厚 등으로 使用된다. 敦篤하고 厚하게 臨하는 것. 위에 있는 사람이 아랫사람을 敦篤하게 대하면 吉하고, 올바른 태도이다.

象曰 敦臨之吉은 志在內也－라

● 象에서 말하기를 敦臨之吉은 뜻이 안에 있음이라.

◎ 도타웁게 臨하는 것이 吉하다 함은, 뜻이 안(初九와 九二)에 있기 때문이다.

1) 上六은 正應이 없으나 敦厚하게 아래에 臨한다.

2) 志在內也－內는 內卦. 內卦의 初九 九二에게 뜻을 가져 敦厚하게 대하는 것.

20. 風 地 觀

```
巽         ━━━━━━━━  不正
順         ━━━━━━━━  正    (中) 巽 風
           ━━━  ━━━  正
           - - - - - - - - - - - - - - -
           ━━━  ━━━  不正
順         ━━━  ━━━  正    (中) 坤 地
           ━━━  ━━━  不正
```

觀은 본다는 것이다. 위에서 아래를, 아래에서 위를 보는 두 가지의 뜻이 있다. 앞의 地澤臨의 倒轉卦이다. 世上을 보고 自己自身을 보는 지혜를 담고 있다.

-序 說-

1. 卦의 뜻

1) 觀은 볼 관이다. 사람이 보는 領域은 限없이 넓다. 단순히 어떤 形象이나 景觀을 쳐다보는 것으로부터, 人生觀, 世界觀, 宇宙觀과 같이 主體的인 視角에서 森羅萬象을 파악하는 能力에까지 이른다.

2) 본다는 것은 안다는 것이다. 어떤 事象을 나는 이렇게 본다 할 때 그것은, 곧 그렇게 理解한다는 뜻이 된다. 이 世上을 바꾸는 것은 思想이다. 그 思想은 어떤 뛰어난 人間의 「觀의 世界」에서 體系化된 것이라 할 수 있다.

3) 觀에는 主觀과 客觀이 있다. 내가 남을 쳐다보는 것과, 남이 나를 쳐다보는 것은 다르다. 그리고 위에서 아래를 보는 것과, 아래에서 위를 보는 觀도 다르다.

4) 自然이나 物質에 대해서 보는 것과 精神世界를 보는 觀이 있다. 宗敎는 人間의 靈魂(영혼)을 救濟하려 한다. 따라서 精神의 安定, 純粹性을 重要視한다. 儒敎에서의 觀工夫, 佛家의 參禪 등도 精神의 偉大한 世界를 追求하는 것이라 할 수 있다.

5) 觀卦는 觀의 世界를 말하고 社會秩序 유지를 위한 觀의 方法論을 다루고 있다.

6) 어떤 事象의 本質이나 根本, 무엇이 重要하고 重要하지 않는가를 꿰뚫어 보는 智慧가 있어야 남의 위에 설 수 있고 世上을 바르게 이끌 수 있다.

2. 卦象과 卦德

1) 風地觀卦는 下卦가 坤地이고 上卦는 巽風이다. 그러므로 땅위에 바람이 부는 形象이다. 이것은 곧 바람이 大地 위를 불고 지나가면서 모든 것에 닿고 자세하게 觀察하는 모습이라 할 수 있다.

2) 觀卦의 卦德은 下卦 坤地는 順이고, 上卦 巽風은 巽順이다. 따라서 順하고 조용하게 마음을 가다듬고, 남에게 공손하고 겸손한 자세를 지녀, 事物이나 事態를 올바르게 觀하는 理致가 있다.

3) 觀卦는 二陽四陰의 卦이다. 그러므로 九五, 上九의 두 陽爻가 아래를 내려다보고, 初六, 六二, 六三, 六四의 네 陰爻가 위를 우러러보는 形象이다.

4) 觀은 8月卦이다. 結實의 가을이다. 그러나 陰의 氣運이 자라서 올라오고 있는 狀態이다. 그러므로 삼가고 精神을 가다듬을 필요가 있다.

5) 初六과 六四는 不應이고, 六二의 柔順中正과 九五의 剛健中正은 正應이며, 六三과 上九는 각기 不正位이나 相應하고 있다.

6) 「序卦傳」에서는 "臨은 큰 것이니 사물이 커진 연후에야 가히 觀함이라. 故로 觀으로 받고"(臨者는 大也니 物大然後에 可觀이라 故로 受之以觀하고)라 되어 있다.

3. 卦의　變化

1) 倒轉卦 - 風地觀의　倒轉卦는　앞에서　본　地澤臨卦이다.

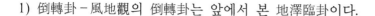

2) 配合卦 - 觀卦의　陰爻는　陽爻로　陽爻는　陰爻로　바꾼　配合卦는　雷天大壯卦이다.

3) 錯綜卦 - 觀卦의　上下卦를　서로　바꾼　錯綜卦는　地風升卦가　된다.

4) 互　卦 - 觀卦의　初六과　上九를　除外하여　만든　互卦는　山地剝卦이다.

[卦　辭]

觀은　盥而不薦이면　有孚하야　顒若하리라

◑ 觀은　세수하고　올리지　아니하면,　믿음이　있어　우러러보는　듯하리라.
◎ 세수는　했으나　아직　제물을　올리지는　않았다.(제사　지내기　직전이다.)　마음이

정성으로 가득하니 사람들이 우러러보게 될 것이다.

1) 盥 - 세수할 관, 얼굴 씻을 관. 灌과 같은 뜻이다. 여기서는 祭祀 지내기 전에 洗手하거나 沐浴齋戒하는 것.
2) 不薦 - 드릴 천, 옮길 천. 進과 같은 뜻. 祭祀에 쓸 祭物을 아직 올리지 않은 狀態. 이때 精神을 딴 데 쏟지 않고, 마음을 가다듬어 기다린다. 祭祀를 모시기 위하여 洗手하고 그 精誠이 그대로 지속되는 순간이다.
3) 有孚 - 信義, 精誠, 믿음, 天子의 위에 있는 九五의 精誠.
4) 顒若 - 우러러볼 옹, 若은 어조사. 사람들이 우러러보게 된다.

[象 辭]

象曰 大觀으로 在上하야 順而巽하고 中正으로 以觀天下 - 니 觀盥而不薦有孚顒若은 下 - 觀而化也 - 라
觀天之神道而四時 - 不忒하니 聖人이 以神道設敎而天下 - 服矣니라

- ☯ 象에서 말하기를 大觀으로 위에 있어서 順하여 巽順하고, 中正으로써 天下를 觀하니, 觀盥而不薦有孚顒若은 아래가 觀하여 化함이라.
  天의 神道를 觀함에 四時가 어긋나지 아니하니, 聖人이 神道로써 가르침을 베풀어 天下가 感服하느니라.
- ◎ 크게 봄이 위에 있어서 順하여 겸손하고, 中正의 德이 있는 九五가 天下를 보는 것이다. 세수하고 祭物을 올리지 않고 믿음이 있어 우러러보는 듯하다는 것은, 밑에 있는 百姓이 그것을 보고 感化되는 것이다.
  하늘의 神秘스러운 法道를 보면, 四時의 運行이 조금도 어긋남이 없으니, 聖人은 그 法道로써 가르침을 펴서 天下의 萬百姓이 모두 感服하여 따르게 된다.

1) 大觀在上 - 大觀은 九五의 天子다. 中正의 德을 갖춘 天子가 위에 있어 萬百姓
   이 우러러보고 있다.

2) 順而巽 - 下卦 坤地의 卦德은 順이고, 上卦 巽風의 卦德은 巽順이다.

3) 中正以觀天下 - 九五가 剛健中正의 德으로써 天下의 상황을 관찰한다.

4) 下觀而化也 - 밑에 있는 百姓이 우러러보고 感化되는 것. 온 天下 사람이 感化
   되는 것.

5) 天之神道 - 헤아릴 수 없는 하늘의 作用. 天道는 至神이다. 故로 神道라 한다.
   (程伊川)
   天의 神道는 自然스럽게 運行하는 바람의 道理. 聖人의 神道는 사
   람으로 하여금 自然스럽게 보고 느끼게 하는 것.(朱子語類)

6) 四時不忒 - 四時는 春夏秋冬의 四季. 四季節의 運行이 어긋남이 없는 것. 忒은
   어긋날 특.

7) 以神道設教 - 여기서의 神道는 天道의 本質인 至公无私한 誠이다. 至誠은 神과
   같다.(中庸) 따라서 至誠으로써 가르침을 베푸는 것.

8) 天下服矣 - 天下의 萬百姓이 感服하고 信服하는 것.

※ 參考: 觀工夫하는 姿勢

儒教에서는 觀工夫, 혹은 敬工夫를 한다. 이는 佛教의 參禪과 같이 마음을 가
다듬고 至極히 純粹한 狀態로 이끌어, 天地自然의 理致나 世上의 道理를 觀照
하는 工夫이다. 이 觀工夫할 때의 姿勢가 觀卦에 나타나 있다. 즉 세수하고 하
늘 앞에 祭祀를 지내려 할 때, 至誠으로 가득차 있는 순간의 마음가짐을 지니
면, 天의 神道를 볼 수 있고, 世上을 올바르게 이끌고 사람을 感服게 하는 길
이 열리는 것이다.

[象 辭(大象)]

象曰 風行地上이 觀이니 先王이 以하야 省方觀民하야 設教하니라

◗ 象에서 말하기를 바람이 地上을 行하는 것이 觀이니, 先王이 써 하여 四方을 살피고, 百姓을 觀하여 가르침을 베푸는 것이다.

◎ 바람이 땅위를 가는 것이 觀이니, 옛날 王이 卦象을 본받아 四方을 살피고 百姓의 風俗을 觀察하여 각기 알맞은 敎化를 베푼다.

1) 風行地上觀 — 上卦는 巽風으로서 바람이고, 下卦는 坤地로서 땅이다.
　　　　　　　　바람이 땅위를 가는 것. 따라서 四方을 돌아보는 形象.
2) 省方 — 나라를 두루두루 살피는 것. 옛날 임금이 四方을 巡視하는 것.
3) 觀民 — 百姓의 風俗을 觀察하는 것.
4) 設敎 — 가르치고 敎化하는 것.

[爻 辭]

初六은 童觀이니 小人은 无咎 — 오 君子는 吝이리라

◗ 初六은 兒童의 觀이니 小人은 허물이 없고, 君子는 인색하리라.

◎ 아이가 보는 것이니, 小人은 허물이 되지 않고, 君子라면 인색할 것이다.

1) 童觀 — 童은 아동. 따라서 어린아이가 보는 것. 그 보는 것이 어리고 얕다는 뜻.
　　　　　初六은 最下位의 陰爻로서 不正이다. 九五와 거리가 멀어 마치 어린애가
　　　　　보는 것과 같아서 君主 九五의 中正의 德을 알아 볼 수 없다.
2) 小人无咎 — 德이 없는 小人. 즉 一般庶民 같으면 어리고 얕게 보는 것이 당연하
　　　　　니 허물이 없다.

3) 君子吝 – 學德이 있는 君子라면 천박하고 비근한 觀察을 하게 되면, 어려움을 초래하고 후회하게 된다는 것.

象曰 初六童觀은 小人道也 – 라

● 象에서 말하기를 初六의 童觀은 小人의 道라.
◎ 初六의 童觀은 小人의 道이다.

1) 小人之道 – 初六에서 兒童이 보는 것처럼 어리고 얕게 보는 것은, 庶民이나 小人에게는 당연한 것이고 小人의 常道이다.

六二는 闚觀이니 利女貞하니라

● 六二는 엿보는 觀이니 女子의 바름이 利로우니라.
◎ 婦女子가 집안에서 門틈으로 엿보는 것이니, 女子의 올바른 道를 지키는 것이 利롭다.

1) 闚觀 – 闚는 엿볼 규. 문틈으로 밖을 내다보는 것. 六二는 낮은 地位이기 때문에 九五 天子의 中正의 德을 바로 볼 수가 없다.
2) 利女貞 – 女子로서 柔順한 올바름을 지키는 것이 利롭다.

象曰 闚觀女貞이 亦可醜也 – 니라

● 象에서 말하기를 闚觀女貞이 역시 可히 醜한 것이니라.
◎ 엿보는 觀이니 女子의 바름이 利롭다는 것은, 역시 可히 추한 것이다.

1) 亦可醜也 – 亦은 初六의 童觀도 바람직하지 못한데 六二의 엿보는 觀도 역시라

는 뜻. 醜(추)는 부끄럽고 수치스러운 것. 따라서 兒女子는 몰라도 君子로서는
어리고 엿보고 하는 것은 부끄러운 일이라는 것.

六三은 觀我生하야 進退로다

◑ 六三은 나의 生을 觀하여 進하고 退하는 것이로다.

◎ 나의 生을 보아서,(내 뜻이 實行되는가를 살펴서) 나아갈 때면 나아가고, 물러
설 때면 물러서는 것이다.

1) 觀我生 – 自己가 하는 일을 잘 살피는 것. 生은 性과 通用. 自己의 志行이나 德
　　　行을 省察하는 것.
2) 進退 – 나아갈 때라면 나아가고, 물러서야 할 때라면 물러서는 것. 六三은 下卦
　　　의 끝이고 上卦 바로 아래에 있다. 그러므로 進退의 形象이 있다.

象曰 觀我生進退하니 未失道也 – 라

◑ 象에서 말하기를 觀我生進退하니 道를 잃지 않음이라.

◎ 나의 生을 보아서 나아가고 물러서니, 이것은 아직 正道를 잃지 않은 것이다.

1) 未失道也 – 道는 進退의 道. 나아갈 때와 물러설 때의 正道를 잃지 않는 것.

六四는 觀國之光이니 利用賓于王하니라

◑ 六四는 나라의 빛을 觀하는 것이니, 王에게 손님 대접받음이 利로우니라.

◎ 나라의 빛을 보는 것이니, 임금으로부터 손님 대접을 받는 것이 利롭다.

1) 觀國之光 – 나라의 빛이란, 나라의 아름다움을 보는 것.

　　　政治나 敎化, 事業이나 刑政이 훌륭함을 보는 것.

　　　오늘날 觀光이라는 말은 여기에서 由來된 것이다. 즉 觀光은 단지 景致를 보는 것이 아니라, 그 나라의 文化를 보는 것을 말한다.

2) 賓于王 – 賓은 손님 빈. 옛날 君主는 賢德의 人士가 있으면 賓客으로 모셨다. 王은 九五이고, 六四가 天子에게 任官되어 섬기는 것.

象曰 觀國之光은 尚賓也 – 라

☯ 象에서 말하기를 觀國之光은 손님을 崇尚함이라.

◎ 나라의 빛을 본다는 것은, 國賓으로 崇尚해 주는 것이다.

1) 尚賓也 – 나라의 빛 즉 文化가 아름다운 것을 보고, 六四가 九五 天子에게 손님으로 받아드려져서 섬기고, 正道를 天下에 行하고 싶어 마음으로 바라는 것.

九五는 觀我生호대 君子 – 면 无咎 – 리라

◐ 九五는 나의 生을 觀하되, 君子이면 허물이 없으리라.

◎ 나의 生을 보되, 君子일 것 같으면 허물이 없을 것이다.

1) 九五 – 剛健中正의 德을 지닌 것이 九五이다. 天子의 位에 있고 觀卦의 主爻이다. 아래의 四 陰爻는 모두 九五를 우러러보고, 九五는 또한 아래의 四 陰爻를 내려다보고 있다.

2) 觀我生 – 我는 九五. 天子가 스스로 자기의 性品이나 德行을 反省하고 觀察하는 것.

3) 君子无咎 – 君子의 道를 벗어나지 않았다면 허물이 없다. 天子의 位이나 君子의 中正, 中庸의 德을 지녔다면 萬百姓이 우러러보고 재앙이 없다.

4) 六三, 六四, 九五는 艮卦의 形象이다. 따라서 止하고 止於至善해야 한다.(艮은 止也이다.)

象曰 觀我生은 觀民也라

☯ 象에서 말하기를 觀我生은 百姓을 보는 것이라.

◎ 나의 生을 본다는 것은, 九五 君主가 百姓의 風俗을 觀察하는 것이다.

1) 觀民也 - 百姓의 風俗이 옳은지 그렇지 않은지 살펴보는 것. 百姓의 風俗은 君
   王의 德行을 反映하는 것이다.

上九는 觀其生호대 君子 - 면 无咎 - 리라

☯ 上九는 그 生을 觀하되, 君子이면 허물이 없으리라.

◎ 그 生(九五의 德行)을 보되 君子(君王)의 道를 다하고 있다면 허물이 없을 것
   이다.

1) 觀我生 - 九五의 觀我生은 임금이 스스로의 性德을 되돌아보는 것.
           上九의 觀其生은 國師가 九五의 性品, 德行을 보는 것.
2) 君子无咎 - 九五가 君子(君王)의 道를 벗어나지 않았다면 國師로서의 職責이 완
           수된 것이니 허물이 없다.
3) 家庭으로 말할 때 當主인 아들이 君子의 道를 지키면, 은퇴한 아비가 잘 키웠
   으니 허물이 없다.

象曰 觀其生은 志未平也 - 라

☯ 象에서 말하기를 觀其生은 뜻이 아직 편치 못함이라.

◎ 九五의 生을 본다는 것은(國師로서의 責任이 있기 때문에) 마음 편하게 쉴 수
   는 없다는 것이다.

1) 志未平也 – 뜻이 아직 편안하지 않다. 九五의 잘못이 있으면 上九에게 영향을
   미친다. 가르치는 責任이 있기 때문에 편할 날이 없다는 것.

2) 觀我生(九五), 觀其生(上九)은, 觀工夫를 함에 있어 자기 內面을 純粹한 마음가
   짐으로 이끌어 省察하고 거기서 보다 次元 높은 境地에 이르는 君子의 修己治
   人, 止於至善의 方法을 보여준다.

21. 火雷噬嗑

```
────────────  不正
              不正 (中) 離 火
────────────  不正
─ ─ ─ ─ ─ ─   不正
────────────  正   (中) 震 雷
────────────  正
```

文
明

動

噬嗑(서합)은 씹는 것이다. 입 속에 있는 것을 씹어서 위의 턱과 아래의 턱을 合하는 것을 말한다. 이것은 妨害物을 除去하여, 上下가 和合하기 위한 것이다. 즉 妨害者에게 刑罰을 주어 社會秩序를 바로잡는 것을 말한다.

-序 說-

1. 卦의 뜻

1) 噬는 씹을 서이고, 嗑은 씹을 합, 합할 합이다. 그러므로 噬嗑은 입안에 있는 것을 깨고 씹어서, 위의 턱과 아래의 턱이 合치는 것을 말한다.
   따라서 입안의 物件을 나라나 社會의 妨害者, 障碍物로 보고 그것을 處罰하여야 윗사람과 아랫사람이 和合할 수 있다고 본다.

2) 君臣의 사이, 上下의 人間關係에 있어서, 和合이 이루어지지 않는 것은 반드시 中間에 奸邪한 사람이 있어서 妨害하기 때문이다. 따라서 奸邪한 사람을 除去할 必要가 있는 것이다.

3) 그러므로 噬嗑卦는 卦辭와 爻辭에서 모두 刑罰에 대해서 말하고 있다. 上下의

中間에서 妨害하는 者를 處罰해야 社會의 紀綱이 서고, 上下가 和合하는 人間 關係가 形成 되기 때문이다.

4) 입속의 物件(九四)은 陽剛이므로 잘 다스리지 않으면 抵抗을 받을 수 있다. 따라서 嚴正한 法執行으로 刑罰을 주어야 除去할 수가 있다.

5) 上古 때에 神農氏는 이 噬嗑卦를 보고 낮에 市場을 열어 天下의 貨物을 모으고 交易하여, 各自가 必要한 것을 얻도록 했다고 한다.(繫辭下傳 第二章) 이것은 위의 턱과 아래의 턱이 서로 交合하여, 飮食을 씹는 形象을 有無相通하는 市場과 交易으로 取象한 것이다.

2. 卦象과 卦德

1) 噬嗑은 下卦가 震雷이고, 上卦가 離火이다. 이 大成卦의 卦象을 初九는 아래턱으로 上九는 위턱으로 보고 陰爻들은 이[齒]로 보는 것이다. 그런데 그 사이에 무엇(九四)이 끼어 있는 것으로 보는 것이 噬嗑卦이다.

2) 입 안에 무엇이 들어 있는 것이 噬嗑卦라면, 입속에 아무것도 없는 아래위턱이 山雷頤卦이다. 따라서 이 두 卦는 턱이라는 共通의 卦象을 가지고 있으나 噬嗑卦는 입속에 무엇인가 씹어서 없애야 할 障碍物이 있다.

3) 下卦는 卦德이 動이고 震動, 震鳴 등을 나타낸다. 上卦는 卦德이 文明이고, 太陽, 電光 등을 나타낸다. 따라서 왕성한 活動이나 積極性을 象徵한다. 그리고 雷는 刑罰을 다스리는 動이고, 火는 法을 밝힌다(明)의 뜻이 있다.

4) 初九와 九四, 六二와 九五는 서로 應이 되지 않고, 六三과 上九는 각기 不正이나 相應하여 陰陽의 調和가 이루어지고 있다.

5) 「序卦傳」에서는 可히 본 이후에 合하는 바 있음이라. 그러므로 噬嗑으로서 받는다(可觀而後에 有所合이라 故로 受之以噬嗑하고)고 되어 있다.

3. 卦의 變化

1) 倒轉卦 – 噬嗑卦를 倒轉시키면 山火賁卦가 된다.

2) 配合卦 – 爻의 陰陽을 다른 것으로 바꾼 配合卦는 水風井卦가 된다.

3) 錯綜卦 – 上下卦를 바꾼 錯綜卦는 雷火豐卦가 된다.

4) 互 卦 – 初九와 上九를 除外하고 互卦를 만들면 水山蹇卦가 된다.

[卦 辭]

噬嗑은 亨하니 利用獄하니라

- ◓ 噬嗑은 亨通하니, 獄을 쓰는 것이 利로우니라.
- ◎ 噬嗑은(입 안의 妨害物(九四)을 씹어서 위와 아래턱이 和合하니) 亨通하다. (妨害物을 除去하기 위하여) 刑罰을 쓰는 것이 利롭다.

1) 利用獄 - 獄은 訴訟을 裁判한다는 뜻. 訟은 다투는 사람의 立場에서 말하고, 獄은 判決하는 쪽에서 말하는 것이다. 그러므로 裁判을 해서 是非를 밝히고 刑罰을 쓰는 것이 利롭다.

2) 噬嗑은 위턱과 아래턱 사이에 있는 어떤 것(九四의 陽爻)을 깨고 씹어서 上下의 턱이 合하는 것이다. 이것은 곧 社會秩序를 어지럽히는 者를 處罰하고 排除하는 것이 된다.

[象 辭]

象曰 頤中有物일새 曰噬嗑이니 噬嗑하야 而亨하니라
剛柔 - 分하고 動而明하고 雷電이 合而章하고
柔得中而上行하니 雖不當位나 利用獄也 - 니라

◐ 象에서 말하기를 턱 안에 物件이 있음일새, 가로되 噬嗑이니 씹고 合하여 亨通하니라.
   剛과 柔가 分하고, 움직여서 밝고, 우레와 번개가 合하여 빛나고,
   柔가 中을 얻어 위로 올라가니 비록 位는 부당하나, 獄을 씀이 利로우니라.
◎ 턱 안에 물건이 있는 것을 噬嗑이라 하니, 씹고 合하여 亨通하다.
   剛(陽3爻)과 柔(陰3爻)가 나뉘고 움직여서 밝고, 우레와 번개가 合하여 빛난다.
   柔(六五爻)가 中을 얻어 위로 올라가니, 비록 位는 부당하나 獄事를 씀이 利롭다.

1) 頤中有物 - 頤는 원래는 아래턱의 뜻이나 턱 또는 입을 나타낸다. 山雷頤卦는 初九가 아래턱, 上九는 위턱이며 全體로는 입의 形象. 그런데 噬嗑卦에서는 턱 속에 九四 陽爻 하나가 들어 있는 形象.

2) 噬嗑而亨 - 입 안의 것을 씹으면 上下의 턱이 合하고 그러므로 亨通하다.

3) 剛柔分 - 下卦 震은 剛이고, 上卦 離는 柔로 上下가 나누어져 있다.

4) 動而明 - 下卦 震의 卦德은 動이고, 上卦 離의 卦德은 明이다.
5) 雷電合而章 - 雷는 下卦, 電은 上卦의 象이다. 우렛소리의 위력과 電光의 明이
　　　　　　　합하여 빛난다.
6) 柔得中 - 六五 六二 모두 得中이다. 여기서는 六五를 뜻한다.
　　　　　六五 陰柔爻가 得中하여 中庸의 德을 지니고 있다.

[象 辭(大象)]

象曰 雷電이 噬嗑이니 先王이 以하야 明罰勅法하니라

勅: 신칙할 칙, 삼갈 칙

● 象에서 말하기를 雷와 電이 噬嗑이니, 先王이 써 하여 刑罰을 밝히고 法을 신
　칙하니라.
◎ 우레와 번개가 噬嗑이니, 先王이 이를 본받아 刑罰을 밝게 하고 法을 신칙한다. 즉 法
　을 公布한다.(勅法)

1) 雷電噬嗑 - 우렛소리와 電光이 和合하고 있는 것이 噬嗑이다.
2) 明罰勅法 - 刑罰의 무겁고 가벼움을 밝히고 法令을 整備하여 嚴正하게 한다.

[爻 辭]

初九는 屨校하야 滅趾니 无咎하니라

屨: 신길 구   校: 형틀 교   趾: 발꿈치 지

● 初九는 형틀을 신겨서 발을 滅하는 것이니, 허물이 없느니라.
◎ 형틀을 신겨 가지고 발을 보이지 않게 하는 것이니, 허물이 없다.

1) 屨校 – 형틀을 신겨서 걷지 못하게 하는 것. 初九는 初爻이니 가벼운 罪人이다.
2) 滅趾 – 滅은 沒과 같은 뜻이다. 형틀을 신겨서 발꿈치가 보이지 않게 되는 것.
3) 无咎 – 初九가 작은 罪일 때, 벌을 받으면 再犯하지 않을 것이기 때문에 无咎이다.

象曰 屨校滅趾는 不行也 – 라

● 象에서 말하기를 屨校滅趾는 行하지 못하는 것이라.
◎ 형틀을 신겨서 발꿈치를 보이지 않게 한다는 것은, 걷지 못하게 하는 것이다.
　즉 다시는 罪를 짓지 못하게 된다는 것이다.

1) 不行也 – 그 바라는 데로 갈 수가 없게 된다. 그러므로 앞으로 그런 罪를 다시
　　　　　는 行하지 못하도록 한다는 뜻이 된다.

六二는 噬膚호대 滅鼻니 无咎하니라

● 六二는 살을 씹되, 코를 멸하니 허물이 없느니라.
◎ 살을 깊이 씹다가 코가 살 속에 파묻히는 것이니, 허물이 없다.

1) 六二는 刑罰을 내리는 官吏이다. 中正의 德이 있다. 罪人을 다루는 것이 마치
　기름기 많은 살코기를 씹다가 코가 살코기 속에 파묻히는 것처럼 쉽사리 자백
　을 받으니 허물이 없다는 것이다.
2) 六二 – 柔하나 中正이고 地位가 낮은 官吏이다. 六二에서 六五에 이르는 四爻는
　　　　　턱 속의 이[齒]의 形象이다.
3) 噬膚 – 罪를 밝히는 일이 쉬운 것을 비유해서 말하고 있다. 膚는 돼지고기의 배
　　　　　밑의 부드럽고 기름기 많은 살코기. 따라서 이 살코기를 씹는 것처럼 治
　　　　　罪가 쉽다는 뜻.
4) 滅鼻 – 滅은 沒의 뜻. 고기가 부드럽기 때문에 씹으면 코가 살코기 속에 묻히는

것. 治罪하는 것이 고기가 부드러워 코가 쑥 빠지는 것같이 쉽다는 뜻.

象曰 噬膚滅鼻는 乘剛也일새라

☯ 象에서 말하기를 살을 씹되 滅한다는 것은, 剛을 탔음일새라.
◎ 살을 깊이 씹다가 코가 파묻힌다는 것은, 柔가 剛(初九)을 탔기 때문이다.

1) 乘剛也 - 剛은 初九의 陽剛이다. 初九는 아래턱이다. 乘은 陰爻가 陽爻 위에 있는 것. 六二는 初九 위에 있어 씹는 힘이 강하다.

六三은 噬腊肉하다가 遇毒이니 小吝이나 无咎 - 리라
腊: 포 석, 마른고기 석

☯ 六三은 마른 고기를 씹다가 毒을 만나는 것이니, 조금 인색하나 허물이 없으리라.
◎ 마른 고기를 씹다가 食中毒에 걸리는 것이다. 조금은 인색함이 있으나, 허물은 없다.

1) 六三도 刑罰을 加하는 官吏인데 취조하는 데 罪人이 고집이 세고 抵抗하여, 쉽게 자백하지 않고 服從하지 않는 形象이다. 그것이 마치 말라빠진 살코기를 씹다가 배탈이 나는 것과 같다. 그러나 結局은 자백하게 되므로 허물이 없다.
2) 六三은 陰爻로서 不中 不正이다. 그러므로 올바르게 하지 못하여 反抗에 부딪친다.
3) 腊肉 - 햇빛에 말린 돼지고기. 쉽게 다루기 힘든 罪人에 비긴다.
4) 遇毒 - 毒은 오래되어 맛이 변하는 것을 말한다.
5) 小吝 - 罪人이 쉽게 자백하지 않기 때문에 다소 體面을 잃고 어려움에 처하는 것.

象曰 遇毒은 位不當也일새라

◕ 象에서 말하기를 遇毒은 位가 不當함일새라.
◎ 毒을 만난다는 것은, 位가 마땅하지 않기 때문이다.

九四는 噬乾胏하야 得金矢나 利艱貞하니 吉하리라

胏: 뼈 붙은 고기 채　　乾: 마를 간

◕ 九四는 마른 고기를 씹다가 金矢를 얻으나 어렵고 바르게 함이 利로우니 吉하
리라.
◎ 뼈가 붙은 마른 고기를 씹다가 구리 화살을 얻으나 어려움에 잘 견디고 바르
게 하면 利로우니 吉하다.

1) 噬乾胏 - 뼈가 있는 마른 고기를 씹는다. 이것은 가장 딱딱한 것이다. 그러므로
큰 罪를 지은 罪人을 취조한다는 뜻이 된다.
2) 九四는 陽剛으로서 不中 不正이다. 여기서는 입 안에 들어 있는 딱딱한 物件을
말한다.
3) 得金矢 - 구리로 된 화살촉이다.
　　『書傳』 禹貢의 "惟金三品"의 註에 "三品은 金銀銅이고 古人이 무릇
金이라 부르는 것은 모두 구리를 말한다"라 되어 있다. 여기서 金은
剛. 矢는 直이다.(王注, 正義, 程傳)
4) 金矢의 鈞金. 鈞矢說 - 金錢上의 訴訟에는 百本의 矢를, 犯罪의 訴訟에는 三十
鈞의 黃金을 保證으로 내게 했다는 것과 관련, 金矢를
鈞金, 鈞矢로 보는 說이 있다.(朱子의 本義, 兪氏集說,
胡氏通釋) 이는 마른 고기를 씹는다는 것과 관련이 없으
므로 取하지 않는다.
5) 利艱貞 - 어려움을 잘 견디고 올바르게 한다.

象曰 利艱貞吉은 未光也 - 라

☯ 象에서 말하기를 利艱貞吉은 아직 빛이 나지 않음이라.

◎ 어려움을 견디고 올바르게 하면 利롭고 吉하다 함은, 그 德이 아직 빛나지 않는 것이다.

1) 未光也 - 光은 大 또는 廣.

　　未光은 九四가 中正을 얻지 못했기 때문에
　　그 德이 廣大하지 못하다.
　　上卦 離의 九四가 변하면 艮止로 되기 때문에 未光이라 볼 수도 있다.

離 → 艮

六五는 噬乾肉하야 得黃金이니 貞厲 - 면 无咎 - 리라

☯ 六五는 마른 고기를 씹어서 黃金을 얻는 것이니 바르게 하고 위태롭게 하면 허물이 없으리라.

◎ 마른고기를 씹다가 구리 화살촉을 얻는 것이니, 언제나 正道를 지키고 愼重하게 삼가고 두려워하면 허물이 없을 것이다.

1) 六五 - 陰爻로서 陽位에 있어 不正이나 得中한 天子이다. 따라서 中庸의 德이 있어 重大한 犯罪者를 裁判하고 心服게 할 수 있다.

2) 噬乾肉 - 햇빛에 말린 육고기. 六三의 腊肉보다 여물지만, 뼈가 없으므로 六五 乾肉보다는 씹기가 쉽다.

3) 得黃金 - 구리로 된 화살촉을 얻는 것. 여기서 옛날에 金이라는 표현은 흔히 구리였다.(朱子는 九四에서와 마찬가지로 鈞金이라 한다.) 이 六五爻가 變하면 乾이 되고 이는 五行으로 金이 된다.

象曰 貞厲无咎는 得當也일새라

- 象에서 말하기를 貞厲无咎는 마땅함을 얻음일새라.
- ◎ 바르게 하고 두려워하면 허물이 없다는 것은, 일의 처리가 마땅함을 얻었기 때문이다.

1) 得當也 - 六五는 陰으로서 陽位에 있으니 位는 不當하다. 즉 不正位이다. 그런데도 當을 말한 것은 位가 아니고, 判決이 罪狀에 마땅하게 처리되었다는 것을 말하고 있다.

上九는 何校하야 滅耳니 凶토다

- 上九는 형틀을 매어서 귀를 滅하니 凶토다.
- ◎ 형틀을 매게 하여 귀를 가리게 하니 凶하다.

1) 上九 - 初九와 더불어 獄에 메어 刑을 받는 罪人이다. 卦의 마지막이기 때문에 몇 번이나 罪를 범한 重罪人이다.
2) 何校 - 何는 荷와 같은 뜻이다. 목에 형틀(校)을 멘다는 뜻.
3) 滅耳 - 여기서의 滅도 沒이다. 숨어서 보이지 않게 되는 것. 큰 칼(형틀)은 보통 귀까지 가지는 않으나 여기서는 형틀이 두터워 귀까지 덮어지는 것으로 본다.

象曰 何校滅耳는 聰不明也일새라
聰: 들을 총

- 象에서 말하기를 何校滅耳는 듣는 것이 밝지 못함일새라.
- ◎ 목에 큰칼을 씌어서 귀를 가리게 한다는 것은, 듣는 것이 밝지 못하기 때문이다.

1) 聰不明也 - 聰은 귀가 잘 들리는 것. 따라서 여기서는 밝게 듣지 못하는 것.

2) 初九와 上九는 刑罰을 받는 쪽이고 六二와 六五까지는 刑罰을 加하는 쪽이다.

3) 火雷噬嗑 - 離火와 震雷는 先天八卦에서는 離는 正方, 震은 間方이나 後天八卦
   에서는 둘 다 正方이 된다. 그리고 先後天에서는 水火가 相沖된다.

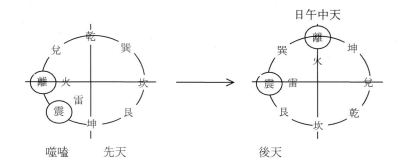

噬嗑   先天   後天

22. 山 火 賁

```
━━━━━━━━━  不正
止 ━━  ━━  不正 (中) 艮 山
━━━━━━━━━  正
- - - - - - - - - - - - -  正
文 ━━  ━━  正 (中) 離 火
明 ━━━━━━━━━  正
```

賁는 앞의 噬嗑의 倒轉卦다. 自然의 變化가 보여주는 山川草木의 꾸밈새뿐 아니라, 人間生活의 여러 가지 꾸미고 裝飾하는 일에 관한 原理를 말하고 있다.

-序 說-

1. 卦의 뜻

1) 賁는 꾸밀 비, 빛날 비이다. 꾸미면 무엇이든 빛나고 아름답다. 아름다운 裝飾(장식)은 사람을 기쁘게 한다.

2) 眞正한 아름다움이나 꾸밈은 마음가짐에서 온다. 行實을 올바르게 하면, 곧 그것이 몸을 아름답게 하고, 이는 禮儀가 되어 社會秩序를 健全하게 한다.

3) 사람이 社會生活을 함에 있어서는 禮儀와 制度가 必要하고 거기에는 秩序와 儀式, 文飾이 따라야 한다. 文明한 制度나 禮儀가 곧 離火 下卦이고, 그 바탕 위에서 각자가 自己分數와 秩序를 지키는 것이 艮山 上卦라 할 수 있다.

4) 天地自然의 森羅萬象(삼라만상), 해와 달, 수많은 별도 宇宙나 地球의 裝飾이라

할 수 있다. 따지고 보면 人間도 그러한 裝飾의 一部라 할 수 있을 것이다.

5) 文明이 高度化되면 頹廢(퇴폐)의 美를 選好하는 傾向이 생긴다. 히피族, 暴走
族, 마약 복용 등이 그것이다. 그리하여 자칫하면 素朴한 生命力을 상실하게
된다.

6) 個人도 外面的인 얼굴이나 服裝만 아름답게 꾸미고, 內面的인 깊이나 修養, 知
的인 기쁨을 잃게 되는 경우가 많다. 外見上의 華美보다 內實을 기하는 것이
重要하다.

2. 卦象과 卦德

1) 賁卦는 山 아래 火가 있는 卦象이다. 山에 불이 나면 멀리서 금방 알 수 있다. 불은
밝고 山은 움직이지 않는 形象이 山火賁卦인 것이다.

2) 山火賁卦는 山 아래 太陽이 있는 形象이라 할 수도 있다. 山 아래에 太陽이 있
다는 것은 夕陽이다. 저녁노을이 山野와 草木을 아름답게 비추고 있는 모습이
다. 그러나 이것은 日沒(沒落) 直前의 美인 것이다.

3) 賁의 卦德은 下卦 離火는 文明이고, 上卦 艮山은 止이다. 따라서 文彩가 밝게
머물러 있는 것이므로 꾸미고 裝飾하며 빛나고 아름다운 것을 나타내는 것이다.

4) 賁라는 글자에는 위에 十이 세 개 있는 비라는 소리글자가 있고 아래는 貝가
있다. 조개는 무늬가 있어 아름답다. 그리고 조개는 겉은 剛하고 안은 柔한 形
象이다. 貝는 財를 나타내니 財産이 늘면 사람들이 裝飾하려고 애쓰고 꾸미는
데 돈을 많이 쓰는 傾向이 있다.

5) 初九와 六四는 正應이다. 그러나 六二와 六五, 九三과 上九는 不應이다.

6) 「序卦傳」에서는 事物은 가히 구차하게 合하지 못할 따름이라. 그러므로 賁로써
받고, 賁는 꾸미는 것이라(物不可以苟合而已라 故로 受之以賁하고 賁는 飾也
니)고 하였다.

3. 卦의 變化

1) 倒轉卦 - 賁의 倒轉卦는 바로 앞에 나온 噬嗑卦이다.

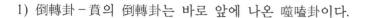

2) 配合卦 - 賁의 配合卦는 澤水困卦이다.

3) 錯綜卦 - 賁의 上下卦를 서로 바꾸어 錯綜卦를 만들면 火山旅卦가 된다.

4) 互 卦 - 賁의 初九와 上九爻를 除外하고 互卦를 만들면 雷水解卦가 된다.

[卦 辭]

賁는 亨하니 小利有攸往하니라

☯ 賁는 亨通하니 갈 바 있음에 조금 利로우니라.

◎ 賁는 亨通하다. 갈 바가 있으나 조금 利로울 뿐이다.

1) 賁亨 - 賁은 裝飾이고 亨은 亨通하다는 뜻이다. 그런데 賁는 形式이고 外面이다. 따라서 實質的이고 內面的인 꾸임이 따라야 亨通하다.

2) 小利有攸往 - 往은 나아가는 것. 裝飾은 너무 지나치면 實質이 없어진다. 그러니 조금만 꾸미는 것이 좋다는 뜻이다.

[彖 辭]

彖曰 賁亨은 柔 - 來而文剛故로 亨하고
分剛하야 上而文柔故로 小利有攸往하니 天文也 - 오 文明以止하니 人文也 - 니
觀乎天文하야 以察時變하며 觀乎人文하야 以化成天下하나니라

◑ 彖에서 말하기를 賁가 亨通함은 柔가 와서 剛을 文彩롭게 하는 故로 亨通하고, 剛을 나누어 위로 올라가 柔를 文彩롭게 하는 故로 갈 바 있음에 조금 利로우니 天文이오, 文明하여 써 그치니 人文이니, 天文을 보아 써 때의 變化를 살피며, 人文을 보아 써 天下를 化成하나니라.

◎ 賁가 亨通하다는 것은, 柔가 와서 剛을 文彩롭게 하는 것이므로 亨通하고, 剛을 나누어 위로 올라가서, 柔를 文彩롭게 하는 것이므로 갈 바가 있어도 조금 利로우니 이것이 天文이다. 文彩롭고 밝아 써 그치니, 이것이 人文이다. 天文을 보아서 春夏秋冬 四時의 變化를 살피며, 人文을 보아서 天下의 사람들을 敎化시킴을 이루는 것이다.

1) 柔來而文剛 - 柔는 陰爻이고 裝飾이다. 剛은 陽爻이고 實質이다.

　　坤　　　　乾

賁의 下卦 離火는 원래 純陽의 乾卦에 陰爻가 가운데에 온 것이다. 柔가 와서 剛을 文彩나게 하는 것. 實質이 主이고 裝飾이 밖에서 와서 陽을 아름답게 하는 것.

2) 分剛上而文柔 - 乾卦의 剛을 나누어 坤卦의 上爻로 올라가서 柔를 文彩롭게 한다.

坤柔가 形式的인 꾸밈뿐인데 거기
에 實質의 일부 剛이 올라와서 裝
飾의 價値가 增加한다.

3) 小利有攸往 – 裝飾만 가지고는 가치가 없으

므로 陽上爻가 坤에 와서 비로소 갈 바 있음에 조금 利롭게 된다.

4) 天文也 – 乾과 坤, 坤과 乾이 왔다 갔다 한 것을 天文이라 한다. 大自然의 아름
다운 해와 달, 별 등의 形象을 말한다.

5) 文明以止 – 文彩나고 밝음으로써 각자가 分數를 지키고 그치는 것. 止는 靜止.

6) 人文也 – 人間世界의 아름다운 文彩. 君臣, 父子, 兄弟, 夫婦의 人倫秩序.

7) 以察時變 – 春夏秋冬의 四時의 變化를 올바르게 살피는 것.

8) 以化成天下 – 天下의 모든 사람들을 敎化시켜 風俗을 바로잡는 것.

[象 辭(大象)]

象曰 山下有火 – 賁니 君子 – 以하야 明庶政호대 无敢折獄하나니라

◉ 象에서 말하기를 山 아래 불이 있음이 賁니, 君子가 써 하여 뭇 政事를 밝히
되 敢히 獄을 判斷하지 않느니라.

◎ 山 아래에 불이 있는 것이 賁니, 君子는 이것을 본받아 온갖 政事를 밝히되 敢
히 獄을 判定하지 않는다.

1) 山下有火 – 上卦가 艮止이고, 下卦가 離火이니, 山 아래 불이 있다.

2) 明庶政 – 온갖 政事를 밝게 처리하는 것. 庶는 諸也로서 온갖 것이라는 뜻이고,
明은 밝게 처리하는 것. 庶는 數가 決定되어 있지 않은 뭍것, 여러 가
지라는 뜻.

3) 无敢折獄 – 敢히 訟事를 斷定하지 않는 것. 억지로 罪狀을 判定하지 않는 것.
折은 斷, 斷定이다.

[爻 辭]

初九는 賁其趾니 舍車而徒ㅣ로다

☯ 初九는 그 발을 꾸미는 것이니, 수레를 버리고 걷는 것이로다.
◎ 그 발을 꾸미는 것이니, 수레를 버리고 徒步로 걷는 것이다.

1) 初九는 正位이고 六四와 正應이다. 初九이므로 地位가 낮아 수레를 탈 수 없다. 그래서 徒步로 간다.
2) 賁其趾 ― 趾는 발꿈치 지, 발목부터 밑의 부분, 그러므로 자기 발을 깨끗하게 하는 것.
3) 舍車而徒 ― 舍는 버릴 捨와 같다. 車는 士大夫가 타는 馬車, 徒는 徒步 즉 제 발로 걷는 것.

象曰 舍車而徒는 義弗乘也ㅣ라

☯ 象에서 말하기를, 舍車而徒는 義로서 타지 않는 것이라.
◎ 수레를 버리고 徒步로 간다는 것은, 道義上 타지 않는 것이다.

1) 義弗乘也 ― 義는 道義上, 弗은 不, 乘은 易에서 위에 있는 爻가 아래 것을 타는 것. 그러므로 道義上 맨 아래 있는 몸이니 수레를 타지 않는 것.

六二는 賁其須ㅣ로다

☯ 六二는 그 수염을 꾸미는 것이로다.
◎ 그 수염을 꾸미는 것이다.

1) 六二는 九三에 붙어 있다. 九三을 턱이라 할 때 六二는 수염이 된다. 그리고 六二는 九三에 따라 움직인다.
2) 賁其須 – 須는 수염 수, 따라서 수염을 꾸미는 것.

象曰 賁其須는 與上興也 – 라

☯ 象에서 말하기를 賁其須는 위와 더불어 일어남이라.
◎ 그 수염을 꾸민다는 것은, 윗사람과 함께 行動을 일으키는 것이다.

1) 六二가 위의 九三 陽爻와 함께 行動하여 盛大해진다는 뜻.
2) 與上興也 – 上은 九三, 興은 興起, 六二가 九三의 턱에 따라 움직이는 것.

九三은 賁如 – 濡如하니 永貞하면 吉하리라
濡: 젖을 유

☯ 九三은 빛나는 듯 젖은 듯하니, 오래오래 바르게 하면 吉하리라.
◎ 빛나는 듯하며 젖어 윤택한 듯하니, 길이 올바르게 하면 吉할 것이다.

1) 下卦 離火의 끝이다. 離는 文明이므로 裝飾이 가장 盛하다.
2) 陽인 九三은 六二, 六四라는 두 裝飾 사이에 있어 가장 아름답게 꾸며져 있다.
3) 賁如 – 如는 語助辭, 그러므로 裝飾이 盛大한 것. 아름다운 것.
4) 濡如 – 濡는 윤택하다는 뜻.(아름답고) 윤택한 것.
5) 永貞 – 영원히 바른 길을 지켜 바뀌지 않음.

象曰 永貞之吉은 終莫之陵也 - 니라

陵 : 업신여길 능

🌑 象에서 말하기를 永貞之吉은 마침내 능멸하지 못하는 것이니라.
◎ 길이 바르게 하면 吉하다고 하는 것은, 마침내 업신여기지 못하는 것이다.

1) 終莫之陵 - 언제까지나 업신여김을 받지는 않을 것이다. 虛飾에 흐르지 않는다
　　　　　면 모욕받지 않고 吉하다.

六四는 賁如 - 皤如하며 白馬 - 翰如하니 匪寇 - 면 婚媾 - 리라

🌑 六四는 빛나는 듯 흰 듯하며, 白馬가 나는 듯하니 盜賊이 아니면 請婚하리라.
◎ 빛나는 듯하고 꾸밈없이 그대로 하는 듯한다. 흰말이 나는 듯이 달리니, 도둑
　　이 아니면 請婚을 하는 것이리라.

1) 六四는 上卦 艮의 初이고 艮은 止也이다. 下卦 離 文明이 끝나고 實質로 돌아
　　가는 때이다.
2) 六四와 初九는 正應이다. 六四에 이르러 時運이 바뀌어 文彩가 實質로 되돌아
　　간다. 따라서 지나친 裝飾이 아닌 白質의 美를 말하고 있다.
3) 賁如皤如 - 皤는 흴 파. 희다는 것은 本性이다. 그러므로 빛나고 아름답지만 과
　　　　　　도한 裝飾은 피하여 흰색으로 된 裝飾이 훌륭하다는 뜻.
4) 白馬翰如 - 翰은 편지 한, 높이 날 한.(書翰 翰飛) 六四가 흰말을 타고 나는 듯
　　　　　　이 正應인 初九에게로 간다.
5) 匪寇婚媾 - 六四는 初九에게 害를 주지 않고, 나아가 請婚한다. 匪는 非, 寇는
　　　　　　盜賊으로 亂暴한 것. 六四는 初九 賢人과 正應이므로 盜賊이 아니다.

象曰 六四는 當位疑也－니 匪寇婚媾는 終无尤也－라

尤: 더욱 우, 허물 우(여기서는 허물 우)

◐ 象에서 말하기를 六四는 位에 當함이 疑心스러운 것이니, 匪寇婚媾는 마침내 허물이 없는 것이라.

◎ 六四는 처한 자리 때문에 疑心스러운 것이다. 盜賊이 아니면 請婚한다는 것은, 마침내는 허물이 없다는 것이다.

1) 當位疑也－當位는 位가 正當한 것. 六四가 處해 있는 자리가 九三의 剛을 타고 있고 應爻인 初九는 멀리 떨어져 있는 데다 九三에게 가로막혀 있으므로 災殃이 미칠까 疑心하는 것.

2) 終无尤也－마침내는 허물이 없을 것이다. 九三의 妨害를 입지 않고 正應인 初九에게로 달려가기 때문에 无尤다.

六五는 賁于丘園이니 束帛이 戔戔이면 吝하나 終吉이리라

丘: 언덕 구   園: 동산 원   束: 묶을 속   帛: 비단 백   戔: 작을 잔

◐ 六五는 丘園을 꾸미는 것이니, 비단 묶음이 작으면 인색하나 마침내 吉하리라.

◎ 언덕 동산을 꾸미는 것이다. 비단 묶음이 작으면 인색한 것이다. 그러나 마침내는 吉할 것이다.

1) 六五는 應이 없고 不正이나 得中하였다. 天子의 자리이다. 山野에 隱退하고 있는 賢人, 上九에게 패백으로 작은 묶음의 비단을 보낸다. 너무 인색한 것 같으나 마침내 오히려 吉할 것이다.

2) 賁于丘園－丘는 조금 높은 언덕, 園은 田園, 丘園은 都市가 아닌 山野이고, 上九를 가리킨다. 山野에 隱退한 어진 사람을 우대하는 것.

3) 束帛戔戔－束帛－비단 묶음. 비단 다섯 필.

戔戔 – 적다는 뜻. 보내는 비단 묶음이 적다는 것.

4) 비단 묶음이 적으면 인색하다는 비난을 듣겠지만 끝내는 吉하다. 虛禮虛飾보다
   實質을 꾀하고, 儉素하게 하면 인색하다는 비난을 받으나 끝내는 오히려 吉하다.

象曰 六五之吉은 有喜也 – 라

☯ 象에서 말하기를 六五之吉은 기쁨이 있음이라.

◎ 六五의 吉하다는 것은 기쁨이 있다는 것이다.

1) 過失이 없고 百姓의 生活도 豊足해지고 風俗도 淳化되어 큰 기쁨이 있다.
2) 훌륭한 先生을 맞이하여 世上의 虛飾을 없애니 有喜이다. 丘는 孔子의 字이기
   도 하다.

上九는 白賁면 无咎 – 리라

☯ 上九는 희게 꾸미면 허물이 없으리라.

◎ 꾸밈없이 그대로이면 허물이 없을 것이다.

1) 上九는 正應이 없고 賁卦의 마지막이다. 따라서 꾸밈없이 本性 그대로 살면 허
   물이 없다. 裝飾의 極致이고, 꾸밈없는 꾸밈이다.
2) 白賁 – 白은 素로서 색깔 없는 純白이다. 그러므로 꾸밈이 없는 無色의 꾸밈이
     다. 무슨 事物이건 極에 이르면 原點으로 돌아가게 된다.

象曰 白賁无咎는 上得志也 – 라

☯ 象에서 말하기를 白賁无咎는 위에서 뜻을 얻는 것이라.

◎ 꾸밈없이 그대로이면 허물이 없다는 것은, 위에서 뜻을 얻는 것이기 때문이다.

1) 美의 極致는 彩色이 없는 純白이다. 이것은 上九가 丘園(山野)에서 悠悠自適하는 心境이므로 上九의 뜻이 이루어진 것이다.

2) 上得志也－六五와의 關係를 뜻한다. 上은 上九. 世上을 등지고 원래의 자리로 돌아가 마음을 편하게 지내려는 뜻을 이룬다.

3) 賁卦는 여섯 단계의 꾸밈으로 되어 있다.

初九는 賁其趾	六四는 賁如皤如
九二는 賁其須	六五는 賁于丘園
九三은 賁如濡如	上九는 白賁

4) 賁은 여러 단계를 거쳐 마지막에는 白賁로 간다. 이는 꾸밈이 없어지는 境地이다. 아무 꾸밈이 없는 性品은 止於至善이고 聖人의 世界라 할 수 있다.

23. 山 地 剝

止 ──────── 不正
──── ──── 不正 (中) 艮 山
──────── 正
- - - - - - - - - - - - - - - -
──── ──── 不正
順 ──────── 正 (中) 坤 地
──── ──── 不正

剝은 깎고 빼앗는다는 뜻이다. 大自然의 理致로써 깎고 빼앗는 것이다. 가을이 되면 나뭇잎이 떨어지고 風雨로 山의 흙이나 岩石이 깎인다. 退勢의 極致이나 다시 始生하는 氣運을 남기고 있다.

-序 說-

1. 卦의 뜻

1) 剝은 깎을 박이다. 剝奪한다는 말처럼 깎고 빼앗는다는 뜻이다.

2) 大自然의 理致, 作用으로 깎는다. 四季의 循環으로 凋落의 가을이 오면 낙엽이 진다. 暴風雨는 山의 岩石이나 土砂를 깎고 빼앗는다.

3) 歷史를 보면 어느 民族이나 國家에도 興亡盛衰가 있다. 剝은 興과 盛이 지나고 亡과 衰가 들어오는 時期에 該當된다.

4) 社會的으로 文化가 爛熟(무르녹게 익음)하면 반드시 頹廢(쇠퇴하여 문란해짐)의 風潮가 들어온다. 그러면 社會秩序가 紊亂해지고 衰亡의 길로 들어선다.

5) 陰이 盛하고 陽은 衰殘해 가는 것이 剝이다. 따라서 君子는 時運에 順應하고 삼가야 한다.

2. 卦象과 卦德

1) 剝卦는 下卦가 坤地이고 上卦는 艮山이다. 山 아래 땅이 있는 것은 당연한 것 같으나 이 卦象은 地上에 높이 솟아 있어야 할 山이 무너져서 땅에 붙어 있는 形象이다. 山이 깎이고 土石을 빼앗겨 무너지는 것으로 보는 것이다.

2) 剝은 一陽五陰의 卦이다. 밑에서부터 陰이 계속 자라서 맨 꼭대기 上九에 唯一하게 陽이 남아 있다. 따라서 陰이 盛大해지고 陽이 衰殘한 모습이다.

3) 卦德은 下卦가 順이고 上卦는 止이다. 陰 小人의 勢力이 盛大해지고, 陽 君子가 衰殘하는 時期이므로 君子는 이러한 時運을 보고 거기에 順應하고 삼가면서, 그치고 머물러 있지 않으면 안 된다.

4) 剝卦는 全體의 卦象이 艮山과 비슷하다. 그러므로 止於至善할 必要가 있다.

5) 主爻는 唯一한 陽爻 上九이다. 이 上九는 種子가 될 수 있는 英明한 어진이고 君子이다. 剝卦는 種子 될 一陽만 남아 있는 形象이다.

6) 剝卦는 九月卦이다. 가을에 落葉이 지고 万象이 凋落한다. 그러나 一陽의 種子가 十月 坤地 땅 속으로 가서 地雷復 十一月에 一陽이 始生한다.

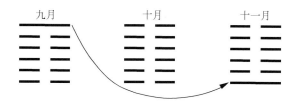

7) 初六과 六四, 六二와 六五는 陰爻끼리이므로 應이 되지 않고, 六三과 上九는 각기 不正이나 陰陽이 調和되어 相應關係에 있다.

8) 「序卦傳」에서는 꾸미는 것을 이룬 후에 亨通하면 다하는 것이라 그러므로 剝으로 받고, 剝은 깎이는 것이니(致飾然後에 亨則盡矣라 故로 受之以剝하고 剝者는 剝也니)라 하고 있다.

3. 卦의 變化

1) 倒轉卦 – 山地剝卦를 倒轉한 卦는 바로 다음의 地雷復卦가 된다.

2) 配合卦 – 剝卦의 陰陽爻를 모두 다른 것으로 바꾸면 澤天夬卦가 된다.

3) 錯綜卦 – 剝卦의 上下卦를 바꾸어 錯綜卦를 만들면 地山謙卦가 된다.

4) 互　卦 – 剝卦의 初六과 上九를 除外하고 互卦를 만들면 種子를 심을 땅인 重地坤이 된다.

[卦　辭]

剝은 不利有攸往하니라

● 剝은 갈 바가 있음에 利롭지 않느니라.
◎ 갈 바가 있더라도 가면 利롭지 않는 것이다.

1) 小人(陰)들이 살아 올라오니, 君子(陽)가 갈 데가 없는 상황이다. 君子가 애써 小人과 싸우거나 가벼이 떠나서도 안 된다. 그러므로 조용히 世上이 바뀔 때까지 기다려야 한다. 君子 爲主의 글이며, 어지러운 世上에 對處하는 姿勢이다.

2) 不利有攸往 - 積極的으로 움직이는 것은 좋지 않다는 뜻.(君子의 姿勢)

[象 辭]

象曰 剝은 剝也 - 니 柔 - 變剛也 - 니 不利有攸往은 小人이 長也일새라
順而止之는 觀象也 - 니 君子 - 尙消息盈虛 - 天行也 - 라

☯ 象에서 말하기를 剝은 깎는 것이니, 柔가 剛을 變하는 것이니, 不利有攸往은 小人이 자라는 것일새라.
　順하여 그침은 象을 觀함이니, 君子가 消息과 盈虛를 崇尙함은 天行인 것이라.

◎ 剝은 깎아 내는 것이니 柔가 陽을 깎아 變하게 하는 것이다. 갈 바가 있음에 利롭지 않다는 것은 小人이 자라기 때문이다.
　順(坤)함으로써 그치는(艮) 것은 卦象을 보는 것이다. 君子가 사라지고, 불어나고, 가득차고, 빈 것을 崇尙하는 것은, 그것이 天道의 運行이기 때문이다.

1) 剝剝也 - 위의 剝은 卦名이고, 밑에 剝은 깎는다는 뜻.
2) 柔變剛也 - 五陰이 올라가 上爻의 剛을 柔爻로 變하게 하려는 것. 여기서의 變은 剝奪하는 것.
3) 小人長也 - 陰爻 小人의 勢力이 자라는 것.
4) 順而止之 - 時代의 흐름에 따르고, 머물러야 할 때 머무는 것.
5) 觀象也 - 卦象을 보는 것으로 下卦 坤의 順, 上卦 艮의 止를 본다는 뜻. 陰이 자라 올라오는 卦象을 보고 時代의 變化나 흐름을 아는 것.
6) 尙消息盈虛 - 살아지고(消), 자라가고(息), 차고(盈), 비는 것(虛)의 理致를 崇尙

한다.

7) 天行也 - 大自然의 道이고 天道이다.

[象 辭(大象)]

象曰 山附於地 - 剝이니 上이 以하야 厚下하야 安宅하나니라

● 象에서 말하기를 山이 땅에 붙은 것이 剝이니, 上이 써 하여 아래를 厚하게 하여 집을 편안하게 하나니라.

◎ 山이 땅에 붙어 있는 것이 剝이니, 윗사람이 이것을 본받아 아랫사람들을 厚하게 하고 자기 지위를 편안하게 하는 것이다.

1) 山附於地 - 上卦 山은 원래 높이 솟아 있는 것인데, 차츰 깎여 땅에 붙어 平地가 되려는 모양을 말한다.

2) 上以厚下 - 윗사람, 君主가 아랫사람 百姓들의 삶을 두텁게 한다. 즉 잘살게 하는 것.

3) 安宅 - 地位를 편안하게 한다. 宅은 있는 자리나 自己地位이다.

4) 山이 무너져 平地가 되려고 한다. 이것이 剝의 卦象이다. 위의 사람은 이 卦象을 보고 본받아서 아랫사람들이 잘살도록 함으로써 自己의 地位를 安全하게 한다.

[爻 辭]

初六은 剝牀以足이니 蔑貞이라 凶토다

● 初六은 牀을 깎되 다리로써 함이니, 바른 것을 없애는 것이라 凶토다.

◎ 平牀의 다리를 깎는 것이다. 올바른 것을 없애려는 것이니 凶하다.

1) 小人(初六)이 平牀이나 침대(君子에 비유)를 파
   괴하려고 다리 부분을 깎는다.
2) 剝牀以足 - 평상 다리를 깎아서 없애는 것
3) 蔑貞 - 蔑은 업신여길 멸로서 滅과 같은 뜻. 貞
   은 올바른 것. 따라서 正道를 없애려
   는 것.

卦의 꼴이 平牀이다.

初六이므로 다리의 끝 부분이다.

象曰 剝牀以足은 以滅下也 - 라

☯ 象에서 말하기를 剝牀以足은 써 아래를 滅함이라.
◎ 평상 다리를 깎는다는 것은, 아래로부터 없애는 것이다.

1) 滅下 - 滅은 消滅, 爻辭의 蔑을 해석하고, 下는 爻辭의 足을 해석한 것.

六二는 剝牀以辨이니 蔑貞이라 凶토다

辨 (邊)   면

평상   - 다리

☯ 六二는 牀을 깎되 辨으로써 하는 것이니, 바른 것을
   없애는 것이라 凶토다.
◎ 평상의 판자와 다리가 붙은 언저리를 깎는 것이다. 올바른 것을 없애는 것이니
   凶하다.

1) 六二는 中正이나 卦象으로 보아 小人이 극성할 때이므로, 그 行爲가 不正하고
   正道를 없애려 하니 凶하다.
2) 辨 - 邊을 뜻한다. 평상에 사람이 눕는 面이다. 初六은 평상의 다리였다. 그런데
   六二는 평상의 面을 깎으려 하는 形象이다.

象曰 剝牀以辨은 未有與也일새라

● 象에서 말하기를 剝牀以辨은 더불어 함이 있지 않음일새라.
◎ 평상의 언저리를 깎는다는 것은, 陽(君子)이 陰(小人)과 더불어 하지 않는 것이다.

1) 未有與也 – 六二와 六五는 陰爻끼리이므로 不應이다. 六三은 上九와 相應하나
   六二에게 應이 없다는 뜻.

六三은 剝之无咎 – 니라

● 六三은 깎음에 허물이 없느니라.
◎ 깎는 데 있어서 허물이 없다.

1) 六三은 小人들 속에서도 上九와 相應하므로 잘못하는 小人들에게서 벗어나, 君
   子인 上九를 따른다. 그러므로 깎아도 허물이 없다.
2) 剝之无咎 – 六三은 陽을 깎을 자리에 있으나, 陽을 해칠 마음이 없다. 따라서
   허물이 없다.

象曰 剝之无咎는 失上下也일새라

● 象에서 말하기를 剝之无咎는 上下를 잃음일새라.
◎ 깎음에 허물이 없다는 것은 위(六四, 六五)와 아래(初六, 六二)를 잃은 것이다.
  (六三은 上九와 正應이기 때문이다.)

1) 失上下也 – 上은 六四 六五, 下는 六二 初六, 失은 무리에서 떠나는 것. 즉 上
   九 君子의 德化로 小人의 무리에서 떠난다는 뜻.

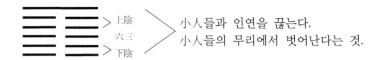

小人들과 인연을 끊는다.
小人들의 무리에서 벗어난다는 것.

六四는 剝牀以膚－니 凶하니라

膚: 살갗 부

- ◐ 六四는 牀을 깎되 피부에 닿으니 凶하니라.
- ◎ 평상을 다 깎아 피부에 다다르게 되었으니 凶하다.

1) 침상의 파손이 침대 위의 사람에게 이르렀으니 危險이 가까워져 凶하다.
2) 以膚－깎아 올라오는 것이 皮膚에 이르렀다. 이것을 평상 위에 까는 짐승의 毛
   皮로 해석하는 사람도 있다.(崔暻)

象曰 剝牀以膚는 切近災也－라

- ◐ 象에서 말하기를 剝牀以膚는 재앙이 切迫하게 가까워졌음이라.
- ◎ 평상을 다 깎아 皮膚에 다다르게 되었다는 것은, 災殃이 切迫하게 가까워졌다
   는 것이다.

1) 切近災也－정말 가까워졌다. 切迫했다는 것. 切도 가까워졌다는 뜻.

六五는 貫魚하야 以宮人寵이면 无不利리라

- ◐ 六五는 고기(魚)를 꿰어 宮人으로써 寵愛를 받을 것 같으면 不利함이 없으리라.
- ◎ 고기(魚)를 꿰어서 六五가 아래 있는 四陰을 꿰매어 宮人을 거느리고서(上九
   의) 寵愛를 받도록 하면 이롭지 않음이 없을 것이다.

1) 六五 - 六五는 不正이나 得中한 陰爻이다. 上九와 應은 아니나 陰陽相比이다.
   따라서 后妃의 象이다. 여기서는 뭇 陰의 勢力에 對處하는 길을 말하고
   있다.

2) 貫魚 - 고기를 차례대로 꿰매는 것. 어는 六五의 밑에 있는 四陰爻이다.

3) 以宮人寵 - 以는 率, 거느리는 것. 宮人은 宮中의 女官. 六四의 夫人, 六三의 賓
            御, 六二의 世婦, 初六의 御妻를 總稱하여 宮人이라 한다. 寵은 사
            랑 총, 윗사람이 아랫사람을 사랑하는 것.

象曰 以宮人寵이면 終无尤也 - 리라

◐ 象에서 말하기를 以宮人寵이면 마침내 허물이 없으리라.

◎ 宮人을 거느리고서(上九의) 寵愛를 받도록 하면 마침내는 허물이 없을 것이다.

1) 終无尤也 - 尤는 더욱 우, 허물 우, 탓할 우, 여기서는 허물 咎과 같은 뜻. 따라
            서 끝내 허물이나 재앙이 없다는 뜻.

上九는 碩果不食이니 君子는 得輿하고 小人은 剝廬 - 리라

◐ 上九는 큰 果實은 먹지 않음이니, 君子는 수레를 얻고, 小人은 집을 깎이게 되
  리라.

◎ 큰 果實은 먹어서는 안 되는 것이다. 君子는 수레를 얻고(수레 타듯 推戴되고)
  小人은 집이 헐리게 될 것이다.

1) 陰의 氣運이 올라와, 다른 것은 다 떨어지고, 높은 나무 가지에 좋은 果實 하나
   만 남아 있다. 좋은 果實이 하나라도 남아 있으면 그 種子가 땅에 떨어져 새로
   나무를 生育하게 한다. 이는 小人이 날뛰는 가운데 훌륭한 人格을 갖춘 君子가
   남은 것이다. 그러면 사람들로부터 推戴받게 될 것이고, 끝까지 침범하려는 小

人은 자기 집 지붕마저도 헐리게 되어 자기 있을 곳마저 잃어버리게 된다.

2) 上九 - 主爻이고 小人 中에 홀로 健在하는 君子의 格이다.

3) 碩果 - 碩은 大也, 큰 과일. 이것이(上九) 장차 땅으로 떨어져 一陽始生하는 地雷復의 種子이다.

4) 不食 - 먹히지 않는다. 먹히지 않고 끝까지 남는다. 道義的으로는 먹어서는 안 된다는 뜻.

5) 君子得輿 - 輿는 수레 여, 譽와 같은 뜻. 君子가 수레에 모셔진다. 즉 높이 받들어진다. 陰의 極盛으로 混亂이 심하기 때문에 百姓들은 平和安定을 바란다. 그러므로 百姓들이 推戴하게 된다.

6) 小人剝廬 - 廬는 집 여, 조그마한 집. 小人이 上九 君子를 剝奪하면 자기 살 집의 지붕이 헐린다. 쓸 집이 없다.

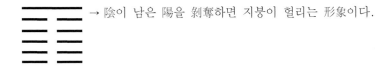

→ 陰이 남은 陽을 剝奪하면 지붕이 헐리는 形象이다.

象曰 君子得輿는 民所載也 - 오 小人剝廬는 終不可用也 - 라

● 象에서 말하기를 君子得輿는 百姓이 싣는 바요, 小人剝廬는 마침내 쓰지 못하는 것이라.

◎ 君子가 수레를 얻는다는 것은, 百姓들로부터 推戴되는 바이오. 小人이 집을 깎이게 된다는 것은, 끝내는 쓰지 못하는 것이다.

1) 君子는 그 큰 德으로 種子로 쓸 수 있으나 小人은 種子로 삼을 수 없다. 이것이 上九의 뜻이다. 陽은 곧 地雷復으로 始生할 수 있다.

2) 民所載也 - 百姓이 上九 君子를 수레에 태우고 推仰한다.

3) 終不可用也 - 終은 後日의 當然함을 가리킨다. 결국 小人은 일을 맡기고 쓸 수

　는 없는 者이다.

4) 剝卦의 發展段階

初六 – 剝牀以足　　六三 – 剝之无咎　　六五 – 貫魚宮人寵

六二 – 剝牀以辨　　六四 – 剝牀以膚　　上九 – 碩果不食

사람의 身體에 비유하여 消長盛衰를 說明하고 있다.

24. 地 雷 復

```
━━━  ━━    正
順 ━━━━━  ━━    不正 (中) 坤 地
    ━━━  ━━    不正
- - - - - - - - - - - -
    ━━━  ━━    不正
動 ━━━━━  ━━    正   (中) 震 雷
    ━━━━━      正
```

復은 陽이 다시 돌아온다는 것으로, 剝의 倒轉卦이다. 一陽이 始生하여 萬物이 다시 生成해 가는 復歸, 回復의 法則을 말하고 있다. 이것은 天賦之性을 回復하여 善을 志向하고 聖人의 道를 가는 것이기도 하다.

-序 說-

1. 卦의 뜻

1) 復은 괘이름 복, 돌아올 복, 거듭 복이다. 그리고 復은 다시 부, 또 부로서 復活(부활)이라는 뜻도 있다.

2) 陰陽은 消長한다. 陰이 자라나므로 써 살아졌던 陽이 다시 돌아오는 것이 復卦이다. 陽이 來復해야 봄이 오고 萬物이 다시 살아나고 자란다.

3) 復은 善으로 回復하는 것이다. 天賦之性은 때 묻지 않은 善이지만, 사람은 成長하고 日常生活을 하면서 不善으로 가기 쉽다. 그러므로 不善으로부터의 回復, 天賦之性의 回復을 꾀하지 않으면 안 된다.

4) 天賦之性의 回復은 『大學』에서 말하는 明明德 즉 밝은 德을 밝히는 것이다.

『大學』의 三綱領은 明明德, 親民, 止於至善이다. 따라서 明明德하고 百姓과 親
하여(날마다 새로이 하여), 至極한 善에 머무는 것이 크게 배우는 綱領이다.

5) 聖人은 无復이다. 明明德하고 止於至善하므로 回復할 필요가 없다. 顔子(回)는
克己復禮한 분이라 말해진다. 조금 벗어났다가 곧 自己를 이기고 禮에 回復한
것이다. 그래서 復聖公이라 한다.

6) 士希賢, 賢希聖이다. 선비는 賢人이 되기를 希望하고, 賢人은 聖人이 되기를 바
란다는 뜻이다. 사람은 누구나 善과 不善의 갈림길에서 망설인다. 亞山先生은
不善으로 아주 간 사람은 无復暗이라 하고, 不善으로 가다가 조금 回復하면 小賢, 크게 回復하면 大賢이라 하셨다.

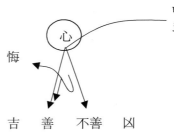

마음의 分岐點이 介다. 易學上으로 幾, 기틀, 分岐點이다.

2. 卦象과 卦德

1) 復卦는 下卦가 震雷이고, 上卦는 坤地이다. 땅속 깊은 곳에서 새봄의 氣運인 震
이 發動하고 있다. 初九 一陽이 始生하여 장차 그 氣運이 올라가려 하고 있다.

2) 一陽五陰의 卦이다. 剝卦도 一陽五陰인데 그 上九의 碩果(不食)가 이제 初九의
不遠復이 되어 있다. 장차 봄 氣運, 陽의 氣運이 자라 가려 하고 있다.

3) 爻象을 보면 初九와 六四는 正應이고, 六二와 六五, 六三과 上六은 不應이다.

4) 復의 卦德은 內卦가 動이고, 外卦는 順이다. 그러므로 陽의 氣運이 밑으로부터
움직여서 天地自然의 理致에 順應하여 위로 올라가려 하는 것이다.

5) 12辟卦(十二消息卦)에서 復은 十一月 冬至달이다. 九月 剝에서 十月은 坤이고,

十一月은 復이다. 剝卦 九月의 上九 一陽이, 坤卦 十月에 땅속으로 들어가 씨앗이 되고, 復卦 十一月에 初九로 돌아와 一陽이 始生한다. 그러나 周易 上經의 順序에서는 剝卦에서 復卦로 바로 넘어가고 있다.

6) 復卦가 11月 冬至이면 子月이다. 一年의 循環에서 5月은 夏至가 되고 姤卦에 해당된다. 一年은 姤復으로 循環된다.

◉ 姤復之理의 循環過程

7) 一年 열두 달의 循環과 節氣를 보면 다음과 같다.

8) 「序卦傳」에서는 事物은 可히 끝까지 다하지는 못하니 剝이 위에서 窮하여 아래로 온다. 그러므로 '復으로 받고(物不可以終盡이니 剝이 窮上反下라 故로 受之以復하고)'라 나와 있다.

3. 卦의 變化

1) 倒轉卦 – 復卦의 倒轉卦는 剝卦이다. 그러므로 剝復의 理致를 알 수 있다.

2) 配合卦 – 復卦 各爻의 陰陽을 바꾼 配合卦는 바로 天風姤卦가 된다. 그러므로 陰陽의 消息, 消長에서 姤復之理를 알 수 있다.

3) 錯綜卦 – 上下卦를 바꾼 錯綜卦는 雷地豫卦가 된다.

4) 互　卦 – 復卦의 初九와 上六을 除外하고 互卦를 만들면 重地坤卦가 된다. 9月 剝에서 碩果가 10月 坤 땅속으로 들어가서, 11月에 復으로 살아난다.

[卦 辭]

復은 亨하니 出入에 无疾하야 朋來라아 无咎 – 리라
反復其道하야 七日에 來復하니 利有攸往이니라

◑ 復은 亨通하니 出入에 病이 없고서야 벗이 와야 허물이 없으리라.
　그 道를 反復하여 七日에 回復하니, 갈 바 있음에 利로우니라.
◎ 復은 亨通하다. 出入함에 病이 없고, 장애가 없고, 벗(陽)이 올라와야 허물이
　없을 것이다. 그 道를 回復하여 七日에 回復하니 갈 바 있음에(일을 해 나감
　에) 利로울 것이다.

1) 復亨 — 陽이 돌아와 生育의 氣運이 드니 亨通하다. 사람은 善의 回復, 國家로서
　　　　는 君子가 主導力을 回復하는 것.
2) 出入无疾 — 出은 숨었던 陽이 처음으로 나타나는 것. 入은 陽이 純陰 속에 숨은
　　　　것. 入出이라야 되나 語順 때문에 出入이 되었다. (程伊川).无疾은 病
　　　　이 없다는 것인데 一陽始生을 아무것도 妨害할 수가 없다는 의미. 그
　　　　러므로 陽이 陰 속에 숨었다가 나타나도 아무런 妨害가 없다는 뜻.
3) 朋來无咎 — 朋은 陽의 무리, 同類 陽들이 오면 허물이 없다.
4) 反復其道 — 陽이 往來하는 道를 反復하는 것.
5) 七日來復 — 姤卦에서 一爻를 一日로 볼 때 七日 만에 復卦가 나타난다. 陰陽의
　　　　消長에서 五月의 姤에서 一陰이 처음 生기면서부터 遯, 否, 觀, 剝,
　　　　坤을 거쳐서 十一月에 復에 이르러 一陽이 다시 나타난다.
6) 利有攸往 — 나아가 일을 하는 데 利롭다.

[象 辭]

象曰 復亨은 剛反이니 動而以順行이라 是以出入无疾朋來无咎 — 니라
反復其道七日來復은 天行也 — 오 利有攸往은 剛長也일새니 復에 其見天地之
心乎인저

◑ 象에서 말하기를 復이 亨通함은 剛이 되돌아옴이니, 動하여 써 順하게 行함이

라 이로써 出入无疾朋來无咎니라.

反復其道七日來復은 하늘의 行함이오, 利有攸往은 剛이 자라는 것일새니, 復에 그 天地의 마음을 보는 것인져!

◎ 復이 亨通하다 함은 剛(陽)이 되돌아 온 것이다. 움직여서(震動) 順하게(坤順) 行하는 것이라, 이것으로써 出入에 病이 없고, 벗이 와야 허물이 없는 것이다. 그 道를 反復하여 七日 만에 回復한다는 것은, 하늘(天道)의 行함이고, 갈 바가 있음에 利롭다는 것은, 陽이 자라는 것이니, 復에서 그 天地의 마음을 보는 것이다.

1) 剛反－陽이 밖으로부터 안으로 되돌아오는 것. 剝卦의 上九가 復卦의 初九로 오는 것.
2) 動而以順行－下卦 震의 卦德이 動, 上卦 坤의 卦德이 順. 움직임으로써 順하게 나아간다.
3) 天行－陰陽이 消長, 運行하는 自然의 道, 天道.
4) 剛長也－陽이 점차 늘어나 盛해지는 것.
5) 復其見天地之心乎－復卦의 一陽이 始生하여 움직이는 데서, 天地가 萬物을 生하여 조금도 쉬지 않는 마음을 본다.

[象 辭(大象)]

象曰 雷在地中이 復이니 先王이 以하야 至日에 閉關하야 商旅－不行하며 后不省方하니라

◒ 象에서 말하기를 우레가 땅 가운데 있는 것이 復이니, 先王이 써 하야, 冬至날에 關門을 닫아 商人과 旅行者를 못 가게 하며, 임금도 方所를 살피지 않느니라.

◎ 우레가 땅속에 있는 것이 復이니, 先王이 이것을 본받아 冬至날에(至日) 關門을 닫고, 장사꾼과 旅行者를 가지 못하게 하고, 임금이 地方巡視도 하지 않는

다. 즉 陽이 처음으로 回復해 오므로 경건한 마음으로 맞이하기 위하여 關門을 닫고 商旅가 나다니지 못하게 하며, 임금도 四方의 巡視를 하지 않는 것이다.

1) 至日 - 冬至날.
2) 閉關 - 都邑, 四方의 郊外에 있는 門, 關所를 닫는다.
3) 商旅 - 商人과 旅行者.
4) 后不省方 - 임금이 四方을 巡視하는 것을 그치는 것. 여기서 后는 앞의 先王에 대하여 後王.

[爻 辭]

初九는 不遠復이라 无祗悔니 元吉하니라

● 初九는 머지않아 回復함이라, 뉘우치는 데 이르지 않음이니 크게 吉하니라.
◎ 약간 벗어났다가 머지않아 天賦之性을 回復하는 것이다. 뉘우치는 데 이르지 않았으니 크게 吉하다.

1) 初九 - 復卦의 主爻이고 正位의 陽.
2) 不遠復 - 不善으로 가다가 머지않아 곧 天賦之性으로 回復하는 것.
3) 无祗悔 - 祗는 이를 지, 至와 같은 뜻. 잘못이 있더라도 곧 回復하므로 後悔하는 데까지 이르지 않는다.

象曰 不遠之復은 以脩身也 - 라

● 象에서 말하기를 不遠之復은 써 脩身함이라.
◎ 머지않아 回復한다는 것은, 몸을 닦기 때문이다.

1) 以修身也 - 不善을 알면 재빨리 몸을 닦고 고쳐서 善에 따르는 것.

六二는 休復이니 吉하니라

● 六二는 아름답게 回復함이니 吉하니라.
◎ 아름답게 回復하는 것이니(六二는 柔順中正이므로) 吉하다.

1) 六二 - 正位의 柔順中正으로 그 뜻이 陽을 따른다. 道를 즐기고 美를 좋아한다.
2) 休復 - 休는 아름다울 휴, 아름답게 回復하는 것.

象曰 休復之吉은 以下仁也 - 라

● 象에서 말하기를 休復之吉은 써 아래가 어질기 때문이라.
◎ 아름답게 回復하여 吉하다는 것은, 아래(初九)가 어질기 때문이다.

1) 以下仁也 - 仁은 仁人으로 初九, 써 初九를 따르는 것.

六三은 頻復이니 厲하나 无咎 - 리라

● 六三은 자주 回復함이니 危殆로우나 허물이 없으리라.
◎ 六三은(不正, 不中이므로 마음이 不安定하여) 자주(벗어났다가 本性을) 回復한다. 따라서 危殆롭지만(回復하므로) 허물이 없을 것이다.

1) 六三 - 不正이고 不中이다. 下卦 動의 極이다.
2) 頻復 - 頻은 자주 빈, 자주 또한 급하게 回復, 輕擧妄動하여 잘못을 범하고는 反省하여 正道로 가는 일이 되풀이된다.
3) 厲无咎 - 危殆로우나 허물이 없다. 재앙을 면할 수 있다.

象曰 頻復之厲는 義无咎也-니라

◯ 象에서 말하기를 頻復之厲는 義로움에 허물이 없음이니라.
◎ 자주 回復하여 危殆롭다는 것은, 道義上 허물이 없다는 것이다.

1) 義无咎也-義는 의로써, 道義上이라는 뜻. 그러므로 正道로 돌아가면 道義上
　　재앙을 면한다.

六四는 中行호되 獨復이로다

◯ 六四는 中으로 行하되 홀로 回復함이로다.
◎ 途中에서(여러 陰爻들과 잘못된 길을 가다가) 혼자(正應인 初九의 영향으로)
　돌아오는 것이다.

1) 六四-正位의 陰爻로서 初九와 正應이다.
2) 中行-途中에서, 가다가의 뜻.
3) 獨復-六四는 正位로 陰爻 가운데서 唯一하게 初九와 正應이다. 그러므로 홀로
　　되돌아오고 回復한다.

象曰 中行獨復은 以從道也-라

◯ 象에서 말하기를 中行獨復은 써 道를 좇는 것이라.
◎ 홀로(잘못된 길을 가다가) 途中에서 善으로 回復한다는 것은, 正道(初九 君子
　의)를 따른다는 것이다.

1) 以從道也-剛陽君子의 正道를 따른다.

六五는 敦復이니 无悔하니라

◑ 六五는 敦篤하게 回復함이니 後悔가 없느니라.

◎ 六五는(君位로서 得中하였기 때문에) 敦篤(돈독)하게 回復하는 것이니, 뉘우침
이 없을 것이다.

1) 六五 – 不正이나 得中한 君子의 位이다.
2) 敦復 – 敦은 厚也. 正道로 되돌아감이 두텁다.
3) 无悔 – 應이 없으므로 원래 뉘우침이 있으나, 스스로 善으로 되돌아가니 뉘우침
이 없다.

象曰 敦復无悔는 中以自考也 – 라

◑ 象에서 말하기를 敦復无悔는 中으로써 스스로 이루는 것이라.

◎ 篤實하게 回復하여 뉘우침이 없다는 것은, 得中함으로써 스스로 이루는 것이다.

1) 中以 – 中道로써, 中庸之德.
2) 自考 – 考는 살피는 것, 內觀反省하는 것.

上六은 迷復이라 凶하니 有災眚하야 用行師 – 면 終有大敗하고 以其國이면 君이 凶하야 至于十年이 不克征하리라

◑ 上六은 아득하게 回復함이라 凶하니, 재앙이 있어서 군사를 쓰면 마침내 大敗
하고, 써 그 나라로 하는 것이면, 君이 凶하여 十年에 이르도록 能히 征伐 못
하리라.

◎ 上六은 재앙이 있어서 군사를 사용하면 마침내 크게 敗하고, (그것이) 나라에
미치면, 君王이 凶하여 十年이 되도록 能히 征伐 못하는 것이다.

1) 上六 - 正位의 陰柔로서 復卦의 끝이다. 道에 回復하는 것을 모르는 者. 어리석
　　　어서 어떻게 回復해야 좋을지 모른다. 아득하다.
2) 迷復 - 깨닫지 못해서 善으로 돌아오지 못하는 것.
3) 有災眚 - 災는 天災. 밖에서 오는 災難, 眚은 스스로 부른 災禍, 人災, 그러므로
　　　天災와 人災가 있다는 것.
4) 用行師 - 軍隊를 움직이는 것을 쓰는 것.
5) 以其國君 - 禍가 나라의 임금에게 미치는 것.
6) 至于十年 - 十은 數의 極, 몇 년이 지나더라도.
7) 不克征 - 敵國을 征伐해서 치욕을 씻을 수가 없다.

象曰 迷復之凶은 反君道也일새라

◑ 象에서 말하기를 迷復之凶은 君道에 反함일새라.
◎ 아득하게 回復하여 凶하다는 것은, 君主의 道에 反하는 것이다.

1) 反君道也 - 君子之道, 임금의 道에 어긋난다.

25. 天雷无妄

健 ──────── 不正

健 ──────── 正 (中) 乾 天

──────── 不正

- - - - - - - - - - - - - - - - - - - -

── ── 不正

動 ── ── 正 (中) 震 雷

──────── 正

无妄은 망령되지 않는 至誠과 眞實을 말한다. 하늘이 내린 性品 그대로를 지키고 邪한 것도 욕심도 내지 않고, 私心 없는 마음과 姿勢이다.

-序 說-

1. 卦의 뜻

1) 无妄은 없을 무(无)와 망령될 망(妄)이다. 망령됨이 없다는 뜻이다.

2) 至誠이 있고 眞實한 것이 无妄이다. 거짓이 없고 있는 그대로의 모습이다.

3) 无妄은 無望과 뜻이 通한다. 하고 싶은 期待나 豫定을 버리고, 즉 마음속의 잔꾀를 모두 버리고, 自然의 順理, 天命에 따르고, 거기에 자기를 맡기는 것이다.

4) 老子의 無爲自然에 가깝다. 하늘의 攝理에 맡기고, 생각지 않는 일에 부딪쳐도, 動搖하거나 조작함이 없이, 조용히 그대로 받아들이는 것이 无妄이다.

5) 그러나 无妄은 단순한 消極的 태도인 것은 아니다. 가뭄이나 洪水가 와도 하늘을 원망하지 않고, 묵묵히 大地와 씨름하는 農夫의 마음이다. 괴로움과 어려움

을 이기면서 子息을 키우는 어머니의 마음도 无妄이다.

6) 억지로 욕심내어 일을 成就하려 하면, 오히려 憂患이나 재앙이 계속 일어난다. 오히려 无妄으로 順理대로 自然스럽게 하는 것이 좋은 結果를 얻을 수 있다.

2. 卦象과 卦德

1) 无妄卦는 下卦는 震雷이고, 上卦는 乾天이다. 天雷无妄이라 한 것은, 天道에 따라서 行動하면 그것이 无妄至誠이 되기 때문이다. 그러나 사람의 慾心에 따라서 行動하면 妄이고 거짓이 된다.

2) 无妄卦의 卦德은 下卦가 動이고, 上卦는 健이다. 그러므로 움직이되 하늘의 理致에 따라 健한 것이다. 天行이 健한 것에 따라 움직이는 것이 无妄이다.

3) 无妄은 四陽二陰의 卦이다. 二陰爻가 初九와 上卦 乾天의 사이에 끼어 있다. 下卦에서 움직이되 망령된 바가 있더라도 결국 健한 天道에 따른다.

4) 初九와 九四는 不應이지만 六二와 九五는 각기 得中해 있으면서 正應이다. 그리고 六三과 上九는 각기 不正位이나 相應하여 陰陽의 調和는 이루고 있다.

5) 「序卦傳」에서는 回復하면 곧 망령되지 아니한다. 그러므로 无妄으로 받는다(復則不妄矣라 故로 受之以无妄하고)고 하였다.

3. 卦의 變化

1) 倒轉卦 – 天雷无妄卦의 倒轉卦는 다음에 나오는 山天大畜卦이다.

2) 配合卦 - 无妄卦의 各爻의 陰陽을 바꾼 配合卦는 地風升卦이다.

3) 錯綜卦 - 无妄卦의 上下卦를 바꾼 錯綜卦는 雷天大壯卦가 된다.

4) 互 卦 - 无妄卦의 初九와 上九를 除外하여 互卦를 만들면 風山漸卦가 된다.

[卦 辭]

无妄은 元亨하고 利貞하니 其匪正이면 有眚하릴새 不利有攸往하니라

◐ 无妄은 亨通하고 올바르게 함이 利로우니, 그 바르지 않음이면 災殃이 있을새 갈 바 있음이 不利하니라.

◎ 无妄은 크게 亨通하고 올바르게 함이 利로우니, 그것이 바르지 않은 것이면 災殃이 있을 것이고, 갈 바가 있으나 利롭지 않는 것이다.

1) 无妄의 卦德은 內卦는 動, 外卦는 健이다. 九五는 剛健中正, 六二는 柔順中正으로 서로 正應이다. 그러므로 元亨利貞의 四德을 다 갖추고 있다. 따라서 올바르게 하면 크게 亨通하고 利롭다. 그런데 만약 不正으로 나가면 災殃이 생기고 하는 일이 제대로 되지 않는다. 天道가 行하는 것이 无妄이다. 大自然은 망령됨이 없으므로 사람도 公心과 道心으로 본받아 가는 것이 无妄이다.

2) 天地自然은 至公无私하고 眞實无妄하다. 그러므로 사람도 그와 같이 망령됨이 없이하면, 모든 일이 亨通하다. 그러나 그렇게 하지 않으면, 스스로 부른 災殃이 생기고 모든 일이 잘되지 않는다.

3) 其匪正 - 그 하는 行動이나 行實이 올바르지 않으면. 匪는 아닐 非와 같다.

4) 有眚 - 사람이 잘못하여 일어나는 災殃이 있다.

5) 不利有攸往 - 갈 바(할일) 있어도 不利하다. (제대로 되지 않는다.)

[彖 辭]

彖曰 无妄은 剛이 自外來而爲主於內하니
動而健하고 剛中而應하야 大亨以正하니 天之命也 - 라
其匪正有眚不利有攸往은 无妄之往이 何之矣리오 天命不祐를 行矣哉아

◐ 彖에서 말하기를 无妄은 剛이 밖으로부터 와서 안에서 主하니,
動하여 健하고, 剛이 中하여 應하야 크게 亨通하고 써 바르니 하늘의 命이라.
其匪正有眚不利有攸往은 无妄의 往이 어디로 가리오. 天命이 돕지 않음을 行할 것인가.

◎ 无妄은 剛(初九)이 밖으로부터 와서 內卦의 主張(主爻)이 되었다. 움직여서(動) 健(乾)하고, 剛(九五)으로서 (六二에) 應하여, 크게 亨通함으로써 바르니 하늘의 命이다. 그 바르지 않는 것이면 災殃이 있으니, 갈 바가 있어도 不利하다는 것은, 无妄의 때에 있어(正道에 의하지 않고) 간다는 것은 어디로 가려는 것인가. 天命이 도우지 않는데 나아 갈 수 있을 것인가.

1) 剛中而應 - 九五에 대해서 말하고 있다. 九五는 剛으로써 得中한 正位이다. 六二의 柔順中正과 正應이다.

2) 大亨以正 - 크게 亨通하고 올바르게 하는 것.

3) 天之命也 - 하늘이 命. 天道와 같다. 곧 无妄을 말한다.

4) 无妄之往 - 无妄의 때에 正道에 의하지 않고 나아가는 것. 不正位에 있는 上九 를 가리킨다.

5) 何之矣 - 之는 往. 어디로 가려 하는가.

6) 天命不祐 - 祐는 도울 우. 天道는 不正으로 가는 者를 돕지 않는다.

7) 行矣哉 - 나아갈 수 있을까. 갈 수 없다. 矣哉는 의문의 말.

[象 辭(大象)]

象曰 天下雷行하야 物與无妄하니 先王이 以하야 茂對時하야 育萬物하니라

◐ 象에서 말하기를 하늘 아래 우레가 行하야 事物에 无妄을 주니, 先王이 써 하 야 성하게 때를 대하여 萬物을 기르느니라.

◎ 하늘 아래 우레가 行하여 모든 事物에 无妄(天賦之性)을 주니, 先王이 이것을 본받아서 무성하게 때를 對하여(天時에 맞추어) 萬物을 길러 낸다.

1) 이 象辭는 天下雷行物與 无妄으로 끊어서 다른 卦의 大象과 같이 읽어야 한다 는 說이 있다.(何階, 兪琰 등)

2) 物與无妄 - 하늘이 事物마다에 각기 그 性命(无妄)을 賦與하는 것.(이것은 [周易 傳義]의 解釋에 따른 것이다.)

3) 茂對時 - 茂는 盛이고 對는 대응, 時는 天時. 天時에 어긋남이 없이 따르고 合 한다.

4) 育萬物 - 萬物을 길러 낸다. 天地의 化育을 말한다.

[爻 辭]

初九는 无妄이니 往에 吉하리라

🌑 初九는 无妄이니 나아감에 吉하리라.
◎ 初九는 无妄(망령됨이 없다)이니, 그대로 나아가면 吉할 것이다.

1) 初九는 正位이나 正應이 없다. 그러나 陽剛의 德이 있어 至誠眞實하여 天道와
   合한다. 그러므로 吉하다.
2) 工夫하는 데는 正應이 있으면 안 된다. 六二와 九五는 正應이므로 无妄되기 어
   렵다. 初九는 正應 없이 無念無思의 精神工夫를 할 수 있기 때문에 无妄卦의
   主爻로 본다.(다른 說은 九五를 主爻로 보기도 한다.)

象曰 无妄之往은 得志也리라

🌑 象에서 말하기를 无妄之往은 뜻을 얻음이리라.
◎ 망령됨이 없이 나아간다는 것은, 뜻하는 바가 얻어진다는 것이다.

1) 得志也 – 마음이 하고자 하는 대로 이루어진다.

六二는 不耕하야 穫하며 不菑하야 畬 – 니 則利有攸往하니라
菑: 새로 개간한 밭 치   畬: 개간하여 3년이 된 밭 여

🌑 六二는 갈지 아니 하야 거두며, 개간하지 아니 하야 밭이니, 곧 갈 바 있음에
   利로우니라.
◎ 갈지(밭을) 않아도 거두며, 개간하지 않고도 기름진 밭이니, 곧(이는) 갈 바 있
   음에 利롭다.

1) 六二 - 六二는 柔順中正이고 九五와 正應이다. 그러므로 六二는 无妄之福 즉 뜻
  밖의 福이 있다.
2) 不耕獲 - 봄에 밭을 갈지 아니하고도 가을에 거둔다.
3) 不菑畬 - 菑(치)는 새로 개간한 밭, 畬(여)는 개간해서 三年된 밭으로 熟田. 그러
  므로 개간하지도 않았는데 우연히 熟田이 제 것으로 된다. 이는 바라
  지 않아도 저절로 되는 것.

象曰 不耕穫은 未富也 - 라

◐ 象에서 말하기를 不耕穫은 富하려 함이 아님이라.
◎ 밭을 갈지 않고도 거두어들인다는 것은, 富하려 하지 않았는데도, 富가 이루어
진다는 것이다.

1) 未富也 - 富하려고 하지 않았는데도 富가 이루어진다는 뜻이다. 이 句節은 "아
  직 富하다 할 수 없음이라"는 解釋도 있다. 이는 스스로의 勞力에 의
  해서가 아니고, 하늘의 도움으로 얻었으므로, 스스로를 경계해서 말한 것이
  라 한다.

六三은 无妄之災니 或繫之牛하나 行人之得이 邑人之災로다

◐ 六三은 无妄의 災殃이니, 혹 매어 둔 소가 있으나, 行人의 얻음이 邑人의 災殃
이로다.
◎ 六三은 (不正位이므로) 뜻밖의(无妄=无望) 災殃을 만난다. 혹시 매어 둔 소가
있어 行人이 몰고 가면(그것은) 마을 사람의 災殃이 된다.

1) 无妄卦는 六爻가 모두 无妄의 至誠이 있으나, 이 六三은 不正不中이다. 下卦의
  끝이고 雷動의 極에 있다. 그러므로 좋지 않다.

2) 无妄의 災 – 뜻밖의 災殃 즉 无妄之災는 곧 无望之災이다.
3) 行人 – 지나가는 사람.(九四)
4) 邑人 – 마을 사람. 그 고장에 살고 있는 사람.(六三)

象曰 行人得牛 – 邑人災也 – 라

◐ 象에서 말하기를 行人이 소를 얻음이 邑人의 災殃이라.
◎ 行人이 소를 얻었다는 것은, 마을 사람의 災殃(不意의)이다.

九四는 可貞이니 无咎 – 리라

◐ 九四는 可히 바르게 함이니, 허물이 없으리라.
◎ 可히 바르게 하는 것이니, 허물이 없을 것이다.

1) 九四는 剛陽이고 不正不中이다. 그러므로 无妄이 미미하다.
2) 可貞 – 올바른 길을 굳게 지켜야 한다. 可貞은 지금까지도 貞하였으나 앞으로도 올바르게 지키지 않으면 안 된다는 뜻. 그러나 利貞은 앞으로 올바르게 하면 利롭다는 뜻.

象曰 可貞无咎는 固有之也일새라

◐ 象에서 말하기를 可貞无咎는 굳게 있음일새라.
◎ 可히 바르게 함이니 허물이 없을 것이라는 것은, 굳게 지키고 있는 것이다.

1) 固有之也 – 无妄(至誠)의 德을 굳게 지키고 잃지 않는 것.

九五는 无妄之疾은 勿藥이면 有喜리라

● 九五는 无妄의 病은 약을 쓰지 말 것이며 기쁨이 있으리라.
◎ 망령됨이 없는 病(뜻밖의 病)은 藥을 쓸 필요가 없으며, 가만히 있어도 나으니 기쁨이 있을 것이다.

1) 九五는 剛健中正이고 六二의 柔順中正과 正應이다. 그러므로 无妄의 理想的인 爻이다.
2) 无妄之疾 − 无妄은 无望으로 바라지 않는 病, 뜻밖의 病.
3) 勿藥有喜 − 勿藥은 藥을 복용해서는 안 된다는 뜻이고, 有喜는 그렇게 하면 病 이 자연히 낫는다는 뜻.

象曰 无妄之藥은 不可試也니라
試: 맛볼 시, 시험할 시

● 象에서 말하기를 无妄之藥은 可히 試驗하지 못하는 것이니라.
◎ 망령됨이 없는 뜻밖의 病은 藥을 쓰지 말 것이라는 것은, 試驗해도(試驗삼아 藥을 먹어도) 안 되는 것이다.

1) 不可試也 − 試驗삼아 복용하면 안 된다. 无妄을 그대로 지키고 마음을 가다듬는 것이 좋다.

上九는 无妄에 行이면 有眚하야 无攸利하니라

● 上九는 无妄에 가면 災殃이 있어 利로운 바가 없느니라.
◎ 망령됨이 없이 行動하면 災殃이 있을 것이니, 그대로 가면 利로울 바가 없다.

1) 上九 - 上九는 无妄卦의 마지막이고 上卦 乾의 極이다. 그칠 줄 모르고 나아가
   려 한다. 无妄의 德은 지니고 있으나 나아가면 좋지 않다. 上位는 過요.
   初位는 不及이다. 上九는 不正位이고 極致이다. 无妄之行은 元亨利貞을
   벗어나는 것을 意味한다.
2) 有眚 - 스스로 自招하는 災殃이 있다.
3) 无攸利 - 有利할 것이 없다. 조용히 正道를 지키고 있는 것이 낫다.

象曰 无妄之行은 窮之災也 - 라

◑ 象에서 말하기를 无妄之行은 窮함의 災殃이라.
◎ 망령됨이 없이 行動한다는 것은, (上九이므로) 窮極함에서의 災殃이 되는 것이다.

1) 无妄之行 - 无妄卦의 極에 있으면서 계속 나아가는 것.
2) 窮之災也 - 때가 窮極에 이름으로써 災禍를 입는다.

※ 參考: 无妄의 展開

```
健    ──────────  6 无妄 行 有眚
      ──────────  5 无妄之疾 勿藥有喜
      ──────────  4 可貞 无咎
      ────  ────  3 行人之得 邑人之災(无妄之災)
動    ──────────  2 不耕穫 不菑畬(无妄之福)
      ──────────  1 无妄 往 吉
```

26. 山天大畜

止
艮 山
健
乾 天

不正
不正 (中) 艮 山
正
正
不正 (中) 乾 天
正

大畜은 크게 모으고 쌓는 道이다. 큰 뜻을 펴기 위해서는 먼저 힘을 기르고 쌓아야 한다. 앞의 无妄卦의 倒轉卦이며, 큰것이 큰것은 기르고 쌓는 理致를 말하고 있다.

-序 說-

1. 卦의 뜻

1) 大畜은 크게 기르고 머물게 하여 쌓는 道이다. 앞에서 본 (9)風天小畜과 對比된다. 小畜은 小(陰, 六四)가 五陽을 기르고 머물게 하는 것이었다. 그러나 大畜은 大(陽, 上九)가 大(下卦 乾)를 기르고 머물게 하는 모습이다.

2) 偉大한 王者나 指導者는 人材를 기르고 머물게 한다. 그래야만 나라나 조직을 훌륭하게 이끌어 갈 수 있기 때문이다.

3) 큰 뜻을 품은 사람은, 먼저 힘을 기르고 쌓지 않으면 안 된다. 자기 스스로의 德望, 知識, 知慧를 쌓아야 하고, 人材를 길러 사람을 모아야 하며, 필요한 資金도 축적하여 큰일에 對備해야 한다.

4) 個人이 人生을 보람 있게 살기 위해서는, 體力을 길러 氣力을 충실하게 해야 하고, 精神을 修養하며 知力을 키워야 하고, 스승과 벗을 잘 사귀어 德望을 길러야 한다. 그래야만 危險한 일이나 장애를 당당하게 克服할 수 있고, 뜻을 펴며, 世上을 위해서 寄與할 수가 있다.

5) 畜은 원래 논밭이 무성한 것 즉 豊作을 의미하였다. 그러므로 大畜은 大豊作으로 창고에 곡식이 가득한 모양이라 할 수 있다.

6) 大가 大를 머물게 하고 쌓는다는 것은, 큰 人物이 큰 人材를 알아보고 자기 주변에 모으고 쌓는다는 뜻이 된다. 훌륭한 指導者는 識見과 能力을 갖춘 사람들을 자기에게 따르고 머물도록 한다. 勇將 밑에 弱卒이 없다는 말도 이런 理致에 속한다.

2. 卦象과 卦德

1) 大畜卦는 下卦가 乾天이고, 上卦는 艮山이다. 그러므로 하늘의 氣運을 크게 蓄積하여 草木을 무성하게 기르는 山의 形象이다.

2) 大畜의 卦德은 下卦 乾은 健이고, 上卦 艮은 止이다. 따라서 剛健한 乾을 艮이 篤實하게 머물게(止) 하고 있는 꼴이다.

3) 艮卦도 乾卦도 陽의 卦이다. 陽은 大이고 陰은 小이므로 大(陽, 艮)가 大(陽, 乾)를 머물게 하고 그치게 한다. 그 머물게 하고 쌓는 힘이 大이기 때문에 이 卦를 大畜이라 한다.

4) 大畜은 四陽二陰의 卦이다. 上卦 艮이 下卦 乾을 머물게 하는데, 上卦 艮은 上九에 하나의 陽爻를 가지고 있다. 따라서 上九가 主爻이고, 이것이 止於至善하는 君子이다.

5) 大畜卦는 爻象을 볼 때 初九와 六四는 각기 正位에 있는 正應이고, 九二와 六五는 不正位이나 相應하고 있다. 그러나 九三과 上九는 應이 되지 못하고 있다.

6) 「序卦傳」에서는 망령됨이 없어진 然後에 可히 크게 쌓는 것이라 그러므로 大畜으로 받고(有无妄然後에 可畜이라 故로 受之以大畜하고)라 나와 있다.

3. 卦의 變化

1) 倒轉卦 - 山天大畜卦의 倒轉卦는 天雷无妄卦이다.

2) 配合卦 - 大畜卦의 陽爻를 陰爻로, 陰爻를 陽爻로 바꾼 配合卦는 澤地萃卦가 된다.

3) 錯綜卦 - 大畜卦의 上下卦를 서로 바꾸어 錯綜卦를 만들면 天山遯卦가 된다.

4) 互 卦 - 大畜卦의 初九와 上九를 除外하고 만든 互卦는 雷澤歸妹卦가 된다.

[卦 辭]

大畜은 利貞하니 不家食하면 吉하니 利涉大川하니라

☯ 大畜은 바르게 함이 利로우니, 집에서 먹지 아니하면 吉하니 大川을 건넘이 利로우니라.

◎ 大畜은 올바르게 하는 것이 利로우니, 집에서 먹지 않고 나라의 祿을 먹으면 吉하니, 큰 내를 건너는 데(큰일을 하는 데) 利로울 것이다.

1) 不家食吉 – 집에서 혼자 편하게 먹고 지내지 않고, 벼슬해서 世上을 正道로 이끄는 데 헌신하여 國祿을 먹는 것. 君子가 그 德이 크면 집에 머물러 있지 않고, 세상을 위해서 일하는 것이 吉하다는 뜻이다.
2) 利涉大川 – 큰일을 하는 데 利롭다. 어떠한 어려운 일이라도 해낼 수 있다.
3) 大畜은 德을 크게 기른다는 뜻이다. 山이 하늘의 氣運(乾의 剛健)을 기르는 卦象이다. 올바르게 하면 利롭다는 것은 사람이 마땅하고 바른 것을 길러야 하고, 그래야 吉하고 큰일을 해낼 수 있다.

[象 辭]

象曰 大畜은 剛健코 篤實코 輝光하야 日新其德이니
剛上而尙賢하고 能止健이 大正也ㅣ라
不家食吉은 養賢也ㅣ오 利涉大川은 應乎天也ㅣ라

☯ 象에서 말하기를 大畜은 剛健하고 篤實하고 빛나, 날로 그 德을 새롭게 하는 것이니, 剛이 올라가 어진이를 崇尙하고, 能히 止하고 健함이 크게 바름이라. 不家食吉은 어진이를 기름이오, 利涉大川은 하늘에 應함이라.

◎ 大畜은 剛健하고 篤實하고 빛이 나서, 날로 그 德을 새롭게 하는 것이다. 剛

(上九)이 올라와 있어 어진이를 崇尙하고, 能히 그치고 止(艮山의 卦德) 健壯함이 크게 正道인 것이라. 不家食이 吉하다는 것은, 어진이를 기르는 것이오. 큰 내를 건너는 것이 利롭다 함은 天道에 應하는 것이다.

1) 剛健篤實－下卦 乾은 剛하고 굽히지 않으며, 上卦 艮은 厚하고 信實하다.

2) 輝光日新其德－德이 가득차서 밖으로 빛나는 것이 날마다 더하고 새롭다.

3) 剛上而尙賢－剛이 上九의 位에 있으니 그 上九의 어진이를 六五가 崇尙한다.

4) 能止健－能히 止於至善하고 바뀌지 않는 것. 止는 上卦 艮의 卦德, 健은 下卦
　　　　　　乾의 卦德이다. 그런데 象辭에서는 보통 下卦를 먼저 말하고 上卦를
　　　　　　말한다. 그러므로 이 句節은 能健止로 고쳐 풀이하는 수도 있다.(虞翻)

5) 大正也－利貞 能止健의 境地가 곧 大正이다. 日本은 大畜卦의 大正을 明治 이
　　　　　　후의 연호로 따서 썼다.

6) 養賢也－賢人에게 祿을 주어 崇尙하고 부양하는 것.

7) 應乎天也－天은 下卦 乾, 上卦의 六五. 天子가 下卦 乾의 九二와 相應하여 天
　　　　　　下의 어려움을 救濟한다.

[象 辭(大象)]

象曰 天在山中이 大畜이니 君子－以하야 多識前言往行하야 以畜其德하나니라

◐ 象에서 말하기를 하늘이 山 가운데 있음이 大畜이니, 君子가 써 하야 앞의 말과 지나간 行實을 많이 알아서 그 德을 쌓느니라.

◎ 하늘이 山 속에 있는 것이 大畜이니, 君子가 이것을 본받아 써 옛 聖賢들의 말과 行實을 많이 알아서 그 德을 기르는 것이다.

1) 多識前言往行－前言은 옛날 聖賢의 말씀, 往行은 옛날 聖賢의 行動, 行蹟 그러
　　　　　　므로 옛 聖賢의 말씀과 行蹟을 많이 알아서 라는 뜻.(識은 記識,
　　　　　　記憶)

2) 以畜其德 - 옛 聖賢들의 가르침과 行蹟을 알고 되새겨 스스로의 德을 기른다.

[爻 辭]

初九는 有厲 - 리니 利已니라

◑ 初九는 위태로움이 있으리니, 그침이 利로우니라.
◎ 위태로움이 있으니, 그치는 것이 利롭다.

1) 初九 - 初爻이므로 學問이나 德行이 미숙하다. 숨어서 때를 기다려야 한다. 六四와 正應이다. 따라서 初九는 正應인 九四에 의해서 停止당한다.
2) 有厲利已(유려이이) - 위태롭기 때문에 中止하는 것이 利롭다.

象曰 有厲利已는 不犯災也 - 라

◑ 象에서 말하기를 有厲利已는 災殃을 犯하지 않음이라.
◎ 위태로움이 있으니 그침이 利롭다는 것은 災殃을 犯하지 않는 것이다.

1) 不犯災也 - 災殃을 犯하면서까지 나아가지는 않는 것. 여기서 災는 上卦 艮의 阻止이다.

九二는 輿說輹이로다

◑ 九二는 수레의 바퀴살을 벗기는 것이로다.
◎ 수레에서 바퀴가 빠지는 것이다.

1) 九二 - 九二는 不正이나 得中하였다. 六五 相應에 의해 制止당한다. 이 制止는

九二를 위한 好意에서 오는 것이다. 道學에는 正應이 有害이다. 따라서
中庸之道를 지켜 스스로 멈추고 나아가지 않는다. 마치 바퀴가 빠진 것
같이 時期가 올 때까지 기다린다.

2) 輿說輹 - 수레의 발통이 빠진 것. 說은 脫이고 輹은 바퀴살 복, 발통과 발통을
연결하는 부분을 뺀 상태.

象曰 輿說輹은 中이라 无尤也 - 라

◉ 象에서 말하기를 輿說輹은 中인지라 허물이 없는 것이라.

◎ 수레의 바퀴살이 빠졌다는 것은, 中道를 지키는 것이므로 허물이 없다.

1) 中无尤也 - 得中하여 中道를 지키므로 허물이 없는 것이다. 尤는 더욱 우, 허물
우, 咎와 같은 뜻.

九三은 良馬逐이니 利艱貞하니 曰閑輿衛면 利有攸往하리라

◉ 九三은 좋은 말로 쫓음이니 어렵고 바르게 함이 利로우니, 날로 수레와 호위를
익히면 갈 바 있음에 利로우니라.

◎ 좋은 말(九三)로 敵을 쫓는 것이니, 어렵게 하고 바르게 하면 利롭다. 날로 수
레 모는 것과 호위하는 것을 익히면, 갈 바가 있음에 利롭다.

1) 九三 - 下卦 乾의 上爻, 正位로서 實力을 쌓아 나아갈 때. 駿馬를 타고 쫓아가
는 데 어렵더라도 바르게 힘쓰면 利로우니, 날로 무예를 닦고 나아가면
일이 성취된다.

2) 良馬逐 - 좋은 말 즉 駿馬를 타고 빨리 쫓아가는 것.

3) 利艱貞 - 나아가는 일이 쉽지 않음을 생각하고 올바른 길을 굳게 지키는 것이
좋다.

4) 日閑輿衛 - 나날이 수레 모는 方法과 호위하는 대열 짓기를 익힌다. 本文에는
　　曰로 되어 있으나 모든 先儒가 日字로 보고 解釋한다. 日은 매일매
　　일, 閑은 연습, 輿는 수레, 馬車, 衛는 防衛, 保衛

象曰 利有攸往은 上이 合志也일새라

◑ 象에서 말하기를 갈 바 있음에 利롭다는 것은 上이 뜻을 合함일새라.
◎ 갈 바가 있음에 利롭다는 것은, 上九와 뜻을 合하기 때문이다.

1) 上合志也 - 上은 上九이고, 合志는 上九와 九三이 陽剛끼리 나아가는 뜻이 合하
　　는 것.

六四는 童牛之牿이니 元吉하니라

◑ 六四는 어린 소의 뿔빗장이니 크게 吉하니라.
◎ 아직 뿔이 다 나지 않은 송아지에 나무 빗장을 치니, 크게 吉하다.

1) 六四 - 初九와 正應으로서 正位이며, 大臣의 位에 있다. 初九를 머물게 하여 大
　　成케 하려 한다.
2) 童牛 - 송아지, 뿔이 막 나려 하는 새끼 소, 어린 사람(初九)에 비유한다.
3) 牿 - 牿은 빗장 곡. 가로막는 것. 소가 뿔로서 사람을 받는 것을 막기 위해 뿔
　　에다 붙이는 橫木.

象曰 六四元吉은 有喜也 - 라

◑ 象에서 말하기를 六四元吉은 기쁨이 있는 것이라.
◎ 六四가 크게 吉하다는 것은, 기쁨이 있다는 것이다.

1) 有喜也 - 기쁨이 있다는 것은, 陰陽이 和合하기 때문이다.

六五는 豶豕之牙 - 니 吉하니라
豶: 부랄 깐 돼지 분 豕는 돼지 시

◑ 六五는 부랄 깐 돼지의 어금니이니 吉하니라.
◎ 去勢된 돼지의 어금니이니 順하여, 吉하다.

1) 六五 - 六五는 不正이나 柔順하고 得中한 天子의 位이다. 六五는 역시 得中한
   正應 九二의 나아감을 머물게 하여 大成케 하려 한다.
2) 豶豕 - 두 가지 解釋이 있다.
   ① 돼지는 어금니가 武器이나, 이것을 除去하기는 힘들므로 去勢하여 順
      하게 하는 것.
   ② 山돼지의 새끼라는 解釋도 있다. 六四의 童牛와 對比된다. (爾雅에 豶
      은 豬의 子라 나와 있다.)
3) 牙 - 두 가지 解釋이 있다.
   ① 去勢한 돼지의 어금니.
   ② 山돼지 새끼를 묶는 말뚝.

象曰 六五之吉은 有慶也 - 라

◑ 象에서 말하기를 六五之吉은 慶事가 있는 것이라.
◎ 六五가 吉하다는 것은 慶事가 있다는 것이다.

1) 有慶也 - 九二가 天下를 위하여 일하는 것을 六五가 기뻐하는 것. 六五와 九二
   가 相應이기 때문이다.
2) 大畜卦에는 二陰爻가 있으나 둘 다 陰陽調和가 되어 있다. 그래서 六四는 有
   喜, 六五는 有慶이다.

上九는 何天之衢-니 亨하니라

衢: 거리 구.

● 上九는 어찌하여 하늘의 거리인가, 亨通하니라.
◎ 어떻게 하늘의 큰 길인가, 큰 길을(걷는가) 亨通하다.

1) 上九-大畜卦의 끝에 있고 主爻, 畜止의 道가 完成하여 크게 亨通하다.
2) 크고 넓은 하늘의 道를 터득하고 自由自在로 亨通할 수 있다. 道通한 境地.
3) 何天之衢-何는 어찌하여, 어떻게 라는 感歎詞. 天之衢는 구름이나 새가 往來
　　　　　하는 하늘의 大道. 따라서 어떻게 아무런 妨害 없이 하늘의 거리를
　　　　　自由自在로 가는가.

象曰 何天之衢오 道-大行也-라

● 象에서 말하기를 何天之衢는 道가 크게 行함이라.
◎ 어찌하여 하늘의 거리인가라는 것은, 마음대로 하늘 거리를 걷는 것 같으니,
　道가 크게 行해지는 것이다.

1) 道大行也-道가 天下에 크게 行해지는 것. 이는 上九가 賢人을 크게 쓰기 때문
　　　　　이다.

27. 山 雷 頤

止 ─────── 不正
  ─── ─── 不正 (中) 艮 山
  ─────── 正
  ─── ─── 不正
動 ─────── 正 (中) 震 雷
  ─────── 正

頤卦는 養하는 길, 기르는 道를 말하고 있
다. 頤는 턱이고 입이기 때문에 몸과 마음을
기르고, 人材를 養成하는 理致가 이 卦에 담
겨져 있다. 여기서 우리는 愼言語하고 節飲食
하는 智慧를 배울 수 있다.

-序 說-

1. 卦의 뜻

1) 頤는 턱 이 이다. 頤卦의 卦象은 위아래의 턱과 같이 생겼다. 사람은 턱과 입
   으로써 말을 하여 意思를 疏通하고, 飲食을 攝取하여 몸을 기른다.

2) 頤卦는 養하는 길, 기르는 道에 관해서 말해 주고 있다. 養은 여러 가지 對象
   을 갖는다. 무엇보다도 重要한 것은, 자기 몸을 기르는 養生, 마음과 德을 기르
   는 修養이라 할 수 있다.

3) 사람이 社會生活을 함에 있어서는, 자기 혼자가 아니라 制度的으로나 個人的으
   로, 人材를 養成해야 큰일을 해낼 수 있고, 社會發展에 寄與할 수 있다.

4) 政治的으로는 修己治人하는 훌륭한 人材나 指導者가 나와서 百姓의 生을 두텁

게 하고, 百姓을 길러야 한다.

5) 病은 입으로 들어오고, 禍는 입에서 나온다.(病自口以入 禍自口以出) 그러므로 飮食을 節制해야 健康이 保全되고, 말을 삼가야 禍를 입지 않는다. 이것이 頤卦의 敎訓이다.

2. 卦象과 卦德

1) 頤卦는 下卦가 震雷이고, 上卦는 艮山이다. 이 卦象을 보면 初九가 아래턱이고, 上九는 위턱이며, 六二와 六五는 잇몸이고, 六三과 六四는 이[齒]가 나 있는 모습이다.

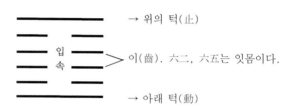

위의 턱(止)

이(齒). 六二, 六五는 잇몸이다.

아래 턱(動)

입속

2) 頤卦의 卦德은 下卦 震이 動이고, 上卦 艮은 止이다. 실제 사람이 말을 하거나 飮食을 먹을 때 위턱은 가만히 있고, 아래턱이 움직인다. 바로 卦德의 動과 止의 理致대로 되어 있는 것이다.

3) 山雷頤卦는 不倒轉卦이다. 거꾸로 뒤집어도 그대로 山雷頤卦인 것이다. 따라서 頤卦의 養하는 道는 대단히 重要하고 크다.

4) 頤卦의 卦象은 巨視的으로 보면 離卦와 비슷하다. 그러므로 離卦의 文明과 以虛中의 理致가 있다. 불을 사용하고 文明된 世上이 되는 것은, 經濟가 發展하여 食生活을 비롯한 基本的인 欲求가 충족되었을 때이다. 그리고 文明社會가 될수록 物質萬能主義로 흐르기 때문에 마음의 修養이 重要한 意味를 갖는다.

5) 頤卦의 爻象을 보면, 初九와 六四는 正應이고, 六二와 六五는 不應이며, 六三과 上九는 각기 不正位이나 相應하고 있다.

6) 山雷頤卦의 卦象은 우리나라의 方位 그리고 先後天의 變化와 關係가 있다. 下

卦에서 위의 上卦로 갈 때, 下卦는 先天, 上卦는 後天으로 볼 수 있다. 先天八
卦에서 東北方인 震은 우리나라의 方位이고, 後天八卦에서는 역시 東北方인 艮
方이 우리나라 方位이다.

7) 頤卦 다음에는 澤風大過가 온다. 先天 震이 後天 艮으로 바뀌는 것도 大過, 크
게 지나가는 것이고, 頤卦는 大過를 준비하는 것이라 볼 수 있다.

8) 「序卦傳」에서는 物件이 쌓인 다음에 可히 기르는 것이라, 그러므로 頤로서 받
고, 頤는 기르는 것이니(物畜然後에 可養이라 故로 受之以頤하고 頤者는 養也
니)라 나와 있다.

3. 卦의 變化

1) 倒轉卦 - 山雷頤卦는 不倒轉卦이다. 즉 거꾸로 倒轉시켜도 역시 같은 頤卦이다.
2) 配合卦 - 頤卦의 各爻의 陰陽을 각기 다르게 바꾼 配合卦는 다음번에 나오는
澤風大過卦가 된다.

3) 錯綜卦 - 頤卦의 上下卦를 서로 바꾼 錯綜卦는 雷山小過卦가 된다.

4) 互 卦 - 初九와 上九를 除外하고 互卦를 만들면 重地坤卦가 된다.

[卦 辭]

頤는 貞하면 吉하니 觀頤하며 自求口實이니라

◐ 頤는 바르게 하면 吉하니, 턱을 觀察하며 스스로 입의 實을 求하는 것이니라.
◎ 頤는 바르게 하면(먹을 때 먹고, 말할 때 말하는 것을 옳게 하면) 吉하다. 턱을 잘 살펴보며 스스로 입의(채우는) 알맹이를 찾는 것이다.

1) 頤貞吉 - 몸을 기르는(養) 것이 올바른 道에 合當할 때는 吉하다.
2) 觀頤 - 自己가 기르는 것. 기르려고 하는 것이 무엇인가를 살펴보고 생각하는 것. 이것은 기르는 目的이 무엇인가를 分明하게 밝히는 것을 말한다. 예컨대 몸을 기르려면 養分을 섭취하고, 나라를 다스리려면 人材를 기르는 것 등이다.
3) 自求口實 - 스스로 입의 實을 채우는 것. 自己가 스스로 自己를 養하는 飮食을 찾는 것. 口實은 입에 들어가는 飮食이다. 口實은 핑계 삼는 것이라는 意味로 쓰는 수도 있으나, 여기서는 飮食物이다.

[象 辭]

象曰 頤貞吉은 養正則吉也 - 니 觀頤는 觀其所養也 - 오 自求口實은 觀其自養也 - 라
天地 - 養萬物하며 聖人이 養賢하야 以及萬民하나니 頤之時 - 大矣哉라

◐ 象에서 말하기를 頤貞吉은 올바른 것을 기르는 것이 곧 吉함이니, 觀頤는 그 기르는 바를 보는 것이오, 自求口實은 그 스스로 기르는 바를 보는 것이라. 天地가 萬物을 기르며, 聖人이 어진이를 길러 써 萬民에게 미치게 하나니 頤의 時가 큰 것이라.

◎ 頤는 바르게 하면 吉하다는 것은, 올바른 것을 기르는 것이 곧 吉한 것이다. 턱을 본다는 것은, 그 기르는 바를 본다는 것이오, 스스로 입의 實을 求한다는 것은, 스스로 기르는 바를 본다는 것이다. 天地가 萬物을 기르며, 聖人이 어진 이를 기름으로써 萬民에게 미치게 하니, 기르는 때가 큰 것이로다.

1) 觀其所養也 - 스스로 기르는 바를 보는 것. 所養을 程伊川은 사람을 養하는 것으로 본다. 朱子는 德을 기르는 것으로 보고 있다.
2) 觀其自養也 - 自己 몸을 기르는 道가 올바른가 아닌가를 觀察하는 것.
3) 頤之時大矣哉 - 기르는 데는 때가 가장 重要하다. 기르는 道는 때, 時期에 알맞게 하는 것이 重要하다는 뜻.

[象 辭(大象)]

象曰 山下有雷 - 頤니 君子 - 以하야 愼言語하며 節飮食하나니라

◐ 象에서 말하기를 山 아래 우레 있음이 頤니, 君子가 써 하야 言語를 삼가며, 飮食을 節制 하나니라.

◎ 山 아래 우레가 있는 것이 頤니, 君子는 이것을 본받아 말씀을 삼가고, 飮食을 節制하는 것이다.

1) 山下有雷 - 우레가 山 아래에서 움직이면 山에 있는 草木이나 새 짐승도 움직인다. 山 밑에 우레가 있으므로 山 속에서 우레가 길러지고 있는 꼴이다.
2) 愼言語節飮食 - 言語는 입에서 나오고, 飮食은 입으로 들어간다. 그리고 禍는 입에서 나오고, 病은 입으로 들어간다. 그러므로 말을 삼가여 德을 기르고 禍를 피하며, 飮食을 節制하여 몸을 기르고 病을 豫防해야 한다.

[爻 辭]

初九는 舍爾靈龜하고 觀我하야 朶頤니 凶하니라

舍 : 버릴 사(捨) 爾 : 너 이 朶 : 벌릴 타

◑ 初九는 너의 神靈스러운 거북을 버리고, 나를 쳐다보아 턱을 벌리니 凶하니라.

◎ 너의 神靈스러운 거북이를 버리고, 먹겠다는 慾心 때문에 나를 쳐다보고 턱을 벌리고 있으니 凶할 것이다.

1) 初九 – 初九는 陽이 陽자리에 있는 正位의 陽剛이다. 따라서 스스로를 養할 수 있는 德과 素養이 있다. 身分이 낮고 밖을 向해서 움직이는 경향이 있어 正應인 六四에게 欲心이 생겨 입을 벌리고 있는 形象이니 凶한 것이다.

2) 舍爾靈龜 – 舍는 捨 버릴 사, 爾는 너 이(初九를 가리킨다.). 靈龜는 神靈스럽고 靈妙한 거북, 거북은 며칠이나 飮食을 먹지 않고 氣를 먹고 지낸다고 한다. 그러므로 初九가 明知가 있어 養을 다른 데서 求하지 않는 거북의 德을 버리고, 正應인 六四에게 욕심을 내어 養을 求한다는 뜻.

3) 觀我朶頤 – 我는 六四, 朶는 벌릴 타. 그러므로 욕심을 내어 初九가 正應인 나(六四)를 보고 입을 벌려(飮食에 탐이 나서) 침을 흘리는 모습.

象曰 觀我朶頤하니 亦不足貴也 – 로다

◑ 象에서 말하기를 觀我朶頤하니, 역시 貴함이 不足함이로다.

◎ 나를 쳐다보아 턱을 벌리는 것이니, 역시 貴함이 모자라는 것이다.

六二는 顚頤라 拂經이니 于丘에 頤하야 征하면 凶하리라
顚: 넘어질 전   拂: 어긋날 불

☯ 六二는 거꾸러진 턱이라, 떳떳함에 어긋나니 언덕에 턱하여 나아가면 凶하리라.

◎ 거꾸로(아랫사람, 初九의) 扶養을 받는 것이라. 常道에 어긋나는 일이다. 언덕(上九)의 扶養을 받으려고 나아간다면 凶할 것이다.

1) 內卦는 震이고 卦德이 動이다. 따라서 움직이려 하는 性向이 있다. 그러므로 柔順中正인 六二가 輕擧妄動히면 좋지 않다는 것을 말하고 있다.

2) 顚頤 – 顚은 넘어질 전, 거꾸로(倒)의 뜻. 頤는 養이다. 그러므로 윗사람이 아랫사람을 기르는 것이 보통인데 거꾸로 윗사람(六二)이 初九에게 養되는 것.

3) 拂經 – 拂은 違, 어긋나는 것. 經은 常, 떳떳한 길, 常道. 그러므로 常道에 어긋나는 것.

4) 于丘頤 – 于는 어조사 우, ……에. 丘는 丘陵, 언덕, 上九를 가리킨다. 그러므로 上九에게 養, 食糧을 받으려 하는 것.

5) 六二는 柔弱한 陰이다. 陽을 따르게 되나 初九를 따르자니 아랫사람의 扶養을 받는 것은 常道에 어긋난다. 그리고 上九에게 扶養을 받으려 하면 正應이 아니므로 그대로 나아간다면 凶하다는 것이 이 爻의 뜻이다.

象曰 六二征凶은 行이 失類也 – 라

☯ 象에서 말하기를 六二征凶은 行함이 同類를 잃는 것이라.

◎ 六二의 나아가면 凶하다 하는 것은, 行하는 것이 무리(陰爻들)를 잃기 때문이다.

1) 行失類也 – 類는 같은 무리(同類). 그러므로 六二가 上九에 가면 凶하다는 것은 같은 무리인 陰爻들 즉 六三, 六四, 六五를 잃기 때문이라는 뜻이다.

六三은 拂頤貞이라 凶하야 十年勿用이라 无攸利하니라

☯ 六三은 頤의 올바름에 어긋나는 것이라, 凶하야 十年이라도 쓰지 못하니 利로울 바가 없나니라.

◎ 올바르게 기르는데 어긋나는 것이니 凶하다. 十年이라도(아무리 해도) 쓰지 못하게 되니 利로울 바가 없는 것이다.

1) 六三은 不正 不中이고, 下卦 震動의 極이다. 上九와 相應이기는 하나 輕擧妄動한다. 陰柔한 몸으로 相應인 上九에게서 길러지기를 일으려고 가볍게 움직인다는 것은, 바르게 기르는 道에 어긋난다. 그러므로 凶하다. 十年이란 오랜 歲月이라도 끝내 그런 輕擧妄動을 해서는 안 되고 좋을 바가 없다.
2) 拂頤貞 - 기르는(養) 正道에 어긋나다.
3) 十年勿用 - 十年이라는 것은, 數의 終으로서 오랜 歲月에 걸쳐 妄動해서는 안 된다는 뜻.

象曰 十年勿用은 道 - 大悖也 - 라

☯ 象에서 말하기를, 十年勿用은 道에 크게 거슬리는 것이다.

◎ 十年이라도 쓰지 못한다는 것은, 道에(扶養의 道) 크게 어긋나기 때문이다.

1) 道大悖也 - 悖는 거스를 패, 그러므로 正道에 크게 거스르다 違背된다는 뜻.

六四는 顚頤나 吉하니 虎視耽耽하며 其欲逐逐하면 无咎 - 리라

☯ 六四는 거꾸러진 턱이나 吉하니, 虎視耽耽하며 그 하고자 하는 바를 쫓고 쫓으면 허물이 없으리라.

◎ 거꾸로 扶養을 받는 것이나 吉하니, 호랑이가 노리고 노려 그 얻고자 하는 바를 쫓고 쫓으면 허물이 없을 것이다.

1) 六四 - 正位의 陰爻이고, 大臣의 位에 있으면서 初九와 正應이다.

2) 顚頤 - 보통과는 거꾸로, 윗사람인 六四가 아랫사람인 初九에게 養을 받는다. 六二의 顚頤는 먹는 문제를 養받는 것이고, 여기서는 道德을 養받는 것.

3) 虎視耽耽 - 범이 먹이를 얻으려고 가만히 아래를 내려다보고 노리고 있는 形象. 六四 陰이 正應인 初九 陽을 보고 있는 것이 虎視耽耽이다. 耽은 노릴 탐, 耽耽은 범이 아래를 노려보는 모습. 위에서 내려다보는 形象.

4) 其欲逐逐 - 其欲은 六四가 初九로부터 道德上의 도움을 얻고자 하는 마음. 逐은 쫓을 축, 逐逐은 계속 쫓아 그치지 않는 것.

象曰 顚頤之吉은 上施 - 光也일새니라

◑ 象에서 말하기를 顚頤之吉은 위에서 베푸는 것이 빛남일새니라.

◎ 거꾸로 扶養을 받아도 吉하다는 것은, 위(六四)에서 베푸는 것이(初九에게서) 빛나기 때문이다.

1) 上施光也 - 上은 六四로서, 大臣의 位. 그러므로 六四가 應인 初九의 보좌를 받아 萬百姓에게 惠澤을 널리 빛내고 베푼다.

六五는 拂經이나 居貞하면 吉하려니와 不可涉大川이니라

◑ 六五는 떳떳함에 어긋나는 것이나, 바르게 居하면 吉하려니와 大川을 건널 수는 없음이니라.

◎ 常道에 어긋나는 일이지만, 올바르게 지키고 있으면 吉할 것이지만, 큰 내를 건널 수는 없다.

1) 六五는 不正이나 得中한 天子이다. 正應이 없다. 陰柔하여 萬民을 기르는 能力이 不足하다. 그런데 上九는 國師이고 頤卦의 主爻이다. 따라서 上九의 養을 받

고 지도를 받는다. 이것은 天子로서 人民을 養하는 常道에 어긋난다. 그러나 가르침에 따라 올바르게 굳게 지키면 吉하다. 그러나 아주 큰일은 해낼 수 없다.

2) 拂經 – 拂은 違, 經은 常道. 따라서 常道에 어긋난다는 뜻.

3) 居貞吉 – 올바른 道를 굳게 지키고 있으면 吉하다.

象曰 居貞之吉은 順以從上也일새라

◑ 象에서 말하기를 居貞之吉은 順함으로써 위를 쫓음일새라.

◎ 올바르게 지키고 있으면 吉하다는 것은, 順하게 윗사람(上九)에게 따른다는 것이다.

1) 順以從上也 – 從順하게 上九 賢人의 가르침을 받기 때문이다.

上九는 由頤니 厲하면 吉하니 利涉大川하니라

◑ 上九는 말미암은 턱이니, 危殆롭게 하면 吉하니 大川을 건넘에 利로우니라.

◎ 自己(上九)로 말미암아 기르는(扶養) 것이니, 危殆롭게(두려워하고 삼가함) 하면, 吉하니 큰 내(큰일)를 건너는 데 利로울 것이다.

1) 由頤 – 上九는 不正이나 天子의 國師로서 陽剛君子이다. 由는 말미암을 유. 따라서 天子의 百姓이 上九로 말미암아 즉 上九에 의해서 먹는 일과 德이 養된다는 뜻.

2) 厲吉 – 上九는 不正이고, 頤卦의 極이므로 危殆하나, 六五 天子의 信賴를 받아 吉할 수 있다.

象曰 由頤厲吉은 大有慶也-라

◐ 象에서 말하기를 由頤厲吉은 큰 慶事가 있음이라.

◎ 上九로 말미암아 기르는 것이니, 危殆롭게 하면 吉하다는 것은, 크게 慶事가 있는 것이다.

1) 大有慶也 - 天下의 百姓이 모두 上九의 惠澤을 받아 크게 慶事스러움이 있다.
2) 頤卦는 下卦가 모두 凶하고, 上卦는 모두 吉하다.

① 內三爻는 凶: 初九 - 朵頤凶
　　　　　　　　六二 - 于丘 頤 征凶
　　　　　　　　六三 - 拂頤貞凶
② 外三爻는 吉: 六四 - 顚頤吉
　　　　　　　　六五 - 居貞吉
　　　　　　　　上九 - 由頤厲吉

28. 澤風大過

```
━━━  ━━━  正
悅  ━━━━━━  正  (中) 兌 澤
    ━━━━━━  不正
    ━ ─ ─ ─ ─ ─ ─ ─ ─ ─ ━  正
巽  ━━━━━━  不正 (中) 巽 風
順  ━━━  ━━━  不正
```

大過는 陽인 大가 過하다는 뜻이다. 頤卦가
全變하여 이루어진 配合卦가 大過卦이다. 大가
지나치고 大가 지나가는 狀況이다. 陽의 過度
한 氣勢를 말하고, 그것을 節制하려는 理致가
있다.

-序 說-

1. 卦의 뜻

1) 大過는 陽인 大가 過하고, 陰인 小는 不足한 狀況이다. 陽이 많고, 그것을 뒷받
   침하는 陰이 弱하기 때문에 不均衡이다. 따라서 힘에 겨운 일을 하며 苦生하는
   모습이다.

2) 大過의 글 뜻은 첫째로 大(陽)가 過하다.(過度하게 많다.) 둘째로 大가 지나간
   다.(通過) 셋째로 큰 허물이 있다.(過失) 이라는 세 가지로 解釋된다.

3) 大(陽)가 過하다는 것은, 陽이 지나치게 盛하다는 것을 意味한다. 무엇이든 度
   를 지나친 것은 좋지 않다. 過食, 過勞, 過敏, 過慾 등은 모두 사람을 해치고
   좋지 않다. 이는 不中이고 中庸之道나 中正이 아니기 때문이다.

4) 大가 지나간다는 것은, 어떤 組織體에서 上下는 弱하고 中間이 크고 强해서 意思疏通에 障碍가 된다는 것이다. 그리고 크고 强한 것이 지나가려면 어렵고 힘든다. 한편 보통사람을 훨씬 능가하는 사람, 그 德이 平凡한 사람을 크게 지나간 사람은 곧 聖人이라 할 수 있다.

5) 큰 허물이 있다는 것은, 過를 過失로 보는 경우로서 큰 過誤, 過失이라는 뜻이 된다. 『論語』에 孔子께서 "加我數年하여 五十以學易이면 可以無大過矣리라"(述而篇)라는 말이 나와 있다. 이 글을 나에게 몇 년을 더 보태어 마침내 易을 공부했더라면 可히 써 큰 허물이 없을 것인 데라 解釋한다.(五十은 卒字로 보고 大過는 큰 허물로 보고 있다.) 그러나 孔子는 聖人이므로 이 五十은 大衍數이고, 이 基本數로서 工夫를 좀더 했더라면 可히 써 大過의 때가 없을 텐데라 解釋하기도 한다.(大山)

6) 先天八卦에서 乾坤坎離는 根本要素이고, 四正方이다. 우리나라 太極旗에도 八卦 가운데 이 4卦만 表示하고 있다.

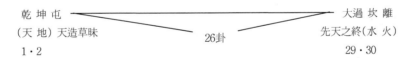

周易上經 30卦는 乾坤에서 始作하여 坎離에서 끝난다. 그러므로 하늘과 땅, 물과 불은 大自然의 作用이고, 그 사이에 있는 屯에서 始作하여 大過에 이르는 26卦는 사람에 관한 것을 다루었다고 한다. 그러면 大過는 上經에서 人事的인 卦의 마지막의 卦라 할 수 있다.

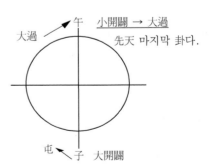

2. 卦象과 卦德

1) 大過卦는 下卦가 巽風이고, 上卦는 兌澤이다. 그 卦象이 上下의 두 陰爻 사이에 네 陽爻가 들어가 있다. 그러므로 陽인 大가 過하여(過度하게 많아서) 大過이다.

2) 卦象을 못(澤)에 洪流가 있어 거기에 나무(巽木)가 빠져 있는 것으로 본다. 못이 나무를 滅하고 있는 것이다. 그러나 일을 포기할 수는 없다. 激流를 이겨내고 넘겨야 하는 것이다.

3) 卦象이 初六과 上六은 柔弱한 小陰爻인데 가운데에 九二, 九三, 九四, 九五의 剛健한 大, 陽爻가 있다. 따라서 마치 양 가의 받치는 힘은 弱한데 복판의 마룻대가 크고 무거워 굽어져 있는 形象이다.

4) 初六에서부터 上六에 이르기까지 九二, 九三, 九四, 九五의 陽剛이 올라가는 것이니 큰 것이 지나가고, 크게 지나가는 形象이다.

5) 大過의 卦德은 下卦 巽風은 巽順함이고, 上卦 兌說은 悅이다. 따라서 巽順하게 올라가 기뻐하는 象이다.

6) 사람으로 비유하면 下卦 巽은 長女이고, 上卦 兌는 少女이다. 그러므로 巽順하고 기뻐하면서 젊은 男子를 따르고(九五) 젊은 少女가 老夫에게 이끌리는(九二) 象이 있다. 이것도 常道를 벗어난 大過이다.

7) 大過卦의 爻象을 보면 初六과 九四는 각기 不正이나 相應하고, 九二와 九五는 陽爻끼리라 不應이고, 九三과 上六은 각기 正位이며 正應이다. 初六, 九二, 九四는 不正位이고, 九三, 九五, 上六은 正位이다.

8) 「序卦傳」에서는 기르지 않으면 可히 움직이지 못하는 것이라, 그러므로 大過로서 받고(不養則不可動이라 故로 受之以大過하고)라 나와 있다.

3. 卦의 變化

1) 倒轉卦 – 澤風大過卦는 거꾸로 뒤집어도 같은 大過이다. 즉 不倒轉卦이다.
2) 配合卦 – 大過卦의 各爻를 陰陽을 각기 다른 것으로 바꾼 配合卦는 바로 앞에
　　　　　나온 山雷頤卦이다.

3) 錯綜卦 – 大過卦의 上下卦를 서로 바꾸면 風澤中孚卦가 된다.

4) 互　卦 – 大過卦의 初六과 上六을 除外하여 만든 互卦는 重天乾卦가 된다.

[卦 辭]

大過는 棟이 橈–니 利有攸往하야 亨하니라

◑ 大過는 마룻대(棟)가 휘어짐(橈)이니, 갈 바 있음에 利하야 亨通하니라.

◎ 大過는 마룻대(棟)가 휘어진 것이니(初六, 上六이 陰柔이므로) 갈 바가 있음에
　利로우니 亨通하다.

1) 大過는 四陽이 가운데서 過하고, 上下의 二陰은 弱하여 마치 마룻대가 휘어져

있는 것 같으니, 이 어려움을 救하려고 나아가는 것이 利롭고 亨通하다.

2) 棟橈 – 棟은 마룻대 동, 지붕의 가장 높은 곳에 가로놓이는 나무. 橈는 굽을 요,
   휘어질 요, 흔들릴 요. 따라서 棟橈 마룻대(九二, 九三, 九四, 九五의 四
   陽爻)가 휘어졌다(初六, 上六이 弱하기 때문에)는 뜻. 이 두 글자에서 나
   무목을 깎아 버리면 東쪽의 堯임금이 된다. 東쪽은 韓國이므로 韓國에서
   聖人이 나와서 亨通하게 한다.(亞山先生)

3) 利有攸往亨 – 마룻대가 휘어지고 상하면, 집이 무너질 것이므로, 나아가 무너지
   지 않도록 살리면 亨通하다. 즉 집이 무너지지 않고 安全하다. 九
   二와 九五가 각기 中正의 德을 지니고 있고, 또한 下卦는 巽順하
   고, 上卦는 悅하는 卦德이 있으므로 亨通하다.

[彖 辭]

彖曰 大過는 大者 – 過也 – 오 棟橈는 本末이 弱也 – 라
剛過而中하고 巽而說行이라 利有攸往하야 乃亨하니 大過之時 – 大矣哉라

● 彖에서 말하기를 大過는 큰 것이 過함이오. 棟橈는 本末이 弱함이라.
  剛이 지나서 가운데하고, 巽順하여 기꺼이 가는것이라. 갈 바 있음에 利롭고
  이에 亨通하니, 大過의 時가 큰 것이라.

◎ 大過는 큰(陽) 것이 過하다는 것이오, 마룻대(棟)가 휘어졌다는 것은, 本(初六)
  과 末(上六)이 弱하다는 것이다. 陽이 지나치게 많아 가운데 자리하고 巽順하
  여 기꺼이 行한다. 갈 바 있음이 利로워서 이에 亨通하니, 大過의 때야말로 아
  주 큰(重要) 것이다.

1) 大者過也 – 大는 陽이다. 陰陽이 고르지 않고 陽이 陰보다 지나치게 많다는 뜻.
2) 本末弱也 – 本은 初六, 末은 上六이다. 弱은 陰柔이다. 大過卦는 마룻대의 初六

과 上六의 양끝이 弱하므로 中央의 四陽, 强한 것을 지탱하기가 어려워 마룻대가 휘어지는 形象이다.

3) 剛過而中 – 過剛은 中間의 四陽의 기세가 양끝의 二陰爻보다 過한 것. 中은 九二와 九五가 得中하여 中庸의 德을 지녔다는 뜻.

4) 巽而說行 – 巽順하게 따르며 기쁘게 行한다.

5) 利有攸往乃亨 – 나아가서 일을 하면 利롭고, 이에 비로소 亨通하다.

6) 大過之時大矣哉 – 大過의 때는 대단히 重要하므로 그때에 알맞은 조치를 해야 한다는 것을 感歎詞로서 强調한 것.

※ 參考: 邵康節先生 皇極經世圖의 大過之時(也山先生說, 總論 참조)

```
1945年————————乙酉年(解放)
1946年————————丙戌年
1947年————————丁亥年 – 先天之終(73元度數의 64,800年의 끝)
1948年————————戊子年 – 後天之始(後天 64,800年의 始作)
```

[象 辭(大象)]

象曰 澤滅木이 大過 – 니 君子 – 以하야 獨立不懼하며 遯世无悶하나니라

● 象에서 말하기를 못(澤)이 나무(木)를 滅함이니, 君子가 써 하야 獨立하여도 두려워하지 아니하며, 世上을 피해도 고민하지 않느니라.

◎ 못에 나무를 침몰케 하는 것이 大過이니, 君子는 이것을 본받아 홀로서도 두려워하지 않으며, 世上을 피해도 근심하지 않는 것이다.

1) 澤滅木 – 못에 물이 너무 많아서 나무가 물 속에 잠겨 보이지 않는 것이다. 나무를 물에 잠겨 죽게 하는 것. 後天八卦에서 兌 西方(美國)이 巽 東南

方(日本)을 滅하는 것. - 大過이다.(亞山先生)

2) 獨立不懼 - 온 世上이 비난하더라도(大過之時) 돌아보지 않고, 꿋꿋하게 所信을
　　　　　 지키는 것.

3) 遯世无悶 - 世上에 알려지지 않더라도, 고민하거나 괴로워하지 않는 것.
　　　　　 世上의 흐름을 외면하고, 世上을 피하여 살아도 걱정하지 않는 것.

[爻 辭]

初六은 藉用白茅 - 니 无咎하니라

藉: 깔 자, 자리 자　　茅: 삘기 모

● 初六은 자리를 까는 데 흰 띠를 쓰니 허물이 없느니라.
◎ 흰 띠를(자리로) 깔아서 쓰는 것이니 허물이 없다.

1) 初六 - 不正位이나 陰爻로서 柔順하다. 巽의 卦德으로 謙遜하다.
2) 藉用白茅 - 부드럽고 깨끗한 흰 자리를 까는 것.
　　　　　 옛날에는 祭祀 때에 白茅를 깔고 그 위에 술을 부어 降神하였다. 그
　　　　　 릇을 白茅를 깔고 놓는다는 것은 恭敬하고 삼가함이 至極한 것.
3) 初六은 지나침을 두려워하고 삼가기 때문에 허물이 없다. 깨끗하고 흰 띠를 깔
　　아 祭祀지내듯 恭敬하고 삼가면 허물이 없다.

象曰 藉用白茅는 柔在下也 - 라

● 象에서 말하기를 藉用白茅는 柔가 아래에 있음이라.
◎ 흰 띠(자리)를 깐다는 것은, 柔가 아래에 있는 것이다.

九二는 枯楊이 生稊하며 老夫ー得其女妻ー니 无不利하니라

◕ 九二는 마른 버들(枯楊)이 싹을 나게 하며, 늙은 지아비(老夫)가 女子 아내를 얻으니 不利함이 없느니라.

◎ 마른 버드나무에 싹이 나며, 늙은 지아비가 女子(젊은)를 아내로 얻으니 利롭지 않음이 없다.

1) 九二ー陰 자리에 앉은 陽이고 得中하여 지나치게 하지 않는 德이 있다.

2) 枯楊生稊ー枯는 陽이 過한 때이므로 枯라 한다. 稊는 싹 제. 낡은 뿌리에서 돋아나는 새싹. 枯楊은 九二, 稊는 初六이다.

枯楊이라는 글자에서 나무 木을 깎아 버리면 古易이다. 따라서 옛 易이 새로 싹이 튼다는 뜻이 된다.(亞山先生)

3) 老夫得其女妻ー老夫는 늙은 지아비로서 九二를 말한다. 女妻는 나이 젊은 아내 즉 初六을 말한다.

九二는 初六 위에 있기 때문에 九二를 老夫, 初六을 女妻라 하였다. 爻의 上下로써 老少라 한 것.

4) 无不利ー늙은 지아비가 젊은 初婚의 女人을 아내로 맞은 것은 지나친 것이기는 하나 大過의 때를 넘기기 위한 것으로 아들 딸 낳고 살 수 있으니, 不利할 것은 없다.

象曰 老夫女妻는 過以相與也ー라

◕ 象에서 말하기를 老夫女妻는 過함으로써 서로 더불어 함이라.

◎ 늙은 지아비가 女子(젊은)를 아내로 얻었다는 것은, 지나치나 서로 더불어 살 수 있는 것이다.

1) 九二는 正應이 없다. 그러나 初六과 이웃하여 親密하게 되어, 九二 老夫가 어

린 初六과 인연을 맺는다는 것은 지나친 일이기는 하나, 九二는 中庸之德이 있어 서로 더불어 살 수 있고 生男도 할 수 있다.

2) 過以相與也 – 老夫와 女妻는 正常的인 配偶는 아니다. 正常을 벗어났으므로 過이다. 與는 함께 산다. 夫婦가 된다는 뜻.

九三은 棟이 橈 - 니 凶하니라

⚫ 九三은 마룻대(棟)가 휘어짐(橈)이니 凶하니라.
◎ 마룻대가 휘어진 것이니 凶하다.

1) 九三 – 九三은 正位이나 過剛하여 中庸의 德이 없다. 홀로 剛强하여 도움을 받지도 않는다. 따라서 마룻대가 무게를 견디지 못하여 휘어진 것과 같으니 凶하다.
2) 棟橈 – 九三은 하괘의 끝(先天之終)이고, 大過의 때 亂中에 正應인 上六을 九五에게 빼앗겼다. 그런데 九三과 九四는 마룻대의 中心部이므로 무게가 무거워 휘어진다.

象曰 棟橈之凶은 不可以有輔也일새라

⚫ 象에서 말하기를 棟橈之凶은 써 도움 있음이 不可함일새라.
◎ 마룻대가 휘어져 凶하다는 것은, 可히 써 도움이 있지 않음이라.

1) 不可以有輔也 – 輔는 도울 보, 助, 補佐. 따라서 아무도 도울 수가 없다는 뜻.

九四는 棟隆이니 吉커니와 有它 - 면 吝하리라

⚫ 九四는 마룻대가 높음이니 吉하거니와 다른 것(它)이 있으면 인색하리라.

◎ 마룻대가 높은 것이니 다른 것(뜻)이 있으면 인색하게 될 것이다.

1) 九四－陽爻가 陰의 자리에 있어 不正位이다. 마룻대가 밑으로 굽지 않고 위로 솟아 있는 꼴이다.

2) 棟隆吉－마룻대가 위로 솟아 있는 것. 隆은 융성할 융. 九四가 大臣의 자리에서 九五 임금을 도와 융성하게 하면 吉하다.

3) 有它吝－它는 他의 古字, 它는 初六. 따라서 다른 뜻이 있으면 初六을 생각하면 인색하다.(이 它를 相應인 初六으로 解釋하는 것은 王弼이다. 程子 朱子의 解釋) 한편 它를 九三으로 보아, 九三처럼 剛强하여 남의 도움을 받지 않으면 인색하다로 하는 解釋도 있다. 應爻를 它로 하는 例가 없기 때문이다.(子夏易傳, 項安世)

象曰 棟隆之吉은 不橈乎下也일새라

◐ 象에서 말하기를 棟隆之吉은 아래가 휘어지지 않음일새라.
◎ 마룻대가 높은 것의 吉함은 아래(初六)가 휘어지지 않기 때문이다.

1) 不橈乎下也－아래를 향해서 휘어지지 않는다면. 下는 應爻인 初六. 여기서도 下를 九三으로 보는 說이 있다.

九五는 枯楊이 生華하며 老婦－得其士夫－니 无咎－나 无譽리라

◐ 九五는 마른버들(枯楊)에 꽃이 피며, 老婦가 그 젊은 男子(士夫)를 얻으니, 허물이 없으나 名譽는 없으리라.
◎ 마른 버드나무에 꽃이 피며, 늙은 婦人이 젊은 지아비를 얻으니, 허물은 없으나 名譽롭지는 않는 것이다.

1) 九五 － 剛健中正의 陽爻 君王이다. 九二와는 陽爻끼리이니 不應이다. 上六과 陰
　　陽相比이다.

2) 枯楊生華 － 枯楊 즉 마른버들(陽이 過한 때이므로 枯)은 九五이고, 華는 上六이다.

3) 老婦得其士夫 － 老婦는 上六이고, 士夫는 九五이다. 士는 未婚의 男子, 늙은 婦
　　　　　　　　人이 젊은 未婚의 男子와 結婚하는 것. 爻의 上下로써 老와 士
　　　　　　　　로 했다. 老婦를 먼저 말한 것은 上六이 積極的으로 九五에게
　　　　　　　　접근했음을 意味한다.

4) 无咎无譽 － 災殃을 받을 정도로 나쁘지는 않으나, 남들이 칭찬할 만한 일도 아
　　　　　　　니다.

象曰 枯楊生華 － 何可久也 － 며 老婦士夫 － 亦可醜也 － 로다

☯ 象에서 말하기를 枯楊生華가 어찌 可히 오래가며, 老婦士夫도 역시 可히 추한
　것이로다.

◎ 마른 버드나무에 꽃이 피니 어찌 오래갈 것이며, 늙은 婦人이 젊은 지아비를
　얻는 것도 역시 추한 일이로다.

上六은 過涉滅頂이라 凶하니 无咎하니라

☯ 上六은 지나치게 건너다가(過涉) 이마를 滅함이라, 凶하니 허물이 없느니라.

◎ 지나치게 건너다가 이마가 잠긴 것이라, 凶하나 허물이 없는 것이다.

1) 過涉滅頂 － 上六은 正位이나 柔弱하다. 大過의 끝이라 심히 지나치다. 따라서
　　　　　　　무리하게 내를 건너다가 이마까지 빠져 버렸다. 완전히 빠져 보이지
　　　　　　　않게 되는 것. 頂: 이마 정

2) 凶无咎 － 이마까지 빠졌다는 것은, 빠져 죽는다는 것이므로 凶이다. 그런데 다시
　　　　　　无咎라 한 것은 모순된다. 朱子는 殺身成仁했으므로 이를 허물하고 탓

할 수 없다고 하였다. 大過의 時代潮流에 희생되었다는 것이다.

3) 上六은 大過의 極에 있고 柔弱한 陰이라 힘이 弱하다. 그런데도 天下의 危難을 求해 보려고 自己能力을 돌보지 않고 殺身成仁하여 목숨을 잃었으니 凶하나 그 志氣는 義롭기 때문에 허물이 없다.

象曰 過涉之凶은 不可咎也－니라

● 象에서 말하기를 過涉之凶은 허물할 수가 없는 것이니라.
◎ 지나치게 건너는 것의 凶함은,(그 行動을) 허물할 수는 없는 것이다.

1) 不可咎也－上六은 中庸의 德이 없어 지나친 行動을 하였으나 그 본래의 뜻이 나 志氣는 허물할 수 없다.

※ 參考: 大過卦는 그 爻辭가 下卦와 上卦에서 각기 反對로 되어 있는 象이다.

```
┌ 初六 － 藉用白茅 无咎(潔白柔順)
└ 上九 － 過涉滅頂 凶 无咎(過度한 行動)

┌ 九二 － 枯楊生稊 无不利(싹이 나다.)
└ 九五 － 枯楊生華 无咎无譽(꽃이 핀다.)

┌ 九三 － 棟 橈 凶(마룻대가 휘어져 凶)
└ 九四 － 棟 隆 吉 有它 吝(마룻대가 높아서 吉)
```

29. 重 水 坎

```
————  ——      正
險 ————————     正      (中) 坎 水
————  ——      正
- - - - - - - - - - - - -  不正
————  ——      不正
險 ————————     不正     (中) 坎 水
————  ——      不正
```

坎卦는 先天八卦의 四正方이고, 天地水火라는 宇宙, 自然의 根源 가운데 하나로 坎水 北方의 卦이다. 마음을 닦아 艱難을 克服하는 意志의 法則을 말하고 있다.

-序 說-

1. 卦의 뜻

1) 坎은 괘이름 감, 구덩이 감이다. 重水坎卦는 坎水가 上下에 거듭되고 있다. 따라서 進退兩難의 어려움을 헤쳐 나가는 意志의 法則을 담고 있다.

2) 先天八卦에서 坎은 四正方 乾坤坎離(東西南北)의 하나이고, 天地水火 또는 天地日月 가운데서 水와 月이다.

3) 生命体의 始源은 물이다. 地球에 宇宙로부터 隕石이 물을 싣고 왔다. 그리고 바다가 생김으로써 地上에 生命體와 人間이 탄생하였다.

4) 물이 없으면 生命이 없다. 易에서 1·6은 水이다. 1은 生水이고, 6은 成水이다. 最初에 地球上에 생긴 물이 1이고, 바다, 강, 河川, 샘 등의 물은 6이다.

5) 老子는 『上善如水』라 하였다. 가장 善한 것은 물과 같다는 것이다.

① 물은 相對方에게 거역하지 않고, 어디에나 順應하는 流動性을 지닌다.
② 물은 낮은 데로 흘러 謙遜한 姿勢를 지닌다.
③ 물은 徹底하게 弱함으로써 오히려 强한 힘을 갖는다.

6) 乾卦의 大象에서 "天行이 健하니 君子-以하야 自彊不息하나니라"이라 하였다. 『中庸』에서는 小德川流 川流不息이라 하였다. 그러면 大流는 大德이 된다.

7) 重水坎卦는 四難卦로써 屯, 坎, 蹇, 困의 하나이다. 이 四難卦에는 모두 坎水가 들어 있다. 그러나 坎水는 가운데가 陽爻이므로 中陽, 中實이고 內實이 있다.

8) 重水坎卦는 밖에서 보아 險하고 險하다. 그러나 內實이 있어, 險한 속에서 마음을 닦아 意志로써 克服하는 슬기로움을 담고 있다.

9) 사람은 어려움에 처했을 때 슬기롭고 强해야 한다. 內實을 다지는 修養을 하고, 心志가 굳은 사람에게는 어려움이 오히려 發展의 契機가 될 수 있다.

2. 卦象과 卦德

1) 重水坎卦는 下卦도 坎水, 上卦도 坎水이다. 兌澤은 止水이지만 坎水는 流水이다. 兌 止水는 悅의 卦德이 있으나 坎水는 卦德이 險이다.

2) 이 卦는 陰陽의 調和가 이루어지지 않는다. 즉 初六과 六四, 九二와 九五, 六三과 上六의 짝이 같은 陽爻 또는 陰爻이므로 모두 不應이 되어 있는 것이다. 이것은 坎卦가 커다란 自然現象이지 陰陽 문제가 아니기 때문일 것이다.

3) 坎卦는 바탕이 險하고 險하지만, 下卦와 上卦에 각기 得中한 陽爻가 가운데 들어 있다. 그러므로 中陽, 中實, 內實이 있어 어려움을 슬기롭게 克服하는 것이다.

4) 重水坎卦가 意志로써 어려움을 克服한다는 것은, 下卦의 坎水는 初六, 九二, 六

三이 모두 不正位에 있으나, 上卦의 坎水는 六四, 九五, 上六이 모두 正位인 것을 보아도 알 수 있다.

5) 上經 三十卦는 乾天, 坤地에서 出發하여 坎, 離에서 끝난다. 물과 불은 사람이 살아가는 데 있어 없어서는 안 되는 根源要素이다. 坎은 水이고 人體로는 腎이고 夜精이다. 反面 離는 火이고, 人體로는 心臟이고, 晝神이라 할 수 있다.

6) 重水坎卦의 卦辭, 象辭, 大象, 初六에서는 卦名을 習坎으로 表現하고 있다. 習坎이라는 것은 물의 理致에서 배우라는 뜻이다. 便習, 習熟(王弼), 習熟(孔穎達, 穎은 이삭 이) 등의 解釋이 있다.

7) 같은 小成卦가 거듭되어 大成卦가 된 것으로는 당연히 8卦가 있다. 이것을 八純卦라 한다. 八純卦에는 父로서의 重天乾, 母로서의 重地坤 以外에 6 子卦가 있다. 이 6 子卦 가운데서 重水坎卦가 64卦 가운데서 맨 먼저 나온다.

乾　　　坤　　　坎　　　離　　　震　　　艮　　　巽　　　兌

8) 「序卦傳」에서는 事物이 可히 마침내 지나지 못하는 것이라. 그러므로 坎으로써 받고, 감은 빠지는 것이니(物不可以終過이라 故로 受之以坎하고 坎者는 陷也이니)라 나와 있다.

3. 卦의 變化

1) 倒轉卦 - 重水坎卦는 거꾸로 하여도 똑같은 重水坎卦이니 不倒轉卦이다.
2) 配合卦 - 重水坎卦의 陽爻를 陰爻로, 陰爻를 陽爻로 바꾼 配合卦는 바로 다음에 나오는 重火離卦이다. 坎卦는 離卦의 全變卦인 것이다.

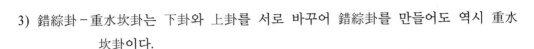

3) 錯綜卦 - 重水坎卦는 下卦와 上卦를 서로 바꾸어 錯綜卦를 만들어도 역시 重水 坎卦이다.

4) 互 卦 - 重水坎卦의 初六과 上六을 除外하고 互卦를 만들면 山雷頤卦가 된다.

[卦 辭]

習坎은 有孚하야 維心亨이니 行하면 有尙이리라

◉ 習坎은 믿음이 있어 오직 마음이 亨通함이니, 行하면 崇尙함이 있으리라.

◎ 거듭된 坎은(陽剛한 것의) 至誠이 있어, 오직 마음이(어떤 것이라도 貫徹할 힘이 있어) 亨通한 것이니, 行하면(이 至誠의 마음으로) 숭상함이 있을 것이다.

1) 習坎 - 習은 익힐 습, 거듭 습, 重坎이라는 뜻과 익힌다는 뜻이 있다.
　　　　險과 陷이 겹쳐 있으나 坎은 陰 속에 陽 하나가 가운데 자리하고 中實 하여 어려움을 克服할 수 있다. 그 물의 理致에서 배울 바가 있다.

2) 有孚 - 믿음이 있다. 信實함과 至誠이 있다. 坎은 九二와 九五가 陽爻이고, 得中 하여 中實, 中陽, 內實이 있다.

3) 維心亨 - 維는 오직 유. 오직 誠心이 貫通되어 通하는 것.

4) 行有尙 - 誠心을 가지고 나아가면 사람들로부터 존경받고 功이 있다.

[象 辭]

象曰 習坎은 重險也－니 水－流而不盈하며 行險而不失其信이니
維心亨은 乃以剛中也－오 行有尙은 往有功也－라
天險은 不可升也－오 地險은 山川丘陵也－니 王公이 設險하야 以守其國하
나니 險之時用이 大矣哉라

🌘 象에서 말하기를 習坎은 거듭 險한 것이니, 물이 흘러서 차지 아니하며, 險한
　데로 가도 그 믿음을 잃지 아니하니,
　維心亨은 이에 剛으로써 中을 삼은 것이오, 行有尙은 가면 功이 있음이라.
　하늘의 險은 可히 오르지 못함이오, 땅의 險은 山, 川, 丘陵이니, 王과 公이 險
　함을 베풀어 써 그 나라를 지키니 險의 時를 씀이 큰 것이라.

◎ 거듭된 坎은 險難한 것이 거듭된 것이니, 물은 흘러서 차지 아니하며, 險함을
　行해도 그 믿음(本性)을 잃지 아니한다. 維心亨은 剛이 得中하였기 때문이오.
　行有尙은 나아가면 功이 있는 것이다.
　하늘의 險함은 높아서 올라가지 못하는 것이고, 땅의 險함은 山, 川, 언덕이니,
　王과 公이 險한 것을 設置하여 그 나라를 지키는 것이니, 險한 것의 때를 쓰
　는 것이 크도다.

1) 重險也－坎의 卦德은 險이다. 重險은 險한 것이 거듭되고 있다는 것. 重은 習
　　　　　字를 解釋한 것이고, 險은 坎字를 解釋한 것.
2) 水流而不盈－물이 흘러 멈추지 아니한다. 坎은 원래 流水이다. 不盈은 한 곳에
　　　　　머무르는 일이 없다는 뜻. 그러므로 물이 계속 흐른다는 것이다.
3) 行險而不失其信－險한 데로 흘러가도, 밤낮으로 흘러서 쉬지 않는다는 信實性
　　　　　을 잃지 않는다.
4) 乃以剛中也－九五, 九二가 陽剛으로서 得中한 것.

坎의 兩쪽 가장자리는 險하지만 가운데의 剛陽은 계속 뻗어 흐른다.

5) 往有功也 - 나아가면 功績을 올릴 수 있다.

6) 天險不可升也 - 天은 높아서 올라 갈 수가 없다. 上卦의 坎을 하늘의 險으로 본 것.

7) 山川丘陵也 - 地(땅)에는 山이나 강, 丘陵이 있어 쉽게 건널 수 없다. 下卦의 坎을 땅의 險으로 본 것.

8) 設險 - 敵侵을 막기 위해서 못을 파고, 城을 쌓아 險한 것을 시설하는 것.

9) 險之時用 - 險한 것을 때에 알맞게 用하는 것. 때에 알맞은 方法을 쓰는 功用.

[象 辭(大象)]

象曰 水 - 洊至 - 習坎이니 君子 - 以하야 常德行하며 習教事하나니라

◑ 象에서 말하기를 물이 거듭 이르는 것이 習坎이니, 君子가 써 하야 德行을 떳떳하게 하며, 가르침을 익히느니라.

◎ 물이 거듭 이르는 것이 習坎이니, 君子는 이것을 본받아 恒常 德을 行하며 가르침을 익혀야 할 것이다.

1) 水洊至 - 洊은 거듭할 천. 물이 쉬지 않고 거듭 이르는 것. 계속 흘러오는 것.

2) 常德行 - 德行은 道德的 行爲, 常은 떳떳하여 바뀌지 않는 것.

3) 習教事 - 가르치는 일을 익히는 것.(教化) 學問을 반복해서 익히는 것.(學)

[爻 辭]

初六은 習坎에 入于坎窞이니 凶하니라
窞: 구덩이 담

◑ 初六은 習坎에 구덩이에 들어감이니 凶하니라.

◎ 거듭된 감에 險한 구덩이에 빠져들어 가는 것이니 凶하다.

1) 初六 – 初六은 陰柔이고 不正不中이며 正應이 없다. 重險한 때의 맨 밑에 있다.
　　구덩이 속에 빠져들어 벗어날 수 없으니 凶하다.
2) 入于坎窞 – 坎은 구멍(穴)이고, 窞은 구멍 속에 있는 작은 구멍. 따라서 어려움
　　에 빠진 상황이 아주 심한 것.

象曰 習坎入坎은 失道 – 라 凶也 – 라

☯ 象에서 말하기를 習坎入坎은 道를 잃음이라 凶이라.
◎ 거듭된 감이 險한 구덩이에 들어간다는 것은, 물의 道(常道)를 잃은 것이니 凶
　　하다.

1) 失道凶也 – 물은 흘러가는 것이 正道이다. 물이 구덩이에 빠지면 흘러가지 못하
　　니 失道이다.

九二는 坎에 有險하나 求를 小得하리라

☯ 九二는 坎에 險함이 있으나, 求함을 조금 얻으리라.
◎ 坎에 險한 바가 있으나, 求하는 바를 조금은 얻을 수가 있을 것이다.

1) 九二 – 陽爻로서 得中하였으나 不正이다. 二陰 속에 빠져 있다.
2) 有險 – 下卦 坎의 險難의 가운데 있고, 또 앞에 上卦의 險이 기다리고 있다.
3) 求小得 – 스스로 求하면 조금은 얻을 수 있다. 여기서 小는 陰이다. 九二는 上下에 二陰
　　이 있으므로 自己가 求한다면 陽인 九二가 陰의 關心을 얻을 수 있다.
4) 險難에 빠져 있으나 九二는 得中하였으므로 中庸之德으로 努力하면 조금은 길
　　이 열린다.

象曰 求小得은 未出中也일새라

◑ 象에서 말하기를 求小得은 아직 中에서 나오지 않음일새라.

◎ 求하는 바를 조금 얻는다는 것은, 아직 險한 가운데서 빠져 나오지 못하기 때문이다.

1) 未出中也 – 어려운 險難의 가운데(中)서 아직 빠져 나올 수 없다.

六三은 來之에 坎坎하며 險에 且枕 하야 入于坎窞이니 勿用이니라

◑ 六三은 오고(來) 감(之)에 坎이고 坎이며, 險한 데에 또 베개를 하여 險한 구덩이에 들어감이니 쓰지 말 것이니라.

◎ 오고 감(來之)에 坎이 있고 또 坎이 있으며, 險한 데에 또 벼개하여(險하여) 險한 구덩이에 들어가는 것이니 쓰지 말아야 할 것이다.

1) 六三 – 陰柔이고, 不中이며 또한 不正이다. 그러므로 나아가거나 물러서는 것이 모두 어렵다.

2) 來之坎坎 – 來之는 往來 즉 오고가는 것. 之는 갈 지이다. 六三은 밑으로 와도 坎이고, 위로 가도 上卦의 坎이다. 그러므로 물러서도 밑으로 險하고 나아가 위로 가도 險難하다. 여기서 坎坎은 乾卦 三爻의 終日乾乾과 같은 用法이다.

3) 險且枕 – 險한데 또 險하다는 뜻. 險하면서 또 險한 데에 벼개하여. 여기서 險字를 檢字로 하는 說이 있다. 檢은 손에 끼우는 형틀.(鄭玄)

4) 入于坎窞 – 구멍 속에 있는 작은 구멍에 빠지는 것. 困難의 구렁텅이에 빠지는 것.

5) 勿用 – 쓰지 말라. 일을 해서는 안 된다. 乾卦 初六의 勿用과 같다.

象曰 來之坎坎은 終无功也 - 리라

◐ 象에서 말하기를 來之坎坎은, 마침내 功이 없으리라.
◎ 오고 감(來之)에 坎이고 坎이라는 것은, 끝내 功이 없는 것이리라.

1) 終无功也 - 앞뒤가 모두 險難하니 功이 있을 수 없다. 아무리 애써도 결국 功이
   없다는 뜻.

六四는 樽酒와 簋貳를 用缶하고 納約自牖 - 면 終无咎하리라

樽: 술동이 준   簋: 대그릇 궤   貳: 두 이   缶: 질그릇 부
納: 들일 납   約: 간략할 약   牖: 바라지 유

◐ 六四는 동이술(樽酒)과 대그릇 두 개를 질그릇에 쓰고, 간략하게 드리되 바라
  지창으로 하면, 마침내 허물이 없으리라.
◎ 동이에 든 술과, 안주를 대그릇 두 개에 담아 질그릇에 얹어서 간략하게 드리
  되 바라지 창문으로부터 하면 마침내 허물이 없을 것이다.

1) 六四 - 陰이 陰 자리에 있어 正位이다. 初六과는 不應이나 六五 天子와는 陰陽
   相比이다. 大臣의 자리에 있으면서 九五 天子의 信賴를 받고 있다. 世上
   이 險難한 때이므로 정승이 君王을 도와 올바르게 政治를 해야 할 처지
   이다.
2) 樽酒 - 술동이에 든 술. 여기서 동이는 술을 담는 그릇의 뜻.
3) 簋貳 - 두 개에 간략하게 차린 안주를 담은 것.
   『黍稷(서직) 즉 기장밥을 담아서라는 해석도 있다.』
4) 用缶 - 世上이 險하므로 質素儉約하게 정성을 다하는 것. 이 句節에 대해서는
   異說이 많다.

① 술동이와 그릇이 질그릇으로 만들어졌다.(程傳)
② 한 동이의 술과 한 그릇의 기장밥에 질그릇을 부쳐.(樽酒簋, 貳用缶) (朱子周易本義)
③ 술동이와 대그릇 두 개를 질박한 그릇에 담아.(大山)

5) 納約自牖 - 約은 儉約하고 儉素하게. 牖는 바라지창이다. 그러므로 儉素하게 바라지창으로(술, 飮食을) 드린다는 뜻.
6) 險難한 때를 맞아 六四의 大臣이 形式的인 虛禮를 버리고, 簡素하게 飮食을 바라지창으로 드리는 것처럼 誠實하게 하면, 끝내는 허물이 없다.

象曰 樽酒簋貳는 剛柔際也일새라

◯ 象에서 말하기를 樽酒簋貳는 剛과 柔가 사귐일새라.
◎ 동이 술과 대그릇 둘이라는 것은, 剛과(九五) 柔(六四)가 사귀는 것이다.

1) 剛柔際也 - 剛은 九五, 柔는 六四. 그러므로 어려운 때를 맞아 九五 君主와 六四 大臣이 誠實하고 素朴하게 사귀는 것.
2) 險難함을 벗어나기 위하여 君臣이 서로 마음이 通하기 때문에, 災殃을 면할 수 있다.

九五는 坎不盈이니 祗旣平하면 无咎 - 리라

◯ 九五는 坎이 차지 않음이니, 이미 平平한데 이르면 허물이 없으리라.
◎ 물이 차지 않는 것이니, 이미 平平한 데에까지 이른다면 허물이 없을 것이다.

1) 九五 - 剛健中正이고, 天子의 자리이다. 六四의 大臣과 陰陽相比하고 있다. 坎卦의 主爻이다.

2) 坎不盈 - 물(坎)이 구멍에(아직) 가득차지 않았다.

3) 祗旣平 - 祗는 이를 지(至也), 旣는 이미 기. 그러므로 이미 물이 가득차고 넘쳐
 흘러서 平平하게 된다면 허물이 없다. 물이 흘러 平平하게 되면, 險한
 구덩이에서 빠져 나올 수 있다. 九五는 剛中이므로 그렇게 될 可能性
 이 있다.

象曰 坎不盈은 中이 未大也 - 라

☯ 象에서 말하기를 坎不盈은 中이 아직 크지 않음이라.

◎ 물이 차지 않음이라는 것은, 아직 中(中庸之德)이 크지 않는 것이다.

1) 中未大也 - 中은 中庸之德. 九五는 上卦의 剛健中正이지만 어려운 때이므로 그
 中庸의 德이 아직 크지 않다는 뜻이다.

上六은 係用徽纆하야 寘于叢棘하야 三歲라도 不得이니 凶하니라

係: 맬 계   徽: 세 겹으로 꼰 노끈 휘   纆: 두 겹으로 꼰 노끈 묵

寘: 둘 치(置也)   叢: 가시 총, 떨기 총   棘: 가시 극

☯ 上六은 매는 데(係) 徽(휘)와 纆(묵)을 使用하여 가시덤불에 두어서 三年이라도
 얻지 못하니 凶하니라.

◎ 徽라는 노끈, 묵이라는 노끈으로 매어서 가시덤불 속에 두게 하여 三年이 되어
 도 벗어나지 못하니 凶하니라.

1) 上六 - 正位이나 坎卦의 끝이다. 險한 데 빠짐이 더욱 깊다.

2) 係用徽纆 - 두 번 꼰 노끈, 세 번 꼰 노끈으로. 즉 질긴 줄로 묶어서.

3) 寘于叢棘 - 가시덤불 속에 둔다는 것. 이것은 감옥 속에 둔다는 것을 말한다.
 옛날에는 감옥 둘레에 많은 가시덤불을 심어 脫出을 防止했다.

4) 三歲不得 – 三年이 지나도 뉘우쳐서 正道로 돌아갈 수 없다.(그러니 凶하다.)

象曰 上六失道는 凶三歲也 – 리라

◐ 象에서 말하기를 上六이 道를 잃음은 凶함이 三年이리라.

◎ 上六이 道를 잃는다는 것은, 凶하여 三年이 지나도 正道를 찾지 못하는 것이다.

1) 失道 – 正道를 잃는 것. 險難한 데서 빠져 나오는 길을 잃었다.

2) 凶三歲也 – 凶함이 三年이라는 것은, 凶함의 원인이 三年이 지나도 뉘우치지 않았기 때문이라는 점을 밝힌 것이다.

30. 重 火 離

文明

━━━━━━ 不正
━━ ━━ 不正 (中) 離火
━━━━━━ 不正
- - - - - - - - - - -
━━━━━━ 正
━━━━━━ 正 (中) 離火
━━━━━━ 正

文明

離卦는 火가 거듭하여 밝고 文明하고 걸려 있는 것을 말하고 있다. 人間의 理性에 관한 法則이 담겨져 있다. 重水坎의 配合卦이고, 上經의 마지막 卦이다.

─ 序 說 ─

1. 卦의 뜻

1) 離는 괘이름 이, 걸릴 이, 떠날 이로서, 麗는 고을 려, 걸릴 이의 뜻도 지니고 있다. 離는 원래 떨어진다는 뜻이 反轉하여 걸리고 붙는다는 뜻으로 되었다.

2) 離火는 밝은 불이다. 불은 모두가 '外明內暗'이다. 太陽의 偉大한 빛도 밖으로 밝으나, 안은 어둡다. 촛불이나 電燈도 밖은 밝으나 안은 어둡다.

3) 불은 혼자서 밝은 것이 아니다. 반드시 어떤 것에 붙어서 빛을 발하고 열을 내고 光明하다. 太陽, 촛불, 電球는 물론이고 電氣, 石炭, 石油 등 에너지를 제공하는 모든 것은 반드시 어떤 것에 붙어서 그 機能을 發揮하는 것이다,

4) 太陽은 하늘에 걸려 있다. 地球도 마찬가지로 하늘에 걸려 있다. 地球上의 森

羅萬象, 人間과 動植物도 땅 위에 붙어 있다.

5) 人類의 歷史는 불을 使用함으로써 文明에의 길을 걷게 되었다. 無知蒙昧한 상태에서 벗어나 점차로 깨우치고 理性에 눈뜨고 밝은 世上을 만들어 온 것이다.

6) 지금은 文明이 크게 發達하였으며, 天下가 文明하게 되었다. 이것은 마치 어두운 밤이 지나고 해가 솟아올라 해가 中天에 떠 있는 것과 같다. 그래서 現代를 日午中天의 時代라 하는 것이다.

7) 重火離卦는 周易 上經 30卦의 마지막 卦이다. 乾坤(天地)에서 始作하여 水雷屯에서 萬物이 蒼生되어 變化發展하다가 澤風 大過 以後에 坎離(水火)로 마감한다. 大自然의 커다란 變動에는 반드시 徵兆가 있으며, 따라서 大過 以後에 坎離(水火)가 오는 것이다.

乾坤　　　　　　　　坎 離
(天 地)　屯 ──────→ 大過 (水 火)

8) 先天八卦에서는 乾坤坎離가 南北西東의 四正方에 位置하고 있다. 그런데 後天八卦에서는 離坎兌震이 四正方의 位置를 차지하고 있다. 따라서 後天에서는 水火가 四正方 안에서 자리바꿈을 하고 있는 것이다. 大自然의 變化는 水火의 造化에 의하여 이루어진다는 것을 알 수 있다.

◉ 〈先天八卦〉　　　　　　〈後天八卦〉

2. 卦象과 卦德

1) 重火離卦는 下卦도 離火, 上卦도 離火이다. 離卦의 卦德은 麗, 文明이고, 아래와 위가 같다.

2) 重火離卦는 坎卦와 마찬가지로 陰陽의 調和가 이루어지지 않는다. 즉 初九와 九四, 六二와 六五, 九三과 上九가 제각기 같은 陽爻 또는 陰爻로 되어 있어, 모두 不應의 狀態에 있는 것이다. 이는 離卦가 大自然의 根源要素 가운데 하나이므로 陰陽의 調和와 關聯이 없기 때문이다.

3) 重火離卦는 文明하고 文明한 卦이지만, 六二와 六五의 陰爻가 각기 上下의 二陽爻에 붙어 있다. 離卦의 六二와 六五는 中虛로서 外誘不入이며, 以虛受人하는 德을 지니고 있다. 坎卦의 中實과 對照的이다.

4) 重火離卦는 下卦도 離火, 上卦도 離火이지만 그 各爻의 位를 보면 下卦는 初九, 六二, 九三이 모두 正位에 있고 上卦는 九四, 六五, 上九가 모두 不正位로 되어 있다. 이것은 文明이 發達하면 經濟, 社會, 文化가 모두 秩序整然하고 올바르게 發達形成되지만, 文明이 爛熟하게 되면, 오히려 바람직하지 못한 現象 즉 秩序의 紊亂, 價値觀의 多樣化와 混亂 등이 일어난다는 것을 보여준다.

5) 重火離卦는 六二 柔順中正이 主爻이다. 이것은 離가 太陽이고, 불이며 熱이므로 火炎上하기 때문이다. 對照的으로 重水坎卦는 九五 剛健中正이 主爻이다. 이것을 坎水가 달(月)이고, 물이며 冷이므로 水潤下하기 때문이다.

　　　〈重水坎〉 九五中正, 主爻: 水潤下(月), 冷
　　　〈重火離〉 六二中正, 主爻: 火炎上(日), 熱

6) 乾坤坎離는 先天八卦에서 四正方의 卦이다.

乾　　　　坎　　　　坤　　　　離

이 가운데 坎離卦는 乾坤卦가 각기 相對方에게 中正 移動하여 形成된 것이다.

7) 先天八卦에서 四間方의 卦는 巽震兌艮이다.

이것은 乾坤卦가 각기 相對方 쪽으로 上下移動함으로써 形成된 것이다.

8) 「序卦傳」에서는 빠지면 반드시 걸리는 데가 있는 것이다. 그러므로 離로서 받으니 離는 걸리는 것이다(陷必有所麗라 故로 受之以離하고 離者는 麗也라)라 나와 있다.

3. 卦의 變化

1) 倒轉卦 - 重火離卦는 不倒轉卦이다. 즉 倒轉해도 같은 重火離卦가 되는 것이다.
2) 配合卦 - 重火離卦는 陽爻를 陰爻로, 陰爻를 陽爻로 바꾼 配合卦는 바로 앞에 나온 重水坎卦이다. 말하자면 重水坎卦의 全變卦가 重火離卦이다.

3) 錯綜卦 - 重火離卦는 그 上下를 바꾸어 錯綜시켜도 같은 重火離卦이다.

4) 互 卦-重火離卦의 初九와 上九를 除外하고 互卦를 만들면 澤風大過卦가 된다.

[卦 辭]

離는 利貞하니 亨하니 畜牝牛하면 吉하리라

◐ 離는 바르게 함이 利로우니, 亨通하니, 암소(牝牛)를 기르면 吉하리라.
◎ 離는 올바르게 하는 것이 利로우니, 亨通하니, 암소를 기르듯(柔順) 하면 吉할
  것이다.

1) 利貞亨-올바르게(貞) 하는 것이 利로우며 亨通하다.
2) 畜牝牛吉-畜은 養, 기른다. 牛(소)는 性質이 柔順한 動物이다. 牝牛는 柔順의
         極. 그러므로 가장 柔順한 암소를 기르듯 그렇게 柔順한 德을 마음
         에 기르면 吉하다.
3) 離卦는 上經의 마지막 卦이다. 柔順하고 올바르게 正道를 지켜야 한다는 것을
  강조하고 있다.

[彖 辭]

彖曰 離는 麗也-니 日月이 麗乎天하며 百穀草木이 麗乎土하니 重明으로
以麗乎正하야 乃化成天下하나니라
柔-麗乎中正故로 亨하니 是以畜牝牛吉也-라

◐ 彖에서 말하기를 離는 걸려(麗) 있음이니, 日月이 하늘에 걸려 있으며, 百穀과

草木이 땅에 걸려 있으니, 거듭 밝음(重明)으로써 바르게 걸려서 이에 天下를
化하고 이루느니라.

柔가 中正으로 걸려 있음이라. 故로 亨通하니, 이로써 암소를 기르면 吉한 것
이라.

◎ 離는 걸려 있는 것이니, 해와 달이 하늘에 걸려 있으며, 백가지 穀食과 草木이
땅에 걸려(붙어) 있으니, 거듭 밝음으로써 올바르게 걸려서, 이에 天下를 變化
시키고 이루는 것이다.

柔(六二)가 柔順中正으로 걸려 있으니, 그러므로 亨通하니, 이것으로써 암소를
기르듯(柔順) 하면 吉한 것이다.

1) 離麗也 - 離는 걸릴 리, 괘이름 리, 麗도 걸릴 리, 고을 려.
　　　　　卦이름 리(離)를 같은 音의 리(麗)로서 해석한 것. 그러므로 離는 걸려
　　　　　있다는 뜻.

2) 日月麗乎天 - 해(日)와 달(月)은 하늘에 걸려 있다. 해와 달이 잘 비추어서 밝다.

3) 百穀草木麗乎土 - 온갖 穀食, 草木은 땅에 붙어 널리 꽃피고 열매를 거둔다.

4) 重明以麗乎正 - 重明은 밝음(明)이 거듭된 것. 重火離는 明이 거듭된 卦. 따라서
　　　　　　　　거듭 밝은 것이 걸려서 正道를 따른다는 뜻.

5) 乃化成天下 - 天下를 敎化하고 風俗을 이룬다.

6) 柔麗乎中正 - 柔(六二爻)가 걸려 中正의 德을 지녔다. 六二爻는 離卦의 主爻이
　　　　　　　고, 柔弱한 中正이다.

[象 辭(大象)]

象曰 明兩이 作離하니 大人이 以하야 繼明하야 照于四方하나니라

◐ 象에서 말하기를 밝은 것 둘이 離를 지었으니, 大人이 써 하야, 밝음을 이어
四方에 비추느니라.

◎ 밝은 것 둘이 離(卦)를 지었으니, 大人이 이를 본받아, 밝은 것을 이어서 四方 을 비추는 것이다.

1) 明兩作離 - 밝은 것(離火) 둘이 重火離卦를 지었다.
2) 大人 - 큰 德을 가진 어른. 보통 王公을 부를 때 쓴다. 大德은 天地와 더불어 德을 合하고 日月과 더불어 밝음을 合한다. 大象에서 大人이 以하여는 이 卦뿐이다.
3) 繼明 - 明德을 繼承하여 그치지 않는 것. 언제나 德이 밝다.
4) 照于四方 - 大人의 德이 온 天下를 비추어 德化, 敎化가 미치는 것.

[爻 辭]

初九는 履 - 錯然하니 敬之면 无咎 - 리라

☯ 初九는 밟는 것이 섞여 있음이니, 恭敬하면 허물이 없으리라.
◎ (道를) 밟는 것이 (어지럽게) 섞여 있는 것이니, (이리저리 엉켜 있으니) 恭敬 (삼가)하면 허물이 없을 것이다.

1) 初九 - 正位의 陽爻로서 離卦의 맨 밑에 있어, 炎上하듯 위로 올라가려고 妄動 하는 것이니 敬愼해야 허물이 없다.
2) 履錯然 - 履는 밟는다. 밟아 간다. 錯然은 어지럽게 엉켜 있는 것. 行動하려 하 는데 어지럽게 엉켜서 좋지 않는 狀態.
3) 敬之无咎 - 恭敬하고 삼가면 허물이 없다.

象曰 履錯之敬은 以辟咎也 - 라

◐ 象에서 말하기를 履錯之敬은 써 허물을 피하는 것이다.
◎ 밟는(道를) 것이 섞여 있으니 恭敬한다는 것은, 그렇게 함으로써 허물을 피한다는 것이다.

1) 以辟咎也 - 辟는 피, 避와 같은 뜻. 남으로부터 비난받을 일을 피하여, 허물이 없게 한다.

六二는 黃離니 元吉하니라

◐ 六二는 黃離니 크게 吉하니라.
◎ 누런 離이니, 크게 吉한 것이다.

1) 六二 - 柔順中正으로 離卦의 主爻이다. 中正이므로 가장 밝다.
2) 黃離 - 黃은 中央土의 色이다. 그러므로 六二가 柔順中正의 德이 있어 中道에 걸려 있다는 뜻. 그리고 正午의 太陽처럼 中天에서 빛나는 것.

象曰 黃離元吉은 得中道也 - 라

◐ 象에서 말하기를 黃離元吉은 中道를 얻음인 것이라.
◎ 누런 離가 크게 吉하다는 것은, 中道를 얻었기 때문이다.

1) 得中道也 - 六二가 得中, 正位에 있는 것.

九三은 日昃之離니 不鼓缶而歌-면 則大耋之嗟-라 凶하리라

昃: 해 기울어질 측   鼓: 칠 고   缶: 장구 부

耋: 여든 살 된 늙은이 질   嗟: 슬퍼할 차

☯ 九三은 해가 기울어져 걸림이니, 질그릇을 두드리고 노래하지 않으면, 즉 나이 많은 老人이 슬퍼함이라 凶하리라.

◎ 해가 기울어져 걸렸으니, 질그릇 북을 두드리며 노래하지 않는다면 나이 많은 老人이 슬퍼하는 것이라 凶할 것이다.

1) 九三 - 下卦 離의 끝이다. 正位이나 得中하지 못하였다. 下卦의 밝음이 바야흐로 끝나려 하고, 上卦의 밝음이 이어가려 하는 때. 하루로 말하면 저녁, 人生으로 말하면 老年.

2) 日昃之離 - 正午에서 午後로 해가 넘어가서 걸려 있다.

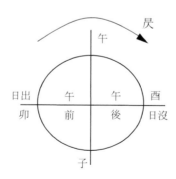

3) 不鼓缶而歌 - 장구를 두드리며 노래 부르지 않는다면의 뜻. 이것은 사람은 늙어가는 것이니, 天運과 順理에 따라 스스로 晩年을 즐거워하는 것이 옳은데, 그렇게 하지 않으면이라는 뜻이다. 옛날에는 질그릇을 두드리며 노래했다고 한다.

缶 = 午+山 日午中天할 때의 山으로 艮方을 가리킨다.

4) 大耋之嗟 - 天運의 常理를 깨닫고 素朴하게 樂天知命하고, 스스로 즐거워하지
   않으면 망령된 생각이 들고 生을 한탄할 뿐이다.

※ 參考: 老人에 대한 句節
   六十曰 耆(늙을 기), 七十曰 老, 八十曰 耋(질), 九十曰 耄(모)

象曰 日昃之離 - 何可久也 - 리오

◑ 象에서 말하기를 日昃之離가 어찌 可히 오래가리오.
◎ 해가 기울어져 걸려 있으니, 어찌 오래갈 수가 있겠는가.

1) 何可久也 - 어떻게 오래 갈 수 있을 것인가. 賢明한 사람이라면 이 理致를 알아
   야 한다는 뜻이 들어 있다.

九四는 突如其來如 - 라 焚如 - 니 死如 - 며 棄如 - 니라

◑ 九四는 갑자기 그 오는 듯함이라. 불사르는 듯하니 죽은 듯하며 버리는 듯하니라.
◎ 갑자기(下卦가 끝나고 上卦로 불이) 오는 것이다. 불사르게 하니, 죽은 것 같으
   며, 버려진 것 같다.

1) 九四 - 下卦의 離가 끝나고 上卦의 離로 불이 붙는 狀況이다. 不中이고 不正인
   陽爻이므로 위로 올라가려고 妄動한다.
2) 突如其來如 - 突如는 突然과 같다. 갑자기 오는 것. 下卦의 불에서 上卦의 불이
   갑자기 오는 것.
3) 焚如 - 焚은 불사를 분. 그 몸이 불살라지는 것.
4) 死如 - 죽는 것 같이.
5) 棄如 - 屍身이 버려지는 것.

象曰 突如其來如는 无所容也-니라

● 象에서 말하기를 突如其來如는 용납하는 바가 없음이니라.
◎ 갑자기 그 오는 듯함이라는 것은, 받아들이는 데가 없다는 것이다.

1) 无所容也-용납할 바가 없다. 몸 둘 데가 없다. 罪가 크므로 世上이 받아들이
　　　　지 않는다.

六五는 出涕沱若하며 戚嗟若이니 吉하리라

涕: 눈물 체 沱: 물 흐를 타.　　戚: 슬플 척, 근심할 척.　嗟: 탄식할 차.

● 六五는 눈물 나옴이 물 흐르는 듯하며, 슬퍼하여 슬픈 듯하니, 吉하리라.
◎ 눈물이 나오는 것이 물 흐르는 듯하며, 슬퍼하여(한탄하여) 슬픈 듯하니, 吉할
　　것이다.

1) 六五-不正이나 得中하였고, 應爻가 없으며 九四, 上九의 두 陽爻가 아래위로
　　　　있다.
2) 出涕沱若-눈물을 물 흐르듯이 흘리는 것.
3) 戚嗟若-탄식을 하며 슬퍼하는 것.

象曰 六五之吉은 離王公也일새라

● 象에서 말하기를 六五之吉은 王公에 걸림일새라.
◎ 六五의 吉하다 함은, 임금(王公)의 자리에 걸려(앉아) 있기 때문이다.

1) 離王公也-王公은 六五를 가리킨다. 六五가 王公의 자리에 있으므로 吉하다.

上九는 王用出征이면 有嘉－니 折首코 獲匪其醜－면 无咎－리라

征: 칠 정   嘉: 아름다울 가   折: 끊을 절   獲: 얻을 획   醜: 동류 추

◐ 上九는 王이 出征을 쓰면 아름다움이 있으니, 머리를 끊고 얻은 것이 그 同類
가 아니면 허물이 없으리라.

◎ 王이 나가서 征伐하게 하면 아름다움이 있으니, 머리를 끊고 얻은 것이 敵의
(일반 병사의) 무리가 아니면(우두머리만 잡은 것이면) 허물이 없을 것이다.

1) 上九－重火離卦의 맨 위에 있고 文明이 至極한 것.
2) 王用出征－王은 六五, 用은 王이 上九를 쓰는 것. 그러므로 王이 上九에게 命
　　　　　　하여 나쁜 무리를 征伐케 하는 것.
3) 有嘉－아름다운 功이 있다. 上九의 功績.
4) 折首－首는 우두머리, 折은 끊는다. 나쁜 무리의 괴수를 죽이는 것.
5) 獲匪其醜－獲은 捕獲으로 사로잡는 것. 匪는 非. 醜는 同類, 같은 무리. 그러므
　　　　　　로 敵의 우두머리만 죽이고 일반 병사의 무리는 잡지 않는 것.

象曰 王用出征은 以正邦也－라

◐ 象에서 말하기를 王用出征은 써 나라를 바로 함이라.
◎ 王이 征伐하게 한다는 것은, 나라를 바로잡는 것이다.

1) 以正邦也－나쁜 무리를 除去해서 나라의 기강을 세우고 바로잡는 것.

=<主 要　參 考 文 獻 >=

1) 亞山 선생으로부터 직접 강의에서 들었던 것을 주로 참고하였고, 이 가운데는 (也山 선생의 설)이라 표현한 것도 있다.

2) (亞山 선생의 설)은 직접 강의에서 亞山 선생으로부터 들었던 것을 적었다.

3) 李達, 也山文集, (乾) (坤).

4) 金炳浩, 亞山先生講論 周易講義 (上) (中) (下).

5) 金碩鎭, 大山 周易講義 (1) (2) (3), 한길사, 서울, 1999.

6) 金碩鎭, 周易傳義大全譯解 (上) (下), 大有學堂, 서울, 1996.

7) 柳正基, 易經新講 大邱大學 東洋文化研究所, 大邱, 1959.

8) 成百曉, 懸吐完譯 周易傳義 (上) (下), 傳統文化研究會, 서울, 1998.

9) 金敬琢, 周易, 明文堂, 서울, 1971.

10) 公田連太郞, 易經講話 (1-5卷), 明德出版社, 東京, 昭和56.

11) 鈴木由次郞, 易經 (上) (下), 全釋 漢文大系, 集英社, 東京, 昭和58.

12) 今井宇三郞, 易經 (上) (中), 新釋 漢文大系, 明治書院, 東京, 平成5.

13) 本田 濟, 易學, 平樂寺書店, 京都, 1981.

14) 高田眞治, 後藤基巳, 易經 (上下), 岩波書店, 東京, 2000.

15) 鄭燦(訂正), 訂正易經來註圖解, 中國孔學會, 臺北, 中華民國67.

16) 徐芹庭, 易圖源流, 中國書籍, 北京, 2008.

17) 尙秉和, 周易尙氏學, 中華書局出版, 北京, 1991.

18) 高 亨, 周易古經今注, 中華書局出版, 北京, 1990.

19) James Legge, I CHING, New American Library, 1971.

20) Richard Wilhelm, The I Ching or Book of Changes, Princeton University Press, 1967.

21) Alfred Huang, The Complete I CHING, Lake Book Manufacturing, 1998.

김일곤(金日坤) ──────────────────────────────

▌약 력

　부산대학교 교수 (1961-95), 현 명예교수
　동 대학 상과대학장 (1974-78)
　금융통화운영위원 (한국은행) (1983-86)
　東方精神文化學會 會長 (1990-98)
　부산발전연구원장 (1995-98)
　일본 미야자키(宮崎) 산업경영대학 교수 (2000-03)

▌주요논문 및 저서

　한국경제개발론 (예문관, 1976, 1978)
　한국경제발전론 (무역경영사, 1986)
　경제학원론 (무역경영사, 1980)
　人口經濟學 (무역경영사, 1982, 中國 延辺大學出版社, 1993)
　儒教文化圈の秩序と経済 (日本名古屋大学出版会, 1984, 한국경제신문사, 1985)
　韓国、その文化と経済活力 (日本東京 第三出版, 1985, 한국경제신문사, 1987)
　儒教文化圈的倫理秩序與經濟 (邢東田 外 2人 譯, 中國 人民大學出版社, 1991)
　東アジアの経済発展と儒教文化 (東京 大修舘書店, 1992, 한울 아카데미, 2004)

▌수 상

　1995. 10. 茶山經濟學賞 (한국경제신문사 제정)
　1962. 2. 국민훈장 석류장

김정남(金正男) ──────────────────────────────

▌약 력

　부산대학교 교수 (1965 - 2002). 현 명예교수 고체물리학 전공
　동방정신문화학회 회장(1999. 8 - 2001. 8)

▌주요논문 및 저서

　단결정 성장과 그 결정의 전기적 성질에 관한 연구 120여 편

▌수 상

　1993. 11. 눌원문화상 자연과학 부문(눌원 문화재단)
　1996. 5. 국민포장
　2002. 2. 홍조근정훈장

초판인쇄 | 2009년 6월 30일
초판발행 | 2009년 6월 30일

지은이 | 金日坤, 金正男
펴낸이 | 채종준
펴낸곳 | 한국학술정보㈜
주 소 | 경기도 파주시 교하읍 문발리 파주출판문화정보산업단지 513-5
전 화 | 031) 908-3181(대표)
팩 스 | 031) 908-3189
홈페이지 | http://www.kstudy.com
E-mail | 출판사업부 publish@kstudy.com

등 록 | 제일산-115호(2000. 6. 19)
가 격 | 22,000원

ISBN   978-89-268-0075-1 94150 (Paper Book)
       978-89-268-0076-8 98150 (e-Book)
       978-89-268-0079-9 94150 (Paper Book set)
       978-89-268-0080-5 98150 (e-Book set)